선생님의

콕! 집은 한마디
교실을 바꾼다

매직워드 77

M A G I C ★ W O R D

한영진 · 박미향 · 이정희 · 김민정 공저

학지사

추천의 글

이 책을 처음 본 순간 그리고 읽으면서 '정말 필요한 책이 나왔구나!' 라고 속으로 되뇌게 되었습니다. 그리고 나를 가르쳐 주시고 이끌어 주셨던 여러 선생님과 교수님의 '매직워드' 가 떠올랐습니다. 학교에서 상담(相談)은 교사와 학생이 서로(相) 이야기(談)를 한다는 의미인데, 이야기를 뜻하는 '담(談)' 이란 한자가 '말(言)' 과 '불(火)' 로 이뤄진 것이 흥미롭습니다. 그것도 말 옆에 불이 두 개나 겹쳐 있지요. 우리의 말이란 상대의 딱딱한 마음을 녹일 수도 있고, 미움과 증오의 마음을 태울 수도 있으며, 사랑의 감정에 불을 붙일 수도 있는 그야말로 '매직워드' 라는 생각이 듭니다. 이 책에서 소개된 여러 매직워드가 학생들에게 생명의 불씨를 놓아 주고 교실에 따뜻한 온기를 불어넣어 줄 수 있을 것으로 기대합니다.

–이화여자대학교 교육학과 교수 오인수

학교의 다양한 상황들이 어쩜 이렇게 생동감 있게 묘사되었는지 부담 없이 읽을 수 있었습니다. 문제가 엉킬 만한 상황에서 선생님의 콕 집은 한마디로 상황을 반전시키는 것이 상당히 매력 있게 다가왔습니다. 뿐만 아니라 그것과 연관된 이론적 내용도 다루고 있어 학부모, 동료 교사, 교사 자신을 이해하는 데도 큰 도움이 될 것입니다. 책에서 다룬 매직워드들을 적절하게 사용한다면 그 활용도는 무궁무진할 것입니다.

—서울우솔초등학교 교장 남미숙

초임 때에는 화를 내지 않는 교사가 좋은 교사인 줄 알았습니다. 지금은 화가 나는 것이 있다면 평화적인 방식으로 명확하게 이야기하며 아이들의 감정과 욕구를 존중해야 한다는 것을 알게 되었습니다. 의외로 선생님들이 학급경영을 통해 가장 힘들어하는 관계는 '학부모와의 관계' 였습니다. 학부모총회 때 "오늘 어머니들을 만나 뵈니 우리 아이들의 그 사랑스러움이 바로 우리 어머니들에게서 나온 것이구나 싶게 한 분 한 분 모두 인상들이 좋으시군요." 와 같은 기분 좋은 한마디부터 아파서 결석한다는 문자 같은 사소한 일상 속에 부모님께 건네는 문자 한마디까지……『매직워드 77』은 학생과 동료, 학부모와의 관계에서 참지도 폭발하지도 않는 평화적인 방식으로 소통하게 해줄 보물 같은 책입니다. '일지반' '지사선책' '명지강은 NO, 인격질은 YES!' 일상 속에 한마디를 명쾌하게 해 줄 매직워드 키워드들입니다. 벌써부터 궁금하지 않습니까?

—서울난우초등학교 교사 허승환

아직 저경력 교사인 제게는 이런 책이 있다는 것이 매우 반갑고 고맙습니다. 구체적인 교실 상황 속에서 어떤 말을 해야 될지 구체적이고 효과적인 표현법이 제시되어 있어 첫 장부터 끝 장까지 연신 감동하며 읽었습니다. 행복한 교실을 꿈꾸는 모든 선생님께 이 책을 추천하고 싶습니다.

—서울화계초등학교 교사 조윤서

학교현장에선 어떤 일이 벌어질까 하는 호기심과 더불어 구체적인 상황을 맞닥뜨릴 때 어떻게 말하고 행동해야 할까 하는 염려도 있습니다. 이 책은 교사가 부딪힐 수 있는 상황을 영역별로 자세히 알려 줍니다. 또 그 상황에서 교사가 사용할 표현을 알려 주며, 어떤 이유로 그것이 매직워드인지 친절하게 안내합니다. 든든한 지원군을 만난 듯 매우 기쁩니다.

−진주교육대학교 4학년 박시온

머리말

새 학년 첫날! 새 담임을 낯설게 바라보는 아이들 앞에 어떤 말을 꺼내면 좋을까요?

> "선생님은 너희들이 작년 한 해 동안 어떻게 지냈는지 아무것도 몰라. 그래서 선생님이 오늘부터 보게 될 너희들 모습이 진짜 모습이란다!"

학부모총회 날! 어색하고 긴장된 분위기를 부드럽게 할 수 있는 말은 무엇일까요?

> "개학 첫날, 우리 반 아이들의 모습이 어찌나 사랑스러운지 기분이 참 좋았습니다. 오늘 어머니들을 만나 보니 우리 아이들의 그 사랑스러움이 바로 우리 어머니들에게서 나온 것이구나 싶게 한 분 한 분 인상들이 모두 좋으시군요."

새 담임선생님의 이런 첫 말에 새삼 용기를 얻고 새로운 다짐을 하는 학생이 한 사람이라도 있다면, 그리고 학부모총회 날 담임교사의 이 한마디가 학부모들의 호감과 신뢰를 얻는 데 도움이 된다면 이런 말은 값진 것이 아닐까요?

어떤 말은 상대방의 기분을 좋게 하고 관계도 부드럽게 만듭니다. 관계가 좋아지면 일도 즐겁습니다. 나아가 어떤 말은 한 사람의 인생을 바꾸기도 할 만큼 힘이 있습니다. 반면, 어떤 말은 상대방을 기분 나쁘게 하고 관계도 껄끄럽게 만듭니다. 이렇게 되면 일도 무겁고 효율성도 떨어집니다. 말은 이렇게 세상의 방향성을 주도하는 역할을 합니다.

최근, 교육도 서비스로 인식되다 보니 교사도 감정노동자로 보는 일부 견해가 있습니다. 점점 요구만 늘어 가는 학생과 학부모에게 시달리느라 지쳐 가는 현장의 교사들을 보면서 우리 『교사를 당황하게 하는 아이들』의 공저자들은 다시 문제의식을 공유하게 되었습니다. 여러 제약으로 인해 많은 스트레스를 안고 사는 현장의 선생님들을 위해, 그 스트레스를 풀어 줄 일을 누군가 해야 한다는 무언의 책임감을 갖게 된 것이지요. 스트레스 상황을 반전시킬 기분 좋은 말! 더 나아가 문제해결의 실마리가 되며, 교육의 효과를 높여 줄 말을 찾기 위해 다시 뜻을 모았습니다.

'경우에 합당한 말은 아로새긴 은쟁반에 금사과니라' 란 〈잠언〉을 기억하면서 콕 집어 한마디 힘을 가진 말을 보석 찾듯이 찾았습니다. 흩어진 구슬을 꿰되 이론적인 뒷받침이 될 근거를 보완하며 정성으로 작업을 한 결과, 학생, 학부모, 동료 교사, 그리고 교사 자신에게 사용할 77개의 말을 찾아 선보이게 되었습니다. 추출된 말을 직접 현장에 적용해 보면서 그 효과도 검증해 보았습니다. 그리고 우리는 그 말을 '매직워드'라고 이름 붙였습니다. 말하는 이와 듣는 이의 기분을 긍정적으로 만들고 관계를 좋게 만들어 궁극적으로는 교단에 행복한 정서가 흐르기를 바라는 마음을 담뿍 담았습니다.

저희는 이렇게 최선을 다했지만 이것이 최상의 매직워드라고 하기엔 부족함을 느낍니다. 단지 여기에 관심을 가진 여러 독자의 질정을 바라면서 이 책을 토대로 장차 좀 더 좋은 매직워드가 모아지고 정리되는 계기를 갖는다면 얼마나 좋을까 하는 바람을 가져 봅니다. 아울러 본 매직워드가 현장에서 적절히 활용됨으로써 우리 교실이, 우리 학교가, 나아가 우리 교육계가 점차 행복한 공간으로 바뀌어 가는 데 조금이라도 기여한다면 더 바랄 나위 없는 보람으로 삼겠습니다.

끝으로 이 원고를 집필하는 동안 불편을 감내해 준 사랑하는 가족들에게 고마움을 전합니다. 아울러 저자들의 원고가 옥고가 되도록 정성껏 다듬어 준 학지사의 김진환 사장님을 비롯한 편집부 직원 제위께 깊은 감사 올립니다.

2014년 5월

저자 일동

차 례

★추천의글 3
★머리말 7

1 왜 한마디인가 13
2 관점을 바꾸어 매직워드로! 23

학 생

3 우리 아이들 3D로 이해하기 43
4 특별한 만남으로 만드는 말 65
5 자존감을 키우는 말 87
6 믿어 주고 지지해 주는 말 105
7 더불어 사는 학생으로 변화시키는 말 121
8 친구관계를 원만하게 하는 말 137
9 공감을 이끄는 말 159
10 사춘기 아이들에게 해 주는 말 175
11 책임감을 키워 주는 말 197
12 잘못된 행동을 변화시키는 말 215
13 다툼을 예방하는 말 235
14 화해를 이끄는 말 253
15 학습 분위기를 방해하는 학생을 돕는 말 275
16 학생지도에 부모를 등장시키는 말 291

학부모

17 학부모 이해하기 309
18 학부모총회에서 하는 말 325
19 연락을 주고받을 때 하는 말 345
20 곤란한 상황에 대처하는 말 361
21 학부모를 공감해 주는 말 379
22 학부모에게 감사, 격려, 거절하는 말 395
23 학부모상담 시 하는 말 415

동 료

24 동료 이해하기 433
25 일을 조율할 때 하는 말 457
26 감사, 격려, 지지하는 말 475

교사 자신

27 성장하는 교사 되기 499
28 생활지도의 원칙을 세우는 말 517
29 힘든 아이를 만났을 때 스스로에게 하는 말 533
30 나를 바꾸는 매직워드 557

★참고문헌 585

1. 왜 한마디인가

▶ 왜 한마디 표현법이 필요한가?

우리는 교사다. 교사로서 우리는 아이들을 잘 가르치고 싶어 한다. 나와 상호작용하며 내게서 배우는 아이들이 잘 자라 좋은 사람으로, 건강한 사회인으로 행복한 삶을 살기를 기대한다. 그리고 지금 학교라는 공동체에서 함께 있는 직장 동료, 아이들의 환경이 되는 학부모들과도 잘 지내기를 원한다. 한편 개인적으로는 교사를 택한 자신의 삶이 기쁘기를 원한다.

현실을 돌아볼 때 실현하기 힘든 거창한 꿈이라는 생각이 들 수도 있다. 그러나 꿈꾸는 자에게 방법은 생길 것이며, 그것을 찾아가는 여정에서 우리는 '말'이라는 매개체에 집중해 보기로 하였다. 교사가 가르치고 지도하는 가운데 가장 많은 비중을 차지하는 것이 '말과 말을 통해 만들어지는 표현'이라고 생각했기 때문이다. 그 말을 통해 우리의 바람을 만들어 가고, 그 결과로 기대하는 것은 교실의 변화이며, 또한 교사로서 성숙해 가는 우리 자신들의 변화다.

1 바쁜 선생님

은행원의 일과는 땡! 하고 은행 문 닫는 시간과 함께 시작된다는 말이 있다. 교사의 일과는 한 술 더 뜬다. 땡! 아이들이 하교하기가 무섭게 또 다른 업무들이 교사들을 기다리고 있다.

방과후 부진아 지도, 수업시간에 한 수행평가 채점, 과제 검사, 일기나 글쓰기장 댓글 달기, 내일 수업 구상, 자료실과 학습준비물실과 연락하여 수업자료 준비하기, 복사, 인쇄물 맡기기, 학예회나 체육대회 같은 학교행사 준비, 동학년 회의, 컨설팅 장학 같은 학교 행사 참여, 체험학습 기안문 제출, 가정통신문 작성 등 끝이 없다. 게다가 담당업무가 조금이라도 비중 있는 업무분장을 맡았다면 밀린 공문 처리하느라 방과 후의 교사들의 일과는 바쁘고 짬이 없다.

수업시간에 있었던 일이 마음에 걸려 오후에 좀 차분히 아이 문제를 생각해 보려 해도, 현실은 교사에게 필요한 시간을 허락하지 않는다.

2 더 바쁜 아이들

바쁜 교사보다 더 바쁜 존재가 있다. 그건 바로 아이들이다.

교사가 "오늘 남아서 선생님과 잠깐 이야기 좀 하고 갈까?" 하고 말을 꺼내기 무섭게 "저, 시간 없는데요."라고 대답하는 아이들이 많다. 방과후 수업에 참석해야 하고, ○○선생님이 집에 오시기로 한 날이고, 학원에 가야 하고, 엄마랑 오늘 어디 가기로 했고 등등 시간을 낼 수 없는 이유가 끝도 없이 나온다. 문제는 이 반응들이 단순히 남는 것을 피하기 위한 변명이 아니라 실제로 아이들이 당면한 문제라는 것이다.

사실 어떤 문제가 있을 때 그 즉시 이야기를 하지 않고, 그 시점이 지나 이야기를 하는 것은 뒷북치기가 되기 십다. 오늘 수업에서 생긴 일을 며칠이 지난 후에 말하게 되면, 아이 입장에서는 기억도 잘 나지 않거니와 남으라고 하는 교사의 말이 쉬이 납득되지 않는다.

3 현실적 제약조건

1 이야기할 곳이 없어요

문제 상황이 있을 때, 그 즉시 선생님과 아이가 충분히 이야기를 한다면 많은 문제행동이 쉽게 해결될 수 있을 것이다.

학교마다 상담실과 같이 아이와 조용히 이야기할 공간이 마련되어 있으나, 현실적으로 교사가 원하는 시간에 원하는 만큼 충분히 그 장소를 활용하기 힘든 제약점이 있다. 간혹 빈 교실이나 특별실을 활용하기도 하지만 그것도 언제나 용이하지는 않다. 그래서 교사가 아이와 이야기를 나눌 필요가 있을 때, 그냥 교사의 책상 근처나 교실 앞, 복도 등을 이용해 대화를 나누는 실정이다.

2 좋은데 할 수가 없어요

현장에 적용할 만한 좋은 프로그램들은 참 많다. 개인상담을 비롯해 집단상담, 진로교육, 자기주도 학습법, 코칭, 그 외 멘토링을 비롯한 수많은 다양한 방법들! 모두들 각각의 강점이 있으며, 단계를 밟아 정석대로 진행해 나갈 때 분명한 효과가 있다.

그러나 문제는 현실적인 한계다. 하나의 프로그램이 효과를 발휘하기 위해서는 교사의 전폭적인 몰입과 에너지가 필요하다. 이렇게 하면 변화는 분명 일어난다. 그러나 그러기에는 시간과 공간 문제, 다른 아이들도 챙겨야 하고, 업무도 수행해야 하는 등 현실적인 제약이 너무나 많다.

4 교실을 바꾸는 매직워드

교사의 열정이 모든 것을 해결할 수 있다고 주장할 수도 있다. 틀린 말은 아니다. 그러나 우리는 일상적인 장면에서, 일상적인 활동 중에 효과를 발휘하는 방법을 찾고 싶다. 다수의 교사가 일상교육 장면에서 효과적으로 활용할 수 있는 방법을 모색하고자 한다.

1 현실에서 바라보기

한 번씩 일어나서 발표하는 것을 너무 힘들어하는 아이가 있다. 이 아이는 자존감이 낮고, 학업성취 수준도 낮고, 자신감도 없다. 그래서 교우관계 형성에도 문제가 있다. 선생님은 이 아이에게 도움이 되는 다양한 프로그램을 알고 있다. 자존감을 올리는 프로그램도, 학력을 올리는 단계화된 장학자료의 내용도, 사이좋은 친구관계를 만들기 위한 집단상담 프로그램도 줄줄이 꿰고 있다. 그러나 이 좋은 자료들을 아이에게 투여할 현실적인 시간이 없다.

오늘도 아이는 일어나서 띄엄띄엄 자신 없는 목소리로 발표를 한다.

'이 아이에게, 지금 이 순간 도움이 되는 것은 뭘까?'

지금 이 상황에서 아이에게 도움이 되는 것은 그 다양한 프로그램들이 아니다.

선생님은 말했다.

“선생님도 그랬어!
초등학교 때 발표하는 것이 몹시 힘들었단다.
그런데 지금 선생님이 되어 너희들 앞에 있네.”

소심한 편이었지만 내심 선생님을 좋아하고 있던 아이의 표정이 그 순간 환하게 밝아지는 것을 선생님은 놓치지 않았다.

2 상황에 맞춰 최선을 택하자

교사의 교육활동의 대부분을 구성하는 행위는 ‘말하기’ 이며, 교사의 교수행위는 말과 분리되어 진행되지 않는다.

문제가 있을 때 아이를 개인적으로 불러 시간과 여유를 가지고 지도하면 많은 변화가 일어나는 것은 자명한 사실이다. 그러나 그렇지 못할 경우, 차선을 택하는 것도 한 방법이다. 그것은 교사의 언어표현을 활용하여 아이의 변화를 이끌어 내는 것이다.

적시적소에 터뜨려 주는 교사의 언어표현은 많은 것을 해결해 준다. 언어표현 자체가 일시에 모든 것을 해결해 주진 않지만, 이것이 누적될 경우 교실에 큰 변화를 가져올 수 있다.

> 경우에 알맞은 적절한 말은 은쟁반에 담겨 있는 금사과와 같다.
>
> –이스라엘 잠언

5 말이 가지는 힘

교사의 말이 가지는 힘은 네 가지가 있다.

1 정보전달 기능

"우리나라는 여름에 기온이 높고 습합니다. 반대로 겨울은 기온이 낮고 건조합니다."

"이번 화요일에 실시할 운동회는 비 예보로 인해 사흘 뒤인 금요일로 연기합니다."

"체험학습활동을 마치고 이제 학교로 가는 버스에 올라탔습니다. 담임 드림."

말의 일차적 기능은 정보 전달이다. 말을 통하여 교사들은 알리고자 하는 정보를 아이들이나 학부모들에게 제공한다.

2 정서표현 기능

말은 정서 상태를 표현한다.

"오늘은 기분이 그냥 그래요."

"지금 진짜 기분이 좋아요."

화가 나 있거나 우울한 사람의 경우, 외적인 모습을 통해 어느 정도 당사자의 상태를 짐작할 수 있다. 그러나 말을 통해 보다 직접적으로 자신의 정서를 표현하고, 타인의 정서를 이해하는 것이 가능하다.

말의 정서표현 기능은 생활교육 장면에서 많이 활용된다. 싸움을 하고 난 후 분노가 조절이 안 되어 씩씩대고 있는 아이에게, "너 지금 많이 속상하구나. 화가 많이 나 있네. 선생님도 너라면 그럴 수 있을 것 같구나."라고 단순히 짚어 주는 것만으로도 풍선의 바람을 빼듯이 아이의 감정이 사그라지게 도울 수 있다.

3 관계형성 기능

말은 또한 관계 형성에 크게 기여한다. 말을 통해 새로운 인간관계를 만들기도 하고, 관계의 질을 높일 수도 있다.

학급에 문제가 생겨 힘들어하는 동료교사에게 "선생님, 많이 힘들어 보여요. 제가 도울 수 있는 게 있을까요? 아이들 하교지도라든지 청소 뒷정리 등 언제든 제 도움이 필요하면 얘기해 주세요."라고 말한다면, 이 말을 통해 동료 사이는 더 친밀해질 것이다.

감정 조절을 하지 못해 문제를 자주 일으키는 아이에게 "선생님은 너를 믿는다. 지금 네 모습이 너의 전부가 아니라고 생각해. 앞으로 잘해 낼 거라 믿어."라고 말하면, 교사와 아이의 관계는 더 가까워질 수 있고, 그 말이 계기가 되어 행동변화를 이끌어 낼 수도 있다.

올바르고 건강하며 긴밀한 관계 형성은 모든 문제 해결의 기반이다. 말을 통해 좋은 관계를 형성할 때 교사가 의도하는 변화를 기대할 수 있다.

4 관점제공 기능

지속되고 반복적인 언어표현은 사람의 관점을 형성하며, 교사가 제공하는 말 표현은 아이들의 관점을 형성하는 데 큰 영향을 미친다.

"우리 반은 참 멋있는 반 같아. 선생님이 무슨 복이 있어 이런 좋은 아이들을 만났는지 몰라."라는 표현을 자주 하는 반과 "교직생활 중에 너희들처럼 힘든 아이들은 처음이다. 제발 올 한 해 사고 없이 좀 지나가자."라는 표현을 자주 하는 반은 굳이 피그말리온 효과를 들먹이지 않더라도 그 결과를 예측할 수 있을 것이다.

교사의 말 표현은 굉장한 힘이 있으며, 그러한 면에서 교사는 아주 중요하고 막중한 위치에 있는 사람이다.

5 표현 시 고려할 요소

1 비언어적 요소

말은 정보 전달, 정서 표현, 관계 형성, 관점 제공의 기능을 가진다. 그러나 아무리 좋은 내용이라도 의사전달 태도에 따라서 그 효과는 달라진다. 메라비언Mehrabian의 의사소통이론에 따르면, 실제 의사소통에서 말의 내용이 전달하는 비중은 7%에 불과하다. 나머지 93%는 어조, 표정, 제스처 등 비언어적 표현들이 차지한다.

'아! 다르고, 어! 다르다' 란 말이 있다. 똑같은 말을 하더라도 어떤 어투와 어떤 전달 태도를 가지고 하느냐에 따라 그 교육적 효과는 판이하게 다른 결과를 가져온다.

- "너 나중에 잘 될 거다." (비꼬는 어조로)
- "너 나중에 잘 될 거다." (진심 어린 어조로)

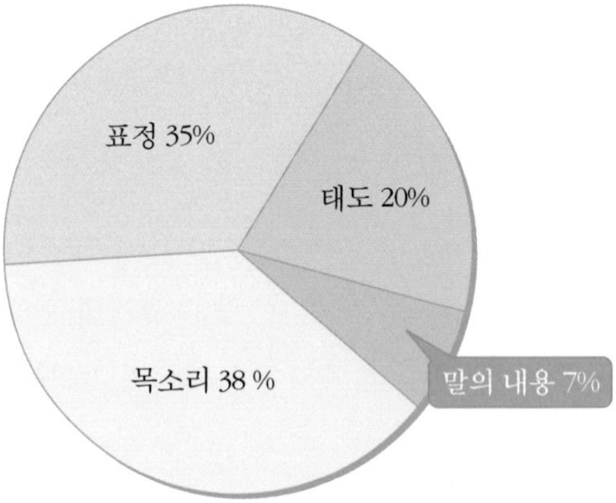

■ 의사전달 구성요소: 메라비언의 법칙 ■

똑같은 표현을 사용했지만, 비꼬는 어조로 말하면 아이는 교사에게 반발하기 쉽고 교사와의 관계가 악화될 수 있다. 그러나 진심 어린 어조로 말하면 아이는 교사에 대해 감사하는 마음을 가지고 그 교사를 더 신뢰하게 된다.

2 교사의 언어표현 대상

교사의 언어표현 대상은 크게 아이들, 학부모, 동료교사, 자기 자신으로 나눌 수 있다.

가장 큰 비중을 차지하는 대상은 아이들이다. 교사 언어표현의 대부분이 아이들과의 관계에서 발생한다. 학부모도 교사 언어표현의 중요한 대상이다. 학부모와의 협력을 통해 교육의 효과를 높일 수 있고, 초등학생의 특성상 아이에 대한 부모의 영향력이 지대하기 때문이다. 동료교사 역시 중요하다. 학교공동체 내에서 수평적인, 또는 수직적인 인간관계를 형성하며 교육활동을 함께하기 때문이다. 마지막으로 중요한 것은 교사 스스로에 대한 언어표현이다. 교사는 스스로에게 하는 말을 통해 자신의 관점을 만들어 간다. '힘든 저 녀석 때문에 선생 노릇하기 힘들어.' 를 되뇌는 것보다, '힘든 저 녀석 때문에 속은 썩고 힘들지만 내가 좀 더 성장할 수 있겠군.' 하고 생각하면 훨씬 더 건강한 교사자아상을 형성해 나갈 수 있다.

3 반복하여 익혀 내 것으로 만들기

표현은 단지 이해하고 배우는 것으로 끝나서는 안 된다. 반복하여 익혀서 자신의 입에 붙게 만들어야 한다. 습관이 되어야 유사한 상황에서 비슷한 말을 그 즉시 표현하게 된다.

2. 관점을 바꾸어 매직워드로!

너에겐 (   ) 강점이 있어!

넌 (   ) 욕구가 매우 강하구나!

모두가 힘들다고 할 때 '난 힘들지 않다.' 라고 하기는 쉽지 않다. 모두가 문제아로 바라볼 때 '가능성이 많은 아이다.' 라고 하기도 쉽지 않다. 여기서는 그 쉽지 않은 일을 함께 생각해 보려 한다. 아이에게서 보이지 않던 새로운 면을 발견하고 나면 교사는 이해의 폭이 넓어진다. 아이를 이해하게 되면 비로소 보이는 것들이 있다. 그 아이의 욕구가 이해되고 그 욕구의 표현을 강점으로 바라보게 된다. 그럴 때 아이의 가능성을 발견하고 인정해 주면서 관계가 좋아지게 된다. 그렇게 관점을 바꾸면 매직워드에 교사의 마음을 담아 표현할 수 있다.

너에겐 (   ) 강점이 있어!

상황 속으로

상황 1

훈이는 눈치가 없어서 친구들에게 눈총을 받는다.

수학시간이었다. 모든 아이들이 조용히 잘 듣고 있는데, "선생님, 통분은 안 하나요?" 하며 설명과 무관한 내용을 느닷없이 물어서 수업의 흐름을 끊었다. 어제는 영수에게, "야, 너희 아버지 괴물같이 생겼잖아."란 말을 해서 영수를 울리기도 했다. 보건교사가 비만 예방에 대해 수업을 하고 있는데도, "보건선생님, 우리 반에 윤주는 비만이 심한 거죠?"라는 말을 해서 그렇잖아도 뚱뚱한 것 때문에 고민하는 윤주의 기분을 나쁘게 했다.

문제는 그러고도 별로 미안한 기색이 없다는 것이다. 아이들이 자신 때문에 기분이 나빠졌는데도 뭘 잘못했는지 전혀 모르는 훈이! 악의는 없는데 이렇게 눈치가 없으니…….

상황 2

선영이는 어쩜 그렇게 거짓말을 잘하는지 담임선생님도 깜빡 속아 넘어갈 때가 많다. 어찌나 그럴듯한지 담임선생님도 그 교묘한 변명에 고개를 설레설레 흔들 정도다.

"어제 엄마가 갑자기 큰댁에 가자고 하는 바람에 거기 갔다 오니 밤이 너무 늦고 아침에 일어나서 하려니까 엄마가 뭘 시키시고…… 그래서 숙제를 못해 왔어요."

"숙제하려고 준비하고 앉아 있는데 모처럼 할머니가 오셔서 말동무 해 드리느라고 못해 왔어요."

"친척이 돌아가셔서 거기 같이 가자고 하는 바람에 못해 왔어요."

처음엔 담임선생님도 "저런! 그랬었구나. 다음엔 꼭 해 오도록 하자." 이런 식으로 대하고 넘어갔다. 그러나 여러 번 비슷한 상황이 전개되다 보니 나중

엔 선영이의 말을 의심하게 되었다.

"너 왜 그동안 거짓말을 했니? 내가 그동안의 일에 대해 엄마에게 다 물어봐도 괜찮겠니?" 이렇게 말하려고 벼르는 참이다.

마음속으로

선생님은 이 두 아이가 하는 짓을 보면 속이 터진다. 남의 입장과 처지를 바꾸어 생각해 보라고 여러 번 강조했건만 눈치 없이 나 몰라라 하며 하고 싶은 말을 다 하는 훈이! 어떤 상황에서나 자기 잘못을 피해 가려고 얼렁뚱땅 거짓말을 밥 먹듯이 하는 선영이! 이 두 아이의 얼굴을 보고 있으면 답답하다 못해 화가 날 때가 많다. 그래서 스트레스도 많고 아이들 얼굴을 보면 외면하고 싶어진다. 이 두 아이들만 아니라면 교실에서 짜증 낼 일은 거의 없는데…….

교실을 바꾸는 매직워드

늘 말썽을 부려서 꾸중을 자주 듣는 아이에게 "넌 ○○점이 좋아, ○○은 너의 강점이야, ○○은 너의 매력이야."라고 말하면 아이의 기분이 어떨까? 기분을 좋게 한 교사와 관계도 좋아지고, 관계가 좋아지면 교사의 말을 잘 듣게 될 것이다.

"너에겐 (   ) 강점이 있어."

왜 이 표현인가요?

강점 이해하기

훈이는 미숙한 부분이 있으므로 아직 아이들의 핀잔이나 교사의 타이름을 제대로 이해하지 못한다. 선영이는 나름 변명거리를 그럴 듯하게 늘어놓으며 그것에 대해 자부심을 가지고 있을 수도 있다. 이때에 교사가 어설프게 지도하면 관계만 나빠지기 쉽다.

관계도 좋게 유지하면서 바람직하지 못한 습관을 어떻게 고칠 수 있을까? 관점 전환이 필요하다. 아이의 에너지 넘치는 영역이 어딘가를 살펴보면 분명히 발견되는 부분이 있다. 이 부분을 그 아이의 강점이라고 해 두자. 강점을 발견할 때 일단 도덕적인 잣대는 내려놓아야 한다. 아이들에 대한 선입견이나 판단하는 마음을 내려놓으면 그 아이의 강점이 보인다.

1 강점의 이해

강점one's strengths의 의미는 잘할 수 있는 것, 잘하는 것, 남보다 두드러지게 뛰어난 것 등으로 말할 수 있다. 훈이는 눈치 없이 하고 싶은 말을 거리낌 없이 하고, 선영이는 상황에 따라 마치 사실처럼 꾸며 대기를 아주 잘한다. 말하면 도덕적으로 좋지 않은 점을 그렇게 말할 수 있을까 하고 의아해하는 사람도 있을 것이다.

여기서 중요한 것은 판단하지 말고 남보다 두드러진 그것이 무엇이냐를 먼저 찾는 것이다. 도덕적이냐 아니냐를 먼저 판단하면 강점을 찾기 힘들다. 관점을 전환해야 강점이 보인다. 강점을 발견하는 데 있어 장애물은 옳은 것과 옳지 않은 것을 이분법적으로 판단하는 것에 길들여진 우리의 습관이다.

그렇다면 관점을 바꾸기 위해 우리가 먼저 알아야 할 것들을 짚어 보자.

2 뇌와 강점 발달의 이해

『아이의 10년 후를 결정하는 강점혁명*Your child's strengths*』(Fox, 2008)과 『탄생 초기 3년의 신화*The myth of the first three years*』(Bruer, 1999)에 의하면, 태아가 엄마 배 속에서 자라는 과정에서부터 강점 관련 요소가 의식된다고 한다. 예를 들어, 엄마가 음악을 자주 들으면 출산 후 아이는 상대적으로 음악에 더 민감하게 반응하는 아이가 된다고 한다. 이런 배경에서 태교가 필요한 것이다.

4개월 정도 된 태아의 뉴런은 약 1,000억 개라고 한다. 그러다가 탄생 후 3년 동안 약 1만 5,000개의 축색돌기로 뭉치며 정리가 된다. 그러면서 환경과 상호작용의 과정에서 자극을 자주 받는 것은 뇌세포가 강화되고 그렇지 않은 것은 약화된다. 이런 과정을 거치며 16세까지는 필요 없는 시냅스를 끊어 내거나 약간의 시냅스를 늘려 가는 작업이 진행된다. 이 과정을 통해 남보다 더 잘하거나 두드러진 것들이 어느 정도 정리가 된다.

3 강점을 잘 살린 사례

여기서는 강점을 잘 살린 사례를 소개하고자 한다.

양현석 이야기

1990년대를 주름잡던 '서태지와 아이들' 을 모르는 사람은 없을 것이다. 이 그룹의 멤버였던 양현석은 현재 YG엔터테인먼트 회사의 대표다. 양현석은 자신의 성공비결로 어려서부터 '잘할 수 있는 것' 에 집중한 것을 꼽았다. 자신이 좋아하는 것도 춤과 음악, 잘할 수 있는 것도 춤과 음악, 그러다 보니 춤과 음악과 관련된 일에 온 에너지를 다 쏟으며 살아왔다는 것이다.

어느 공인노무사의 이야기

한 공인노무사는 초등학교 3학년 때까지도 한글을 몰라서 학교 수업에 거의 흥미를 느끼지 못했다고 한다. "우두커니 책상만 지키고 있는 아이입니다."란 말이 통지표에 적힐 만큼 학교생활에 흥미가 없었던 그의 별명은 '미련곰탱이' 였다. 어려운 가정살림에 등록금을 제대로 내지 못하던 그는 중학생 때 가출을 하고 이리저리 방황하다가 소년원에 들어가서 청소년기를 보냈다. 거기서 다행히 좋은 교사를 만나 인생의 방향을 정하게 되었고, 출소해서는 방문 화장품 외판원 생활도 했다. 그러다가 택시회사에 들어가 영업용 운전을 하면서 노무관계에 관심을 가지게 되었다. 택시운전 중에도 짬짬이 핸들에 붙인 학습지를 보는 등 오로지 노무사가 되기 위한 시험 준비에 올인을 했고, 결국 시험에 합격했다. 그는 학력도 변변찮은 자신이 공인노무사가 되고 책도 낼 수 있었던 것은 자신만의 강점 때문이라고 말했다. '미련 곰탱이' 란 별명에서 느낄 수 있듯이 한자리에 앉으면 미련할 정도로 일어나지 않던 자신의 강점 때문에 결국 성공적인 결과를 얻을 수 있었던 것이다.

이 두 이야기에서 느낄 수 있는 점은 무엇인가? 두 사람은 모두 자신의 강점에 집중하고 잘 활용하여 나름의 성취를 이루어 냈다.

4 강점 발견의 장애물

모든 아이는 자신만의 강점이 있다. 그런데 왜 그것이 잘 안 보일까?

미국 심리학회 회장을 지낸 마틴 셀리그만Martin Seligman은 그동안 축적된 연구물을 분석하다가 깜짝 놀랐다. 사람들은 행복이나 성취 및 건강한 삶보다는 병리적인 것, 우울한 것 등 부정적인 쪽에 더 관심이 많았기 때문이다. 그것도 무려 1000 : 1의 비율로 차이가 난 것을 발견하고 이렇게 세상의 관심이 부정적인 쪽으로 흐르다가는 결국 세상의 분위기가 어두워지지 않을까 하여 사람들의 관심을 긍정적인 쪽에 집중시키는 심리학을 창시했는데 그것이 바로 '긍정심리학' 이다.

긍정심리학에서는 행복한 삶을 위해서 사람들의 강점에 관심을 가진다. 그런데 연구과정에서 사람들이 강점을 발견하는 데 장애물이 있음을 발견하였다. 예를 들어, 부모들에게 자녀의 국어(96점), 수학(64점), 영어(98점), 생물(86점)의 시험 결과를 보여 주고, 제일 먼저 관심 가는 과목이 무엇이냐는 질문을 해 보았다. 수학이라고 응답한 부모가 77%, 영어라고 응답한 부모가 6%였다. 좋은 영어 성적에 대한 인정과 칭찬보다는 아쉬운 수학 점수에 대해 관심을 기울이는 부모가 절대적으로 더 많았다는 것이다.

그렇다면 왜 이렇게 부정적인 쪽에 먼저 관심이 가는 것일까? 사람들은 모두 강점과 약점이 있다. 그런데 자기 내면의 약점에 대한 두려움 때문에 강점을 당당히 드러내지 못한다고 한다. 강점을 드러내다가 약점도 드러날까 봐 아예 강점까지도 숨기는 경향이 있다는 것이다. 자신을 그렇게 보다 보니, 다른 사람을 볼 때도 강점을 먼저 보고 인정해 주기보다는 약점을 지적해 주기가 더 쉽고 빠르다는 것이다.

교사나 부모는 아이들의 약점을 보완해 주려고 먼저 지적하지만, 섣부른 지적은 약점을 보완하기는커녕 관계를 나쁘게만 할 뿐이다. 관계가 나빠지면 아무리 옳은 이야기를 해도 마음을 닫아 버린 후라 쇠귀에 경 읽기다.

5 관점 전환하기

관점을 바꾸는 것은 하루아침에 되는 일이 아니다. 따라서 꾸준한 연습을 통해 강점을 바라보는 습관을 만들 수 있다. 앞에 나온 훈이와 선영이의 사례를 통해 함께 강점 찾기를 연습해 보자.

훈이의 강점

예 하고 싶은 말을 하는 용기가 있다, 목소리가 크다, 아이들이 뭐라 해도 개의치 않는다, 천진난만하다 등

선영이의 강점

예 교사가 물으면 대답을 한다(묻는 말에 대답을 안 하는 아이들도 있다), 숙제를 꼭 해 와야 하는 것은 알고 있다, 임기응변에 강하다, 둘러대기를 잘한다 등

이런 표현도 있어요!

- 너는 주위가 아무리 시끄러워도 집중해서 책을 읽는구나. 그건 너의 강점이야!

- 넌 우스갯소리를 잘해서 아이들을 잘 웃기는구나! 그것이 너의 강점이야!

- 수업 중에 엉뚱한 질문을 해서 선생님이 가끔 곤란하긴 하지만, 그건 네가 선생님의 설명에 관심을 보인 것이고 질문하려는 용기도 있다는 증거야. 그게 너의 강점이란다.

- 얼렁뚱땅 둘러대기로 순간을 넘기는 것은 너의 강점이야! 그런데 둘러댈 일을 만들지 않는다면 넌 더 멋지게 될 수 있어!

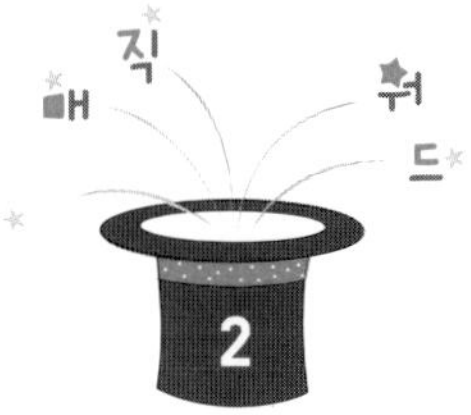

넌 (   ) 욕구가 매우 강하구나!

상황 속으로

상황 1

조 선생님네 반에는 엄격한 규칙이 있다.

아침에 등교하면 책가방을 열어 책과 공책을 차례대로 정리해 놓고 조용히 자리에 앉아서 자습을 해야 한다. 학년 초에 아주 엄격하게 규칙을 제시했던 것이 효과가 있었다. 그런데 가끔 조 선생님이 회의를 마치고 교실에 들어가면 후닥닥 제자리로 뛰어가는 아이들이 눈에 띈다. 그러고 나서는 곧 조용해진다. 방금까지도 분명 무슨 일이 있었던 것 같은데……. 아침부터 괜히 큰소리를 내면 하루 종일 기분이 좋지 않으니까 웬만하면 모른 척하고 넘어가곤 했었다.

쉬는 시간에도 화장실 가는 일 외엔 다음 시간 예습을 해야 한다. 복도에서 시끄럽게 떠드는 다른 반 아이들이 힐끗힐끗 교실 안쪽을 들여다보다가도 조 선생님과 눈이 마주치면 움찔하고 눈을 피한다.

방과 후, 조용하던 교실을 벗어나면 그때부터 아이들은 해방감을 만끽한다.

교문 밖만 나가면 가방을 휘돌리며 군것질거리도 사 먹고 다른 반 친구를 만나서 수다도 떨며 자유를 즐기느라 시끌벅적 좋아한다.

아이들 사이엔 암묵적인 약속이 있다.

하나, 군것질을 했다는 것을 절대로 선생님께 말하지 않기!

둘, 우리 반 불만거리를 다른 반에게 말했다는 것을 절대로 이르지 않기!

상황 2

박 선생님네 반은 주변에서 시끄럽다는 항의를 많이 받는다. 순시하던 교감 선생님까지도 한 말씀 하신다.

"거, 선생님 반은 너무 시끄러운 것 아닌가요?"

"아이들이 시끄러운 것은 정상이라고 생각하는데요."

"그래도 이웃 반에 피해는 주지 마세요. 수업시간인지 쉬는 시간인지 구별은 돼야 하지 않을까요?"

“저는 그 정도는 아니라고 생각하는데요?”

박 선생님은 아이들을 조용히 시키는 데 별 소질이 없다. 오히려 아이들이 활발하게 떠들고 노는 것을 즐긴다고 말하는 것이 나을 것이다. 그렇다고 수업시간을 소홀히 하는 것은 아니다. 아이들과 소통하며 주어진 학습주제를 충실히 다루고 있고, 또 시험을 보면 학력이 떨어지지도 않는다. 오히려 더 나은 편이다.

박 선생님네 반 아이들도 하교 시간이 즐거운 것은 다른 반과 마찬가지다. 하지만 담임선생님에 대한 불만을 몰래 말하거나 뭔가를 숨기는 일은 하지 않는다. 특별히 담임선생님 몰래 따로 하는 일이 없기 때문이다.

마음속으로

아이들이 시끄러운 것을 절대로 용납하지 못하는 교사들! 아이들은 원래 자유롭게 떠들고 시끄러운 것이 정상이라고 생각하는 교사들! 교사의 성향에 따라 교실 분위기는 매우 다르다. 교사의 아동관(兒童觀)이 어떠하냐에 따라 아이들에 대한 교사의 지도방법도 달라진다.

조 선생님은 아이들에 대한 자신의 지도방법이 완벽하다고 자부한다. 하지만 아이들을 통제하지 않아 늘 시끄러운 박 선생님의 지도방법에 대해서는 불만이 많다. 박 선생님은 아이들이 떠드는 것은 정상인데 그 정도도 받아들이지 못하는 옆반 조 선생님에게 못내 섭섭하다.

교실을 바꾸는 매직워드

건강한 아이들은 끊임없이 움직인다. 그 움직임이 시간과 장소에 적합하지 않을 때 교사는 바른 행동을 지도하기 위해 여러 가지 말을 한다. 예를 들어, "너 왜 복도에서 뛰지?" 와 같이 말이다. 그런 식의 말을 바꾸어 이젠 매직워드의 관점으로 표현해 보려 한다.

"넌 (   ) 욕구가 매우 강하구나!"

왜 이 표현인가요?

윌리엄 글래서William Glasser는 인간은 누구나 이 기본욕구basic needs를 가지고 있으며 기본욕구를 충족할 때 행복하다고 말하였다. 그의 이론에 따르면, 욕구는 행복과 불행의 매우 중요한 결정요인이다. 이제 그 기본욕구에 대해 자세히 알아보자.

1 생존survival의 욕구

뇌를 신뇌와 구뇌로 구분한 글래서에 의하면, 생존의 욕구는 구뇌에서 관장한다고 한다. 말 그대로 살기 위한 욕구다. 졸리면 자야 하고, 배고프면 먹어야 하고, 목이 마르면 물을 마셔야 하고, 친밀감을 확인하고 싶으면 성생활을 해야 하고…….

갓 태어난 아기도 이 생존 본능으로 우는 것이다. 그 울음을 듣고 엄마는 즉각적인 반응을 한다. 아픈지, 배가 고픈지, 쌌는지, 졸린지를 울음소리 하나로 알게 되는 것이니 생존의 욕구란 기본욕구 중에서도 기본이 된다고 할 수 있다.

위험이 오는 것을 직감하면 순간적으로 몸을 피하거나 손으로 얼굴을 가리는 것도 모두 생존을 위한 본능적인 대응이다.

2 사랑(소속)belonging의 욕구

인간은 사회적 동물로 사람들 속에서 인정받고 사랑받으며 감정의 교류를 하면서 살아가는 존재다. 내가 사랑받고 있는지 아닌지는 무엇으로 알 수 있을까? 상대방이 나를 대하는 태도나 자세를 보고 또는 느낌으로 금방 알 수 있다. 나를 소중히 대하는지, 귀찮아하는지, 눈빛이나 표정은 어떤지, 친절하게 대해 주는지 등은 사랑받고 있는지를 확인하게 하는 중요한 단서들이다.

가끔 왕따를 당하는 아이들이 극단적인 선택을 하는 경우가 있다. 그것은 사랑과 소속의 욕구가 채워지지 않아서 행복하지 않고 외로움을 감당하지 못해 그런 선택을 하는 것이다. 때로 그런 선택을 하게 할 만큼 이 욕구는 강한 것이다. 따라서 아이들이 교실에서 사랑받고 있음을 확인시켜 주는 것이 중요하다.

3 자유로움freedom의 욕구

인간은 누구나 자유를 갈구한다. 시계 태엽을 계속 감기만 하면 나중에는 결국 끊어진다. 충분히 감았으면 서서히 풀어 주기도 해야 한다. 실력을 올린다고 쉬는 시간도 주지 않고 공부를 하도록 강요하면 안 된다. 강요당할 땐 어쩔 수 없이 공부하는 시늉을 하지만, 뇌는 활성화되지 않고 스트레스 호르몬은 방출되며 능률은 오르지 않는다.

아이들이 체육시간을 즐기는 것도 교실의 딱딱한 의자보다는 넓은 공간에서 마음껏 뛸 수 있기 있기 때문이다. 선생님은 아이들의 자유로움에 대한 갈망을 눈치 채고 적절히 허용해 주는 지혜가 필요하다.

4 즐거움fun의 욕구

인간은 즐거움을 느낄 때 활기차고 능률도 오른다. 이 욕구가 적절히 충족되지 않으면 스트레스가 쌓이고 우울해진다. 아이들도 마찬가지로 즐거움이 충족되지 않으면 불평불만이 쌓이고 사소한 자극에도 대항하거나 공격적인 태도로 대응한다.

요즘은 무엇을 해도 즐거움의 욕구를 생각해야 한다. TV 예능 프로그램의 변화가 단적으로 이 욕구 충족의 시대임을 대변하고 있다. 여러 방송사의 TV 프로그램을 살펴보면 매일매일 오락과 엔터테이너들의 활약이 대단하다. 다양한 토크쇼에서도 말하는 즐거움, 금기시하던 분야를 들여다보는 쾌감, 가려진 부분을 들춰 보는 매력, 참고 있던 말을 터뜨림으로써 얻는 만족감 등이 프로그램 구성의 주요인이 되고 있다. 마음껏 비하인드 스토리를 털어놓으면서 즐거움을 만끽하는 것이다.

그런데 이 욕구는 적절히 자제할 필요가 있다. 왜냐하면 즐거움 → 쾌락까지는 좋은데 적절히 끊지 않으면 즐거움 → 쾌락 → 타락의 과정으로 갈 수 있기 때문이다.

5 힘power의 욕구

인간이라면 누구나 자신에게 힘이 있음을 확인하고 싶어 한다. 즉, 존재감과 관련이 있다. 명예로운 자리에 오르고 싶어 하고 권력을 잡고 싶어 하고 돈을 많이 벌고 싶어 하는 것 모두 힘의 욕구의 표현이다. 학급에 전입생이 오면 남학생들은 은근히 누가 힘이 더 센가를 비교해 보고 싶어 한다. 그래서 방과 후에 화장실 뒤에서 만나자고 하거나 놀이터로 나오라고 협박하기도 한다. 누가 더 힘이 센지 서열을 매기고 싶은 것이다.

어렸을 때는 이렇게 물리적인 힘을 비교하느라 애를 쓰지만, 성장하면 이 욕구는 얼마나 영향력을 많이 미칠 수 있는가에 관심이 쏠린다. 공부를 많이 해서 사회적 지위를 높이 올리는 것, 국회의원이나 대통령이 되려고 하는 것, 먹고 살 만한 재산이 있음에도 계속 더 많은 재물을 추구하는 것, 상대방을 누르고 내가 더 우위에 서려고 하는 것, 미인을 차지하려고 하는 것 등도 모두 힘의 욕구의 표현인 것이다.

건강하게 표출되는 힘의 욕구는 자기와 세상을 긍정적으로 변화시킨다.

6 욕구와 강점

사람마다 다섯 가지 욕구 중에 더 강한 부분이 있다. 힘의 욕구가 강한 사람은 집단의 리더가 되고 싶어 하고, 자유로움의 욕구가 강한 사람은 다양한 경험을 선호한다. 생존의 욕구가 강한 사람은 잘 먹고 잘 자면 삶이 행복하다고 느낀다.

욕구를 자연스럽게 충족하게 되면 그것이 그의 강점으로 쌓인다. 예를 들면, 자유로움의 욕구가 강한 사람이 다양한 경험을 했을 때, 그것은 그 사람만의 독특한 강점이 될 수 있다.

이런 표현도 있어요!

- 넌 사랑과 소속의 욕구가 매우 강하구나!
- 넌 즐거움의 욕구가 아주 강한 아이야!
- 넌 힘의 욕구가 매우 강한가 봐!
- 넌 자유로움의 욕구가 아주 강해!

학생

3. 우리 아이들 3D로 이해하기

눈앞에 보이는 행동만으로 아이를 평가하거나 판단하면 큰 실수를 할 수 있다. 아이의 사정을 모른 채 오해하여 잘못 지도하게 되면 아이의 일생에 좋지 않은 영향을 미치게 된다. 아이가 처한 환경을 종합적으로 살펴보면서 이해하게 되면 아이에게 특성화된 방법으로 지도할 수 있다. 이러한 접근방법을 여기서는 '3D로 이해하기'라 명명하였다. 이와 같은 이해는 아이가 처한 생태체계환경을 살펴보는 것으로 가능하다.

생태체계환경 속의 아이들 Child in Environment: CIE

상황 속으로

윤재는 늘 표정이 어둡다. 뿐만 아니라 누가 기분 나쁜 소리라도 하면 금세 공격적인 태도로 돌변하여 험악한 행동을 한다. 그래서 수업시간에 아무것도 안 해도, 준비물이 없어도, 묻는 말에 대답을 안 해도 김 선생님은 윤재에게 뭐라고 하지 않으신다. 다만 수업을 방해하지 않고 가만히만 있어 주면 오히려 고마울 정도다.

그런 윤재가 2학기가 되면서 조금씩 변하고 있다. 수업활동에 관심을 보이기 시작하고 교과서도 책상 위에 펴 놓고 있는 것이다. 윤재의 변화를 눈치챈 교과 교사들이 윤재를 칭찬하기 시작했다. 담임선생님은 알고 있다. 무엇이 윤재를 변하게 하고 있는지를…….

그것은 지난 여름방학 중 학습부진아 특별 집중수업 시간에 수업을 보러 들어갔던 것이 계기였다. 우연히 윤재가 활동에 몰입하는 모습을 보고 깜짝 놀란 것이었다. 학습부진아 반에서 아이들과 함께 팀빌딩 수업을 하고 있는데 윤재네 팀에서 윤재가 가장 주도적으로 열심히 활동을 하는 것이었다. 그런 모습을 처음 본 담임교사는 윤재가 어찌나 이쁜지, "야, 우리 윤재가 최고다!" 하며 등을 두드려 주었다. 윤재도 양손을 벌려 으쓱하는 듯한 동작을 했다.

1 3D로 이해하기란

여러분은 3D$_{dimension}$ 영화 〈아바타〉를 기억할 것이다. 많은 사람이 관심을 가지고 보았던 그 영화는 기존의 평면적 영상을 입체영상, 즉 3차원으로 구성한 화면에서 오는 현장감과 긴장감으로 인해 많은 관심을 끌었었다. 이 장에서 이 3D의 개념을 가져온 것은 요즘 아이들을 제대로 이해하기 위해서는 특별한 전략이 필요해서다. 아이들을 볼 때, 그 아이의 가정과 아이가 속한 사회 및 확대 지역의 환경과 특성까지 고려하는 것이다. 이러한 종합적인 접근을 입체영상에 빗대어 '3D로 이해하기' 라고 표현하였다.

2 생태체계환경 이해하기

생태체계환경이란 생태, 체계, 환경의 개념이 융합된 개념이다. 아이는 부모가 제공한 양육환경을 무시할 수 없고 부모는 확대가족이나 사회의 영향을 무시할 수 없으며 사회는 국가 및 세계, 즉 국제사회의 영향을 받으며 유지 및 발전된다.

다음의 그림을 보며 체계에 대해 생각해 보고자 한다.

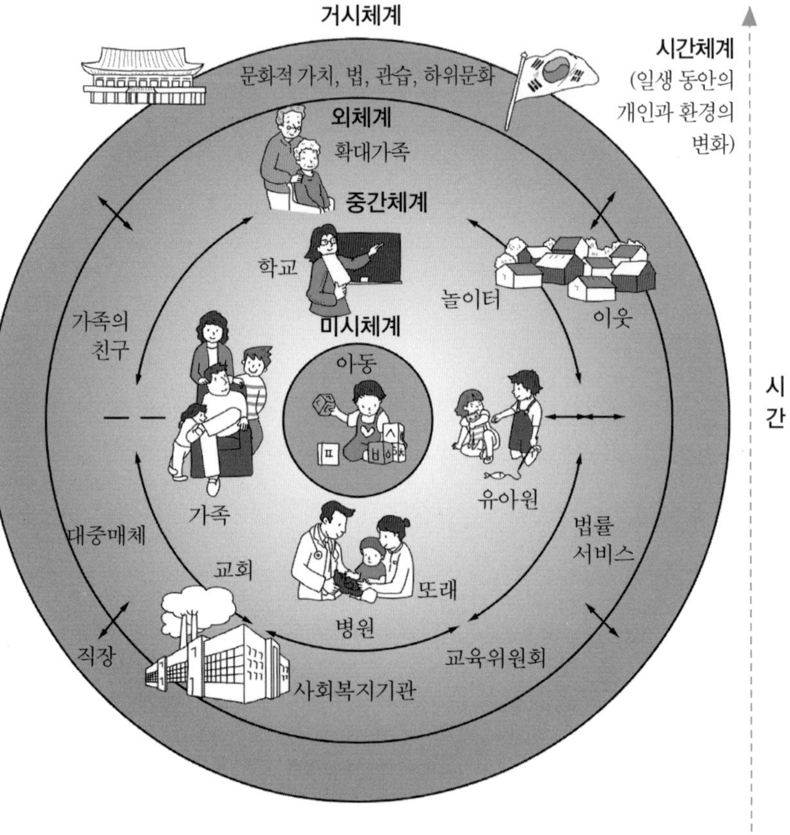

■ 생태학적 체계 모델 ■

출처: 정옥분(2013), p. 97에서 재인용.

1 체계의 특성

생태체계학적 관점에서 볼 때 인간은 그가 처한 환경 안에서 상호작용의 관계를 유지하고 있다. 생물체로서의 인간은 외부 세계와 끊임없이 교류하는 개방체계(열린체계)에 속해야 건강하게 살아갈 수 있다. 교류가 안 되는 상황을 폐쇄체계(닫힌체계)라고 하는데, 폐쇄체계 안에서 살아가는 가족이나 개인은 외부세계와의 교류가 없기 때문에 여러 가지 문제가 많이 발생한다. 때로는 극한의 생존 문제를 겪고 있어도 주변에서 아무도 모른 채 혼자서 삶을 마감한 극단적인 사례도 있다. 건강한 삶을 영위하려면 개방체계가 되어야 서로 교류하면서 상호 성장하고 안정적인 성장을 할 수 있다.

그렇다면 아이가 처한 체계를 좀 더 자세히 이해해 보자.

미시체계

앞의 그림에서 아동과 가장 가까이 있는 환경이 미시체계다. 아동의 부모를 중심으로 한 가족, 친구, 학교가 미시체계에 포함된다. 이들 미시체계의 구성원들은 아동과 직접적인 상호작용을 한다. 미시체계는 아동의 성장과 더불어 변화한다. 만일 학급에 문제행동을 지도할 필요가 있는 아이가 있으면 교사의 거의 모든 관심이 이 미시체계로 쏠린다. 양육 분위기와 환경을 알아보아야 아이를 잘 이해할 수 있기 때문이다.

이 미시체계는 아동의 발달과 성장에 직접적으로 영향을 미치므로 교사가 아이를 지도할 때 가장 우선적으로 고려해야 하는 환경이다. 미시체계를 좀 더 세분화하면 가족 미시체계(아이와 형제 및 부모로 구성됨), 친구 미시체계(아이를 중심으로 구성된 친구관계), 운동팀 미시체계(아이와 코치 및 선수로 구성된 관계)다. 요즘은 사교육 미시체계(보습학원, 방문교사, 예체능 지도교사 등)도 고려해야 할 정도로 시대가 변하고 있다.

중간체계

중간체계는 미시체계와 미시체계 사이의 상호관계, 즉 인적 · 물적 환경들과의 관계를 말한다. 부모와 교사의 관계, 형제관계, 이웃관계, 또래관계 등인데, 이 체계들 간의 관계에 교류가 잘 일어나고 원활할수록 아동의 발달과 성장은 순조롭고 원만하다. 중간체계들 간의 소통이 잘 안 되면 그 안에서 자라는 아이는 부정적인 영향을 받을 수밖에 없다. 그래서 부모는 아이가 정서적으로 편안하게 잘 적응할 수 있도록 자녀의 미시체계에 관심을 가져야 한다.

중간체계 사이에서 발생하는 문제들은 대부분 습관이나 행동의 차이 및 가치관과 신념의 차이에서 온다. 예를 들어, 아이가 점점 자라 사춘기가 가까워지면 생각하는 것과 행동하는 것이 어렸을 때와는 달라진다. 갑자기 부모가 싫어하는 행동과 말을 하기도 하고, 심지어는 약물중독에 노출되기도 한다. 이런 행동이 친구 미시체계로부터 영향을 받았다면 그러한 가치를 싫어하는 부모와 갈등이 생기기도 한다.

교사가 이러한 중간체계들 간의 관계에 대해 이해하고 있으면 학부모상담이나 아이의 생활지도에 도움이 된다.

외체계

앞의 그림에서 보듯이, 외체계는 아동과 직접 관계하지는 않지만 아동에게 많은 영향을 미치는 사회적인 환경을 말한다. 부모의 친구들이나 직장 상사, 확대가족, 대중매체, 넓은 범위의 이웃, 사회복지기관, 교육청 등이 외체계에 해당된다. 이들의 생각이나 제도 등은 학교와 부모에 영향을 미치고, 결국 아동에게도 영향을 미치게 된다.

외체계인 교육정책이나 제도가 바뀌면 아이가 다니는 학교의 교육과정에 영향을 미치고, 아이들이 직접 배우는 교실수업을 통해 변화가 나타난다. 요즘 학교에서 강조하는 창의적 체험활동이나 행복교육 및 배려와 공감하기 등이 바로 그러한 예다. 따라서 교육정책이나 제도는 아이들에게는 중요한 의미를 갖는 외체계 변인이라 할 수 있다. 예를 들어, 학교보안관제도 시행은 우리 아이들을 보호하는 차원에서는 매우 바람직한 제도다. 이 제도로 인해 학교 안의 아이들이 안전하게 보호를 받을 수 있게 되었다. 일부 학부모들이 정책을 입안하는 지위나 예산에 적극적으로 개입하여 영향을 미치고자 하는 것은 바로 이런 이유에서다.

따라서 부모나 교사는 어떤 교육제도나 정책의 결정이 우리 아이들에게 궁극적으로 도움이 되는 것인지 민감하게 살펴봐야 한다.

거시체계

거시체계는 모든 체계를 포함하면서 한 개인이 살고 있는 그 시대와 지역의 문화적 환경까지를 포함한다. 즉, 미시체계, 중간체계, 외체계의 모든 인적·물적 환경과 전통, 관습, 법과 제도 등 일체의 모든 것을 말한다. 다시 말하면, 모든 시대적·역사적·사회적 문화의 총체와 환경이라고 표현할 수도 있다.

지금 우리의 아이들은 제한된 장소와 공간에 살지만, 인터넷이라는 무제한적인 사이버공간의 확대 안에서 외국인들과도 얼마든지 교류할 수 있는 환경, 그러면서 서로 영향을 주고받을 수 있는 환경에서 살고 있다. 글로벌한 시대의 거시체계는 공간을 초월하여 개인과 개인의 소통까지도 가능해진 것이다.

시간체계

시간체계는 앞의 그림에서 보듯이 화살표가 의미하는 것이다. 아동은 시간과 공간의 변화 속에서 성장한다. 시간체계는 아동의 성장기 동안 전생애에 걸쳐 일어나는 여러 가지 변화 및 사회역사적인 환경을 포함한다. 시간의 흐름은 가족과 아동에게 생각과 행동의 변화를 가져온다. 예를 들어, 3학년짜리 남자아이가 부모가 이혼하여 엄마가 없는 가정에서 아버지에게만 의지하고 살았다고 해 보자. 어려운 적응기를 지나다가 아버지가 재혼하여 새엄마가 생긴 이후에는 아이의 삶에 변화가 올 수밖에 없다. 새엄마가 생겨서 좋을 수도 있고 오히려 친엄마를 떠올리며 갈등을 겪을 수도 있다. 또 그 반대도 생각해 볼 수도 있다. 부모가 행복하게 살아가는 분위기 속에서 성장하던 아이가 갑자기 부모 중 한쪽을 잃을 경우 이 아이는 새로운 환경에 적응하느라고 어려움을 겪을 것이다. 시간이 흘러 책임 있는 청년으로 성장하게 된 경우 이 청년은 많은 변화를 보인 자신의 모습을 돌아보며 바로 시간체계 안에서의 자신의 변화를 객관적으로 볼 수 있을 것이다. 이렇듯 사람은 시간체계 안에서 변화하며 살아간다.

교사는 아이를 바라볼 때 공간적인 체계와 시간적인 체계환경을 함께 고려하면서 이해해야 생활지도 및 생활교육을 잘할 수 있다.

2 체계의 특성

체계는 모빌과 같다

체계를 왜 모빌에 비유했는지 한번 생각해 보자. 안정되어 있던 모빌의 어느 한 개를 살짝 건드리기만 해도 모두 균형을 잃고 흔들린다. 가족체계에서 가족 구성원 중의 어느 한 사람이 어려움을 당하면 온 가족이 함께 신경을 쓰면서 평온이 깨지기도 한다. 그러다가 서서히 균형을 잡게 된다. 마치 흔들리던 모빌이 제자리를 찾아 서서히 정지하듯이, 가족도 다시 안정감을 누리게 되는 것이다.

모빌이 약간씩 흔들릴 때 더 아름답듯이, 가족도 정지되어 있는 것보다는 약간의 스트레스가 있는 것이 더 이상적이라는 의견도 있다. 가족이 견딜 수 있는 힘을 서로 확인하고 도전적인 기회도 경험해 보면서 가족의 힘을 기를 수 있다는 것이다. 어려움을 겪으면서 성숙이나 성장이 따라오듯이 가족 구성원들이 겪는 어려움은 서로서로에게 간접적인 경험이 되면서 위로와 격려와 지지 속에서 더 단단해지는 것이다.

가족체계 안에는 여러 하위체계가 있다

가족체계 안에는 기본적으로 부부 하위체계, 부모-자녀 하위체계, 형제자매 하위체계가 있다.

- **부부 하위체계:** 가족체계 안에서 부부는 중심이 되어야 한다. 부부관계는 가정생활의 중심이다. 부부관계의 건강은 곧 가정의 건강과 자녀의 건강한 성장을 가져온다. 부부가 대화를 자주 나누고 화목하며 생각이나 의견 및 가치관이 일치될 때 자녀는 그러한 부모의 모습을 보면서 안정감을 갖고 심신이 바르게 성장할 수 있다. 혹 노부모를 모시고 사는 가족이라도 노부모가 중심이 되어야 하지 않을까 하는 생각은 착각이다. 부부가 중심이 되어서 노부모를 모시는 입장의 관계 형성을 해야 한다.
- **부모-자녀 하위체계:** 자녀가 있는 가족은 부모-자녀 하위체계가 중요하다. 이 체계가 건강하려면 의사소통이 민주적이어야 하고, 가정 안에서 자녀가 존재감을 누릴 수 있도록 서로 존중하는 분위기를 조성하는 것이 필요하다. 또 부모가 자녀의 정서를 다루는 방법을 잘 알아서 서로 공감하는 가운데 자유롭고 긍정적이며 즐거운 분위기가 되도록 한다.
- **형제자매 하위체계:** 형제자매체계는 가정에서 상호작용이 가장 많이 일어

나는 체계다. 나이 차가 적으면 친구같이 지내서 좋고, 나이 차가 좀 있으면 위계를 세워 질서를 잡아 나가는 것이 중요하다. 가정에서 이러한 훈련이 잘된 아이들은 밖에 나가서도 대인관계 영역에서 자신의 역할이나 위치를 잘 파악하고 적극적으로 관계를 맺을 수 있다. 반면, 형제자매 관계에서 그러한 자리매김이 잘 안 되면 이로 인해 쌓인 불만 요소가 성품적인 결함으로 나타나 대인관계 영역에서 부정적인 영향을 미칠 수 있다.

형제자매체계가 열린체계가 되어 소통이 잘되고 서로 아끼고 사랑하는 관계가 되게 하려면 부모의 양육방식이 매우 중요하다. 형제자매 간에 불만이 없으면서도 서로 존경하고 아끼도록 하려면 부모가 자녀를 대할 때 동등하게 대우해 주고 경청하는 것이 중요하다. 불만이 쌓여 닫힌체계가 되면 형제자매가 자주 싸우거나 냉랭한 분위기가 되어 가정의 분위기

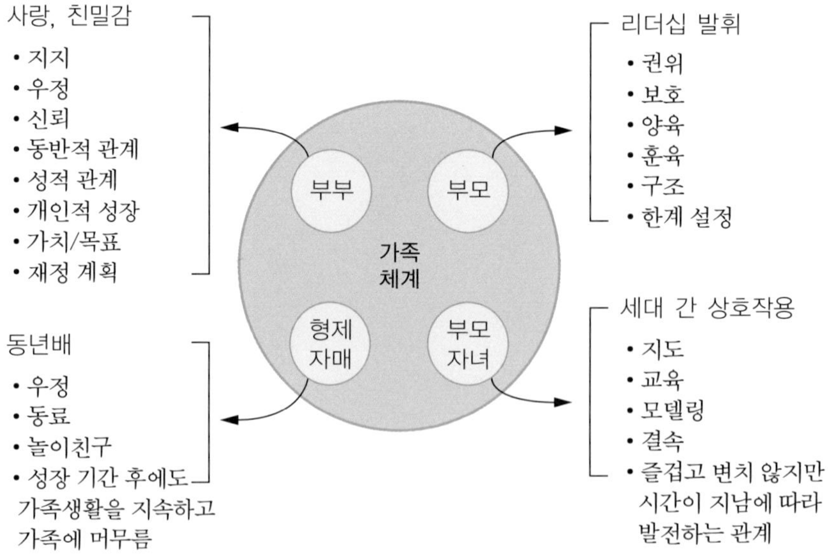

■ 가족구조: 하위체계와 역할 ■

도 안 좋아지게 된다.

체계가 건강하게 유지되려면 소통이 잘 이루어져야 한다. 아울러 하위체계는 그보다 더 상위체계나 그 외의 다른 체계와 소통이 잘되도록 영향을 미치는 사람의 역할이 중요하다.

'한 아이를 기르기 위해서는 온 마을이 필요하다.'라는 아프리카 격언에 담긴 의미는 바로 아동이 건강하게 잘 자라기 위해서는 건강한 생태체계환경 속에서 서로 소통이 잘되고 격려와 지지 및 도움이 일어나야 한다는 것이다.

3 가족체계 안에서의 문제

가족체계가 건강해야 가족 구성원이 건강하고 행복한 삶을 살 수 있다. 그런데 어떤 한 구성원이 사고 · 감정 · 행동상의 문제를 갖고 있으면 가족은 그 여파로 흔들리거나 위기를 맞을 수도 있다. 가족이 살아가면서 겪을 수 있는 문제들을 알아보자.

- **부부간의 문제:** 원가족과 분리되면서 새로운 신혼부부 정체감 형성과 관련된 문제, 의견 불일치로 인한 의사소통의 문제, 문제해결 능력의 결여로 인한 문제 등
- **맞벌이 가정의 문제:** 가사분담의 문제, 자녀양육의 문제, 무리한 일로 건강과 여가생활의 문제 등
- **자녀양육의 문제:** 양육방식의 문제, 아동발달에 관한 배경지식의 부재로 인한 문제, 아동의 습관 형성의 문제, 중독의 문제 등
- **자녀 결혼과 관련한 문제:** 독립과 자율에 대한 기대와 관련한 문제, 빈둥지 증후군과 관련한 문제, 은퇴와 관련한 역할 상실의 문제, 취업이나 결

혼이 늦어지는 것과 관련한 문제 등

- **노부모 돌보기의 문제:** 고령화 장수시대가 되면서 연로한 부모의 부양책임에 관한 가족의 부담 문제 등
- **한부모가정과 재혼가족의 문제:** 이혼가정이 늘어 가면서 발생한 한부모가정 자녀의 문제, 재혼가족의 새로운 구성원 간에 갈등으로 인한 문제, 부모의 죽음과 상실 경험을 상처로 안고 있는 아이의 문제, 버림받았다는 느낌으로 힘들어하는 아이들의 문제 등

3 교사의 역할

1 활동 자료를 통한 아동 이해

수업 활동 자료를 통해 의외로 아이들을 깊이 있게 이해하게 되는 순간이 있다. 아이가 기록한 내용을 보면 그 아이가 처한 생태체계환경을 알 수 있기 때문이다.

다음 자료는 공격적인 행동으로 교사를 힘들게하던 한 아이의 기록 내용이다. 가족체계 내에 청각장애인들이 여러 명 있었을 때 아이에게 어떤 영향과 결과가 있을지 짐작할 수 있게 도와준다.

(　　)학년 (　　)반 이름(　　　　　)

〈갔던 곳〉
큰아빠 차를 타고
3시간 걸려 천안에 갔다.

〈만난 사람들〉
청각장애인 외삼촌,
청각장애인 이모,
사촌 동생, 큰아빠,
큰엄마……

추석

〈본받고 싶은 사람〉
청각장애인 할아버지가
인사하시고 나를 많이
아끼시는데 오래
살았으면 좋겠다.

〈소감〉
친척들도 많이 만나고
용돈도 많이 받아서 좋다.

2 기타 가족관계 이해 자료들

가정 사정이나 환경을 잘 알아야 아이들을 제대로 지도할 수 있다. 그런데 개인정보 보호가 강화되면서 아이들을 이해하는 데 필요한 정보를 충분히 얻지 못하는 실정이다.

앞의 자료는 매우 간단하면서도 가족, 특히 확대가족의 분위기까지 이해할 수 있는 자료다.

또한 다음과 같이 가족지도를 그려 보면 가족의 구성원과 구성원끼리의 정서적인 거리까지 알 수 있다.

〈방 법〉

① 가운데 동그라미를 그리고 자기를 나타낸다.

② 함께 사는 모든 가족을 주변에 그린다.

③ 자기와 친한 정도에 따라 거리를 달리한다.

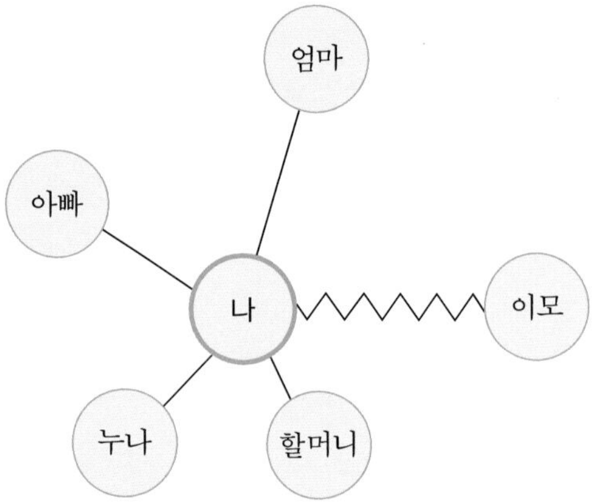

〈가족지도 이해〉

이 아이는 누나와 할머니와는 정서적으로 가까운데 오히려 아빠와 엄마는 누나와 할머니보다 거리감이 있고 이모와는 갈등관계에 있음을 알 수 있다. 아이가 이렇게 그려 냈을 때 만일 이 아이가 문제행동을 일으켜 부모와 상담할 기회가 주어지면, 이 가족지도를 부모에게 제시하고 부모의 설명을 듣는다면 아이를 이해하는 데 도움이 된다.

이처럼 아이를 제대로 이해하기 위해 아이를 둘러싼 환경에 총체적으로 접근하는 것이 생태체계환경적인 개념이다.

회복탄력성의 이해

상황 속으로

최 선생님네 반에는 다양한 아이들이 있다. 그중에서도 가장 아끼는 아이는 서린이다. 서린이가 공부를 잘해서 그런 것만은 아니다. 최 선생님이 그동안 관찰한 바로는 서린이는 아무리 힘든 일이 있어도 불평을 하거나 찡그리는 일이 없는 아이다. 그러다 보니 친구들 사이에서 인기도 많다. 다른 친구들의 어려움에도 적극적으로 나서서 도와주려고 애쓴다.

지난번에는 엄마가 독감이 심해서 병원에 입원을 하셨다고 하면서 빨리 집에 가서 자기가 저녁을 해야 한다고 천연덕스럽게 말을 해서 깜짝 놀랐다. 엄마의 입원에 대해 걱정하거나 불안한 기색은 없고 그 상황을 담담하게 받아들이는 것이 도대체 이해가 안 되었다.

'얘는 요즘 애들이 아닌가 봐!' 라고 생각하던 담임선생님은 "넌 엄마가 걱정이 안 되니?" 라고 물었더니, "걱정한다고 엄마가 빨리 낫나요? 차라리 걱정할 동안에 책을 읽는 것이 낫죠. 병원에 가셨으니 의사가 잘 치료해 줄 거예요."

이렇게 말하는 서린이를 보며 최 선생님은 도대체 이 아이가 가진 심리적 힘은 무엇일까 하고 생각했다.

마음속으로

서린이는 매사에 긍정적이다. 뿐만 아니라 낙관적이기도 하다. 일단 엄마가 병원에 입원하면 걱정하면서 엄마가 혹시 잘못될까 봐 불안한 마음을 갖는 것이 보통이다. 그런데 서린이는 걱정을 안 한다. 오히려 걱정할 동안에 "책을 읽겠다." "엄마는 병원에 가셨으니 치료를 잘 받고 건강해지실 것이다." 하며 자기가 할 일도 정확하게 알고 있다.

아이들이 서린이처럼 이렇게 의젓한 모습을 보이면 얼마나 좋을까? 최 선생님은 책을 읽다가 서린이가 가진 이러한 힘을 '회복탄력성resilience'이라고 하는 것을 알게 되었다.

1 회복탄력성이란

회복탄력성이란 '어려움 · 역경 · 시련을 행운으로 바꾸는 힘, 시련과 실패에 강한 사람으로 만드는 힘' 이라고 말한다. '마음의 근력' 이라고 말하는 이도 있다.

요즘 아이들 중에서 서린이처럼 긍정적이고 낙관적인 아이는 보기 드물다. 작은 어려움에도 쉽게 짜증을 내고 포기하는 아이들이 점점 늘어 가는 분위기에서 서린이와 같은 아이는 단연 사랑스럽고 믿음직스럽다. 그렇다면 서린이가 다른 아이들과 차이를 보이는 회복탄력성에 대해 좀 더 자세히 알아보자.

1 역경에 대처한 사람들

유리공은 떨어짐과 동시에 깨진다.

바람이 빠진 공은 튕겨도 원래 위치만큼 튀어 오르지 못한다.

탱탱볼은 튕기면 원래 위치보다 더 높이 튀어 오른다.

어떤 사람들은 역경을 만나면 마치 탱탱볼이 튀어 오른 것처럼 역경을 만나기 이전보다 더 성숙하고 발전하는 사람들이 있다. 자신이 알고 있는 사람들 중에서 회복탄력성이 높은 사람을 떠올려 보자.

서울대 이상묵 교수

이상묵 교수는 45세 때인 2006년 여름에 미국에서 지질검사 프로젝트를 수행하던 중 차량 전복사고를 당했다. 사고 후 3일이 지나서 의식을 회복한 그는 전신이 마비되었음을 알았다. 사고 후 3주가 지나서야 겨우 입을 떼서 말을 할 수 있었다. 그 사고로 목 아랫부분을 전혀 움직일 수 없는 전신마비 장애인이 되었다. 그는 현실을 냉정하게 파악하고 자신에게 닥친 불행을 인정하여 6개월 만에 일상생활에 복귀하는 놀라운 회복탄력성을 보였다.

한국의 스티븐 호킹에 비유되는 그는 '이 정도만 다친 것이 다행'이라고 말하며 장애인을 위해 보조재활공학센터를 만들었고 다시 대학 강단에 서서 학생들을 가르치고 있다. 그는 얼굴로 전동휠체어를 조정하고 입술로 컴퓨터마우스를 조정하면서도 연구활동을 활발히 해서 오히려 사고 전보다 세계적으로 주목받는 학자로서 의욕적으로 생활하고 있다.

에이미 멀린스

에이미 멀린스Aimiee Mullins는 태어날 때부터 선천적 기형으로 종아리뼈가 없어서 한 살 때 두 다리를 절단했다. 그래서 무릎 아래 다리가 없는 장애인으로 평생을 살아가야 했다. 그런 여건을 가지고 있지만 그녀는 "장애를 가진 사람은 뭔가 부족한 사람이 아니라 독특한 특징과 새로운 가능성을 가진 사람이다."라고 당당하게 주장한다.

그는 인조다리 세트를 여러 개 가지고 있으면서 상황에 따라 그 다리의 길이를 늘리기도 하고 줄이기도 하면서 다른 사람과는 차이를 보이며 살아가고 있다고 한다. 자신을 장애인으로 생각하지 않고 오히려 아름다운 여성이라고 자처하는 그녀는 〈피플〉지가 선정한 '아름다운 여성 50인'에 뽑히기도 했다.

멀린스는 "자신의 독특한 점이 약점이 되느냐 강점이 되느냐의 여부는 오로지 자신이 그것을 어떻게 활용하느냐에 달려 있을 뿐"이라고 강조했다.

출처: 김주환(2013).

2 회복탄력성이 높은 아이들의 특징

회복탄력성이 높은 아이들은 감정이 풍부하고 긍정적이며 자존감이 높다. 이런 성향을 가지고 대인관계에서도 서로 소통하기를 즐기며 사람들을 귀하게 생각하고 배려하며 생활한다. 회복탄력성이 높은 아이들의 특징을 살펴보면 다음과 같다.

- 자신의 감정을 솔직하게 표현한다. 특히 긍정적인 감정을 적극적으로 표현한다.

  예 "난 이걸 좋아해!" "난 일이 잘될 것을 기대해." "난 엄마가 있어 행복해!" 등
- 자신의 긍정적인 점을 확인한다.

  예 "난 달리기를 잘해!" "난 웃는 모습이 참 예뻐." "난 라면을 잘 끓이지!" 등
- 일상에서 소소한 기쁨을 발견하고 감사한다.

  예 "목소리가 잘 나와서 감사해." "오늘 점심에 닭강정이 나와서 감사해." "엄마가 아침밥을 해 주어서 감사해." "친구가 있어서 감사해." "놀 수 있어서 감사해." 등
- 자신의 강점을 인정하고 활용한다.

  예 "나의 잠재능력을 살려서 꿈을 키울 거야." "난 달리기를 잘하니까 릴레이 선수가 될 거야." "난 잘 웃으니까 다른 사람들을 즐겁게 해 주는 일을 할 거야." 등
- 독립적인 성향이 강하다.

  예 매사에 의존하기보다 독립적으로 행동하려 한다.

3 회복탄력성이 높은 아이로 기르는 비결

회복탄력성이 높은 아이로 기르기 위해 고려할 점은 다음과 같다.

- 욕구를 조절하는 아이로 기른다.

< 학생

아이를 양육할 때 요구를 거절하는 것은 쉽지 않다. 그러나 요구하는 것을 무조건 들어주면 욕구조절력이 길러지지 않는다. 이렇게 자라면 역경이 올 때 견딜 힘이 없어 쉽게 좌절하거나 포기하게 된다. 그러므로 "기다려." "지금은 이것을 먼저 해야 돼." "지금 바로 받으면 두 개를 받을 수 있지만 기다렸다가 받으면 다섯 개를 받을 수 있는데 넌 무엇을 선택하겠니?" 식으로 아이에게 만족을 지연시키거나 선택을 심사숙고해서 하도록 하는 기회를 준다.

• 필요하다면 벌도 엄격하게 준다.

아이를 혼낼 때는 가까이 다가가서 엄한 표정을 짓고 단호한 어조로 눈을 보면서 간단명료하게 혼내야 한다. 멀리서 소리를 지르거나 아이가 애교를 부린다고 적당히 넘어가거나 부모의 화풀이를 대신하는 식의 훈육을 해서는 안 된다.

• 지능보다 중요한 것은 자기조절력임을 기억해야 한다.

아이들이 쉽게 포기하거나 주어진 일을 끝까지 해내지 못하거나 감정을 종종 주체하지 못한다면 자기조절력이 낮다는 표시다. 자기조절력이 높은 아이는 스스로 동기를 부여하고 감정을 자제하며 관리한다. 자기조절력은 회복탄력성의 기반이 된다.

• 부모나 교사가 긍정적인 삶의 자세를 보여 줘야 한다.

아이들이 미처 생각지 못한 측면을 부모나 교사가 보여 주면서 간접경험을 시키도록 한다. 가령, "비가 와서 운동장 체육을 못해 속상하고 화가 나요."라고 말하는 학생이 있다면, "그렇구나. 대신 교실에서 보드게임을 하고 놀까?" 하며 기분 좋은 제안을 해 본다. 아이들의 기분도 서서히 조절될 것이다. 그러나 "그동안 체육을 꼬박꼬박 했는데 어쩌다 비가 와서 못하는 것을 가지고 그렇게 화를 내냐?" 라고 반응하면 아이들을 더욱 화나게 하는 셈이 된다.

에미 워너Emmy Werner 교수의 실험

1955년 하와이 카우아이 섬에서 태어난 신생아 833명을 대상으로 이들이 어른이 될 때까지 추적 조사하는 종단연구가 실시되었다. 카우아이 섬은 사회경제적으로 매우 열악한 환경으로 대부분의 사람들이 닫힌 세상처럼 그곳에서 살아갔다.

1971년에 출간된 『카우아이의 아이들』이란 제목으로 초판이 출간되고, 1977년에 두 번째 책이 출간되었는데 그 결과는 일반적인 예상과 같았다. 즉, 결손가정의 아이들일수록 학교나 사회에 적응하기 힘들었으며, 부모의 성격이나 정신건강에 결함이 있을 때 아이들에게 나쁜 영향을 미치는 것으로 나타났다. 그런데 예외가 있었다. 고위험군으로 분류되었던 201명 중 1/3(72명)은 열악한 가정환경을 뛰어넘어 긍정적인 성격, 자율적이고 도덕적인 성품을 갖고 이상적인 성장을 하고 있었다.

이 연구를 진행한 에미 워너 교수에게 생긴 의문은 일반적인 예상을 뒤엎고 훌륭한 청년으로 성장한 72명은 도대체 어떻게 역경을 딛고 일어났을까였다. 그들의 공통된 속성은 무엇일까에 초점을 맞추고 삶의 어떠한 역경에도 굴하지 않는 강인한 힘의 원동력이 되는 이 속성을 '회복탄력성' 이라고 명명했다. 그리고 회복탄력성의 핵심적인 요인은 '인간관계' 임을 밝혀냈다. 이들의 공통적인 속성은 무조건적으로 받아 주고 이해해 주는 '중요한 타인significant others' 이 한 사람 이상씩 있었다는 것이다. 사랑의 관계가 건강한 성장에 가장 강력한 힘이었음을 증명한 것이다.

출처: 김주환(2013).

2 교사의 역할

요즘 학교를 보면 사랑은 점점 약해지고, 책임과 의무가 많이 강조되고 있다. 특히 「학교폭력예방 및 대책에 관한 법률」이 제정되고 학교마다 위원회가 설치되어 강력한 법적 대응이 권장되는 분위기에서 무조건적인 사랑의 관계는 찾아보기 힘들어졌다. 그러나 회복탄력성 사례를 참고한다면 교사가 교실에서 '중요한 타인'의 역할을 감당할 때 교실은 달라지지 않을까? 그 시작으로, 교실에서 보이는 아이들의 문제행동을 사랑을 달라는 호소로 볼 수는 없을까?

회복탄력성을 높여 주기 위해서는 사랑의 관계 형성이 바탕이 되어야 하고, 그 시작으로 생태체계환경적 관점에서 아이들을 이해하려는 노력이 필요하다.

4. 특별한 만남으로 만드는 말

- 우리 만남은 우연이 아니야.
- 너희가 이전에 어떻게 지냈는지 선생님은 몰라. 지금부터 보여 주는 모습이 너의 모습이야.
- 네가 우리 반이어서 참 좋아. 우리 잘해 보자.

선생님과 아이들의 첫 만남. 아이들은 담임선생님이 어떤 분이신지, 어떤 친구들과 같은 반이 되었을지 궁금해하며 기대와 설렘을 가지고 교실에 들어온다. 교실에서 친구들과 왁자지껄 떠들다가도 새 담임선생님께서 들어오시면 금세 목소리가 잦아들며 호기심 어린 눈으로 선생님을 쳐다보는 것이 일반적인 아이들의 모습이다.

첫날부터 일부러 무섭게 보여 아이들을 휘어잡는 선생님도 있고, 편안하게 웃으며 다가가는 선생님도 있다. 선생님의 말과 행동은 달라도 모든 선생님이 원하는 것은 아이들과 인격적인 관계를 맺으며 1년을 의미 있게 보내는 것이다. 첫 만남의 순간, 어떻게 아이들에게 선생님의 이런 마음을 표현할지 함께 생각해 보자.

3 우리 만남은 우연이 아니야.

상황 속으로

새 학년 첫날, 아이들이 하나둘 부푼 기대를 안고 교실에 들어온다.

"지수야. 너랑 같은 반 되니까 너무 좋아."

"나도 그래, 민희야. 우리 친하게 지내자."

지수와 민희는 3학년 때 같은 반이었는데 5학년이 되어 또 같은 반이 되었다. 마음이 맞는 친구와 같은 반이 되어서 둘은 너무 좋았다.

훈이는 교실에 들어서며 지수가 있는 것을 보더니 인상을 쓴다.

"야! 너 또 우리 반이냐? 아~ 제발 올해는 나한테 잔소리 좀 하지 마라."

"나도 너랑 같은 반 된 거 맘에 안 들거든."

훈이와 지수는 작년에 같은 반이었다. 꼼꼼한 지수는 매사 덤벙대는 훈이가 못미더웠다. 둘이 짝을 하면서 지수가 이래저래 훈이를 챙겼는데, 훈이는 그게 잔소리로 들렸는지 작년에도 서로 만나기만 하면 티격태격했다.

자리에 앉아 책가방을 걸고 훈이는 앞에 앉은 선영이에게 물어본다.

"야! 너 우리 담임선생님 어떤 분이신지 알아?"

"몰라. 그걸 내가 어떻게 아냐?"

"우리 선생님이 남자 선생님이었으면 좋겠다. 왠지 축구를 많이 할 거 같아."

"나는 여자 선생님이었으면 좋겠어. 남자 선생님은 무서울 거 같아서……."

밖에서 다른 아이들이 뛰어 들어오며 소리친다.

"야! 선생님 오셔!"

아이들은 후다닥 자리에 앉아 앞을 보며 기대에 찬 눈으로 선생님을 기다린다.

마음속으로

지수는 훈이와 같은 반이 된 것이 여간 스트레스가 아니다. 반 배정 발표가 난 날도 같은 반이 된 걸 알고 속상했지만, 막상 새 학년 첫날 같은 교실에서 얼굴을 마주하니 더 신경이 쓰인다. 하필 왜 하고 많은 아이들 중에 훈이와 같은 반인 건지 모르겠다. 다행히 민희와 한 반이 되어 그래도 기분이 좀 풀린다. 민희는 밝고 쾌활해서 같이 있으면 기분이 좋아지는 친구다.

훈이도 지수와 같은 반이 된 것이 못마땅하다. 매번 이래라 저래라 잔소리를 하는데 너무 귀찮고 짜증이 난다. 그래서 훈이는 이번 담임선생님은 남자 선생님이 되었으면 좋겠다고 간절히 빌었다. 남자 선생님이 담임선생님이 되면 축구도 많이 하고 신나는 일이 많을 거 같아서 기대가 크다.

교실을 바꾸는 매직워드

새 학년 첫날 아이들은 어떤 친구가 우리 반이 되었는지 살펴보느라 분주하다. 좋아하는 친구와 같은 반이 되면 그야말로 신이 나서 함께 웃고 떠든다. 그러나 자신이 싫어하는 친구와 같은 반이 되면 금세 티격태격하기도 하고 시무룩해지기도 한다. 낯선 친구를 조용히 바라보며 관찰 중인 아이들도 있다. 담임선생님이 어떤 분이신지도 큰 관심거리다. 아이들이 기대하는 선생님이 내가 아닐 수도 있고, 또 어떤 아이들은 고맙게도 아무 이유 없이 호감을 가지고 바라봐 주기도 한다.

선생님과 아이들은 한 반에서 만나 미우나 고우나 1년을 함께 지낸다. 왜 우리가 같이 만나게 되었는지 그 이유를 우연이 아닌 운명으로 받아들인다면 서로에게 마음을 여는 데 좀 더 도움이 될 것이다. 이 넓고 넓은 지구에서 1년간 함께 지내게 된 놀라운 인연을 이렇게 표현할 수 있다.

"우리 만남은 우연이 아니야."

길을 가다 벼락에 맞을 확률은 600만 분의 1, 로또에 1등으로 당첨될 확률은 8백만 분의 1. 그런데 아이들과 교사가 한 반에서 만나게 될 확률은 이보다 더 적다. 그러니 우리의 만남은 우연이 아니라 운명 내지는 기적인 것이다.

왜 이 표현인가요?

1 우리의 만남은 정말로 우연이 아니야

연애를 다룬 수많은 드라마와 영화에서 남녀 주인공은 처음에 우연처럼 몇 번을 만난다. 그리고 여러 번에 걸친 우연은 운명이 되어 사랑에 빠진다.

그럼 1년을 같은 반으로 만나 지내게 된 우리의 만남은 우연일까 운명일까?

아이들과 선생님이 함께 같은 반에서 만나게 될 확률을 구해 보면서 우리의 만남이 우연인지 운명이지 함께 알아보자.

- 한국인으로 태어날 확률: 1/193(UN 회원국 기준)
- 전국 초등학교 중 같은 학교에 다닐 확률: 1/5895(2012년 통계 기준: 교육부 사이트의 교육통계를 검색하면 확인할 수 있음)
- 같은 학년에 속할 확률:1/6
- 같은 반에 들어갈 확률: 1/학년의 학급 수
- 선생님이 우리 담임선생님이 될 확률: 1/담임교사 인원수

이 모든 확률을 곱하면 우리가 한 반에서 만나게 될 대략적인 확률이 나온다.

- 아이들이 같은 반에서 만날 확률(한 학년 학급 수를 5개 반으로 가정하면)

예 1/193×1/5895×1/6×1/5=1/34,132,050

• 선생님과 아이들이 같은 반에서 만날 확률(한 학년 학급 수 5개 반, 전 학년 담임선생님 30명으로 가정)

예 1/193×1/5895×1/6×1/5×1/30=1/1,023,961,500

비교) 로또 1등 당첨 확률 1/8,145,060

(벼락 맞을 확률인 약 1/600만보다 적은 확률)

$$\frac{1}{34,132,050} < \frac{1}{8,145,060}$$

선생님과 아이들이 같은 반에서 만날 확률	로또 1등 당첨 확률

로또 1등 당첨 확률보다 적다니 운명 또는 기적이라고 표현할 수밖에 없는 경이로운 결과다. 장난 같지만 이런 엄청난 인연으로 만난 사람들이 선생님과 아이들이다. 뭔가 우리 아이들이 달리 느껴지지 않는가?

실제 교실에서 확률을 들어 가며 로또 1등 당첨 확률보다 더 기적적인 확률로 우리들이 만났다는 것을 이야기하면 아이들은 깜짝 놀란다. 그리고 만남의 소중함에 대해 언급하며, 선생님도 학급 아이들과의 만남을 로또보다 더 귀한 하늘이 준 선물로 여긴다는 말을 하면서 서로의 만남에 대해서도 그런 소중한 마음을 가져 달라는 부탁을 한다. 덧붙여 학급 아이들에게 하고 싶은 이야기를 자연스럽게 전개해 나가면 아이들에게 하는 첫인사로는 손색이 없다.

2 함께하며 자라는 우리

학급 집단은 원치 않아도 같은 반에 모여 1년의 시간을 같이 보내게 된다는 특성을 가진다. 누구도 자신과 같은 반이 될 사람을 스스로 정할 수 없기 때문에 간혹 어떻게 이렇게 분반을 했을까라는 말이 나올 정도로 걱정스러운 조합이 만들어지기도 한다. 하지만 또 그렇기 때문에 누구든 같은 반이 되어도 대부분의 교사와 아이들은 큰 불만 없이(작은 불평은 있지만) 한 해를 시작하게 된다.

사람들은 모두 다르다. 하지만 서로 다른 색깔이 만나 멋진 그림이 그려지는 것처럼 나와 다른 사람의 만남은 우리를 더욱 성숙하게 만든다. 아이들도 마찬가지다. 의도치 않게 다양한 아이들과 한 반이 되면서 그 속에서 다른 사람과 만나고 어울리는 법을 배우게 된다. 나와 꼭맞는 사람만을 만나게 되면 다른 사람을 배려하며 조화롭게 살아나가는 것을 배울 수 없다.

교사도 사람인지라 궁합이 맞는 아이들과 그렇지 않은 아이들이 있다. 궁합이 맞지 않는 아이들을 가르치는 건 힘에 부치지만 1년이 지나면 분명 아픈 만큼 성숙해지는 부분이 생긴다. 그리고 그 경험이 훗날 어떤 아이들을 만나도 그들의 다양성을 이해할 수 있는 놀라운 능력의 원천이 된다.

3 만남에 대한 시각은 나의 선택

선생님과 아이들은 같은 반에서 만나 미우나 고우나 1년을 함께 지낸다. 교사도 아이들도 서로서로를 선택한 적은 없으나 같은 반이 된 이상 그 결과에 대한 책임을 함께 져야 하는 상황이 된 것이다.

만남은 선택할 수 없으나 만남에 대한 시각은 내가 선택할 수 있다. 우리들의 만남을 앞의 통계에서와 같이 운명 내지 기적으로 바라보느냐, 어쩔 수 없이 같이 있게 되었으니 그냥저냥 잘 지내야 하는 것으로 바라보느냐에 따라 그 이후의 행동은 달라질 수밖에 없다. 소중한 만남을 아름답게 가꾸어 가도록 함께 노력하는 것이 중요하다.

이런 표현도 있어요!

- 우리는 운명적으로 만난 거야.
- 우리는 수많은 확률을 뚫고 기적적으로 만난 사람들이야.
- 우리는 굉장히 소중한 인연이야.
- 우리 만남은 하늘이 내려 준 귀한 선물이야.

매직 워드 4

너희가 이전에 어떻게 지냈는지 선생님은 몰라. 지금부터 보여 주는 모습이 너의 모습이야.

상황 속으로

학급이 정해지고 김 선생님은 가출석부를 받았다. 한 명 한 명 이름을 쭉 훑어보는데 '한용철' 이라는 이름이 눈에 띄었다. 왜 이 이름이 눈에 띄었을까 잠시 생각해 보았더니 작년에 있었던 일이 떠올랐다.

어느 날 김 선생님이 교과 전담 시간에 교무실에 내려와 있는데, 박 선생님이 조용히 한 아이를 데리고 들어오셨다. 아이는 여전히 씩씩 거리면서 박 선생님 앞에서도 분을 삭이지 못했고, 박 선생님은 아이가 마음을 가라앉힐 수 있도록 충분히 시간을 주셨다. 어느 정도 아이가 진정되자 박 선생님은 아이와 대화를 나누셨고 잠시 후 아이는 자기 교실로 올라갔다. 그 후 한두 번 더 교과 전담 시간에 교무실에서 비슷한 모습의 아이를 보았다. 그때 그 아이 이름이 용철이었다. 김 선생님의 오빠와 이름이 같아서 기억을 하고 있었는데 이번에 그 아이의 담임이 된 것이다.

마음속으로

김 선생님이 잠깐 봤던 용철이는 분노 조절이 잘 안 되는 아이로 보였다. 선생님 앞에서도 씩씩대며 분을 못 삭이던 모습이 지금도 눈앞에 선하다. 선생님 앞에서도 그러니 담임 입장에서는 화가 날 법도 한데 박 선생님은 용케 잘 참고 계신다 생각했었는데, 이제 내가 똑같이 해야 하나 하는 생각에 걱정이 앞선다. 박 선생님께 먼저 가서 조언을 구해 볼까 싶다가도 아직 겪어 보지도 않았는데 굳이 그럴 필요는 없을 것 같아 참기로 한다.

교실에 힘든 아이가 한 명 있으면 그 아이를 지도하기도 어렵지만 또 다른 어려움도 있다. 다루기 힘든 아이를 만나면 그 아이 때문에 에너지가 소진되어 다른 아이들을 살뜰히 챙기기가 어려워진다. 일반적인 아이들은 평범하거나 선생님 말씀을 잘 듣는다는 이유로 오히려 선생님의 관심을 덜 받게 되는 일도 생긴다.

용철이가 왜 우리 반이 된 걸까 하는 생각이 들다가도 아직 보지 않은 아이에 대해 걱정부터 하는 자신의 모습도 왠지 선생님답지 않은 것 같아 속상하다.

교실을 바꾸는 매직워드

다루기 힘든 아이들의 대부분은 자신이 이미 '문제아'로 낙인찍혀 있다는 것을 알고 있다. 하지만 이 아이들도 새 학년 첫날에는 선생님께 잘 보이고 싶어 한다. 그런데 이때 걸림돌이 되는 것이 자신의 과거다. 선생님이 내 과거를 알고 나를 싫어하면 어쩌나 하는 걱정이 아이들의 마음속에 있다. 다음의 말은 이런 아이들의 불안한 마음을 안정시키고 새 출발을 다짐하게 하는 데 도움이 된다.

"너희가 이전에 어떻게 지냈는지 선생님은 몰라. 지금부터 보여 주는 모습이 너의 모습이야."

왜 이 표현인가요?

1 낙인 효과

낙인 효과stigma effect는 낙인이론에서 온 말로 사회적 규범에서 벗어난 사람을 부정적으로 낙인찍으면 그 사람이 실제로 부정적으로 변하게 되는 현상을 말한다. 주변 사람이 모두 한 사람을 '바보'로 낙인찍으면 실제로 그 사람은 '바보'가 될 수 있다는 것이다. 호아킴 데 포사다Joachim de Posada와 레이먼드 조Ramond Joe(2011)의 『바보 빅터』에서 주인공 빅터는 국제멘사협회 회장을 할 만큼 뛰어난 두뇌의 소유자다. 그러나 아버지를 비롯하여 자신을 바보로 보는 주변 사람들 때문에 어린 시절부터 17년 동안 스스로를 바보라고 생각하며 살았다. 실화에 근거를 둔 소설인 것을 감안하면 '낙인'이 얼마나 무서운 힘을 가졌는지를 단적으로 보여 주는 예라 하겠다.

아무 생각 없이 장난으로 친구에게 레슬링 기술을 걸었다가 학교폭력의 '가해자'로 낙인찍힌 아이가 있다고 가정해 보자. 이 아이는 선생님과 친구들의 눈총을 한 몸에 받으며 점차 자신을 '문제아'로 여기게 된다. 이전에는 자신을 꽤 괜찮은 아이로 여겼지만 이제는 그렇게 생각하지 않는다. 다른 사람의 낙인이 긍정적인 자아상까지 부정적으로 바꾸어 놓은 것이다. 자신은 '문제아'이기 때문에 그에 걸맞게 행동하여 다른 '문제아'들과 어울리고 점점 더 심한 비행을 저지르게 될지도 모른다. 낙인 효과가 눈덩이처럼 더 커지고 구체화된 것이다.

2 학교에서의 꼬리표 붙이기

학교 현장에서 교육적 목적에 의해 꼬리표를 붙이는 것이 때론 '낙인' 효과로 이어지기도 한다. 예를 들면, '학습부진아'는 개인의 학업 성취가 부진하기 때문에 교사의 세심한 지도가 필요하다는 의미다. 그러나 아이를 만나기 전에 이것부터 보게 되면 학습 외의 다른 부분에 대해서까지 선입견을 갖게 될 수 있고, 그것은 아이를 있는 그대로 바라보는 데 악영향을 미칠 수 있다. 이런 부작용 때문에 일부 학습부진 아동의 부모들은 선생님이 방과 후에 학교에 남겨서 가르치겠다는 열정을 보여도 그것을 거부하고 사비를 들여 학원에 보내는 것이다.

따라서 학교 현장에서 교육적 의도로 '명명'이 필요하다면 매우 신중하게 이루어져야 한다. 그 말이 아이의 전체를 대표하는 것으로 바라보지 않도록 주의를 기울이는 것이 중요하며, 무엇보다 아이 스스로 자신을 그 대상으로 바라보지 않도록 도와주는 것이 필요하다.

3 이미지 바꿔 주기

모든 아이는 크든 작든 시행착오를 겪으면서 어른이 되어 간다. 잘못도 실수도 할 수 있지만, 잘못은 바로잡아 주면 되고 실수는 만회할 기회를 주면 된다. 대부분의 아이들은 평소에 잘못과 실수보다는 바르고 멋진 행동을 더 많이 한다. 그래서 잘못과 실수가 더 크게 보이는 것인지도 모른다.

낙인이 찍힌 아이는 스스로 학급에서 자신의 위치와 정체성을 '낙인'대로 설정하기 쉽다. '문제아'는 자신을 '문제아'로 규정짓고 '문제아'답게 행동하려 하고, '학습 부진아'는 자신이 '학습 부진아'이기 때문에 못하는 걸 당연히 여긴다. 그래서 그 낙인을 다른 것으로 바꾸어 주는 작업이 필요하다.

아이가 가진 강점을 관찰하여 기회가 있을 때 다른 친구들 앞에서도 인정해 주는 것이 이미지를 바꾸는 데 도움이 된다. 이 과정을 통해 친구들뿐 아니라 아이 스스로가 '낙인'은 단지 내 과거의 단편적 모습이고 현재의 나를 있는 그대로 말해 주지도 않으며 내 미래의 모습도 아니라는 것을 알게 된다.

이렇게 이미지를 바꿔 주는 첫 번째 단추가 아이의 과거를 모른다는 선생님의 말이다. "너희가 이전에 어떻게 지냈는지 선생님은 몰라. 지금부터 보여 주는 모습이 너의 모습이야."라는 말은 아이로 하여금 새롭게 출발선에 서게 하는 효과가 있다. 지금부터 잘하면 된다는 말은 아이를 긍정적으로 행동하게 만들고 교실에서 새롭게 자신의 이미지를 만들게 한다.

4 잘했던 아이에게도 새 출발은 의미가 있다

학교에서 모범적으로 생활하며 칭찬을 많이 받았던 아이라면 선생님이 과거의 내 모습을 좀 알아줬으면 하고 생각할 수도 있다. 하지만 선생님이 과거의 모습에 대해 모른다고 선을 그어 버리면 이 아이들은 계속적으로 노력하여 자신의 진가를 보여 줄 수밖에 없다.

그래서 아이들에게 이야기할 때도 선생님은 과거 너희들의 모습을 모르고 이제부터 보여 주는 모습만을 볼 것이기 때문에 이전에 못했던 아이들뿐 아니라 잘했던 아이들도 계속적으로 노력해야 함을 알려 준다. 선생님의 말을 들은 아이들은 새롭게 마음을 다잡고 새 학년을 보내게 되며, 그것이 학급의 분위기 형성에도 긍정적 영향을 미친다.

이런 표현도 있어요!

- 그동안 네가 어떤 아이였는지는 중요하지 않아. 지금부터 보여 주는 모습이 중요해.
- 너희들이 어떤 아이인지 선생님은 잘 몰라. 앞으로 좋은 모습을 보여 주겠니?
- 그동안 어떤 모습이었는지는 상관없어. 지금부터가 중요해.
- 이전에 무슨 일이 있었는지는 전혀 중요치 않아. 앞으로 보여 주는 모습이 중요한 거란다.

매직워드 5

네가 우리 반이어서 참 좋아. 우리 잘해 보자.

상황 속으로

새 학년 첫날이 되었다. 김 선생님은 아이들에게 자신을 소개하고 한 명 한 명 이름을 부르며 눈을 맞췄다. 드디어 용철이의 차례가 되었다.

"한용철!"

"네!"

선생님의 부름에 용철이는 씩씩하고 예의 바른 자세로 대답했다.

생각과는 다른 멋진 모습에 김 선생님은 기분이 좋아졌다. '괜히 용철이에

대해 걱정했나?' 하는 생각까지 들었다. 용철이의 모습을 보니 용철이와 지낼 1년도 기대가 되기 시작한다. 어느 순간 분노가 폭발하면 어쩌지 싶어서 염려스럽지만 지금 용철이의 모습은 기대를 갖기에 충분하다.

마음속으로

김 선생님은 걱정하던 용철이뿐 아니라 대부분의 아이들이 사랑스러워 보였다. 물론 1년을 함께 지내다 보면 좋은 일만 있지는 않겠지만 내 자식이려니 하는 마음으로 나름대로 아이들을 보듬어 안겠다고 다짐했다. 처음부터 너무 웃으면 아이들이 담임을 만만하게 본다는 다른 선생님의 말이 떠올라 나름대로 무게를 잡으려고 노력했지만 입꼬리에 자꾸 웃음이 걸리는 건 어쩔 수가 없었다. 처음부터 아이들을 꽉 잡고 가리라 다짐했었는데 꼭 그래야 하는지 마음이 흔들린다.

교실을 바꾸는 매직워드

아이들에 대한 기대는 반드시 말로 표현하는 것이 좋다. 그렇지 않으면 아이들은 선생님의 마음을 알 수가 없다. 하지만 중학년 이상에서 "모두 괜찮은 아이들이라 들었다."라는 식의 말은 오히려 역효과가 날 수 있다. 실제로 그렇지 않다는 것을 아이들도 잘 알기 때문이다. 그래서 담백하지만 기대가 묻어나는 정도의 말이면 선생님의 마음을 표현하기에 충분하다.

그러면 어떻게 그 마음을 표현할까? 아이들 모두에게 한꺼번에 말하는 것이 아니라 일대일로 악수를 청하면서 이렇게 말해 보는 건 어떨까?

“네가 우리 반이어서 참 좋아.
우리 잘해 보자.”

왜 이 표현인가요?

1 일대일로 요청하기

아이들에게 무언가 말하고 싶은 것이 있을 때는 일대일로 이야기하는 것이 중요하다. 일대일로 이야기하지 않으면 아이들은 자신에게 이야기한다고 생각하지 않기 때문이다.

길을 가다가 막연히 도와 달라는 소리를 들으면 어떤 사람들은 그 목소리에 반응하지만 대부분의 사람들은 그 목소리를 외면한다고 한다. 자신에게 요청한다고 생각하지 않기 때문이다. 학년 초 아이들에게 기대를 전달할 때도 마찬가지다. 모든 아이들 앞에서 “너희들이 우리 반이어서 참 좋아. 함께 잘해 보자.”라고 이야기하면, 그건 선생님이 나에게만 하는 말이 아니기 때문에 아이들 입장에서는 별 의미가 없다. 하지만 선생님이 나와 손을 잡고 눈을 맞추며 “네가 우리 반이어서 참 좋아. 우리 잘해 보자.”라고 요청한다면, 일대일의 관계에서 ‘자신’에게 요청을 한 것이기에 더 의미 있고 실제로 행동으로 옮기는 것에도 도움이 된다.

2 특별한 관심이 필요한 아이와 만나기

교사의 특별한 관심이 필요한 아이의 경우 사전에 그 아이만을 따로 불러 이야기하고 싶을 때도 있다. 그러나 그렇게 하면 아이가 부담스러워할까 봐 행동으로 옮기기는 어렵다. 그런데 이렇게 일대일로 악수를 하면서 간단한 격려의 말 등을 추가하면 관심이 필요한 아이도 부담스럽지 않게 선생님과 첫 만남을 할 수 있다.

3 교사의 긍정적 기대

'피그말리온Pygmalion 효과'는 신화 속 피그말리온 이야기에서 유래되었다. 긍정적인 기대를 받은 사람은 그것에 부응하기 위해 노력하게 되고 그래서 실제로 능력이 향상된다는 것이다.

교사의 긍정적 기대는 언어적 · 비언어적으로 다양하게 표현된다. 마치 사랑에 빠진 것처럼 아이와의 관계도 친밀해지게 되는데 구체적인 예는 다음과 같다(교사 개인의 성향에 따라 정도의 차이는 있음). 기술의 편의를 위해 기대하는 학생을 '그 녀석'으로 표현하였다.

- 그 녀석이 잘했을 때는 칭찬과 격려를 더 적극적으로 한다.
- 그 녀석과 더 많이 눈을 마주치고 더 잘 웃어 준다.
- 격려의 의미로 그 녀석의 머리나 어깨를 더 많이 쓰다듬는다.
- 그 녀석이 발표를 하면 더 집중해서 듣고 긍정적인 방향으로 피드백을 한다.
- 그 녀석은 충분히 가능성이 있기 때문에 다른 학생들보다 더 많은 시간을 투자해 개별적인 지도를 한다.
- 개별적인 지도 시에는 그 녀석이 문제에 대한 답을 맞힐 수 있다고 생각하기 때문에 틀리면 질문을 다시 하거나 힌트를 더 많이 준다(아이가 답을 맞힐 수 없다고 생각하면 아예 포기하기 때문에 이 정도면 됐다고 생각하고 더

나아가지 않음).

- 그 녀석이 손을 들면 발표를 더 많이 시킨다.
- 가능성이 있다는 이야기를 그 녀석에게 많이 해 준다.
- 그 녀석의 수준보다 좀 더 높은 수준의 학습 자료를 제공하여 발전할 수 있는 디딤돌을 마련해 준다.

이렇게 온몸으로 교사가 긍정적인 기대를 표현하면 아이는 교사가 자신에게 갖는 긍정적인 마음을 알아차린다. 그러고 나면 이후 아이에게 실제적으로 변화가 일어나는 것을 확인할 수 있다.

4 기대는 내가 선택하는 것이다

교사는 어떤 아이들에게 긍정적인 기대를 하게 될까? 교사의 개인적 성향에 따라 다를 수 있다. 어떤 교사는 개구쟁이지만 활발한 아이를 좋아하고, 어떤 교사는 성적은 좀 낮아도 묵묵히 자신의 할 일을 하는 아이를 좋아한다. 교사도 사람이기 때문에 자신과 궁합이 맞는 아이가 편하고 좋기 마련이다. 하지만 우리가 보는 아이의 모습이 그 아이의 전부는 아니다. 우리는 우리가 본 일부의 모습을 가지고 그 아이를 판단하고 규정짓는다. 그리고 이러한 과정 가운데 아이에 대한 태도를 나도 모르게 결정하게 된다.

김 선생님은 용철이의 씩씩하고 예의 바른 태도를 보고 이전에 가졌던 부정적인 인상이 긍정적인 기대로 변화되었다. 하지만 시간이 흐르면 용철이는 어느 순간 분노 조절이 안 되는 자신의 단점을 선생님께 보여 주게 될 가능성이 높다. 그때 김 선생님은 선택을 하게 된다. 그래도 용철이의 괜찮은 모습을 생각하며 계속 긍정적으로 바라볼지, 아니면 '그러면 그렇지'라고 생각하며 감당할 수 없는 아이로 생각하게 될지 말이다. 용철이뿐만 아니라 모든 아이는 긍정적인 모습과 부정적인 모습을 둘 다 가지고 있다. 결국 그중에 어떤 것에 더 비중을 두어 기대할지는 교사의 선택인 것이다.

5 기대를 표현해야 계속 기대할 수 있다

바쁜 업무와 엄청난 양의 수업, 그리고 아이들에게 이리저리 치이다 보면 말로 하는 '표현'은 점점 줄어들 수 있다. 하지만 교사는 아이들에게 보내는 긍정적 기대를 의도적으로 반복해서 표현해야 한다.

말로 기대를 표현하는 것은 두 가지 효과가 있다.

첫째, 아이들은 교사가 자신에게 긍정적 기대를 하고 있다는 것을 계속적으로 알게 된다. 교사가 아이의 부정적인 면에 대해 지적하면, 어떤 아이들은 교사가 보내는 자신에 대한 긍정적 기대까지도 부정하게 된다. 애정이 있어서 꾸중도 하는 것인데, 아이들이 선생님의 깊은 마음을 알기는 쉽지 않다. 그래서 계속적으로 긍정적 기대를 하고 있다는 표현을 해 주어야 아이들은 교사의 마음을 믿게 된다.

둘째, 교사 역시 아이들에 대한 기대를 계속 가지게 된다. 말로 표현하는 것은 교사 자신의 마음을 계속적으로 다지는 데에도 크게 도움이 된다. 아이들에게 긍정적 기대를 갖고 있다 해도 그러한 마음을 늘 유지하는 것은 교사에게도 쉬운 일이 아니다. 아이들의 부정적인 모습이 자꾸 눈에 띄고 다른 요인들로 인해 지칠 때도 많다. 아이들 앞에서 말로 기대를 표현하게 되면 그 말에 책임감을 갖고 지키려고 노력하게 되고 말처럼 자신의 생각도 변화하게 된다. 생각이 변화하게 되면서 말뿐만 아니라 다른 부분에서도 자신의 긍정적 기대를 표현할 수 있게 된다.

이런 표현도 있어요!

- 네가 있어서 든든하구나. 앞으로도 그렇게 잘해 주겠니?
- 너의 그런 모습이 너무 예쁘구나. 계속 그렇게 좋은 모습 보여 줄 거지?
- 네가 우리 반 학생이라는 게 자랑스러워. 계속 열심히 하자.
- 네 덕분에 정말 뿌듯하구나. 앞으로도 잘 부탁해.

5. 자존감을 키우는 말

- 넌 우리 반에 꼭 필요한 아이야, 참으로 소중해!
- 선생님이 이렇게 기쁜데 넌 얼마나 더 기쁘겠니?
- 어떻게 이렇게 잘할 수 있었니?

아동기에 키울 중요한 심리적 요소로는 긍정적 자아개념, 자존감, 유능감, 자율감, 자기효능감 등이 있다. 이 중 자존감은 회복탄력성과도 관계가 있고, 올바른 자아개념을 형성하기 위해서도 중요하다. 아이의 마음에 힘을 실어 주어 자신의 소중함을 확신하게 하기 위해서는 어떤 매직워드를 써야 하는지 알아보자.

6 넌 우리 반에 꼭 필요한 아이야, 참으로 소중해!

상황 속으로

영선이는 맞벌이로 바쁜 부모님을 대신해서 집안일을 도와야 하기 때문에 다른 친구들처럼 밖에서 신나게 놀지 못하는 것이 늘 불만이다. 그러다 보니 친구들 틈에 자주 끼지도 못하여 점점 더 소외되는 듯한 기분이다. 엄마가 부탁한 집안일을 나 몰라라 할 수도 없고, 친구들과 놀고 싶어도 마음뿐 친구들에게 점점 소외되고…… 불만스럽기만 하다.

바깥일에 늘 지친 엄마는, "넌 집에서 놀고 있으면서 엄마가 이렇게 피곤한 게 안 보이냐?"라고 자주 말씀하신다. 영선이는 단 한 번이라도 엄마가 웃는 얼굴로 자신을 칭찬해 주시길 바랐지만 그것은 희망일 뿐이다. 집에서 그렇게 생활하다 보니 학교에 와서도 의욕이 안 생긴다. 늘 뿌루퉁한 얼굴로 다니고 친구들과도 별 교류가 없으며 외롭게 학교생활을 하고 있다.

어느 날, 쉬는 시간인데 운동장에 나가 놀지도 않고 심심하게 자리만 지키고 있는 영선이에게 담임선생님이 다가오셨다.

"영선이, 어디 아프니? 늘 혼자 있네? 아이들과 좀 어울려 놀지 그러니?"

선생님의 친절하고 자상하신 말씀을 들으니 영선이는 울컥 하고 가슴속에 치밀어 오르는 것이 있었다.

마음속으로

집에서도 학교에서도 늘 인정받지 못한다는 느낌에 영선이는 늘 어깨가 축 처져 있고 아무런 의욕이 생기지 않는다. '나는 왜 이런 집에 태어나서 부모도 고생하고 나도 고생해야 하지?' '저 애들은 집에 가서 일도 안 해도 되고, 마음껏 하고 싶은 것을 하면서 지내는데…….' 그런 생각을 하면 아이들이 부럽기 짝이 없다.

'내게도 좀 신나는 일이 있으면 얼마나 좋을까?' 영선이는 이리저리 생각이 많다. 그런데…… 오늘은 선생님께서 가까이 오셔서 영선이 마음속을 들여다보신 듯 기분 좋은 말씀을 해 주셨다. 너무 위로가 되었다. 거기다 선생님은 더 특별한 말씀까지 해 주셨다. 그 말 때문에 영선이의 기분은 날아갈 듯했다. 과연 선생님이 해 주신 말씀은 무엇일까?

교실을 바꾸는 매직워드

영선이는 처음으로 가슴 가득 벅차오르는 경험을 했다. 담임선생님이 영선이가 가정에서 살뜰한 대접을 못 받고 있는 사정과 환경을 짐작해 주셨기 때문이다. 그래서 담임선생님이 영선이에게 해 준 말을 통해 영선이는 신이 났고 행복감을 느꼈다.

"넌 우리 반에 꼭 필요한 아이야, 참으로 소중해!"

왜 이 표현인가요?

사람들은 다른 사람들에게 무시당할 때 견디기 힘들어한다. 무시한다는 것은 그 사람의 존재감 자체에 가치를 두지 않는 것을 의미한다. 따라서 무시당하면 자존심이 상하고 화가 난다. 사람들에게는 인정받고 싶은 욕구가 있는데, 아이들 역시 마찬가지다.

어떻게 아이들의 인정 욕구를 채워 줄 수 있을까? 교사가 아이를 인정하는 표현을 수시로 해 준다면 아이들의 자존감은 매우 높아질 것이다. 자존감에 대해 자세히 알아보자.

1 자존감이란

자존감self-esteem은 자신을 얼마나 소중하고 가치 있는 존재로 인식하느냐에 대한 주관적 느낌이다. 아이의 자존감은 교실에서 보이는 여러 행동 양상이나 태도를 통해 그 정도를 짐작할 수 있다. 자존감은 성장환경에서 만나는 '중요한 타인signifacant others'의 영향을 받는다. 또한 자존감은 하루아침에 형성되지 않고 꾸준히 지속적인 관심과 돌봄을 받을 때 높아진다. 따라서 부모와 교사의 역할이 매우 중요하다. 그렇기 때문에 교사는 수업 장면이나 생활 장면에서 아이의 자존감을 높여 줄 기회를 민감하게 찾아서 긍정적인 피드백을 꾸준히 주고 진정성 있는 말로 인정해 주는 것이 필요하다.

2 자존감의 결정요인

쿠퍼 스미스Cooper Smith는 자존감의 결정요인으로서 네 가지를 꼽았다. 즉, 자신에 대한 중요도 인식(사람들에게 얼마나 사랑을 받는지의 여부), 과제 수행에서의 자신감(유능감), 도덕적 기준, 힘(자신과 타인의 삶에 얼마나 영향을 미치는지의 여부)이다(그림 참조).

이 결정요인을 참고하여 아이들의 자존감을 키워 주려면 교사가 어떻게 말해야 할지 분명해진다. 질책을 자주 받는 아이더라도 교사는 이 요소를 염두에 두고 인정해 줄 거리를 찾아야 한다. 계속해서 "넌 소중해!"란 말을 듣다 보면 아이들의 마음은 긍정적인 자기 이미지를 형성하게 되어 자존감이 높아질 것이다.

자존감의 결정요인

요인	내용
중요성	얼마나 사랑받고 인정받는지
유능성	과제수행 능력
덕(인성)	도덕적 · 윤리적 기준 정도
힘	자신과 타인의 삶에 미치는 영향

출처: Papalia & Olds (1991).

3 자존감의 구성 영역

자존감이 향상될 수 있는 영역은 학업 영역, 사회적 영역, 신체적 영역이다. 자존감의 구성 영역을 잘 살펴보면 어떻게 아이들을 인정해 줄 수 있을지 그 방법을 찾을 수 있다. 예를 들어, 학업 자존감을 높여 주려면 어느 한 과목이라도 잘하는 것을 찾아 계속 인정과 칭찬을 해 준다. 그러다 보면 어느 한 영역에서는 좀 뒤처질지라도 동기 부여가 되어 다른 과목도 열심히 하게 된다.

자존감

학업 자존감	사회적 자존감	신체적 자존감
국어, 사회, 수학, 과학, 예능, 기타	동료 관계 부모 관계	선천적 외모 신체적 능력

4 자존감이 높은 사람과 낮은 사람의 차이

자존감이 높은 사람과 낮은 사람은 어떤 차이가 있을까? 스트레스에 대처하는 방식이나 문제해결 방식에서 차이가 난다. 자존감이 낮은 사람은 문제가 발생하면 그 원인을 타인에게 돌려 인간관계가 나빠질 수 있다. 뜻대로 안 되면 늘 '누구누구 때문에 이렇게 되었다' 는 식으로 말을 한다. 그러나 자존감이 높은 사람은 문제중심 대처를 하여 어떻게 문제를 해결할지에 초점을 맞춘다. 문제를 해결해 나가는 과정에서 자기효능감도 점점 높아지게 된다. 그래서 자신감도 더 늘어난다.

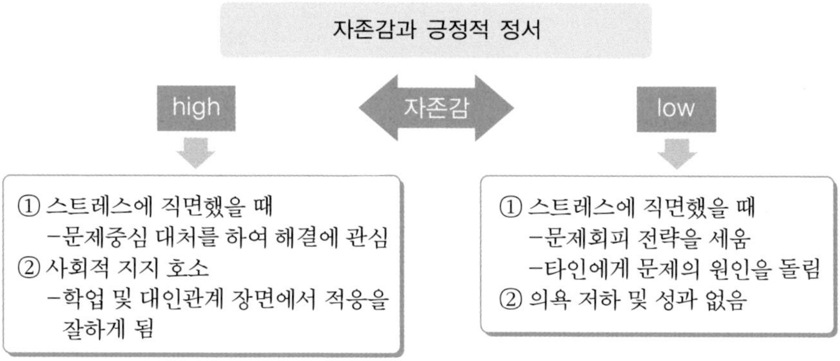

5 교실에서 자존감을 높여 줄 수 있는 말

앞에서 사람이 가장 기분이 나쁠 때는 '무시당할 때' 이고, 반대로 인정받을 때는 가장 기분이 좋아진다고 했다. 제시한 매직워드 외에도 교사가 자주 사용하면 도움이 될 좋은 말들을 소개한다.

조건 없이 인정해 주기	넌 참 사랑스러운 눈을 가졌구나!
	넌 참 귀엽게 생겼구나!
	어쩜 그렇게 예의 바르게 말을 하니?
	넌 긍정적으로 생각하는 점이 매우 훌륭해!
수행 과제물에 대해	이렇게 마무리하느라고 참 수고 많았다.
	어제(지난번)보다 많이 나아졌구나!
	넌 점점 나아지고 있어!
	네 과제물엔 너의 열정과 노력이 담겨 돋보이는구나!
	이 과제물을 네 스스로 했다는 것이 놀랍구나!
대인관계에서	친구들과 사이좋게 지내는 네 모습이 참 보기 좋구나!
	언제 어디서나 잘 적응하고 있네?
	분위기를 좋게 하려고 노력하는 모습이 든든하구나!
	친구들의 좋은 점을 잘 찾아내는 네 안목이 돋보여!
삶의 태도 (도덕적인) 면에서	생각하거나 판단할 때 매우 심사숙고하는구나!
	친구들이 서로 싸울 때 중재 역할을 하려는 네가 참 든든해!
	너도 화가 많이 났을 텐데, 어떻게 그렇게 잘 참았지?
	너의 생각이나 행동은 항상 신뢰가 가는구나.
	실수를 딛고 금방 일어서는 네가 기대가 되는구나!

TIP 영적 자존감

자존감의 구성요소인 학업, 신체, 사회적 자존감 어느 것 하나 키울 수 없음에도 불구하고 자신의 삶에 강한 확신을 가지고 타인에게 강력한 영향력을 미치며 성공적인 삶을 사는 사람들이 있다. 예를 들면, 양손과 양발이 없음에도 전 세계 사람들에게 희망을 전하는 닉 부이치치, 양팔이 없고 다리 길이가 불균등한 스웨덴 출신의 가스펠 싱어 레나 마리아, 아름답고 감동적인 시를 짓는 뇌성마비 시인 송명희, 안면장애 김희아 씨, 양손과 양발이 없는 레슬러 더스틴 카터 등이 그런 예다.
이 사람들의 높은 자존감을 이해하기 위해 '영적 자존감(spiritual self-esteem)'에 대해 생각해 볼 수 있다. 자존감에 영향을 미치는 것은 '중요한 타인'으로부터 받는 지지와 인정이다. 그런데 이 세상의 그 누구보다 더 강력하고 영향력이 있다고 믿는 영적 존재가 자신을 매우 가치롭다고 인정해 주고 사랑한다는 확신이 들 때, 그 사람의 자존감은 다른 모든 영역의 자존감을 다 합친 것과는 비교도 할 수 없을 정도로 강력한 것이다.

이런 표현도 있어요!

- 넌 참으로 소중한 아이란다.
- 넌 없어서는 안 될 귀한 존재란다.
- 그런 네가 있어서 난 참 든든하단다.
- 너는 무엇과도 바꿀 수 없는 특별한 아이란다.

7 선생님이 이렇게 기쁜데 넌 얼마나 더 기쁘겠니?

상황 속으로

찬수는 활발하고 귀염성이 있는 아이인데 성적은 늘 중간보다 아래를 맴돈다. 특히 수학시험 점수가 늘 60점대에서 오르락내리락한다. 그런데 어느 날, 시험지를 받아 보니 의외로 빨간 동그라미가 많이 보이는 것이 아닌가?

"우와! 95점이다."

학교에 입학한 후로 난생 처음 받아 보는 높은 점수였다. 찬수는 빨리 수업이 끝나기만을 기다렸다. 집에 가는 발걸음이 이렇게 빠르고 가볍기는 처음이다. 집에 도착해서 초인종을 여러 번 눌렀는데 아무 반응이 없다.

엄마가 문을 열어 주기를 바랐는데…… 할 수 없이 찬수가 직접 문을 열고 들어가니 집 안이 조용하다. 냉장고 문에 메모지가 붙어 있었다.

"찬수야, 엄마가 급히 병원에 가야 돼. 외할아버지가 갑자기 입원하셨대. 며칠 동안 작은엄마가 와서 봐 주실 거야."

찬수는 갑자기 마음이 어두워지고 표정이 시무룩해졌다.

'자랑하고 싶었는데…….'

찬수는 힘없이 소파에 누워 시험지만 들여다보았다.

'선생님이 엄마 사인 받아 오라고 하셨는데 어떻게 하지?'

마음속으로

찬수는 날아갈 듯한 기분으로 집까지 뛰어왔다. 그래서 빨리 엄마에게 자랑도 하고 칭찬도 받고 싶었다. 그러나 기대했던 엄마는 병원에 가시고 집은 텅 비어 있다. 소파에 누운 찬수는 기운이 다 빠져 버렸다. 점점 심술도 부리고 싶어진다. 그래서 애완견을 데리고 장난을 치다가 괜히 애완견에게 심술을 부리기도 한다.

내일 선생님께 가서 엄마 사인을 보여 드려야 하는데 어떡하지? 찬수의 마음은 복잡해지고 걱정이 된다. 다음 날 학교에 가서 선생님께 사인도 못 받은 시험지를 내밀었다. 그때였다!

교실을 바꾸는 매직워드

선생님이 엄마 사인도 못 받은 시험지를 보시고 의외의 말씀을 해 주셨다.

"찬수야, 내가 이렇게 기쁜데 넌 얼마나 더 기쁘겠니?" 이 말을 들은 찬수는 비로소 기분이 좋아졌다. 어제의 우울했던 기분이 다 사라졌다. 다시금 어제의 기분이 회복되는 듯했다.

"선생님이 이렇게 기쁜데 넌 얼마나 더 기쁘겠니?"

왜 이 표현인가요?

1 아이의 마음을 공감해 주기

누군가 자신의 기분을 알아주고 그 기분을 공감해 주는 사람을 향해서는 순간적으로 마음이 확 열린다. 그리고 두 사람 사이의 심리적 거리는 아주 가까워지게 된다.

찬수는 난생 처음 받은 점수에 날아갈 듯한 기분으로 집에 왔지만 아무도 그것을 알아줄 사람이 없었다. 오히려 기대하지 않은 일이 벌어져 기쁨을 나누기는커녕 땅으로 가라앉는 듯한 기분만 맛볼 뿐이었다. 그런데 다음 날 선생님이 "선생님이 이렇게 기쁜데 넌 얼마나 더 기쁘겠니?"라고 말해 주었기에 찬수는 공감받는 기분을 맛볼 수 있었다. 기쁨이 배가 되는 순간이었다.

2 칭찬의 원리에 맞게 말해 주기

칭찬이라고 다 좋은 것도 아니고 언제나 효과가 있는 것은 아니다. 칭찬의 원리에 부합되게 해야 효과가 있는 것이다. 칭찬의 원리를 알아보자.

- **구체화의 원리:** 구체적으로 칭찬해야 한다. 두리뭉실하게 '잘했다' '예쁘다' 보다는 "선생님이 부탁한 심부름을 정확하게 해 주어서 고맙다." "수업시간에 발표를 잘하는 너의 수업태도가 참 좋다." 식으로 해 주어야 효과가 있다.
- **즉시성의 원리:** 칭찬 들을 만한 행동이 일어난 즉시에 해 주어야 효과가 있다. 행동과 칭찬의 말에 시간간격이 있으면 그 사이에 아이의 기분이 여러 상황으로 달라질 수 있고, 칭찬 들을 만한 행동에 변화가 있을 수도 있다. 선생님이 찬수의 표정에서 뭔가 가라앉은 기분을 얼른 알아차려 주어 칭찬을 한 것도 즉시성의 원리에 따른 것이다.
- **일관성의 원리:** 같은 행동에 대해서는 같은 칭찬이 주어져야 한다. 부모님이나 선생님의 기분에 따라 어떤 때는 칭찬을 하다가 어떤 때는 비난을 한다면 아이를 혼란스럽게 할 뿐이다. 일관성을 지켜 칭찬하면 아이에게 바람직한 태도나 행동 또는 가치관이 형성되는 데에 도움이 된다.
- **충분성의 원리:** 일단 칭찬해 주기로 마음먹었으면 상대방이 만족스러울 정도로 칭찬을 한다. 아이들의 기분은 수시로 바뀐다. 칭찬이 부족하다고 느끼면 칭찬을 들었다고 생각하기보다는 부족한 아쉬움에 더 초점을 맞출 수 있다. 따라서 충분히 칭찬받았다는 기분이 들게 칭찬한다.

이런 표현도 있어요!

- 정말 기쁘겠구나, 선생님은 네가 정말 대견해.
- 선생님이 이렇게 뿌듯한데 넌 얼마나 기쁘겠니?
- 선생님이 봐도 이렇게 멋진데 넌 얼마나 더 뿌듯하겠니?
- 정말 훌륭하구나! 넌 얼마나 더 뿌듯할까?

매직 워드

8

어떻게 이렇게 잘할 수 있었니?

상황 속으로

은수는 공부에 대해서는 자신감이 없다. 수업시간에 선생님 말씀에 눈을 동그랗게 뜨고 집중도 잘하고, 숙제도 꼬박꼬박 잘해 오고, 선생님이 시키는 일들을 거의 한 번도 거른 적이 없을 정도로 매우 성실한 학생이다. 그래서 선생님 심부름은 은수가 거의 도맡아 하고 있다.

그런데 쪽지시험을 보면 늘 점수가 생각만큼 잘 안 나온다. 그것 때문에 은수는 '난 공부를 못하는 사람이구나.' 라고 생각하면서 늘 주눅이 들어 있다. 수업태도는 참 좋은데 시험만 보면 결과가 좋지 않게 나오는 것이 선생님도 잘 이해가 안 되었다.

그러던 어느 날, 사회 쪽지시험을 보았는데 은수가 모처럼 100점을 받았다. 그것도 다른 아이들이 많이 틀린 어려운 문제들까지도 다 맞히고 100점을 받은 것이다.

은수의 기분은 날아갈 듯했다.

마음속으로

은수는 늘 '나는 공부를 못하는 애'라고 스스로 인정하고 지냈었다. 그런데 오늘 시험지에 적힌 점수는 자기 눈을 의심할 정도였다. 옆에 앉은 짝이 물었다.

"야, 나는 80점인데 넌 100점이야? 이거 네 실력이니?"

마치 커닝이라도 한 것 아니냐는 의심의 눈으로 은수를 쳐다본다. 은수는 모처럼 뛰어난 점수를 받고도 자신을 이상하게 보는 주위의 분위기에 어떻게 하면 좋을지 당황스러웠다.

담임선생님은 모처럼 좋은 점수를 받은 은수를 어떻게 칭찬해 줄까 생각하셨다. 드디어 선생님께서 그 모든 분위기를 일시에 전환시키는 칭찬의 말 한마디를 해 주셨다.

교실을 바꾸는 매직워드

은수의 기분을 알아챈 담임선생님은 은수를 앞으로 부르셨다. 그러고는 머리를 쓰다듬으며, "어떻게 이렇게 잘할 수 있었니?" 하고 여러 친구들 앞에서 칭찬하셨다.

선생님의 칭찬을 들은 이후, 시험 결과만 발표하면 주눅이 들었던 은수의 생각이 달라졌다.

'나도 이렇게 잘할 수 있어!' '나도 이제 하면 돼!'라는 자신감이 생겼다. 은수는 자신감을 준 그 말을 다시 되뇌어 보았다.

"어떻게 이렇게 잘할 수 있었니?"

왜 이 표현인가요?

1 자신감은 인정받을 때 무럭무럭!

"아이들은 인정해 주는 말을 먹고 자란다."라고 할 정도로 인정하기는 중요하다. 중요한 사람들로부터 인정받을 때 아이들의 자신감은 커지고 이것이 거듭되면 효능감과 자존감이 커지게 된다. 작은 결과물이라도 허투루 넘기지 말고 소중하게 여기고 인정해 줄 때 아이의 자신감이 생기게 된다.

2 긍정적인 자아개념의 형성

은수는 성실한 자세를 가지고 있었지만 성적 때문에 늘 주눅이 들었다. 다른 생활 영역은 누구보다 인정받을 만하지만 안타깝게도 성적에서는 만족스러운 결과를 얻지 못했다. 이것이 은수의 긍정적인 자아개념 형성을 방해하고 있었다. 그런데 모처럼 100점을 맞은 쪽지시험을 통해 들려준 선생님의 칭찬은 은수의 자아개념을 긍정적으로 형성하는 데 확실한 도움이 되었다. 한마디의 칭찬을 통해 은수는 '나도 잘할 수 있는 아이다. 하면 된다.'라는 생각을 갖게 된 것이다.

3 '왜'가 아닌 '어떻게'의 효과

잘한 행동을 인정해 줄 때 자칫하면 '왜'로 접근할 수 있다. 그러나 '어떻게'로 접근하는 것이 보다 효과적이다. 그것은 '어떻게'라고 물을 때 아이는 자신이 했던 노력의 과정을 기억하고 설명해 줄 수 있기 때문이다. 아이의 설명을 들은 교사는 "이 모든 좋은 결과는 바로 네가 이렇게 노력한 덕분이구나."라는 메시지를 전달할 수 있다. 자신의 노력의 결과라는 피드백을 받은 아이는 점점 자신감을 가지고 자기주도적이 되며, 그 결과 효능감이 자라게 된다. 이것이 인정과 칭찬의 진정한 효과다.

이런 표현도 있어요!

- 어떻게 이걸 혼자 해냈니?
- 어떻게 그런 대견한 생각을 했을까?
- 어떻게 그렇게 예의 바르게 행동하니? 든든하구나!
- 어떻게 그렇게 친구를 잘 도와주니?

6. 믿어 주고 지지해 주는 말

- 선생님은 널 믿는단다!
- 약점도 강점이 될 수 있단다.
- 때가 되면 네 안에 쌓인 능력이 나타날 거야.

누군가가 날 믿어 줄 때 그 사람을 실망시키지 않기 위해 노력했던 기억이 있을 것이다. 아이들 역시 교사가 믿어 주면 실망시키지 않기 위해 교사가 좋아하는 일을 하려고 노력한다. 믿어 주고 지지해 줌으로써 아이들이 생기 있게 변하는 교실 분위기를 만들어 보자. 특히 자신감을 잃고 무기력해 보이는 아이들을 변화시킬 수 있는 매직워드를 찾아보자.

9 선생님은 널 믿는단다!

상황 속으로

민희는 친구들에게 별로 지지를 받지 못한다. 그래서 신이 안 난다. 애들은 민희가 뭐라고 말해도 무시하기 일쑤다. 그래서 자신의 의견을 당당히 말하기도 부담스럽다. 그래도 민희는 자신의 의견을 무조건 굽히지는 않는다. 끝까지 의견을 말하려는 것이 민희의 강점이다. 아이들이 민희의 말을 들어주지 않을 때 민희의 기분은 어떻겠는가? 자존감도 떨어지고 점점 말하기가 싫어진다.

오늘의 주제는 현장학습을 어디로 갈까에 대해 의논하는 것이었다. 민희는 이번 기회에 동네 가까이에 있는 자수 박물관에 가 보고 싶었다. 언젠가 자수가 곱게 놓인 밥상보를 보았는데 너무 예뻐서 그 아름다움에 반한 적이 있었기 때문이다.

그런데 다른 아이들은 비꼬며 말했다.

"자수가 뭐니?"

"너나 좋지. 그렇게 좋으면 너나 가라."

"자수도 박물관이 있어야 하나?"

그래서 모둠 의논 시간에는 거의 왕따 수준까지 되었다. 풀이 죽어 있는 민희에게 선생님이 가까이 오셨다.

마음속으로

민희는 자수의 아름다움을 발견하고 언젠가 자수 박물관으로 현장학습을 갔으면 좋겠다는 생각을 이야기했는데 아무도 자신의 의견에 호응해 주지 않는다.

'자수'에 대해 이야기했을 때 아이들이 냉랭한 반응을 보였을 뿐만 아니라 자신을 무시하고 소외시키는 분위기로 몰고 가는 것을 보고 '아무도 내 편이 없구나.'라고 생각했다. 이런 분위기 속에서 민희는 또래 아이들과 소통이 안 되고 따돌림을 받는다는 느낌까지 받았다. 누구에게 마음을 열고 소통하며 내 존재감을 확인할 수 있을까? 민희는 답답하고 속상했다. 선생님이라도 나를 좀 이해해 주시면 좋으련만…….

교실을 바꾸는 매직워드

선생님은 민희의 마음을 어떻게 아셨는지 민희에게 다가오시더니 말씀하신다.

"민희야, 모둠 아이들이 혹시 네 말에 잘 호응해 주지 않더라도 실망하지 마. 선생님은 네 편이고 널 믿는단다."

선생님의 친절하고 부드러운 말에 위로받은 민희는 가슴이 울컥해졌다.

"선생님은 널 믿는단다!"

왜 이 표현인가요?

"자수는 친구들이 잘 모르는 건데 그런 걸 제안했으니 핀잔 받을 만도 하네."

교사는 이런 상황에서 민희가 아이들에게 소외당하는 것이 당연하다는 식의 말을 할 수 있다. 그러나 교사의 지적이 정확했을지라도 아이들은 매사에 인정받기를 기대한다.

인정받으며 자란 아이들은 당당하고 자신감이 넘친다. 그래서 인정 욕구를 충족해 주는 말을 해 주어야 한다. 그렇다면 인정받으면 왜 힘이 날까?

1 누군가 날 믿어 주면 신이 난다

나를 믿어 주는 사람이 있으면 그만큼 힘이 난다. 힘이 난다는 것은 신난다는 말이다. 자기존재감을 확인하는 셈이다. 아무도 자신을 믿어 주는 사람이 없다고 느낄 때 존재의 이유가 약해지고 자신이 무가치한 것처럼 느껴진다.

2 믿어 주면 더 잘하고 싶어진다

누군가 나를 믿고 기대한다고 말해 줄 때 더 잘하고 싶어지는 것은 사람들의 공통적인 심리다. 교사들은 교실에서 힘이 있는 존재다. 아이들은 마음이 여리기 때문에 때로는 교사에게 기대고 의존한다. 교사가 그런 아이들의 상황을 헤아리면서 아이들을 지지하고 격려해 줄 때 아이들은 더 잘할 수 있다.

3 믿어 주되 끝까지 믿어 줘야 한다

간혹 아이들은 어른들을 시험할 때가 있다. 어느 정도까지 자신을 믿어 주는지 교사의 인내력을 시험하는 것이다. 끝까지 믿어 주어야 아이의 행동이 바뀌는 것을 볼 수 있는데, 때로는 교사의 인내심이 바닥이 나서 아이들에게 지는 경우도 있다. 그러나 인내심이란 '좋은 일이 이루어질 때까지 참고 기다리는 것' 임을 생각할 때 아이들에게 일어날 좋은 일, 즉 행동의 변화가 보일 때까지 기다리며 믿어 주어야 한다.

이런 표현도 있어요!

- 선생님은 네가 잘 이겨 내리라 믿는단다.
- 선생님은 네가 끝까지 해내리라 믿는단다.
- 선생님은 네가 잘 참아 줄 거라 믿는단다.
- 선생님은 네가 열심히 해 줄 거라 믿는단다.

10 약점도 강점이 될 수 있단다.

상황 속으로

문태는 4학년 남학생이다. 문태 어머니는 학교에서 여러 가지 봉사활동을 하신다. 녹색어머니회 봉사활동을 비롯해서 도서 정리, 예절실 봉사 등 일이 끝나도 바로 집으로 가시지 않고 거의 문태네 교실에 다녀가신다. 그런데 오시기만 하면 문태는 걱정이 태산 같다.

왜냐하면 문태가 너무 소극적이기 때문이다. 친구들과 어울려서 활달하게 뛰어놀거나 적극적으로 놀이를 즐길 나이인데, 문태는 쉬는 시간이 되어도 그저 책상에 앉아서 뭔가 사브락사브락 거리거나 책을 읽는 것이다.

물론 담임선생님도 그런 문태의 특성을 잘 알고 있다. 엄마가 늘 걱정을 하시니까 문태는 자기가 약간 비정상적인 것은 아닌가 하는 생각도 들었다.

어느 날인가 수업시간에 자신의 약점에 대해 적는 시간이 있었다. 그때 문태는 '활동적이지 않다'는 내용을 적었다. 담임선생님은 매우 시끄럽게 떠드는 다른 남자아이들과 달리 조용히 자리에 앉아서 책을 읽는 문태를 평소에 매우 사랑스럽게 바라보곤 했었다.

그런데 자기 스스로 '활동적이지 않은 것'을 약점으로 적었으니 이건 분명히 집에서 엄마에게 많이 들었던 말일 것임이 틀림없다고 생각했다. 자칫 잘

못하다간 문태가 자신에 대해서 부정적인 이미지를 형성할 수도 있겠다는 생각이 들었다.

문태에게 어떤 말을 해 주어야 할까? 담임선생님은 곰곰이 생각했다.

마음속으로

문태 엄마는 오로지 문태를 위해서 없는 시간을 쪼개서 자원봉사를 한다. 그것도 한 가지가 아니라 세 가지씩이나 한다. 문태가 너무 소극적인 것이 걱정이 되어 엄마라도 나서야 문태가 혹시라도 무슨 일이 있으면 보호받을 수 있지 않을까 하는 마음에 더 열심이었던 것이다. 그런데 문태는 엄마가 학교에 와서 봉사를 하거나 말거나 별로 관심이 없다. 오히려 자기에게 관심을 두지 말고 내버려 두었으면 좋겠다는 생각까지 하고 있다.

하지만 문태 엄마는 항상 걱정이다. 쉬는 시간인데 나가 놀지도 않는다고 걱정한다. 그런 엄마를 보며 문태는 속으로 걱정이 되기도 한다.

'난 교실에 앉아서 책 읽는 것이 더 좋은데 모두 왜 그러지? 정말 그게 내 약점일까?'

교실을 바꾸는 매직워드

선생님은 다음 날 문태를 불러 조용히 이야기해 주셨다.

"문태야, 이 세상의 모든 사람은 강점과 약점을 가지고 있어. 그런데 강점이 반드시 좋고 약점이 반드시 나쁜 것은 아니야. 아이들이 밖에서 실컷 뛰노는 동안에 너는 책 속의 세상을 마음껏 뛰어다니고 있는 거야. 엄마는 네가 활발하게 놀지 않는 것을 너의 약점이라고 보지만 훗날 그것이 네게 아주 큰 강점으로 작용할 때가 올 거야."

문태는 선생님이 해 주신 말씀을 자꾸 생각해 보았다.

"약점도 강점이 될 수 있단다."

왜 이 표현인가요?

1 관점을 전환하기 위해

약점이나 강점이란 말은 상대적인 관점이다. 다음 사례들을 보자.

키 작은 펜싱선수 남현희

2006년 도하 아시안게임에서 금메달을 딴 여자 펜싱선수 남현희(서울시청 소속)는 키가 155센티미터로 단신이다. 국제대회에서 경기를 할 때는 마치 '다윗과 골리앗' 의 싸움을 연상할 정도로 체격에서 비교가 안 될 정도라고 한다. 그러나 남현희는 모 방송과의 인터뷰에서 상대선수와 경기할 때 오히려 자신의 '작은 키' 를 유리하게 활용했었다는 고백을 했다. 작은 키가 빠르게 공격하고 재빨리 피하는 데 중요한 역할을 했었다는 것이다. 객관적으로 볼 때 단신이 그녀의 약점일 수 있지만 그녀는 약점을 강점화하는 전략으로 금메달을 따냈던 것이다.

그녀의 삶은, 자신의 독특한 점이 약점이 되느냐 강점이 되느냐의 여부는 오로지 자신이 그것을 어떻게 활용하느냐에 달려 있다는 것을 증명하는 삶이라 할 수 있다.

이 외에도 약점을 강점으로 전환하여 인생을 성공적으로 살아가는 경우는 많다. 교사는 아이들이 자신의 약점에 대한 콤플렉스를 강점으로 전환할 수 있도록 관점을 바꿔 주는 마법사 같은 역할을 해 주어야 한다.

2 자신에 대해 긍정적으로 생각하기

긍정성 또는 낙관성은 행복한 삶을 살아가는 데 필수요소다. 현재 자신의 모습이나 수준이 기대에 못 미치더라도, 또는 사람들이 자신을 알아봐 주지 않더라도 자기 자신에 대해 긍정적으로 생각하는 것은 자기발전에 꼭 필요한 정신적 힘이다.

또한 미래에 대해 낙관적인 자세를 갖는 것은 현재의 역경을 이겨 나갈 힘이 된다. 그래서 '미래는 지금보다 나을 거야.' '다 잘 될 거야!' '현재 이 상황은 더 나은 미래를 만들기 위해 필요한 거야.'라는 긍정적인 혼잣말을 습관화하도록 지도하는 것이 좋다.

어떤 교사는 학창시절에 키가 작은 것에 대해 늘 콤플렉스를 가지고 있었고 뒷줄의 키 큰 학생들을 보면 부럽기 짝이 없었다고 한다. 그런데 키가 작아 항상 앞자리만 앉게 되니 선생님 설명에 집중할 수밖에 없었고, 그러다 보니 공부가 재미있어져서 항상 좋은 성적을 유지할 수 있었다고 한다. 그래서 자신의 작은 키(약점) 덕분에 공부를 잘하게 된 것에 대해 고맙게 생각하면서 오히려 자신의 작은 키에 대해 긍정적으로 생각하게 되었다고 한다.

이런 표현도 있어요!

- 약점을 잘 활용하면 얼마든지 강점으로 만들 수 있단다.
- 그런 너의 약점을 강점으로 바꿀 수도 있단다.
- 지금은 그게 너의 약점인 것 같지만, 훗날 오히려 큰 강점으로 작용할 수 있단다.
- 네가 생각하는 그 약점이 오히려 큰 강점이 될 수 있지 않을까?

매직워드 11

때가 되면 네 안에 쌓인 능력이 나타날 거야.

< 학생

상황 속으로

"선생님, 저는 아무 재주가 없나 봐요."

"왜?"

"다른 애들은 뭘 해도 잘하는 것 같은데 저는 아무것도 잘하는 게 없는 것 같아요. 그래서 제가 참 못났다는 느낌이에요."

영미가 자신의 무능감을 토로하며 삐죽이는 모습이 선생님이 보기에는 오히려 사랑스러운 투정으로 보였다.

"그으래? 선생님이 보기엔 매일 성실하게 변함없이 열심히 생활하는 것이 좋아 보이는데……. 너의 성실한 태도 속에 배우는 것이 다 녹아 들어가 있을 거야."

선생님이 이렇게 얘기해 줘도 영미는 그 말을 진정으로 받아들이는 것 같지 않았다. 여전히 밝아지지 않는 표정을 보면서 선생님은 답답해졌다.

마음속으로

영미는 선생님이 친절하게 말씀해 주셔도 그것이 마음에 와 닿지 않는다. 다른 애들처럼 뾰족하게 드러나는 재능이 있으면 좋겠는데 그렇지 않은 자기 모습이 싫다. 성실하다고 말씀해 주시는 것은 인정해 주시는 것이 아니라는 생각도 든다. 아이들에게 박수를 받으며 으쓱해지고 싶은 마음이 들 때가 많은데 '왜 나에겐 아무런 능력이 없을까?' 하고 답답한 마음만 가득하다. 물론 그런 모습을 보는 선생님의 마음도 안타깝다.

교실을 바꾸는 매직워드

그래도 선생님이 다가와서 "영미야! 이렇게 성실하게 생활하다 보면 너의 진정한 재능이 빛을 발할 때가 반드시 올 거야! 난 그렇게 믿어." 하고 말씀해 주신 다음부터는 마음이 편해졌다. 영미는 다시 한 번 자기 마음을 위로해 준 그 말을 되뇌어 보았다.

왜 이 표현인가요?

1 누구에게나 능력은 있다

하워드 가드너Howard Gardner는 지능을 다양한 관점으로 얘기하고 있다. 아이들은 성장과정에서 다양한 경험을 통해 자신의 다양한 지능을 더욱 발전시킬 수 있다. 교사에게 중요한 것은 아이들 안에 있는 능력을 발견하고 키워 주려는 관점이다. 아이들의 능력 발현을 방해하는 것은 비교 관점이다. 영미도 이 비교 관점에서 다른 친구들이 인정받는 것만 가지고 비교하기 때문에 자신의 능력을 스스로 인정하지 못하고 자신 없어 하는 것이다.

2 재능은 언젠가는 드러나게 된다

자신에게 있는 재능talent을 성실하게 활용하다 보면 그것이 발현되는 시기가 온다. 진로교육을 하다 보면 자신에게 두드러진 재능이 없다고 조급해하는 아이들이 있다. 그러나 어린 시절에 자신의 능력이 드러나는 경우도 있고, 세월이 더 지나야 자신의 능력이 드러나는 경우도 있다. 능력이 빨리 드러나지 않는다고 낙심하는 일은 없어야 한다. 이런 일을 예방하기 위해서는 무슨 일이든 즐겁게 하는 삶의 태도를 가질 수 있도록 지도하는 것이 중요하다.

3 인내하는 자에게 좋은 결과가 온다

이 세상 모든 일은 좋은 결말을 보려면 노력하고 인내하는 과정이 필요하다. 좋은 결과, 좋은 열매를 받길 원하면 평상시에 참고 기다리는 삶의 자세를 강조하는 것이 중요하다. 그러나 빠르게 변화하는 요즘 세상에서 인내심이라는 덕목을 찾아보기가 쉽지 않다. 무엇에든지 급하다. 기대하는 결과가 빨리 나타나지 않으면 쉽게 포기하거나 낙담한다. 아이들도 정도의 차이가 있지만 대부분 비슷한 양상을 보인다.

인내의 의미가 무엇이냐고 아이들에게 물어보면 대부분이 '참는 것' 이라고만 말한다. 하지만 단순히 참는 것만이 인내가 아니다. 인내의 정의는 '좋은 일이 이루어질 때까지 불평 없이 참고 기다리는 것' 이다.

영미는 성실하여 그 성실성을 바탕으로 언젠가는 자신이 가진 능력이 발현될 때가 올 것이니 평소의 생활태도를 잘 유지하면서 생활하도록 격려하고 인정하는 것이 좋을 것이다.

4 교사 자신을 점검해 본다

교사도 어떤 경우는 '저 아이는 아무런 재능이 없는 아이'라고 생각하게 될 때가 있다. 그러나 이런 생각이 들면 얼른 생각을 고쳐야 한다. '내가 아직 저 아이의 재능을 발견하지 못했을 뿐이다.'라고. 교사의 관점이 은연중에 아이에게 전달될 수 있기 때문에 교사는 매우 중요한 위치에 있다.

이런 표현도 있어요!

- 너의 능력이 발휘될 때가 올 거야.
- 사람은 누구나 자신만의 재능이 있단다. 너도 곧 너의 재능을 찾을 수 있을 거야.
- 너에게도 충분한 재능이 있단다. 아직 발견하지 못했을 뿐이야.
- 너에게도 충분한 능력이 숨어 있단다. 우리 함께 노력해서 찾아볼까?

7. 더불어 사는 학생으로 변화시키는 말

- 원래 그런 사람은 없단다.
- 네가 잘하는 것은 나눠 주고, 부족한 것은 도움을 청하자.
- 네 도움이 필요한데 나를 도와줄 수 있겠니?

사회적으로 경쟁 분위기가 강화되면서 아이들 역시 협력하여 사는 태도보다는 개인주의적이고 이기주의적인 특성을 보일 때가 많다. 그러나 함께 살아가는 것은 매우 중요한 덕목이다. 더불어 사는 것의 중요성을 깨닫도록 하는 말을 찾아보자.

12 원래 그런 사람은 없단다.

상황 속으로

새 학년이 된 첫날이다.

5학년을 맡은 김 선생님은 아이들의 얼굴을 하나하나 살펴 가며 출석을 불렀다.

“김민희!” “네.”

“김지수!” “네.”

“이영선!” “네.”

……

“박윤주!”

“박윤주!”

아무 대답이 없다.

“고개 들어 박윤주!”

더 큰 소리로 불렀는데 저쪽에서 고개만 숙이고 있는 한 여자아이가 눈에 띈다.

“네가 박윤주야? 부르면 대답을 해야지.” 라고 김 선생님이 말하는데,

“쟤 원래 말 안 해요. 4학년 때도 말 안했어요.” 하는 남학생의 말이 들린다.

작년에도 이렇게 말을 함부로 하는 아이들이 있어서 고쳐 주느라고 애썼는데 올해도 그런 애들이 우리 반에 왔다.

작년에도 "선생님, 쟤 원래 숙제 안 해 와요." "선생님, 쟤 원래 성금 같은 거 안 내요." "쟤 원래 책 못 읽어요." 이런 식으로 말하는 아이들이 있어서 조심하도록 했는데, 올해도 그 일이 계속되겠구나 생각하니 김 선생님의 마음이 무거워졌다.

마음속으로

윤주도 답답하다. 어쩐지 학교에만 오면 입이 다물어지고 말이 안 나온다. 거기다 아이들이 자기에게 관심을 두지 않고 그냥 내버려 두면 좋겠는데……. 이럴 때마다 "쟤 원래 말 안 해요."라고 말하는 아이들이 야속하다.

'내가 왜 원래 말을 안 해? 너희들이 날 알아? 나도 집에서는 얼마나 말을 잘

하는데…….'

윤주의 마음속엔 친구들에 대한 원망이 생긴다.

교실을 바꾸는 매직워드

윤주처럼 말을 안 하는 아이들이 있으면, "걔 원래 말 안 해요!"라고 아무렇지도 않게 말하는 아이들이 있다. 이 아이들은 다른 사람을 쉽게 평가하고, 이런 평가가 잘못된 것이라는 것도 잘 모른다. 마치 선생님께 중요한 정보라도 제공하는 양 툭툭 말한다. 하지만 이런 말을 들으면 윤주 같은 아이는 점점 말하기가 힘들어진다. 그래서 이런 말을 하는 아이들이 있으면 꼭 고쳐 주고 서로 배려해야 함을 알려 주어야 한다.

"원래 그런 사람은 없단다."

왜 이 표현인가요?

1 꼬리표labeling 붙이지 않기

아이들이 "걔 원래 말 안 해요."라고 말할 때 그냥 넘어가는 것은 교사의 큰 실수다. 한두 번 그냥 받아넘기다 보면 아이들은 대단한 정보라도 되는 양 앞다투어 그 말을 하려고 한다. 그럴 때 당사자는 더 말하기가 어려워진다. 가뜩이나 말이 안 나와서 스트레스를 받는데 다른 아이들마저 그러면 당사자를 더 힘들게 하는 것이다.

그래서 아이들이 이 말을 할 때 반드시 그 생각과 표현을 수정해 주어야 한다.

"원래 그런 아이는 없단다. 지금 특별한 사정이 있어서 일시적으로 그런 것이니 너희들이 이해하고 그런 표현을 쓰지 않도록 하자."

2 새로운 동기 부여의 기회 주기

학년이나 학기가 바뀔 때, 전학을 가거나 새로운 환경에 들어갈 때 아이들도 나름대로 결심을 한다. '이제부터 나도 숙제를 잘 해야겠다.' '이제부터 나도 거짓말을 하지 말아야 겠다.' '이제부터 나도 친구들과 싸움을 하지 말아야 겠다.' 등등.

그런데 결심을 하고 시도하고자 노력하려는데, "쟤, 원래~~~"란 말을 들으면 '원래'에 묶여서 모처럼 시도하려던 용기마저 쑥 들어가 버린다. 이럴 때 교사가 "원래 그런 사람은 없단다. 사람은 마음먹기에 따라 얼마든지 새롭게 달라질 수 있단다."라고 말해 주면 든든한 응원군을 얻은 듯 힘이 생기고 새로운 동기 부여의 기회도 주는 것이다.

3 역지사지

사람은 자신이 경험하지 않은 것을 이해하기는 어렵다.

"말을 하고 싶어도 잘 안 되는 윤주의 입장을 이해해 봐. 그런 말을 함부로 하면 듣는 윤주가 상처를 받게 돼."라고 말하기보다는 역할극을 통해 서로 다른 입장에 서 보도록 지도해 본다. "쟤는 원래 말 안 해요."라고 말하는 아이에게 윤주의 입장이 되어 보도록 하고, 역으로 "쟤는 원래 말 안 해요."라는 말을 들어 보게 하는 것이다. 이렇게 경험해 보면 아이들은 다른 사람의 입장을 이해할 수 있게 된다.

TIP 선택적 함구증 이해하기

윤주와 같은 증상을 『미국 정신장애의 진단 및 통계편람 제5판(*DSM-5*)』에서는 '선택적 함구증selective mutism으로 명명하고 있다. 선택적 함구증에 대한 진단기준은 다음과 같다.

- 다른 상황에서는 말을 할 수 있음에도 말을 해야 하는 특정한 사회적 상황에서는 일관되게 말을 하지 못한다.
- 증상이 학업적 · 직업적 성취나 사회적 의사소통을 저해한다.
- 증상의 기간이 적어도 한 달 이상 지속된다(입학 후 초기 1개월은 포함되지 않는다).
- 말하지 않는 이유가 사회생활에서 요구되는 언어에 대한 지식이 없거나 그 언어와 관계하여 특별히 불편한 관계가 없는 것이어야 한다.
- 증상이 의사소통장애(예: 소아유창성장애)와는 구별이 되고, 자폐스펙트럼장애, 조현병, 다른 정신병적 장애에 의한 것이 아닐 때에 나타나야 한다.

① 선택적 함구증의 원인

선택적 함구증의 원인을 한마디로 설명하기는 어렵다. 아이마다 서로 다양한 요인과 개인차가 존재하기 때문이다. 어떤 연구자들은 아이에게 충격적 사건이나 혹은 환경의 변화와 같은 명백한 유발 인자가 질병을 일으킨다고 보기도 하고, 가족 내 갈등의 결과로 나타난다고 주장하는 연구자도 있다. 또한 최근에는 '선택적 함구증'이 불안장애의 일종이라는 주장도 제기되고 있다.

② 교사가 알아두기

윤주처럼 선택적 함구증 증상을 겪고 있는 아이들이 점점 늘어 가고 있다. 원인에 따라 도와줄 수 있는 방법이 다르겠지만 교사가 다음 내용을 알고 있으면 좋을 것이다.

• 아이에게 부담을 주지 않는다. '내 반에서 말을 하지 않는 아이는 있을 수 없다.'란 생각으로 전체 아이들 앞에서 아이의 입을 떼려고 열심히 시도하는 교사는 오히려 상황을 악화시킬 수 있다. 아이가 학교 환경에서 편안함을 느낄 수 있도록 돌봐 주는 것이 최선의 방법일 수 있다. 친절한 아이를 곁에 함께 앉혀 두고 도와주도록 부탁하는 방법도 있다.
• 부모와 상담할 때 대개의 부모들은 이런 증상에 대해서 크게 걱정하지 않는다. 대개 가정에서는 말을 잘하기 때문에 학교에서는 숫기가 없을 뿐이라며 전문치료를 권장하는 선생님에 대해 섭섭한 마음을 가질 수도 있다.

이런 표현도 있어요!

원래 숙제를 안 해 오는 사람은 없단다. 그럴 만한 이유가 있었을 거야.

원래 지각하는 사람은 없단다. 무슨 사정이 있었을 거야.

원래 잘 우는 사람은 없단다. 친구를 이해해 주겠니?

원래 그런 사람은 없단다. 사람은 마음먹기에 따라 얼마든지 새롭게 될 수가 있어.

매
직
워
드

13

네가 잘하는 것은 나눠 주고, 부족한 것은 도움을 청하자.

상황 속으로

모둠활동을 시키고 나서 김 선생님은 활동 상황을 보기 위해 모둠 사이를 천천히 돌아보았다. 그런데 어떤 모둠에서 계속 이상한 소리가 들려 왔다.

"야, 너 이렇게 하면 우리 모둠 꼴찌야."

"넌 그만 빠지는 게 낫겠다."

"넌 가만 있다가 뒷정리나 하는 게 나아."

조금이라도 모둠에 도움이 되려고 모둠의 협동작품 만들기를 거들려던 윤주는 속상한 채 뭘 해야 좋을지 몰라 망설이는 듯했다.

김 선생님은 윤주의 표정을 읽고 잠시 어떻게 해야 좋을까 생각했다.

마음속으로

윤주도 함께 어울려 협동작품을 만들고 싶은데 왜 아이들은 자기를 따돌리는지 모르겠다.

'우리 모둠은 모두 네 명인데 내가 빠지면 셋밖에 안 되는데……. 나도 좋은 아이디어를 낼 수 있고 모둠을 위해서 한몫을 하고 싶은데…….'

아이들이 야속하기도 하고 섭섭하기도 하다. 이런 상황에서 윤주는 어떻게 해야 좋을지 모르겠다.

교실을 바꾸는 매직워드

모둠활동을 할 때 윤주처럼 모둠에서 환영받지 못하는 아이들이 있을 수 있다. 그래서 학년 초에 모둠활동을 시작할 때 반드시 안내하고 중요하게 알려 줄 말이 있다.

"네가 잘하는 것은 나눠 주고,
부족한 것은 도움을 청하자."

< 학생

이 말에 담긴 의미는 사람은 누구나 잘하는 것과 부족한 것이 있기에 서로 서로 보완하면서 지내야 한다는 말이다.

왜 이 표현인가요?

1 이기적인 요즘 아이들을 먼저 이해하기

요즘 아이들의 가족 구성원은 단출하다. 점점 한두 자녀만 낳다 보니 양육 과정에서 다른 사람을 배려한다는 것을 생활 경험 속에서 터득하기 어렵다. 어른을 먼저 대접하기, 아랫사람을 돌보기, 다른 사람의 마음을 헤아리기 등등. 이런 기대를 아이들에게 하다 보면 실망하기 쉽다.

김 선생님이 협동점수를 말하자마자 눈치 빠른 아이들이 금방 윤주에게 같이 하자고 제안한다. 모둠점수 때문에 얼른 태도를 바꾼 것이다. 이렇게 아이들의 이기적인 모습이 드러나면 교사 입장에서는 정도 떨어지고 서운할 수도 있다. 그러나 아이들이 보여 주는 이기적인 모습을 먼저 인정해야 이 시점부터 교사가 아이들을 지도할 수 있다.

TIP 섭섭할 땐 훈육 스탑(stop)!

이기적인 아이들을 보고 실망스러운 마음이 들기 시작할 때 바로 그때가 교사의 실수타임이 될 수 있다. 아이들은 아직 미숙하고 단순해서 사려 깊은 행동을 하지 못할 수 있다. 교사가 아이들에게 섭섭한 마음이 들기 시작할 때 그 마음 상태로 지도하게 되면 실수를 할 수 있으니 교사는 차라리 자신의 지도를 멈추는 것이 낫다. 그리고 자신의 마음이 충분히 조절된 후에 지도를 하는 것이 좋다.

2 누구나 잘하는 것과 부족한 것이 있음을 알려 주기

누구에게나 잘하는 것과 부족한 것이 있다. 개개인이 서로 보완하지 않는다면 각자의 특징은 그대로 남아 있고, 더 이상의 발전은 기대하기 힘들 것이다. 아이들이 서로 보완해야 할 필요가 있음을 다음과 같은 활동으로 알려 준다.

❶

❷

❸

❹

❶ 종이컵의 겉면에 세로로 선을 그어 여덟 칸을 만들고, 종이컵의 윗쪽엔 강점, 아래쪽엔 약점을 적는다.
❷ 약점을 적은 윗부분을 오려 낸다.
❸ 물을 부어 본다.
❹ 포개서 물을 부어 보면?

이런 표현도 있어요!

- 네가 잘하는 것은 도와주고, 부족한 것은 배워 가자.
- 서로의 강점은 나누고 약점은 보완하면 최고의 팀이 될 수 있을 거야.
- 사람은 누구나 강점과 약점이 있으니 서로 보완해 줘야 한단다.
- 강점은 함께 나누고 약점은 도움을 받으면 돼.

매직워드 14 네 도움이 필요한데 나를 도와줄 수 있겠니?

상황 속으로

문태는 도통 수업시간에 아무것도 하지 않는다. 수업시간뿐만이 아니다. 아침 봉사활동도, 청소 시간에도, 뭔가 힘을 쓰는 모든 일에 문태는 늘 소극적인 모습이다. 심지어 수업시간에 책도 꺼내 놓지 않고, 모둠활동을 하더라도 아무런 협조를 하지 않으니 김 선생님은 문태만 생각하면 늘 가슴이 답답해진다.

'저 아이를 어떻게 하면 학교생활에 적극적으로 참여하게 할 수 있을까?'

하다 못해 뭘 물어봐도 시원하게 대답을 안 하니 차라리 아무것도 물어보지 않는 것이 스트레스를 덜 받을 것 같아서 가끔은 외면을 할 때도 있었다.

그러던 어느 날, 계속 문태를 이렇게 대하는 것은 교사로서 양심을 거스르는 일이고 아이가 변화되는 모습을 봐야 담임으로서의 할 일도 다한다는 생각에 부담을 갖고 지혜를 짜냈다.

'그래, 문태에게 선생님인 나를 좀 도와 달라고 부탁해 보자.'

"문태야, 선생님이 네 도움이 필요한데 네가 좀 도와줄 수 있겠니?"

문태가 의외라는 듯 눈을 동그랗게 뜨고 김 선생님을 바라보았다.

마음속으로

선생님들은 보통 책임감이 강한 아이들에게 심부름을 시켜야 안심이 된다. 그래서 아이들 입장에서 선생님의 심부름을 하는 것은 선생님께 인정받는다는일종의 표식이다. 그래서 아이들은 항상 서로 심부름을 하겠다고 나서지만, 문태는 적극적으로 나선 적이 없다. 그런데 선생님이 자신을 지목해서 심부름을 시키다니 인정받는 느낌에 문태는 기분이 좋았다.

교실을 바꾸는 매직워드

문태는 선생님 심부름으로 옆 반 선생님에게 서류를 갖다 드렸다. 교실로 돌아와 아무 말 없이 제자리로 가는데, 선생님이 부르셨다.

"문태야, 네가 나를 도와주니 참 고맙네, 앞으로도 도와줄 거지?"

처음 부탁받았을 때 불안했던 상황과는 달리 지금 문태의 마음은 편안하다. 앞으로도 선생님이 나에게 심부름을 시키시면 좋겠다는 생각이 든다. 뭔가 내가 중요한 사람이 된 듯하다. 문태는 선생님이 자신에게 처음으로 부탁하신 말을 자꾸자꾸 되뇌었다.

"네 도움이 필요한데
나를 도와줄 수 있겠니?"

왜 이 표현인가요?

1 아이에게도 능력이 있음을 발견할 기회 주기

아이들이 보기에 교사는 자신들에 비해 능력이 많은 사람이고, 굳이 자신의 도움 같은 것은 필요하지 않은 듯 보일 수 있다. 사실 심부름은 교사가 굳이 아이의 도움을 받지 않아도 되는 일이다. 그런데 네 도움이 필요하고 도와줄 수 있겠냐는 요청은 외적으로 아이를 인정하는 표현이다. 한편 이 표현은 아이 내부에서 자신도 뭔가 도움이 될 수 있는 능력을 가졌다고 생각하게 할 수 있다. 이를 통해 아이의 자존감을 높일 수 있다.

2 소외시키는 아이들의 생각을 변화시키기

이 매직워드는 은근슬쩍 다른 아이들을 소외시키는 아이들의 생각을 바꾸어 줄 수 있는 기회도 된다. 일부 아이들은 문태처럼 외롭게 지내는 아이를 무시하는 경향이 있다. 그러나 교사가 이런 표현을 하여 무시당하는 아이를 존중해 주면 바라보는 아이들의 관점을 바꿀 수 있다.

이런 표현도 있어요!

- 중요한 심부름이 있는데 네가 도와주겠니?
- 선생님이 부탁이 있는데 네가 도와줄 수 있을까?
- 오늘 네가 선생님을 좀 도와줄 수 있을까?
- 선생님 부탁을 좀 들어줄 수 있을까?

8. 친구관계를 원만하게 하는 말

- 우리는 모두 달라. 오목 볼록이 만나 퍼즐이 맞춰지는 거야.
- 그 말은 마음속으로만 해야 할 말인데…….
- 친구가 맘에 안 들 수도 있지. 그런데 (노골적) 표현은 조심해야 해.

아이들은 친구를 참 좋아한다. 친구와 함께하는 재미로 학교에 오는 게 아닐까 싶을 만큼 친구를 좋아한다. 그러면 모두 사이좋게 지내면 좋을 텐데 함께 깔깔대며 웃다가도 금방 울고불고 토라지고 싸운다. 아이들 사이의 관계가 틀어지면 선생님은 그것을 파악하고 사실 관계를 확인하고 조율하는 등 관계 회복을 위해 노력한다. 선생님의 노력으로 아이들 사이의 관계가 원만해지면 좋지만, 안타깝게도 서로에게 상처만 주고 관계가 회복되지 못하는 경우도 있다. 그래서 아이들 사이는 관계가 벌어지기 전에 예방하는 것이 중요하다. 좋은 친구관계 형성을 위해 도움이 되는 표현을 함께 생각해 보자.

매직워드 15

우리는 모두 달라. 오목 볼록이 만나 퍼즐이 만들어지는 거야.

상황 속으로

지수와 민희는 학년 초부터 친하게 지낸 단짝 친구다. 그런데 어느 날 부턴가 둘 사이가 틀어져 서로 소원해진 것이 선생님 눈에도 보였다. 친구들끼리는 싸우기도 하고 그러다가 또 친해지기도 하지만, 아무래도 걱정이 된 선생님은 조용히 지수를 불러 어떻게 된 일인지 물어보았다.

"선생님, 저희는 서로 너무 다른 거 같아요."

"그래? 어떤 점이 다른 거 같은데?"

"저는 좀 꼼꼼한데 민희는 좀 덜렁대거든요. 그런데 민희가 덜렁대는 걸 보면 저는 답답해요. 같이 어디를 가도 민희가 갖고 오기로 한 걸 안 가져와서 다시 집에 간 적도 많고요. 저는 민희랑 단짝이니까 둘만 다니면 좋겠는데 민희는 다른 애들이랑도 맨날 같이 놀자고 해요."

이번에는 민희의 얘기를 들어보았다.

"선생님~ 저희는 서로 너무 다른 거 같아요."

"그래? 어떤 점이 다른 거 같은데?"

"지수가 꼼꼼하잖아요. 그래서 저한테 잔소리를 많이 해요. 그리고 제가 실수가 많으니까 아무래도 미안하다고 할 일도 많은데 매번 미안하다고 하는 것도 이제는 좀 짜증이 나요. 그리고 저는 둘이 놀다가 다른 애들하고도 같이 놀기도 하고 이런 게 좋은데 지수는 맨날 둘이 있자고 해요."

성격이 달라서 티격태격하는 일이 종종 있다 보니 이제는 서로 사이가 소원해졌다고 했다. 아이들의 말을 듣고 생각해 보니 둘은 정말 다른 점이 많아 보였다. 지수는 꼼꼼한 성격에 차분한 편이고 말도 조곤조곤 조용히 한다. 친구들을 잘 챙겨 주는 언니 같은 느낌이 있는 아이이다. 민희는 발랄하고 다소 덤벙대는 편이라 종종 실수를 하지만 주변에 큰 피해를 주지는 않는다. 잘 웃고 애교도 많아서 민희가 가는 곳에는 항상 웃음꽃이 핀다.

둘 다 선생님이 보기엔 믿음직한 아이들이라 친하게 지내는 모습이 보기 좋았었는데 사이가 틀어진 것을 보니 왠지 안타까웠다.

마음속으로

지수는 민희와 다시 친하게 지내고 싶다. 민희와 함께 있으면 웃을 일이 많아서 즐겁고, 같이 이야기를 하다 보면 시간 가는 줄 모를 정도로 재미가 있기 때문이다. 그런데 다시 친하게 지내려니 또 같은 문제로 싸울 거 같아서 걱정이다. 서로 성격이 비슷하면 싸울 일이 없어서 좋을 거 같다는 생각도 든다.

민희도 지수와 다시 친하게 지내고 싶다. 지수랑 있으면 덜렁대는 자신을 잘 챙겨 줘서 좋다. 뭔가 헷갈릴 때는 지수에게 물어보면 정확하게 알려 준다. 고민거리를 이야기하면 잘 들어주니 마음이 시원해진다. 하지만 다시 친하게 지내면 같은 문제로 또 싸울 거 같아 걱정이다. 서로 성격이 비슷하면 싸우지 않고 더 잘 지낼 수 있을 것 같다.

교실을 바꾸는 매직워드

서로 다른 사람들이 만나 조화를 이루면서 사는 것이 이 세상이다. 아이들은 교실에서 친구들과 함께 지내면서 나와 다른 사람과 함께 지내는 방법을 배운다. 서로 다른 아이들이 완벽하지 않은 자신의 오목하고 볼록한 모습을 서로서로 맞추어 가면서 멋진 퍼즐을 완성하는 것이다. 그런 모습을 이런 말로 표현할 수 있다.

"우리는 모두 달라.
오목 볼록이 만나 퍼즐이 만들어지는 거야."

왜 이 표현인가요?

1 성격이란

성격은 개인이 가지고 있는 고유의 성질이나 품성을 말한다. 개인을 특징짓는 지속적이고 일관된 행동양식이기 때문에 좋은 성격, 나쁜 성격은 있을 수 없다.

요즘 교실에서는 심심찮게 관심 있는 교사들에 의해 성격유형검사가 실시되는 것을 볼 수 있다. 교실에서 시행되는 이러한 성격유형검사의 가장 중요한 목적은 아이들에 대한 이해를 높이는 것이다. 성격유형검사를 통해 교사는 아이들의 성격유형을 파악하여 아이를 지도하는 데 도움을 받을 수 있다. 아이의 성격을 알면 아이의 행동을 깊이 있게 이해할 수 있고 불필요한 오해를 줄일 수 있기 때문이다.

부끄러움이 많은 아이의 경우 때로는 예의가 없는 아이로 오해를 받기도 한다. 교사가 칭찬을 해도 별 반응이 없고 종종 인사도 하는 둥 마는 둥할 때도 있어서다. 앞에 나서는 행동을 거의 하지 않기 때문에 공부를 잘해도 시험결과를 보지 않으면 공부를 잘하는 티가 전혀 나지 않는다. 이때 교사가 아이의

성격을 알고 있다면 아이가 예의 없는 것이 아니라 부끄러움이 많아 칭찬을 받아도 좋아하는 티를 잘 내지 못하고 어쩔 줄 몰라 하는 것임을 알 수 있다.

2 같은 성격, 다른 시각

성격은 좋고 나쁨이 없음에도 사람들은 흔히 좋은 성격, 나쁜 성격이 있다고 생각한다. 성격을 바라보는 시각이 각각 다르기 때문이다.

감수성이 풍부한 사람을 긍정적으로 보면 감정이 풍부하다고 하지만 부정적으로 보면 변덕이 심하다고 말한다. 의사결정이 빠른 것을 긍정적으로 보면 신속하고 정확하다고 하지만 부정적으로 보면 가볍고 경솔하다고 할 수 있다. 지도력이 있는 사람에게는 통솔력이 뛰어나고 능력 있는 사람이라는 칭찬과 함께 독재적이고 강압적이라는 비난이 따라다닌다.

그래서 세상에는 완벽한 사람이 있을 수 없다. 그 사람을 보는 상반된 시선이 존재하기 때문이다.

3 오목 볼록이 만나 퍼즐이 맞춰지는 거야

우리 모두는 퍼즐처럼 볼록한 모습과 오목한 모습을 함께 갖고 있다. 그리고 서로 오목한 것을 볼록한 것에 맞추고, 볼록한 것은 오목한 것에 맞추며 함께 살아간다. 덤벙대는 민희는 꼼꼼한 지수 덕분에 준비물을 잘 챙길 수 있고, 차분한 지수는 활기찬 민희와 함께 있어서 더 많이 웃을 수 있는 것처럼 말이다.

4 좋은 친구관계를 맺으려면

사람들의 모습과 성격은 다 다르지만 모두가 똑같이 좋아하는 것이 하나 있다. 바로 '사랑받는 것'이다. 내가 완벽하다고 해서 다른 사람의 사랑을 받는 것이 아니다. 아이들은 활발하고 친구들 앞에 잘 나서고 눈에 띄면 친구들로부터 인기 있는 사람이 된다고 생각하지만 그렇지 않다. 친구의 이야기를 잘 들어주고 친구의 마음을 잘 알아주는 것이 인기 있는 친구의 제일 첫 번째 조건이다.

TIP 『어디로 갔을까 나의 한쪽은』

★ 저학년, 고학년 상관없이 학년 초에 아이들의 자존감 및 관계 형성을 위해 읽어 주면 좋다.

★ 이가 빠진 동그라미가 잃어버린 조각을 찾아가는 과정과 그 과정에서 깨달아 가는 모습을 간명한 그림과 글로 그려 낸 작품이다.

★ 이가 빠진 동그라미는 자신의 한쪽을 찾아다니며 행복한 시간을 보낸다. 그러다가 알맞은 조각을 발견한다. 하지만 너무 꼭 맞아 빠르게만 굴러다니다 보니 벌레를 만나도 인사할 수 없고 꽃향기도 맡지 못한다. 입이 열리지 않아 노래도 부를 수 없다. 굴러가던 동그라미는 다시 조각을 내려놓고 여행을 떠난다.

출처: Silverstein (2000).

이런 표현도 있어요!

- 우리는 서로 다를 수밖에 없어. 서로의 다른 점을 이해하며 함께 어울리는 거야.
- 서로 다른 것은 당연해. 조금씩 이해하며 함께 지내는 거란다.
- 우리는 모두 달라. 다른 점을 이해하면서 마음도 한 뼘씩 자라난단다.
- 우리는 서로 다른 존재야. 각자의 다른 점을 인정하면 되는 거야.

매직워드 16

그 말은 마음속으로만 해야 할 말인데…….

상황 속으로

윤주는 달리기가 느려서 달리기 시합을 할 때면 늘 스트레스를 많이 받는다. 다른 친구들보다 몸집이 크고 발육도 남달라 안 그래도 달릴 때마다 이래저래 신경이 많이 쓰이는데 달리기까지 너무 느리니 더욱 창피하다.

오늘 체육 시간에도 계주 선수를 뽑기 위해 달리기를 하는데 윤주네 조에서는 윤주가 또 꼴찌를 했다. 너무 큰 격차로 꼴찌를 해서 윤주가 창피해할까 봐 아무도 윤주에게 달리기 얘기는 꺼내지 않고 평소처럼 교실로 들어와 다음 수업 준비를 했다.

그런데 훈이의 입이 말썽이다. 교실로 들어와 윤주가 있는 데서 큰 소리로 말하기 시작한 것이다.

"야! 박윤주! 너는 어떻게 그렇게 허우적거리면서 달리냐!"

친구들은 당황해서 윤주를 쳐다보았고, 윤주 얼굴은 금세 일그러지더니 눈물이 그렁그렁 고였다.

마음속으로

윤주는 훈이가 너무 미웠다. 반 친구들이 모두 보는 앞에서 달리기를 하는 것 자체로도 스트레스인데 그걸 대 놓고 말해서 망신을 주다니 너무 화가 난다. 마음 같아서는 훈이에게 욕이라도 하고 싶지만 그러면 더 비참해지는 거 같아서 눈물만 흘렸다.

훈이는 윤주가 자신의 말에 금세 눈물을 흘리자 당황했다. 윤주를 놀리려고 한 말은 아니었다. 그냥 윤주가 허우적거리며 달리는 폼이 너무 우스웠고 그래서 별 뜻 없이 말한 건데, 윤주는 막 울고 반 친구들이 나를 한심하다는 눈으로 쳐다보니 자신이 아주 나쁜 놈이 된 거 같아 기분이 좋지 않다. 사실을 그냥 얘기한 것뿐인데 윤주가 오버해서 운다는 생각도 든다.

교실을 바꾸는 매직워드

훈이의 행동에는 악의가 없었다. 하지만 사실을 이야기해도 그것이 친구의 마음에 상처를 주거나 친구를 난감하게 만든다면 입 밖으로는 내서는 안 되는데 훈이는 그걸 알지 못한다. 눈치 꽝 훈이에게 이런 말을 해 주는 건 어떨까?

"그 말은 마음속으로만 해야 할 말인데……."

왜 이 표현인가요?

1 핀잔은 NO!

'눈치 꽝인 아이에겐 핀잔이 약이다.' 하는 생각이 들기도 한다. 순간적으로 눈치가 없는 아이가 얄미워 '넌 이 순간 그런 말이 나오니?' 하고 면박을 주면 좀 나아지지 않을까 싶다. 하지만 이런 면박이나 핀잔은 아이의 행동 개선에 별 도움이 안 된다. 핀잔으로 달라질 아이라면 눈치 없이 그런 말을 하지 않는다. 오히려 아이에게 시선이 집중되는 상황을 만들어 안 좋은 행동을 강화시키는 결과를 낳기도 한다.

2 그 말은 마음속으로만 해야 할 말인데……

사실이라는 이유로 아무 생각 없이 상대가 속상할 만한 말을 충동적으로 툭 해 버리고 마는 아이들을 초등학교 교실에서는 심심찮게 볼 수 있다.

"선생님, 걔는 원래 그래요. 작년에도 선생님께 혼이 많이 났어요."

"○○는 키도 작고 뚱뚱하잖아요."

이런 아이들은 당사자가 바로 앞에 있어도 사실이기 때문에 아무 거리낌 없이 말을 해서 듣는 교사를 오히려 당황하게 한다. 그래서 학년 초에 좋은 친구 관계를 위해 말부터 조심하도록 가르칠 필요가 있다. 아이들 사이의 관계는 말 때문에 나빠지는 경우가 대다수이기 때문이다.

말에는 입 밖으로 내어서 좋은 말이 있고 마음속으로만 해야 할 말이 있다. 어떤 말을 입 밖으로 내느냐 마음속으로만 하느냐의 기준은 두 가지다. 한 가지는 당사자가 들었을 때 기분이 어떨 것인가 하는 것이고, 또 다른 한 가지는 나 또는 다른 사람의 안전에 관련된 말인가 하는 것이다.

칭찬과 같이 상대를 기분 좋게 하는 말은 언제든지 해도 좋다. 안전에 관련된 것은 설령 누군가가 기분 나빠하더라도 빨리 말해야 한다. 그러나 친구를 속상하게 할 수 있는 말들, 예를 들면 친구의 외모에 대한 말, 친구의 가족에 얽힌 이야기, 단짝 친구들 사이에 있었던 비밀 이야기 등은 생각이 나더라도 마음속으로만 말해야지 입 밖으로 나오면 좋지 않다. 다른 사람을 속상하게 하거나, 말이 부메랑이 되어 나에게 더 큰 피해로 돌아올 수 있기 때문이다.

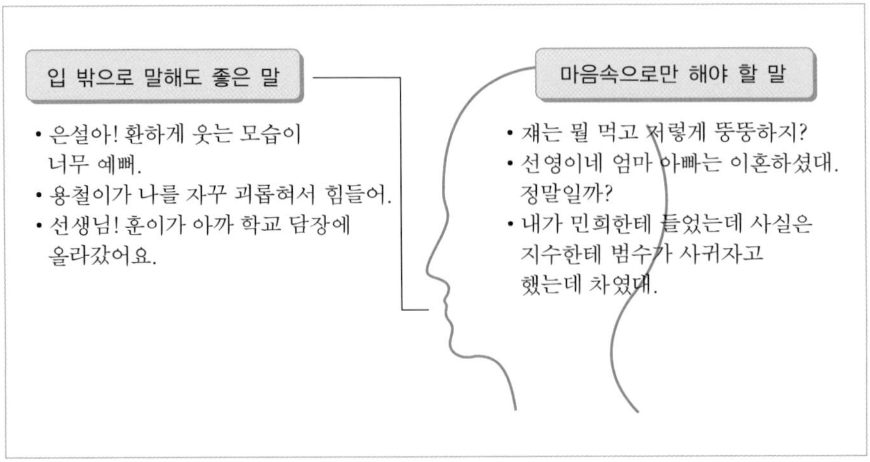

학년 초에 말의 힘에 대해 언급한 후 아이들이 범하는 말실수에 대해서는 '그 말은 마음속으로 해야 할 말인데…….'라고 한마디로 말하면 아이들도 선생님이 어떤 의도에서 그렇게 말했는지를 알고 자신의 행동을 돌아볼 수 있다.

3 입장 바꿔 생각해 봐

눈치 꽝 아이가 종종 눈치 없는 말로 실수를 한다면 개별적인 지도가 필요하다. 어떻게 그런 말을 하게 됐는지, 말을 해야 할 때와 그렇지 않아야 할 때는 어떤 때인지, 어떻게 말을 해야 하는지 등을 지도한다.

- 그 이야기를 어떻게 지금 하게 된 거야?
  - 예 재미있으라고요, 뚱뚱한 애가 허우적대며 뛰잖아요, 몰라요, 그냥 그러고 싶었어요 등
- 네 말을 들은 윤주의 기분은 어떨까?
  - 예 우는 거 보니까 기분이 나빴나 봐요, 속상했나 봐요, 모르겠어요 등
- 바꿔 보기
  - 예 윤주의 기분을 상하지 않게 하려면 어떻게 말하면 좋을까?
    네 상황에서는 윤주의 기분을 모를 수도 있지. 그러면 선생님이 제안을 하나 해도 될까? 다시 그때로 돌아간다면 어떻게 말하고 싶은지 얘기해 볼래?
- 실천하기
  - 예 선생님한테 이야기한 것처럼 윤주에게도 이야기해 줄래?
- 정리하기
  - 예 선생님은 네가 윤주의 마음을 알아주고 이전과는 다르게 이야기를 해서 참 보기가 좋았어. 훈아! 윤주한테 다르게 이야기하니까 네 마음은 어떠니?

출처: 한영진 외(2013).

이런 표현도 있어요!

- 그 말은 입 밖으로 꺼내지 않는 것이 좋아.
- 그런 말은 친구에게 상처를 줄 수 있어.
- 그런 말을 친구에게 직접 하면 좋지 않단다.
- 그 말은 하지 않는 것이 좋을 텐데…….

매직 워드

17 친구가 맘에 안 들 수도 있지. 그런데 (노골적) 표현은 조심해야 해.

상황 속으로

선영이는 윤주가 유독 마음에 들지 않는다. 덩치는 큰데 남자애들이 조금만 놀려도 징징 울고, 항상 우울해 보이는 얼굴로 혼자 앉아서 그림을 끄적이고 있는 모습이 보기만 해도 답답하다. 오늘도 훈이가 허우적거리며 달린다고 몇 마디 하니 그냥 울어 버린다. 선영이는 자기 같으면 훈이를 때려 버렸을 텐데 아무 말도 못하고 그냥 울어 버린 윤주가 바보 같았다.

학교를 마치고 집에 온 선영이는 용철이랑 메신저로 대화를 나누었다. 얘기를 하다 보니 윤주가 화제에 올랐다.

선영: 아까 윤주 너무 웃기지 않았어?

용철: 뭐가?

선영: 자기보다 조그만 훈이가 뭐라고 했다고 바로 앙~ 울어 버리잖아. 그게 뭐냐. 1학년도 아니고…….

용철: 맞아. 걔는 맨날 그러더라.

선영: 맨날 혼자 앉아서 그림 그리는 건 어떻고~ 진상이 따로 없다니까~.

용철: 맞아 맞아. 진짜 진상이야.

선영: 근데 말야. 너 윤주가 누구랑 같이 다니는 거 본 적 있어?

용철: 그 진상이랑 누가 친구해 주냐.

선영: 그렇지?

다음 날 학교에 갔는데 웬일로 용철이가 윤주와 이야기를 하고 있다. 선영이는 괜히 용철이가 자기가 한 이야기를 윤주한테 할 것 같아 마음이 불안했다.

용철: 야! 박윤주! 어제는 훈이가 그러면 한 대 때려 주지 그랬어.

윤주: 그래도 어떻게 그래?

용철: 그러니까 애들이 너보고 진상이라는 거야.

윤주: 뭐라고?

용철: 선영이도 그러더라. 너 웃기는 애라고…….

윤주: (눈물이 그렁그렁) !!!!!!!!!!!!

마음속으로

선영이는 윤주에게 미안했다. 윤주가 답답해서 마음에 안 들기는 하지만 윤주를 상처 줄 생각은 없었다. 윤주에게 이런 말을 떠벌린 용철이가 얄밉다. 자기뿐만 아니라 다른 애들도 다 뒤에서 윤주를 답답해하는데 마치 자신과 용철이만 그렇게 생각하는 것처럼 되어서 억울하기도 하다.

용철이는 윤주를 도와주고 싶었다. 덩치는 크면서 훈이 말 한마디에 울어 버리는 그런 약한 모습은 버리고 강해지라고 말해 주고 싶었다. 그런데 생각한 것처럼 말이 나오지 않아서 그만 윤주를 또 울려 버렸다. 다른 애들은 다 윤주 뒤에서 좀 이상한 애 같다고 뭐라 하지만 그건 비겁하다고 생각해서 앞에서 이야기한 건데 자기만 더 나쁜 놈이 된 것 같다.

윤주는 속이 상했다. 예전부터 윤주 옆에는 친구가 별로 없었다. 원래 조용한 데다가 자신감이 없어서 먼저 다가가기도 어렵고 그러다 보니 친구가 별로 없었던 것이다. 학교에 오면 늘 외로운데 용철이가 아침부터 말을 걸어 줘서 내심 기분이 좋았다. 그런데 애들이 나를 진상이라고 웃긴 애라고 한다는 말을 하다니……. 친구가 별로 없으니 그렇게 말할 수도 있다고 생각하지만 뭐라 화를 낼 수도 없고 눈물만 흘리고 있는 자신이 바보 같다.

김 선생님은 윤주가 걱정스럽다. 그림도 잘 그리고 나름대로 장점이 많은 아이인데 무엇 때문인지 늘 주눅이 들어 있다. 그래서 말도 자신 있게 하지 못하고 친구들이 놀려도 눈물만 흘릴 뿐 다른 행동을 하지 못한다. 좀 더 자신 있게 행동하라고 늘 이야기하는데도 별로 달라지지 않아 마음이 아프다. 용철이와 선영이가 얄밉다. 옆에서 도와주지는 못할망정 애한테 대 놓고 그런 식으로 말하다니……. 하지만 한편으로는 아이들의 반응이 이해가 된다. 윤주가 답답하다고 느낀 건 아이들도 마찬가지일 테니 말이다.

교실을 바꾸는 매직워드

김 선생님은 아침에 있었던 이야기를 듣고 용철이와 선영이를 불렀다. 자초지종을 들어보니 다행히도 둘은 윤주에 대해 이야기는 했지만 윤주를 일부러 괴롭히려고 한 행동은 아닌 것 같았다. 용철이는 오히려 도움을 주려는 마음도 있었다. 하지만 그 방법이 서툴렀다. 선생님은 두 친구에게 이렇게 말했다.

"친구가 맘에 안 들 수도 있지.
그런데 (노골적) 표현은 조심해야 해."

왜 이 표현인가요?

1 맘에 안 드는 친구가 있어요

학급의 모든 친구가 내 맘에 들 수는 없다. 맘에 드는 친구가 있으면 맘에 안 드는 친구가 있는 것도 당연하다. 아이들에게 억지로 학급의 모든 아이를 좋게만 보라고 할 수는 없다. 하지만 그것을 표현하는 것은 또 다른 문제다.

2 의도적이고 노골적인 표현은 조심해야 한다

맘에 안 드는 친구가 있으면 그냥 그 마음을 가진 상태로 있으면 된다. 친구가 맘에 들지 않는 것 자체가 나쁜 것이 아니다. 그런 마음을 상대를 괴롭히거나 뒤에서 말을 하는 식의 잘못된 방법으로 표현하는 것이 나쁜 것이다. 잘못된 표현은 친구의 감정을 상하게 하고 돌이킬 수 없는 결과를 낳을 수도 있다. 아이들은 맘에 들지 않는 친구와 잘 지내는 것은 위선이라고 생각하기도 하는데, 사실 그렇지 않다. 억지로 잘 해 줄 필요는 없지만 상대가 불편하지 않도록 행동하는 것은 사람에 대한 최소한의 예의다. 내 맘에 안 드는 친구라도 사람에 대한 기본적인 예의는 지켜야 한다. 겉으로 표현하는 것을 조심하도록 꾸준히 지도하면 아이들 사이의 관계로 인해 벌어질 일을 많이 예방할 수 있다.

3 잘못된 표현 방법

대 놓고 무시하기

교실에 따돌림 당하는 아이가 있다면 많은 아이가 그 아이를 투명인간 취급하거나 대 놓고 무시한다. 혹시 그 아이에게 잘해 주면 자기도 따돌림을 당할까 봐 걱정되기도 하고 그 아이를 그렇게 대하는 것이 당연하게 느껴져서 그러기도 한다. 하지만 잘해 주지는 못할망정 대 놓고 무시하는 것은 잘못된 것이다. 무시는 그냥 모른 척하는 것이 아니라 상대에 대한 적대적인 공격 방법의 하나이므로 취해서는 안 될 행동이다.

뒤에서 이야기하기

맘에 안 드는 친구가 있을 때 뒤에서 수군대는 경우가 종종 있다. 일명 '뒷담화'라고 한다. 친구가 한 이상한 행동을 이야기하기도 하고 직접 보지 않았지만 믿을 만한 소식통에게 들었다며 소문을 이야기하기도 한다. 이렇게 뒤에서 하는 이야기 중 가장 안 좋은 결과를 가져오는 것은 친구의 비밀을 이야기하는 것이다.

주로 여자아이들의 파벌에서 벌어지는 일이다. 예를 들면 다음과 같다.

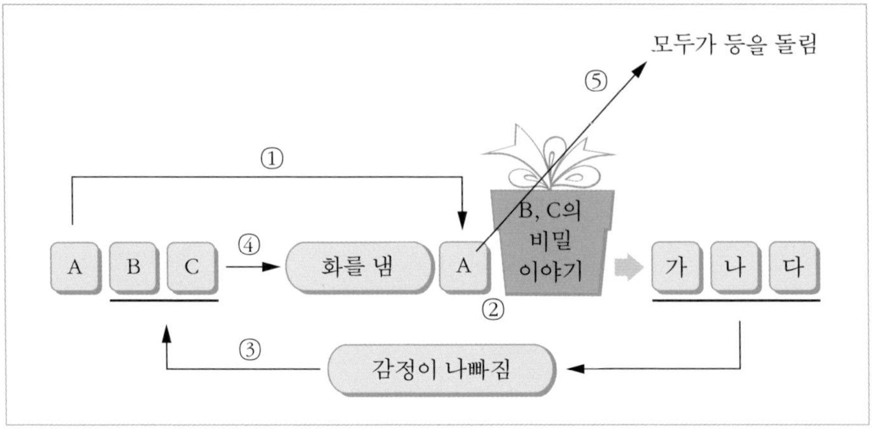

① A는 B, C와 친했는데 관계가 소원해져서 ㉮, ㉯, ㉰와 같이 놀게 되었다.

② A는 ㉮, ㉯, ㉰에게 잘 보이기 위해 B, C에게서 들은 비밀 이야기를 하게 된다. 그중에는 B, C에 대한 개인적인 이야기도 있고 B, C가 ㉮, ㉯, ㉰에 대해 욕한 이야기도 있다.

③ 이 이야기를 들은 ㉮, ㉯, ㉰는 B, C에 대한 감정이 나빠진다.

④ 이것을 알게 된 B, C는 A에게 화를 낸다.

⑤ 이때 ㉮, ㉯, ㉰가 A를 친구로 인정하면 파벌 싸움이 되는데 대부분은 A에게 등을 돌린다. 자신들과 한 이야기도 언제 다른 애들한테 가서 하게 될지 모르기 때문이다. 결국 A만 의리 없는 나쁜 애가 되어 따돌림의 대상이 될 수도 있다. 여자아이들은 비밀을 공유하며 함께 시간을 보내야 서로 친밀해졌다고 생각하는데 그렇기 때문에 벌어지는 일이다.

SNS나 문자 등으로 친구의 험담을 하여 증거까지 남았다면 일은 더 커질 수 있다. 뒤에서 친구에 대해 이야기하는 것은 언제 그 화살이 자신에게로 돌아올지 모르기 때문에 삼가야 한다.

충고하기

용철이는 윤주에게 충고를 하고 싶었지만 마음에 상처만 주고 말았다. 맘에 안 드는 친구에게 충고를 하겠다는 마음은 얼핏 보면 선한 마음 같지만 실상은 상대를 내가 바꿀 수 있다는 교만이다. 상대를 바꾸고 싶다는 마음이 강하기 때문에 친구의 마음은 헤아리지 못하고 내가 하고 싶은 말만 하게 되기 쉽다. 그래서 그 말을 들은 친구는 마음에 상처를 입게 된다. 진정으로 상대를 위한다면 충고 이전에 그 사람의 친구가 되어 주어야 한다. 그리고 친밀한 관계가 형성된 상태에서 조심스럽게 말을 꺼내야 상대방도 마음을 열고 이야기를 들어준다.

이런 표현도 있어요!

- 친구가 맘에 들지 않더라도 그런 상처 주는 말은 피해야 해.
- 친구가 맘에 들지 않을 수 있어. 그런데 그런 말로 상처를 주는 것은 옳지 않아.
- 친구가 맘에 들지 않는구나. 그래도 그런 말은 안 하는 게 좋겠지?
- 친구의 모든 점이 좋을 수는 없단다. 하지만 상처 주는 말을 피하는 것이 좋아.

9. 공감을 이끄는 말

- 그래, 그럴 수 있었겠구나!
- ~ 화가 났구나!
- ~속상하겠구나!
- ~억울하겠구나!

학교에서 교사들은 자신의 감정을 표현하는 다양한 아이들과 끊임없이 만나게 된다. 화가 난 아이, 억울한 아이, 속상한 아이, 우울한 아이 등. 이런 다양한 아이들의 감정을 접하면서 교사는 나름대로 최선을 다해 상호작용을 한다. 그런데 그런 교사의 노력에도 불구하고 아이들은 여전히 억울해하고, 속상해하고, 우울한 모습을 보일 때가 많다. 왜 그럴까?

교사들은 아이들의 마음보다는 겉으로 드러나는 행동을 보기 쉽다. 그래서 아이들이 속상해하고 억울해하는 진짜 이유를 모를 때가 많다. 이러한 원인들을 교사가 다 해결해 줄 수는 없지만 적어도 그 마음을 읽어 주고 공감해 주면 아이들이 편안해지는 것을 볼 수 있다. 그러므로 이 장에서는 아이들의 마음을 읽어 주고 이해해 주는 공감에 대하여 알아보고자 한다.

매직워드 18, 19 20, 21

그래, 그럴 수 있었겠구나! / ~화가 났구나! / ~속상하겠구나! / ~억울하겠구나!

상황 속으로

김 선생님은 오늘 청소 시간에 벌어진 갑작스러운 싸움에 깜짝 놀랐다. 언제나 얌전히 책을 읽던 문태가 훈이를 때리는 일이 발생한 것이다. 김 선생님은 다른 아이들을 모두 집으로 돌려보낸 후 문태와 훈이 두 아이를 교실 앞으로 불렀다.

문태는 아직도 분이 덜 풀렸는지 씩씩거리고 있고, 훈이는 아직도 문태한테 맞은 것이 얼떨떨한지 턱을 만지고 있다.

"문태야, 아까 왜 훈이를 때렸니?"

"(씩씩거리며) 훈이가 청소하는데 자꾸 놀리잖아요."

"뭐라고 놀렸는데?"

"책벌레라고요. 그런데 그렇게 놀린 게 이번이 처음이 아니에요. 훈이는 틈만 나면 저보고 책벌레라고 놀려요. 오늘은 저보고 책벌레는 뭐 먹고 사냐고 놀리면서 제 빗자루를 뺏어 가잖아요."

마음속으로

문태는 정말 화가 났었다. 도대체 내가 책을 좋아한다고 해서 왜 책벌레 소리를 들어야 하고 놀림을 당해야 하는지 짜증이 났다. 그걸 가지고 훈이가 번번이 놀리는 것을 참았는데, 급기야 청소 시간조차 빗자루를 뺏어 가며 책벌레라고 놀려 대는 훈이 태도에 더 이상은 참기 힘들었다.

문태의 이야기를 듣고 있던 김 선생님은 그동안 그런 일이 있었는지 몰랐던 것에 대해 문태에게 미안한 마음이 들었다.

'그동안 문태가 많이 힘들었겠네. 나는 그것도 모르고 문태가 조용히 책만 읽고 있기에 잘 지내는 줄만 알았지. 아마 오늘은 참다 참다 폭발한 것 같은데…….'

문태의 마음을 이해할 수 있었다. 하지만 아무리 화가 나도 친구를 때린 문태의 행동은 잘못된 것이다. 김 선생님은 어떻게 하면 흥분한 문태의 화도 가라앉히고 문태가 친구를 때린 자신의 행동도 돌아볼 수 있을지 생각했다.

교실을 바꾸는 매직워드

다른 때 같으면 두 아이에게 친구를 놀리는 것은 잘못된 것이고, 아무리 화가 났어도 친구를 때리는 것은 잘못된 것이라고 일장연설을 한 후 거기에 맞는 벌을 주었을 것이다. 하지만 오늘 김 선생님은 다른 방법을 써 보기로 했다. 이런 일이 있을 때마다 아이들에게 열심히 가르침을 주려고 애를 썼지만, 아이들은 반성하기보다는 교사의 말을 마지못해 받아들이는 듯한 모습을 보여 왔기 때문이다.

김 선생님은 공감의 중요성을 떠올리며 아이들의 마음을 먼저 읽어 줘야겠다는 생각을 했다. 그래서 문태와 훈이를 따로 불러 아이들의 마음을 읽어 주는 공감대화를 시작했다.

"오늘 정말 화가 많이 났구나.
네 입장에선 그럴 수 있었겠다.
그동안 정말 억울하고 속상했겠네."

"네가 평상시 문태를 놀리긴 했지만 오늘 갑자기
그런 일을 당해서 정말 당황스러웠겠구나."

왜 이 표현인가요?

다음의 공감에 관련된 이론은 『교사 역할 훈련』(Gordon, 2003), 『내 아이를 위한 감정코칭』(존 가트맨, 최성애, 조벽, 2011), 『비폭력 대화』(Rosenberg, 2011)에 근거하여 학교 현장에 맞게 재구성하였다.

1 공감이란?

공감empathy이란 상대방의 생각이나 감정을 나의 관점이 아닌 상대방의 경험 세계 안으로internal frame of reference 들어가 상대방의 입장에서 생각하고 느끼는 것을 말한다. 또한 자신의 느낌이나 이해한 바를 상대방에게 전달하는 것까지를 포함한다. 교사가 자신의 감정과 경험을 정확하게 알아주고 이해해 줄 때 아이는 비로소 자신에 대한 이해와 탐색을 할 수 있다.

2 왜 공감을 해야 할까?

많은 교사는 공감의 중요성을 막연히 알고 있다. 그래서 아이에게 무슨 일이 있을 때 공감을 해 줘야지 하고 생각하지만, 막상 그런 일이 발생하면 습관대로 충고하고 가르치고 위로하는 등의 모습들을 종종 보인다. 공감이 만드는 변화를 경험해 보지 않고서는 공감의 필요성을 안다 하더라도 실천하기 어려운 경우가 많기 때문이다. 아이들에게 교사의 공감이 왜 중요한지에 대해 알아보면서 공감하고자 하는 마음을 가져 보자.

공감의 효과

앞의 사례에서 문태는 훈이의 행동 때문에 화가 많이 났다. 씩씩거리고 있는 문태에게 선생님이 말했다.

"너 화가 많이 났구나."

문태는 씩씩거리며 대답했다.

"네."

"훈이가 놀리니까 속상했지? 나라도 많이 속상했을 것 같아."

"네."

훈이를 때려 혼이 날 줄만 알았던 문태는 김 선생님의 말에 점차 평정을 되찾았다. 그리고 먼저 이렇게 말했다.

"훈이가 저를 놀린 건 잘못한 거지만, 화가 나서 때린 건 제 잘못이에요."

공감은 이렇게 격앙된 감정을 가라앉히고 자신의 행동을 되돌아보게 만든다. 아무리 가르치려 해도 안 되었던 것들이 공감을 통해 자연스럽게 해결되는 것이다. 공감은 새로운 눈으로 세상을 보고 자신을 되돌아보면서 아이들에게 스스로 해결책을 찾아갈 수 있도록 하는 놀라운 힘을 가지고 있다.

TIP 공감의 효과

칼 로저스Carl Rogers는 공감의 효과를 다음과 같이 말했다.

"어떤 사람이 나를 판단하지 않고, 나를 책임지려 하거나 나에게 영향을 미치려 하지 않으면서 내 말에 진지하게 귀 기울여 들어줄 때는 정말 기분이 좋다. 누군가 내 이야기를 듣고 나를 이해해 주면, 나는 새로운 눈으로 세상을 다시 보게 되어 앞으로 나아갈 수 있다. 누군가가 진정으로 들어주면 암담해 보이던 일도 해결방법을 찾을 수 있다는 것은 정말 놀라운 일이다. 해결의 실마리가 보이지 않던 일도 누군가가 잘 들어주면 마치 맑은 시냇물 흐르듯 풀리곤 한다.

출처: Rosenberg (2011), p. 187.

뇌가 말해 주는 공감의 필요성

아이들에게 공감 대화를 해야 하는 이유가 뇌에 대한 연구를 통해서도 밝혀지고 있다. 뇌과학자들의 연구에 의하면 인간의 뇌가 크게 3층으로 이루어졌다고 한다.

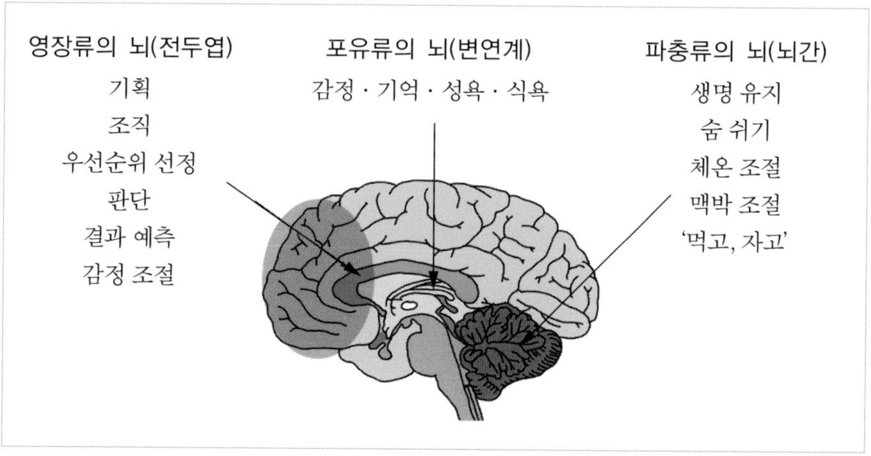

- 가장 아래층(지하): 뇌간(파충류의 뇌, 생명을 관장하는 원초적인 뇌)
- 1층: 변연계(포유류의 뇌, 감정의 뇌), 영유아기 및 아동기, 사춘기 동안 활발하게 발달하여 사춘기가 끝날 즈음에 완성
- 2층: 대뇌피질(전두엽, 인간의 뇌, 이성의 뇌), 청소년기에 리모델링, 남자는 평균 20대 후반, 여자는 평균 20대 중반에 완전히 성숙함

제일 아래층의 뇌간은 기본적으로 생명을 유지하는 역할로 심장이 뛰거나 호흡을 하거나 체온을 조절하는 역할을 한다. 뇌간은 엄마 배 속에서 거의 완성이 되며 뇌간의 구조와 기능이 파충류와 같아 '파충류의 뇌' 라고 부른다.

그 위층의 변연계는 영유아기, 아동기, 사춘기에 왕성하게 발달하며 감정을 주관하는 '감정의 뇌'다. 변연계의 구조와 기능은 포유류와 거의 같아서 '포유류의 뇌'라고도 부른다. 뇌의 맨 윗부분이 전두엽인데, 이 부분은 말과 글을 배우고, 생각하고, 판단하고, 종합하고, 우선순위를 정하고, 정리정돈하고, 감정이나 충동을 조절하는 등의 일을 한다.

과거에는 전두엽이 사춘기 이전에 완성된다고 했는데 최근 뇌과학에서는 여자는 20대 중반, 남자는 20대 후반에 전두엽이 완성된다고 한다. 전두엽은 초등학교 4~5학년쯤 가완성되었다가 빠르면 5~6학년, 늦어도 중학교 1~2학년 때 사춘기에 접어들면서 대대적인 리모델링에 들어간다. 그래서 초등학교 시기에는 이성적으로 행동하거나 논리적으로 사고하기가 힘들다고 한다. 그런데 우리는 종종 이 아이들에게 전두엽적인 사고를 하기를 요구하며, 전두엽적인 측면에서 아이들을 지도한다.

존 가트맨 등(2011)은 다음과 같이 우리가 아이들에게 공감을 해야 하는 이유를 말하고 있다.

> 건물이 올라갈 때 1층을 거치지 않고 바로 2층으로 갈 수 없습니다. 전두엽이 완성되지 않은 아이에게 이성적인 생각과 판단을 기대하는 것은 2층으로 바로 올라가려는 것과 같습니다. 1층을 통해 2층을 올라가야 하듯이, 1층 뇌인 감정으로 먼저 수용과 공감을 한 뒤 2층 뇌인 전두엽으로 합리적인 생각을 하여 행동을 선택할 수 있게 되는 것입니다(존 가트맨 외, 2011, pp. 58-59).

즉, 아이들은 감정이 해결되지 않으면 그 감정에 머물러 합리적인 생각이나 판단을 하기 힘들다. 그러므로 우리는 아이들의 감정이 해소될 수 있도록 공감을 해 주어야 한다. 공감을 받은 아이는 자연스럽게 전두엽적인 사고를 할 수 있게 된다.

3 언제 공감을 해야 할까요?

감정을 보일 때

『내 아이를 위한 감정코칭』에서 가트맨 박사는 아이가 감정을 보일 때가 공감하기에 좋을 때라고 말한다. 아이가 화, 슬픔, 억울함, 무서움 등의 감정을 보인다면 그때가 바로 공감을 해야 할 때라고 한다. 특히 아이들이 노골적으로 감정을 드러낼 때는 그만큼 누군가의 도움을 간절히 원한다는 의미로 받아들이면 된다. '내가 이렇게 감정이 격해져서 어떻게 해야 할지 모르겠으니 도와 달라.'는 신호로 받아들이라는 것이다.

가트맨 박사는 또한 '위기는 기회' 라고 말할 정도로 이 기회를 적극적으로 활용하도록 권하고 있다. 아이가 감정을 보이는 순간은 아이와 친밀한 유대관계를 쌓고 아이가 감정을 조절하도록 도와줄 수 있는 절호의 기회다. 따라서 아이가 화를 내면 '아, 이 아이가 공감을 원하는구나.'라고 생각하면서 공감에 들어가도록 한다.

학급에서도 아이가 너무 격한 감정을 보이면 먼저 공감을 해야 할지 아니면 아이의 행동을 통제해야 할지 혼란스러울 수 있다. 하지만 이럴 때일수록 아이의 행동을 '선생님, 제 마음 좀 알아주세요. 너무 힘들어요. 도와주세요.'라는 신호로 받아들이고 공감을 한다면 그 어느 때보다 좋은 교육의 기회로 삼을 수 있다.

학생이 문제를 가지고 있을 때

『교사 역할 훈련』에서는 교실에서 일어나는 다양한 문제를 학생이 문제를 가지고 있는 경우와 교사가 문제를 가지고 있는 경우로 나누고 있다. 그리고 학생이 문제를 가지고 있는 경우가 바로 공감이 필요할 때라고 이야기한다.

문제를 가졌다는 것은 문제를 가진 교사 또는 학생이 좌절감, 분노, 화, 짜증 등으로 심란할 때를 말한다. 그럼, 다음의 경우에는 누구의 문제인지 생각해 보자.

① 학생이 수업시간에 연필로 책상에 낙서를 하고 있다. (교사, 학생)
② 한 학생이 다른 친구들이 모둠활동에 자신을 안 끼워 준다고 불평을 하고 있다. (교사, 학생)
③ 학생이 복도를 마구 뛰어가고 있다. (교사, 학생)
④ 한 학생이 다른 친구가 자신을 놀린다며 화를 내고 있다. (교사, 학생)
⑤ 수업시간에 영희가 민수와 떠들고 있다. (교사, 학생)

① 교사, ② 학생, ③ 교사, ④ 학생, ⑤ 교사

학생이 수업시간에 연필로 책상에 낙서를 하고 있다면 그것을 보는 교사의 마음은 불편해진다. 하지만 낙서를 하고 있는 학생은 불편함이 없다. 그래서 이것은 교사의 문제가 된다. 반면 친구가 자신을 놀린다며 화를 내는 상황은 학생의 문제다. 왜냐하면 지금 이 상황으로 불편을 겪고 있는 당사자는 학생이기 때문이다. 때론 이 상황을 교사의 문제로 받아들이는 경우도 있지만 모든 학생의 문제를 교사의 문제로 가져오는 것은 소진을 낳을 수 있으므로 주의해야 한다.

여기서 교사가 문제를 소유하고 있을 때는 I-message로 자신의 감정을 표현하면 된다. 그리고 학생이 문제를 소유하고 있는 경우에는 공감적 경청을 한다.

4 공감의 방법

공감적 경청의 과정

학생이 자신의 감정을 표현하면, 그것을 듣고 아이의 마음을 헤아려 교사가 이해한 대로 학생에게 다시 표현한다.

① 아이를 판단하거나 조언을 해 주려는 마음을 버린다(조언이나 충고는 공감 후에 해도 늦지 않다).

② 아이의 말을 듣는다(아이가 감정을 표출한다).

③ 교사는 아이의 표현을 통해 아이의 마음을 파악한다.

④ 파악된 아이의 느낌과 생각을 다시 아이에게 말한다(때로는 아이의 말을 반복하는 것만으로도 공감과 같은 효과가 있다. 이를 거울식 반영법mirroring이라 한다).

방법	예
① 너는 ~~(학생이 한 말, 행동) 하구나.	아이: 선생님, 우리 소풍 언제 가요? 어디로 가요? 교사: 소풍이 기다려지나 보구나.
② 너는 ~~때문에(할 때) ~~한 느낌이 드는구나.	아이: 선생님, 왜 저만 방과 후에 남으라고 하세요? 느낌: 억울함, 불만, 의구심…… 교사: 너만 혼자 남으라고 해서 억울한가 보구나.
③ (아이의 말을 반복하여) ~~했구나.	아이: 창수가 저를 때렸어요. 교사: 창수가 너를 때렸구나.

⑤ 아이는 교사의 이런 표현에서 자신의 뜻이 이해받고 있음을 느끼게 된다.
⑥ 그래서 아이는 좀 더 열린 마음으로 자신을 표현하게 된다.

TIP 감정코칭에서의 공감 방법

★ 긍정적 감정, 부정적 감정 모두 공감해 준다.
★ 아이 자신도 모르는 복합적인 감정도 받아준다.
★ 감정을 공감할 때는 언제나 진지하게 한다.
★ '왜' 라는 질문은 공감의 맥을 끊는다. 전두엽 발달이 안 된 아이들에게 인지적인 사고를 요하는 '왜' 라는 질문은 아이들을 당황하게 만든다. 감정은 감정으로 읽어 주어야 한다.
★ '왜' 대신 '무엇' 과 '어떻게' 로 접근한다.
★ 아이가 하는 말을 따라 하면 감정 공감이 쉽다.

출처: 존 가트맨 외(2011).

침묵하기

아이의 느낌과 그 의도를 인식했다 해도 반드시 말로 표현해야 하는 것은 아니다. 때론 아이의 말에 주의를 기울이며 침묵하는 가운데 공감이 이루어지기도 한다.

5 공감을 하지 말아야 할 때

공감은 아이의 마음을 알아줌으로써 문제를 해결할 수 있는 장점이 있지만, 모든 상황에서 공감을 해야 할 필요는 없다. 『내 아이를 위한 감정코칭』에서는 다음과 같은 상황에서는 공감을 하지 말라고 말하고 있다.

- 다른 사람이 있을 때
- 시간에 쫓길 때
- 아이의 안전이 최우선일 때
- 공감해야 할 사람이 몹시 흥분했을 때
- 자해 또는 타해와 같이 극단적인 행동을 할 때
- 교사가 자신의 목적을 달성하려는 의도가 있을 때
- 아이가 거짓 감정을 꾸며 댈 때
- 교사가 수용할 수 없는 행동일 때

6 공감을 방해하는 장애물

교사라면 누구나 학생들에게 도움이 되는 대화를 하길 원한다. 그렇기에 공감이 필요한 학생들에게 공감 대신 조언하고, 가르치려 들고, 바로잡아 주고, 위로해 주고 싶어 한다. 이러한 것들이 항상 나쁘다는 것은 아니다. 하지만 공감이 필요한 학생에게 이러한 대화는 오히려 방해가 된다. 먼저 공감을 하고 나중에 조언을 해도 늦지 않다.

공감을 방해하는 열 가지 장애물

① 충고/조언/교육하기

→ 내 생각에 네가 친구에게 가서 사과를 하는 게 좋겠구나.

② 분석/진단/설명하기

→ 네가 요즘 그런 식으로 말하는 것을 보니 사춘기인 것 같은데.

③ 바로잡기

→ 그건 네가 잘못 생각하는 거야.

④ 위로하기

→ 어머, 그래, 너 너무 힘들었겠다. 선생님이 보기에도 이렇게 속상한데 넌 오죽하겠니.

⑤ 내 얘기 들려주기/맞장구치기

→ 선생님도 그랬었단다.

⑥ 감정의 흐름을 중지/전환시킴

→ 그렇게 풀 죽어 있지 마. 기운 내!

⑦ 동정/애처로워하기

→ 어떡하면 좋으니, 너 정말 안됐다.

⑧ 조사하기/심문하기

→ 무슨 일이 있었던 거야? 언제?

⑨ 평가/빈정되기

→ 내 말 안 듣더니 내가 그럴 줄 알았어.

⑩ 한 방에 딱 자르기

→ 됐어. 시끄러. 그만 좀 해!

이런 표현도 있어요!

- 그래, 충분히 그럴 수 있었겠구나!
- 그래서 화가 많이 났구나!
- 정말 속생했겠구나!
- 얼마나 억울했었니?

TIP 교사가 문제를 소유하고 있을 때: I-Message

교사가 문제를 소유할 경우 스스로 자신의 감정이나 반응에 책임을 져야 한다. 교사도 자신만의 욕구를 가지고 있고 '도저히 참을 수 없는' 수많은 학생의 행동과 부딪히게 마련이다. 교사를 불편하게 만드는 행동은 누군가가 나의 이야기를 들어준다고 해결되는 것도 아니고 모른 체 한다고 해서 해결되지도 않는다. 이때 자신의 불편한 감정이나 상황을 나-메시지(I-Message)를 통해 이야기하면 아이와의 관계를 적절하게 유지하면서도 자신의 불편함을 해결할 수 있다.

〈나-메시지의 구성요소〉

① 평가 없이 사실 말하기

학생의 행동으로부터 초래된 사태에 대해 평가를 하지 않고 사실만을 이야기한다.

예 "나는 색종이가 바닥에 널려 있는 것을 볼 때면……." (평가 없는 사실)

예 "너희가 바닥을 그렇게 너저분하게 어지럽혀 놓을 때……." (평가가 포함된 사실)

② 분명한 영향 말하기

위에서 말한 행동이 교사에게 미치는 '분명하고도 구체적인 영향'을 이야기한다.

예 "네가 복도에서 그렇게 발을 떡 버티고 서 있으면(평가 없는 사실), 거기 걸려서 넘어지기 쉽고(분명한 영향)……."

③ 내 느낌 말하기

분명한 영향을 받고 있기 때문에 교사 내면에서 발생한 감정에 대해 이야기한다.

예 "네가 복도에서 그렇게 발을 떡 버티고 서 있으면(평가 없는 사실), 거기 걸려서 넘어지기 쉽고(분명한 영향), 나는 다칠까 봐 겁난다(내 느낌)."

10. 사춘기 아이들에게 해 주는 말

- 사춘기에는 우리 몸이 전면적인 수리에 들어가지. 그래서 더 아껴 줘야 해.
- 네 나이에는 그럴 수 있어.
- 사춘기라고 모든 게 용서되는 것은 아니야. 아닌 것은 아닌 것이란다.

대한민국에는 중2가 있기 때문에 전쟁이 나지 않고, 세상에서 제일 힘든 일은 사춘기 아이들과 함께 사는 일이라는 우스갯소리가 있다. 그만큼 사춘기는 그 과정을 거치는 아이들에게나 함께하는 교사와 학부모들에게 쉽지 않은 고개인 것은 틀림없다. 여기서는 사춘기를 시작하는 아이들을 지도하는 데 도움이 되는 표현을 함께 생각해 보도록 하자.

매직워드 22

사춘기에는 우리 몸이 전면적인 수리에 들어가지. 그래서 더 아껴 주어야 해.

상황 속으로

늘 싱글벙글하던 민희가 요 며칠 우울한 얼굴로 앉아 있다. 아무래도 사춘기가 온 것 같은데 딱히 문제가 되는 행동은 하지 않아 김 선생님은 민희를 지켜보고 있었다. 그런데 어느 날 민희가 고민이 있다며 선생님을 찾아왔다.

민 희: 선생님~ 저 고민이 있는데요.

선생님: 무슨 일이 있니 민희야?

민 희: 그게요……. 선생님, 제가 요즘 가슴이 나오기 시작하는데요.

선생님: 그런데?

민 희: 그런데 아무래도 친구들보다 너무 큰 거 같아요.

선생님: 요즘에는 S라인이라며 풍만한 몸매를 다들 갖고 싶어 하잖아.

민 희: 그렇긴 한데 브래지어도 너무 불편하고, 남자애들이 자꾸 가슴을 쳐다보는 것 같아요. 체육시간에는 신경 쓰여서 달리기도 하기 싫어요. 그래서 그런지 자꾸 우울해져서 아무 이유 없이 엄마에게 짜증이 나기도 해요.

선생님: 그런 고민을 선생님한테 얘기해 줘서 고마워. 안 그래도 네 얼굴이 요즘 우울해 보여서 걱정이었거든.

마음속으로

김 선생님은 민희의 고민을 이해할 수 있었다. 선생님도 사춘기 때 비슷한 고민이 있었기 때문이다. 사실 그때는 발달이 빨라도 걱정, 늦어도 걱정이었다. 별거 아닌 거에도 깔깔거리며 웃다가도 갑자기 마음이 싱숭생숭해져서 눈물이 나기도 하고……. 그때가 지나고 나면 아무렇지 않은 자연스러운 일인데 그때는 몸과 마음에 나타나는 변화 하나하나가 불편하고 신경 쓰였다.

김 선생님은 먼저 그 시기를 겪었던 사람으로서 민희에게 도움이 되는 이야기를 해 주고 싶다.

교실을 바꾸는 매직워드

사춘기는 정상적인 발달을 하는 건강한 청소년에게는 누구에게나 찾아오는 시기다. 애벌레가 번데기를 거쳐 나비가 되듯 아이들은 사춘기를 거쳐 한 사람의 어른으로 자라난다.

"사춘기에는 우리 몸이 전면적인 수리에 들어가지. 그래서 더 아껴 주어야 해."

사춘기에 겪는 전면적인 수리, 즉 리모델링은 아이들의 몸 곳곳에서 이루어진다. 리모델링을 통해 건물이 멋지게 다시 태어나는 것처럼 아이들도 사춘기를 잘 보내면 더 멋진 어른으로 다시 태어날 수 있다. 그래서 자신을 더 소중히 아껴 주는 지혜가 필요하다.

왜 이 표현인가요?

1 사춘기의 신체 변화

요즘은 예전에 비해 사춘기가 일찍 찾아와 초등학교 고학년이 되면 대부분 사춘기가 시작된다. 사춘기를 거치며 여자는 여자답게 남자는 남자답게 몸이 변화한다. 이 과정에서 아이들은 또래와 자신을 비교하여 발달이 빠르면 빠른 대로 늦으면 늦은 대로 자신의 몸에 대해 불만족스럽게 느끼기도 한다. 이 시기는 신체 자존감이 중요한 때라서 아이들은 외모에 많은 신경을 쓴다. 그래서 자신의 신체 변화에 더 민감하다. 교실에서 항상 거울을 붙잡고 있는 아이가 있다면, 수업시간에 거울을 보는 태도는 달라져야 하지만 아이가 갖고 있는 외모에 대한 관심은 공감해 줄 필요가 있다. 어떻게 하면 더 예뻐 보이는지 등에 대해 이야기하고, "너는 이렇게 하는 것이 더 예뻐."라고 말하는 것이 거울을 보지 말라고 백 번 말하는 것보다 더 효과가 있을 것이다.

2 사춘기의 뇌 변화

- 인간의 뇌는 3층 구조로 되어 있으며, 생명 유지 기능을 담당하는 뇌간, 감정 · 기억 · 호르몬을 담당하는 변연계, 사고 · 판단 등의 기능을 담당하는 대뇌피질로 구성되어 있다.
- 사춘기에는 정보를 전달하는 시냅스가 새로 형성되기보다는 제거된다. 쓸모없는 시냅스를 제거하여 질적인 발달을 꾀하기 위해서다. 그러나 전두엽에서만큼은 시냅스의 형성이 여전히 활발하다. 그중 자기관리와 계획, 대안 및 의사결정 등을 담당하는 전전두엽은 여자는 만 11세, 남자는 만 12세에 대대적인 리모델링에 들어가 생후 3년 사이에 보이는 변화에 버금가는 엄청난 변화가 이루어진다(Strauch, 2005).

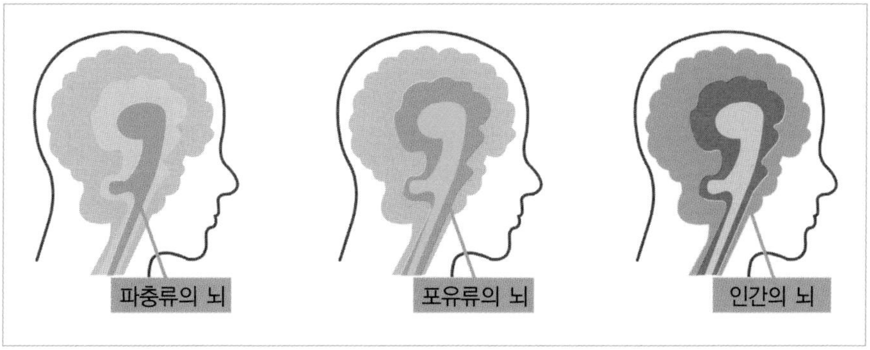

• 사춘기에 접어들면 아동기까지의 각종 경험을 기반으로 시냅스와 수초가 질적인 변화를 이룬다. 이 결과로 아이들은 추상적인 사고와 가설-연역적 사고가 가능해진다(김유미, 2009).

3 수리 중인 내 몸, 아끼고 사랑하기

몸도 머리도 대대적인 리모델링에 들어간 사춘기의 아이들. 설계도가 멋져도 리모델링 과정에서 관리를 제대로 하지 않으면 멋진 건물로 거듭날 수 없는 것처럼 아이들도 마찬가지다. 나름대로 자신의 변화를 이해하고 그 과정을 중요하게 여기며 자신을 아껴 줘야 멋진 어른으로 거듭날 수 있다.

사춘기에는 이전보다 외모가 마음에 들지 않을 수 있다. 자신의 외모에 관심을 가지고 신경을 쓰긴 하지만, 호르몬의 영향으로 얼굴에 돋는 여드름을 막을 수도 없고 몸이 자라는 과정에서 보이게 되는 다소간의 불균형이나 운동 부족에서 오는 약간의 비만도 피해갈 수 없다. 자신의 몸이 다른 아이들보다 못나고 이상한 것이 아니라 정상적인 과정을 밟고 있으며 현재의 내 모습이 멋진 미래의 모습을 만들기 위한 과정이라고 생각하면 좀 더 긍정적으로 자신의 몸을 바라볼 수 있다.

사춘기에는 뇌가 리모델링에 들어가다 보니 감정도 들쑥날쑥 불안정하고 합리적으로 사고하는 것도 힘들어 때로는 말도 안 되는 일을 저지르기도 한다. 하지만 다른 부위에 비해 늦게 성숙하는 전전두엽은 다른 부분보다 유전의 영향을 비교적 적게 받고 환경의 영향을 크게 받는 편이다(김유미, 2009). 즉, 전전두엽이 발달하는 이 시기에 어떻게 하느냐에 따라 역전이 가능한 부분이 있다는 것이다. 이는 반대로 생각하면 더 쉽게 상처를 입고, 심각하고 장기적인 손상에 더 취약한 상태라고 볼 수도 있다(Strauch, 2005). 그래서 이 시기에 자기 자신을 아껴 주는 것은 매우 중요하다. 이때 자신을 아껴 주지 않으면 발달이 제대로 이루어지지 않는다. 실제로 14세부터 술을 마신 18세 학생의 뇌는 여전히 14세 뇌 발달 수준에 머물러 있다는 연구결과가 있다(김유미, 2009). 음주로 인해 뇌 발달이 진척되지 못한 것이다(동일한 음주량에서 청소년들은 성인보다 더 빨리 알코올중독이 되며, 알코올중독이 되면 기억을 관장하는 해마가 손상된다). 자신을 소중히 다루어야 건강하게 성장할 수 있다.

4 아이는 아이일 뿐이다

어른들은 아이가 5, 6학년 정도로 성장하면 이성적인 사고가 가능하리라 생각하는 경향이 있다. 신체 발육이 좋아 겉보기에는 충분히 가능할 것처럼 보이기 때문이다. 하지만 사춘기 아이들의 뇌는 마치 리모델링에 들어간 건물처럼 어수선하고 정신이 없다. 그래서 어른들이 기대하는 수준의 합리적이고 이성적인 사고는 어렵다. 아이들 간에는 개인차가 있고, 어느 정도 합리적인 사고가 가능하지만 절대 어른과 같은 수준의 사고를 기대하면 안 된다. 아이는 아이일 뿐이다.

5 자아정체성 확립하기

그럼 사춘기를 겪는 아이들이 자기 자신을 아끼고 사랑하는 방법은 무엇일까?

에릭슨Erikson의 심리사회발달이론에 따르면 청소년기는 자아정체성을 확립하여 미래를 준비하는 시기다. 이때 자아정체성을 제대로 확립하지 못하면 이후 직업을 선택하거나 자신의 가치관을 확립하는 데 심한 갈등을 일으키게 된다.

자아정체성을 확립하기 위해서는 긍정적 인간관계 속에서 다양한 경험을 쌓고 그 안에서 자신이 어떤 사람인지를 바라보는 것이 필요하다. 긍정적 인간관계는 건강한 가정에서 가족과 함께 시간을 보내고, 친구들과 함께 이야기하고 노는 일상적인 환경에서 만들어진다(요즘은 해체된 가정이 많아 이것이 더 이상 일상적이기만 한 것은 아니다).

현재의 교육 시스템은 입시 위주로 짜여 있어 다양한 경험을 쌓는 것이 쉽지 않다. 그래서 공부를 잘해도 진정 자신이 잘하는 것이 무엇인지 몰라 그냥 부모님의 조언이나 점수에 따라 대학 학과를 결정하여 진학하는 경우도 비일비재하다. 실제적인 경험이 어렵다면 책을 읽거나 양질의 매체를 통해 다양한 간접적 경험을 쌓는 것도 중요하다.

이러한 과정을 통해 아이들은 자기 자신이 어떤 사람인지를 알게 되고 진정 자신을 아끼고 사랑하는 어른으로 성장할 수 있다.

이런 표현도 있어요!

- 사춘기에 겪는 변화는 자연스러운 거야. 그럴수록 더 아끼고 사랑해 주어야 해.
- 사춘기에 겪는 변화는 멋진 어른이 되기 위한 과정이란다. 스스로를 자랑스럽게 여기렴.
- 누구나 사춘기에는 몸과 마음에 변화가 찾아온단다. 부끄러워하지 말고 소중하게 생각해야 해.
- 어른이 되기 위해 꼭 필요한 중요한 과정을 거치는 중이란다. 아끼고 사랑해 주렴.

매직워드

23 네 나이에는 그럴 수 있어.

상황 속으로

선영이는 수업 시간에 갑자기 엎드리더니 눈물을 터트려 반 친구들을 놀라게 했다. 김 선생님은 선영이가 걱정되어 어찌 된 일인지 물어보았다. 어두운 얼굴로 앉아 있던 선영이는 한참을 망설이더니 입을 열었다.

선영: 선생님! 엄마가 너무 불쌍해요.

김 선생님: 엄마가 불쌍해서 아까 운 거니?

선영: 네. 엄마가 아빠랑 헤어진 다음에 저 때문에 밤에도 늦게까지 일을 하고 오시거든요. 근데 저는 그게 싫어요.

김 선생님: 왜?

선영: 집에 혼자 있으면 외롭기도 하고 엄마가 힘든 얼굴로 오면 그냥 짜증이 나요.

김 선생님: 그래서 어떻게 했어?

선영: 엄마한테 짜증을 내지요. 그럼 엄마는 "엄마가 미안해~."라고 하면서 우세요. 그럼 저는 더 짜증이 나요. 예전에는 엄마한테 잘하려고 집에 있으면 제가 청소도 하고 빨래도 돌려 놓고 그랬거든요. 그런데 지금은 그런 것도 하기 싫어요. 그냥 짜증만 나요. 저 너무 못됐죠?

마음속으로

선영이는 엄마에게 미안했다. 그런데 왜 엄마 얼굴만 보면 짜증이 나는지 모르겠다. 늘 자기를 위해 일하는 엄마가 고맙고 안쓰러운데 고맙다는 말 대신 짜증이나 내고 있는 자신이 한심하다. 친구들 앞에서 갑자기 울음을 터트린 것도 창피하다. 내가 미친 것도 아닌데 왜 그랬을까 싶다. 친구들 얼굴을 보기가 민망해서 내내 엎드려 있었다.

김 선생님은 수업시간에 갑자기 선영이가 울음을 터뜨려서 당황스러웠다. 잠시 화도 났지만 혹시 무슨 일이 있는 게 아닌가 싶어 걱정스러운 마음이 더 컸다. 다행히 선영이가 마음을 열어 주어 아이의 마음을 알 수 있었다. 부모님이 이혼하시고 엄마가 고생하시는 걸 알면서도 짜증이 난다는 선영이의 마음이 충분히 이해가 갔다. 한창 부모님께 사랑을 받아야 하는 나이인데 그럴 상황이 안 되니 선영이도 선영이 엄마도 안쓰러웠다. 반 아이들이 선영이의 사정을 모르니 오늘의 행동을 이상하게 볼 것 같아 그것도 신경이 쓰인다.

교실을 바꾸는 매직워드

김 선생님은 선영이가 자기 자신을 이상하게 여기지 않고 주어진 상황에 잘 대처하길 바랐다. 그래서 이런 말을 해 주었다.

"네 나이에는 그럴 수 있어."

모든 아이가 정도의 차이는 있지만 사춘기에 들어서면 감정이 불안정해지고 기복도 심해진다. 그래서 엄마에게 마음과는 다른 말이 나올 수도 있고 수업시간에 눈물도 날 수 있는 거라고 이야기해 주었다.

왜 이 표현인가요?

1 사춘기 감정표현의 특징

사춘기에는 감정표현이 과격하다. 아무 이유가 없어 보이는데 짜증을 내고 반항하는 경우도 많다. 이렇게 감정 조절이 미숙한 이유는 아이들의 감정표현 단계가 3~4단계밖에 되지 않기 때문이다. 어른들의 감정표현은 10~11단계로 세분화되어 있는데 비해 아이들은 3~4단계밖에 되지 않기 때문에 실제 아이가 느끼는 감정에 비해 표현은 더 극단적이게 된다(EBS 다큐프라임 10대 성장

〈감정표현의 단계〉

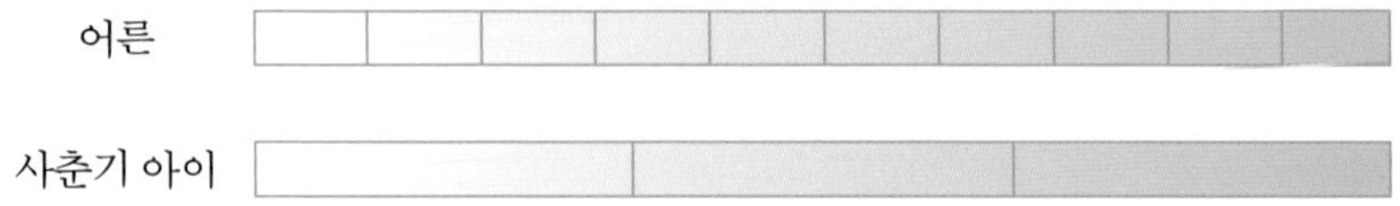

보고서, 2010). 그래서 어른들이 보면 반항하는 것처럼 보이지만 실제로는 반항이 아닌 과장된 감정표현일 때도 많다.

이렇게 감정표현을 하면서도 반대로 다른 사람들의 시선을 매우 의식하는 특성도 있다. 모든 사람이 자신을 보고 있다고 생각하는 '상상적 청중'을 가지고 살기 때문에 집 앞 슈퍼에 잠깐 나가도 거울을 보고 옷을 갖춰 입고 나간다. 교실에서 발표를 시켜도 과도하게 다른 친구들을 의식해서 오히려 더 어색한 행동을 하는데, 그게 남의 시선을 더 끄는 행동인지를 모른다. 그래서 사춘기 아이들을 대할 때는 그들의 과장된 감정표현을 이해하되 주목받고 싶으면서도 그것을 부담스러워하는 아이들의 마음도 껴안아 줄 필요가 있다.

2 뇌와 사춘기의 감정표현

사춘기가 되면 이유 없이 짜증을 내고 반항을 하는 경우가 많다. 아동기에 비해 오히려 퇴행한 것처럼 보이기까지 한다. 이렇게 사춘기에 정서 조절이 쉽지 않은 이유는 전두엽의 시냅스가 아직 정리되지 못한 상태에서 성호르몬의 영향을 받아 편도가 과잉활성화되기 때문이다(김유미, 2009).

뇌이랑을 거쳐 전두엽으로 정보가 들어오면 전두엽은 상황을 합리적으로 판단하고 어떤 감정을 나타낼지 결정한다. 그런데 사춘기에는 전두엽뿐만 아니라 정보가 들어오는 통로인 뇌이랑도 공사 중이다. 그래서 전후 맥락에 맞는 적절한 감정표현에 어려움이 생긴다. 어른들은 같은 상황에서 이성적 사고의 기

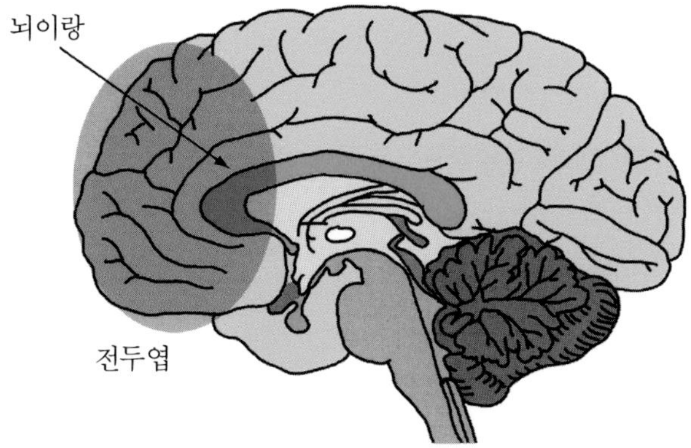

능을 가진 전두엽이 반응하여 어떤 감정을 나타낼까 고민하고 조심스럽게 감정을 드러내지만, 청소년들은 정서를 유발하는 편도가 반응하기 때문에 고민하지 않고 거침없이 감정을 나타낸다(EBS 다큐프라임-10대 성장 보고서, 2010).

그래도 여자아이들은 남자아이들에 비해 종종 성숙하다는 느낌을 많이 준다. 미엘린myelin(전선의 플라스틱 피복과 마찬가지로 신경세포를 둘러싸는 백색 지방질 물질로 뉴런을 통해 전달되는 전기신호가 누출되거나 흩어지지 않게 보호함)은 뇌의 전기신호가 더 잘 전달되도록 하는데, 여자아이들의 뇌가 남자아이들에 비해 뇌이랑의 미엘린화가 더 빨리 진행된다고 한다. 이는 여자아이들이 남자아이들보다 정서적으로 더 성숙해 보이는 원인으로 보인다(Strauch, 2005).

3 네 나이에는 그럴 수 있어

선영이는 어머니에 대한 고마움과 미안함이 있음에도 그것을 짜증으로 표현했고 수업 중 갑자기 감정이 격해져서 엎드려 울었다. 사춘기의 뇌를 이해하면 선영이가 보인 행동을 충분히 정상적인 범주에서 이해할 수 있다. 물론 너무 잦은 감정 폭발이나 극심한 감정 기복이 있으면 그것이 위험한 행동으로 표출될 수 있기 때문에 주의해야 한다. 하지만 아이가 자신을 이상한 사람으로 여기지 않도록 아이의 마음을 다독일 필요는 있다.

아이들은 자라면서 많은 시행착오를 거쳐 어른이 된다. 잘못하고 실수하면서 한 뼘씩 더 크는 것이므로 아이들의 행동에 대한 여유로운 시선이 필요하다.

TIP 사춘기 아이와 이야기하기

전두엽이 완성되지 않은 아이에게는 성인과 같은 이성적인 생각과 판단을 기대할 수 없다. 그래서 사춘기의 아이에게는 먼저 공감 등을 통해 감정을 주관하는 변연계를 깨워 주고 이후에 이성적 판단을 요하는 이야기를 해야 아이가 더 잘 받아들일 수 있다. 친구 때문에 화가 나서 씩씩거리는 아이에게는 잘잘못을 가리기 이전에 화가 난 마음을 만져 주는 것이 필요하다.

"지금 화가 많이 났구나."

"속이 많이 상했겠다."

이와 같은 몇 마디 말이 아이의 마음을 누그러뜨릴 수 있다. 그러고 나서 선생님이 하고 싶은 말을 꺼내도 늦지 않다.

출처: 김민정(2012).

이런 표현도 있어요!

- 사춘기에는 감정 기복이 심할 수 있어. 이상한 게 아니야.
- 너도 너를 어쩌지 못할 때가 있지? 자라면서 그런 일을 겪기도 해.
- 나도 사춘기 때는 많이 혼란스러웠어.
- 사춘기에는 감정이 요동칠 때가 있어.

매직워드

24

사춘기라고 모든 게 용서되는 것은 아니야. 아닌 것은 아닌 것이란다.

상황 속으로

용철이는 요즘 부쩍 다른 반 남자아이들과 무리를 지어 다닌다. 자칭 잘 나가는 아이들인 그들은 거들먹거리고 다니면서 쉬는 시간만 되면 무슨 이야기를 하는지 매번 복도 한 귀퉁이에 함께 모여 있다. 김 선생님은 용철이가 다른 반 아이들과 어울리면서 불미스러운 일에 엮이지 않을까 불안했지만 그렇다고 무조건 같이 놀지 말라고 할 수도 없어서 걱정만 하고 있었다.

그런데 결국 일이 터졌다. 다른 학교 아이들과 싸움이 붙어서 이웃 학교에서 연락이 왔는데 싸운 아이들 중 용철이가 끼어 있었다. 다행히 아이들이 크게 다치거나 한 건 아니었지만 이웃 학교까지 가서 싸웠다는 게 문제였다. 학교가 발칵 뒤집혔고 관련된 아이들을 모두 불러 자초지종을 확인하는 중 아이들끼리 모여 담배도 피우고 술도 마신 사실까지 밝혀졌다.

마음속으로

김 선생님은 용철이가 걱정이다. 부모님은 용철이를 사랑하시지만 식당일로 바쁘시기 때문에 아무래도 용철이가 친구들과 더 어울리게 된 것 같다. 이번에는 싸우다가 다치진 않았지만 중학교에서 같은 일이 벌어지면 그때는 크게 다칠 수도 있다. 용철이가 더 이상 그 아이들과 어울리지 않았으면 좋겠다.

용철이는 무서웠다. 옆 학교 아이가 학원에서 우리 학교 아이를 건드린다기에 혼을 내 주려고 간 건데 그게 이렇게 학교를 떠들썩하게 할 줄은 몰랐다. 술이랑 담배도 무슨 나쁜 짓을 하려고 한 건 아니었다. 그냥 아빠처럼 해 보고 싶고 어떤 건지 궁금해서 입에 댔을 뿐이었다. 친구들이 먼저 했는데 어른처럼 하는 게 멋져 보여서 자기도 따라 했다. 둘 다 생각보다 별로여서 앞으로는 안 해야지 하고 생각하고 있었는데, 선생님과 부모님이 이 일에 대해 알게 되셨다. 어떤 벌을 받을지 몰라 무서웠고 이 일로 친구들과의 사이가 틀어질까 봐서도 걱정이 되었다. 한 명 한 명 보면 다 착한 아이들인데 어른들은 자신과 친구들을 그렇게 생각하지 않는 것 같다.

교실을 바꾸는 매직워드

김 선생님은 용철이가 다시는 친구들과 어울리며 사고치지 않기를 바란다. 하지만 무조건 친구들과 어울리지 말라고 하기도 어렵다. 이 시기의 남자아이들의 세계에서 친구는 무엇보다 중요한 존재다. 그래서 이렇게 말을 시작했다.

"사춘기라고 모든 게 용서되는 것은 아니야. 아닌 것은 아닌 것이란다."

왜 이 표현인가요?

1 사춘기의 위험한 행동

개인적 우화

사춘기 아이들은 자신이 너무 특별하다고 확신하고 행동하는데 이를 '개인적 우화'라고 한다. 개인적 우화에 빠져 있는 아이들은 자신만은 높은 곳에서 떨어져도 다치지 않고, 오토바이를 타도 사고가 나지 않으며, 성관계를 해도 임신이 되지 않을 것이라 생각하면서 과감한 행동을 하게 된다. 그럼 왜 이렇게 말도 안 되는 생각과 행동을 하게 되는 걸까?

도파민 분비

도파민은 쾌감을 느끼게 하는 신경호르몬이다. 도파민 수치가 올라가면 쾌감과 즐거움을 느끼게 되고 그래서 다시 그 일을 하게 되는 동인이 된다. 도파민 분비가 많아지면 창의적인 아이디어가 풍부하게 생산되지만, 새로운 것과 모험을 추구하다 보면 위험한 행동까지 이어지기도 한다. 사춘기에는 성인이나 아동들보다 뇌에서 도파민이 많이 분비된다. 기본적인 도파민 수치가 높기 때문에 쾌감을 얻기 위해 더 강한 새로운 경험과 모험을 추구하고 그래서 일탈 행동까지 저지르기도 한다. 하지만 전두엽이 공사 중이기 때문에 위험한 행동 앞에서 이성적 제어가 어렵다. 친구들이 보고 있으면 도파민 분비는 더 활발해진다. 그래서 친구들과 몰려다니면서 위험한 행동을 저지르는 빈도가 증가하는 것이다.

공격성 증가

성호르몬은 남자아이와 여자아이 모두에게 공격성을 증가시킨다고 한다. 특히 남성호르몬인 테스토스테론testosterone은 사춘기에 이전보다 1,000% 더 많이 분비되는데 이는 같은 사춘기의 여자아이에 비해 20배나 많은 양이다. 테스토스테론은 사고와 판단의 기능을 담당하는 전두엽의 기능을 떨어뜨린

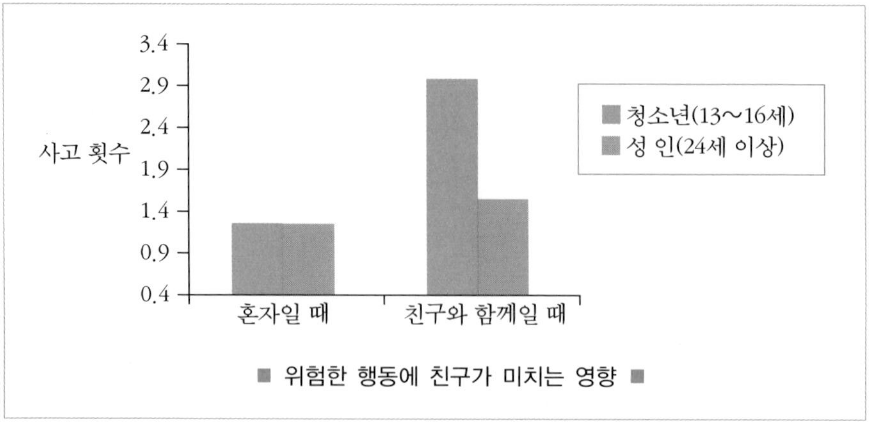

출처: EBS 〈다큐프라임-10대 성장 보고서〉 2010. 2부 이상한 봄, 사춘기(2010. 6. 22. 방영).

다. 사춘기 남학생들이 위험한 활동을 즐기고, 자극을 추구하며, 친구와 함께 있으면 더욱 공격적이게 되는 이유는 이 테스토스테론이라는 호르몬의 영향이라고도 할 수 있겠다(Walsh, 2011).

TIP 공격성을 줄이려면

공격성은 인간 본성의 자연스러운 한 단면이지만 이것이 잘못 표출되면 자신이나 타인에게 많은 피해를 줄 수 있다. 그래서 공격성을 적절히 해소하는 것이 중요하다. 가장 쉬운 방법은 충분한 수면이다. 잠을 충분히 자는 것만으로도 아이들의 짜증이 줄어들고 공격성도 감소된다고 한다. 충분히 노는 것도 도움이 된다. 운동이나 다양한 여가활동으로 공격적 에너지를 줄일 수 있다.

2 행동의 한계 명확히 하기

사춘기에는 호르몬의 영향으로 위험한 행동을 아무렇지도 않게 할 확률이 높다. 하지만 모든 사춘기 아이들이 그런 것은 아니다. 그 차이는 행동의 한계를 어떻게 정해 주느냐에 따라 다르다. 아이의 잘못에 대해서는 '자라는 시기에는 그럴 수 있다'며 폭넓게 수용해 줄 수 있지만 행동의 한계는 명확히 해야 한다.

행동의 한계를 정하는 기준은 단순하다. 나를 해치지 않고 남을 해치지 않는 것이다(존 가트맨 외, 2011). 이것도 안 되고 저것도 안 된다고 이야기하면 안 되는 일의 종류가 너무 많아 아이도 지키기 어렵고 어른들도 제시하기 어렵다. 그래서 큰 틀로 제시하는 것이 좋다.

예 • 술과 담배를 하는 것: 나를 해치는 일 → 해서는 안 됨
• 친구를 때리고 괴롭히는 것: 남을 해치는 일 → 하면 안 됨
• 머리에 염색을 하고 짧은 치마를 입는 것: 어른의 눈으로 보기에는 어떨지 몰라도 누구도 해치지 않음 → 허용 가능

어떤 일을 저지를 때 그것이 아무리 나에게 쾌감을 주는 일이라 해도 나를 해치는 일인지, 남을 해치는 일인지를 멈춰서 생각해 본다면 그 일을 어떻게 해야 할지가 명확해진다.

TIP 사춘기 아이들의 성

사춘기에는 성에 대한 관심이 높아진다. EBS 〈다큐프라임-아이의 사생활 2〉, 1부 '사춘기'(2009. 07. 13. 방영)에서는 중학생 남자아이와 여자아이의 성에 대한 생각을 살펴보았다. '사랑하는 사이에서 어디까지 할 수 있을까?' 라는 질문에 남자아이들은 성관계까지라고 답한 빈도가 높은 반면, 여자아이들은 키스라고 답한 비율이 가장 높았다.
다음의 표를 보면 아이들이 처음 음란물을 접하는 시기는 초등학교에서 중학교 1학년 사이가 절반 이상을 차지한다. 성에 대한 올바른 가치관이 자리 잡지 않은 상태에서 보는 음란물은 성을 필요 이상으로 이상하고 더럽게 여기게 하거나 여성을 인간관계의 대상이 아닌 성적인 도구로 받아들이게 할 수 있어 문제가 된다. 그럼 어떻게 하면 성을 자연스럽게 받아들이게 될까? 쑥스럽다고 성에 관한 대화를 피하지 말고 아이와 함께 몽정, 자위행위, 월경 등에 대해 이야기하는 것이 필요하다. 전문가의 도움을 받는 것도 한 방법이다. 요즘에는 학교에 와서 전문적으로 성교육을 해 주는 강사들이 많이 있다. 개인차는 있지만 노골적이고 재미있게 성교육을 하기 때문에 아이들의 호응도 좋은 편이다.

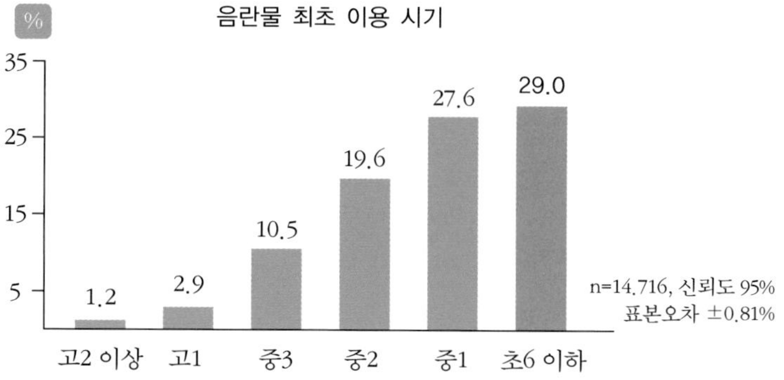

출처: EBS 〈다큐프라임-아이의 사생활 2〉, 1부 사춘기(2009. 07. 13. 방영).

이런 표현도 있어요!

- 사춘기라고 해도 용서할 수 없는 행동이 있어.
- 아무리 사춘기라 해도 절대 해서는 안 되는 행동이 있어.
- 사춘기라도 그런 행동은 용서되지 않는단다.
- 사춘기라도 뭐든지 다 용서할 수 있는 것은 아니야. 넘지 말아야 할 선이 있어.

II. 책임감을 키워 주는 말

- 행동선택의 원리는 '지사선책'이야.
- 네가 선생님이라면 어떻게 하겠니?
- 네 행동(말)에 책임질 수 있겠니?

아이들이 다른 사람의 물건에 손상을 입혔거나 다른 문제가 발생했을 때 불러서 주의를 주려고 하면 어김없이 나오는 말이 있다.

"내가 안 그랬어요."

"난 안 하려고 그랬는데 쟤가 자꾸 하자고 했어요."

이처럼 발뺌을 하거나 다른 사람에게 책임을 미루고 자기는 살짝 빠져나오려는 모습을 보게 된다. 아이가 핑계 대는 버릇을 고치고 바르게 책임지려는 태도를 키울 수 있는 표현에 대해 생각해 보자.

매직워드

25 행동 선택의 원리는 '지사선책'이야!

상황 속으로

오늘도 훈이가 말썽을 일으켰다. 지나가는 옆 반 여학생의 다리를 걸어서 넘어지는 바람에 그 여학생의 안경이 바닥에 떨어졌다. 넘어진 여학생이 울면서 안경을 주워 보니 안경알이 깨져 있었다. 그 여학생은 자기 담임선생님께 일렀고 결국 김 선생님까지 알게 되었다.

"넌 번번이 말썽만 일으키니 어쩌면 좋니?"

"죄송해요."

"네가 저지른 일이 뭔지 잘 봐. 그냥 간단하게 '죄송해요'로 끝날 일이니?"

"죄송해요."

"죄송한 줄 알면 그런 장난을 치지 말았어야지. 안경은 그 아이의 눈이야 눈!"

"사실 전 안 하려고 하는데 자꾸 성현이가 장난치자고 해서……."

"넌 남이 하자고 하면 결과도 생각하지 않고 무조건 같이 하니? 이번 일은 말만 해서 해결될 일이 아니다. 아마도 안경을 물어 줘야 될 것 같다."

"선생님, 제발 한 번만요."

"한 번만 뭐! 남의 안경을 깨뜨려 놓고 그냥 미안하단 말 한마디로 넘어갈 수 없지. 네 행동에는 책임을 져야 하지 않겠니?"

마음속으로

훈이는 어떻게 해야 좋을지 걱정이 된다.

'정말, 난 왜 이러지?'

'엄마가 아시면 많이 혼날 텐데……. 더구나 안경까지 깨졌으니…….'

또 핑계를 대고 달아나고만 싶다. 하지만 아무리 생각해도 핑계 댈 말이 떠오르지도 않고 또 핑계를 댈 만한 상황도 전혀 아닌 것 같다. 언제나처럼 선생님께 "죄송해요."라고 말했지만, 엄마의 무서운 얼굴이 떠올라 불안하기만 하다.

교실을 바꾸는 매직워드

아이들의 핑계 대는 비릇이 질문 몇 가지로 싹악 사라진다면 그것이야말로 매직이 아닐까? 그럼 핑계 대는 버릇을 사라지게 하는 그 말이 무엇인지 한번 알아보자.

"행동 선택의 원리는 '지사선책' 이야!"

왜 이 표현인가요?

아이들은 자유롭고 거침없으며 밝고 명랑하다. 그러기에 행동도 즉흥적이고 말도 그저 입에서 나오는 대로 바로바로 내뱉는 특성이 있다. 순진하고 순수하기에 그렇다고 볼 수 있다. 하지만 아이들의 이런 특성 때문에 교사들은 힘들어진다.

아이들이 문제를 일으키고 나면 교사로부터 훈계를 듣는다. 그런 상황이 되면 교사는 잔소리를 하기 쉽다. 사실 잔소리가 아니라 꼭 필요한 말을 하는 것인데도 아이들은 듣기 싫어한다. 아이들은 자신이 한 행동이 얼마나 잘못되었는지는 잊은 채 핑계 댈 일만 생각하고 있다. 그러다 보니 기분이 나쁜 채로 무엇을 어떻게 고쳐야 할지 습관을 바꾸지 않아 다음에 또 같은 문제행동을 반복하게 된다.

그러면 '지사선책'의 원리가 무엇인지 알아보자.

- 1단계: 止(멈춘다)
- 2단계: 思(생각한다)
- 3단계: 選(선택한다)
- 4단계: 責(책임진다)

사려 깊은 태도 형성을 위한 **행동선택의 원리**

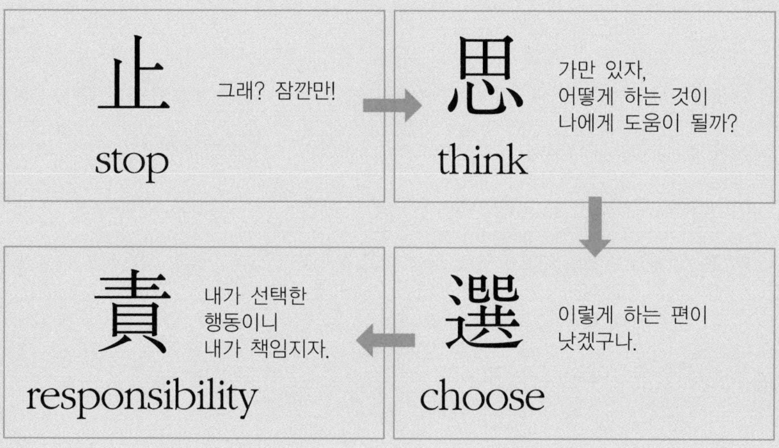

아이들은 대개 이러한 심사숙고의 과정 없이 행동하기 때문에 일이 더 크게 벌어지게 된다.

이 과정을 역할극으로 알아보자.

상황 교실 칠판 앞쪽에서 신나게 놀다가 용철이가 밀쳐서 넘어졌다. 그 바람에 선생님 책상 위의 유리컵이 바닥에 '쨍그랑' 소리를 내며 떨어지더니 깨져 버렸다. 마침 그때 선생님이 들어오시다가 상황을 보시고 "장난친 사람 다 나와!" 하신다.

1. 지사선책(止思選責)의 원리를 배우기 전

① 둘이 선생님 앞으로 나가 고개를 숙이고 있다.

② 땀을 뻘뻘 흘리며 선생님 앞에 서긴 섰는데 손으로 상대방을 툭툭 치며 장난처럼 이리저리 쏠리는 행동에 선생님은 더 화가 난다.

선생님: 누가 먼저 여기서 장난치자고 했니?

아이들: 서로 미룬다. (네가 먼저 하자고 했잖아. 아니야, 네가 먼저 하자고 했어.)

선생님: 저 컵은 선생님한테는 매우 소중한 컵인데 어떻게 할래?

아이들: 묵묵부답으로 가만히 서 있다.

선생님: 내가 여기서(칠판 앞쪽) 놀지 말라고 몇 번이나 말했어! 건성으로 듣더니 결국 이런 일이 벌어지잖니? 너희들 땜에 정말 속상하구나. (한탄함)

*효과 없이 기분만 나빠진다

2. 지사선책(止思選責)의 원리를 배운 후

선생님: 너희들 여기서 놀다가 결국 이런 일이 벌어졌구나. 행동선택의 원리가 뭐지?

아이들: 지 → 사 → 선 → 책이요.

선생님: 그게 무슨 뜻인지 이야기해 봐!

아이들: 언제나 행동을 할 때는 잠깐 멈추고 → 생각하고 → 선택하고 → 그 결과를 책임진다는 의미예요.

선생님: 잘 알고 있구나! 그럼 그 원리 중에 어떤 과정을 잘 못해서 이런 일이 벌어진 것 같아?

아이들: 지(멈추기), 사(생각하기), 선(선택하기)이요.

선생님: 조금 더 자세히 설명해 주겠니?

아이들: 용철이가 여기서 놀자고 했을 때 제가 잠깐 멈추고 과연 여기서 놀아도 될지 안 될지를 생각하고 놀지 말지를 선택했어야 하는데 충동적으로 '그래 놀자.' 하고 무조건 'Yes'를 해서 일이 벌어졌어요. (컵 깨짐)

선생님: 무조건 행동을 해서 벌어진 결과에 대해 누가 책임져야 할까?

나 : 제가 해야 할 것 같아요. 용철이가 제안을 했더라도 제가 거절했으면 괜찮았을 거라 생각해요.

선생님: 그래, 이것이 바로 '책임지는 행동'이란 거야.

*기분 나빠질 필요 없이 결과를 받아들인다.

자, 1과 2는 무엇이 다른가? ①과 ②는 둘 다 지사선책의 원리를 배우기 전의 아이들 상황을 말한 것이다. 2는 이미 아이들과 행동선택의 원리를 배우고 그렇게 하기로 약속한 이후이기 때문에 질문만 잘하면 된다. 그리고 지도 순서가 공식화되어 있기 때문에 교사와 학생의 의사소통이 매끄럽다.

이런 표현도 있어요!

- 무언가 행동을 할 때는 '지사선책'의 원리에 따라 해야 돼.
- '지사선책'의 원리에 따라 행동을 하면 실수가 적단다.
- 이제부터는 '지사선책'의 원리에 따라 행동하자.
- 앞으로는 '지사선책'의 원리에 따라 행동해 줄 거지?

26 네가 선생님이라면 어떻게 하겠니?

상황 속으로

용철이는 에너지가 넘치는 남학생이다. 진지하게 바른 행동을 할 것을 강조해도 선생님 앞에서 대답만 '네, 네' 잘한다. 그런데 뒤돌아서면 조금 있다가 또 아이들로부터 항의가 들어온다. 아이들을 툭툭 치며 괴롭히고 다니는 것이다.

타일러도, 혼을 내도, 때론 윽박을 질러도 그때뿐! 심지어는 용철이에게 속은 기분까지 들어서 이젠 담임선생님도 지쳤다.

오늘도 말썽을 부리고 선생님 앞에 와 서 있는 용철이에게 그동안 하지 않았던 말을 해 보았다.

"용철아, 네가 선생님이라면 어떻게 하겠니?"

"저는 화가 많이 나서 때려 주고 싶을 것 같아요."

"그래? 그럼 역할을 바꿔 볼까?"

의아한 표정으로 서 있는 용철이에게 "네가 네 입으로 말해 봐. 앞으론 네 행동을 어떻게 바꿀 것인지를……."

"선생님, 이제 정말로 선생님 속을 썩이지 않을 게요."

"그래, 선생님 심정을 생각해서 이제 달라지자. 또 다시 그렇게 행동하면 네

가 선생님 역할을 해 보고 내가 네 역할을 할 거야."

또 한 번 믿어 보자고 기대를 하며 용철이를 돌려 보냈다.

마음속으로

용철이도 선생님이 말씀하실 때는 남을 툭툭 치며 귀찮게 하는 것을 멈추고 싶다. 그래서 선생님 앞에서는 금방 "안 할 게요."라는 말이 쉽게 나온 것이다. 그런데 뒤돌아서면 금세 그 약속을 잊어버리고 여전히 같은 행동을 반복하게 된다. 그리고 용철이는 자신이 그런 행동을 할 때마다 여자아이들이 민감한 반응을 보이는 것이 재미있다. 집에서 엄마한테도 그러지 말라고 꾸중을 많이 듣지만 잘 고쳐지지 않아서 사실 선생님께도 죄송하다.

교실을 바꾸는 매직워드

아이에게 역지사지를 경험할 기회를 준다. 악의 없이 하는 짓궂은 행동에 다른 아이들이 귀찮아하면서 자주 항의를 하는데 그때마다 안 하겠다고 말만 하는 용철이에게 이번엔 입장을 바꾸어 선생님의 마음과 생각을 헤아려 보도록 한다.

"네가 선생님이라면 어떻게 하겠니?"

왜 이 표현인가요?

1 선생님의 마음을 헤아려 볼 기회를 주기

역지사지의 관점이다. 아이들은 일반적으로 선생님은 지시하는 사람, 자기들은 그저 선생님의 지시를 듣고 그대로 따라야 하는 사람으로 인식하고 있다. 그런데 "네가 선생님이라면?"이라는 매직워드를 통해 선생님의 마음을 헤아려 볼 기회를 부여받아 다른 입장과 방식으로 생각해 보게 된다.

2 여러 해결방법을 생각해 볼 기회를 주기

"어떻게 하겠니?"라고 물을 때 아이들은 잠시 머뭇거리긴 하겠지만 처음으로 해결방법을 생각해 보게 된다. 아이들에게는 자주 생각할 기회를 주어야 한다. 다음은 부담되지 않는 질문으로 생각에 생각의 꼬리를 물게 하는 대화의 예다.

교사: 용철아, 네가 만일 선생님이라면 어떻게 하겠니?

용철: 몰라요. (이 말이 가장 흔하게 예상되는 답이다.)

교사: (답답한 마음을 가라앉히고) 갑자기 생각해 보려니 막막하지? 네가 선생님인데 용철이처럼 남을 툭툭 치며 괴롭게 하는 행동을 볼 때 뭐라고 말하고 싶어?

용철: 하지 말라고요.

교사: 그래? 그럼 나를 용철이라고 생각하고 선생님처럼 말해 봐!

용철: 야, 하지 마!

교사: 그 말을 들은 용철이는 어떻게 했으면 좋겠어?

용철: 안 했으면 좋겠어요.

교사: 그렇게 생각하는구나. 그런데 용철이는 그동안에 어떻게 했지?

용철: 자꾸 또 했어요.

교사: 그럴 때 선생님 마음은 어떨 것 같아?

용철: 속상할 것 같아요. 화도 날 것 같아요.

교사: 용철이는 선생님이 속상했으면 좋겠어?

용철: 아니요. (이때 '네' 라고 하는 아이는 없다).

교사: 그럼, 선생님이 속상하지 않게 하려면 어떻게 하면 될까?

용철: 제가 이제 안 그럴게요.

교사: 고맙다. 용철이가 선생님 마음을 이해했구나. 만일 또 하고 싶으면 선생님께 와서 도와 달라고 해. 알았지?

3 행동 변화가 보일 때는 그 즉시 인정하기

아이들의 행동을 바꾸는 비결은 '인정해 주기' 다. 아이들은 자신을 인정해 주는 사람의 말은 잘 듣는다. 행동을 바꾸기 위해 야단치거나 혼내게 되면 반감을 일으킨다. 사람들은 누구에게나 인정받고 싶은 욕구가 내면에 있다. 이렇게 지도하고 난 후 자세히 관찰하여 아주 조금이라도 행동의 변화가 보이면 그 즉시 인정한다.

"역시 선생님은 용철이를 믿고 기대했었지. 용철이는 나를 실망시키지 않는구나. 친구를 괴롭히는 용철이의 행동은 머지않아 완전히 사라질 거야."

이런 식으로 여러 친구들 앞에서 칭찬하면 아이들은 더 이상 그런 행동을 계속하지 않을 가능성이 높아진다. 또 일시에 약속한 행동으로 변하지 않더라도 꾸중하기보다는 "잘하려고 노력하는 것 다 알고 있어. 그동안 습관적으로 하던 행동이 너도 모르게 툭 튀어나왔지?" 하고 믿어 주는 말을 하도록 한다. 이것이 바로 격려하기다.

인정하기와 격려하기를 적절히 사용함으로써 아이들의 바람직하지 않은 행동을 바꿀 수 있다.

이런 표현도 있어요!

- 네가 선생님 입장이라면 어떻게 할 것 같니?
- 네가 그렇게 하면 선생님 마음이 어떨까?
- 네가 선생님이라면 무슨 말을 해 주고 싶을까?
- 선생님과 입장을 바꿔서 생각해 볼까?

매직 워드

27 네 행동(말)에 책임질 수 있겠니?

상황 속으로

선영이는 학급 친구들 사이에서 주도적인 역할을 하고 있다. 아이들이 선영이를 잘 따르기도 하지만 선영이도 나름 리더십이 있어서 아이들 통솔을 잘한다고 할까? 아무튼 여학생들뿐만 아니라 남학생들도 선영이와 가까이 지내려고 애쓰는 모습이 보인다. 그런 선영이가 활발해서 좋긴 한데 뭔가 한 가지 석연찮은 것이 있다. 학급에 안 좋은 소문이 돌아다니는데 그 진원지가 선영이란 소문이 있는 것이다.

'누구네 엄마와 아빠가 이혼을 해서 누구누구는 곧 이사를 가야 할 것 같다거나, 선생님이 아직 미혼이신데 사귀는 남자가 우리 학교에 있는 모(某) 선생님이라거나, 기말고사에서 우리 반이 꼴찌를 했다거나…….' 하는 등의 근거 없는 소문이었다.

딱히 확실한 증거도 없으니 선영이를 데려다가 뭐라 할 수도 없고 선생님은 이 문제를 어떻게 풀어야 할까 혼자서 고심하고 있었다.

그러던 어느 날, 선영이의 행동이 선생님에게 딱 걸렸다. 선생님이 마침 화장실 안에 있었는데 그것을 전혀 모르는 선영이가 화장실에 모인 여학생들에게 말하는 것이었다.

“얘들아, 얘들아, 너네 그거 알아? 우리 선생님이 그 남자 선생님이랑 내년에 결혼하신대!”

그 말을 들은 아이들의 호기심 어린 소리들을 고스란히 듣고 있어야만 했던 김 선생님은 몹시도 당황스러웠다.

그날 선생님은 방과 후에 선영이를 교실에 남게 했다. 선영이를 따르는 많은 아이들 앞에서 선영이의 자존심을 지켜주기 위해서 혼자 남으라고 한 것이다.

“선영아, 네 행동에 책임질 수 있겠니?”

“네? 그게 무슨 말씀이세요?”

“아까 들었는데 내가 내년에 결혼한다며? 너 그거 누구에게 들었어? 선생님은 아직 결혼 생각이 없는데……. 말에는 책임이 따르는 거야. 너, 그 말 책임질 수 있어?”

천연덕스럽게 앉아 있던 선영이는 고개를 숙였다.

마음속으로

김 선생님은 몹시 당황스러웠다. 아직 결혼은 생각도 하지 않고 있는데, 구체적인 대상까지 말을 지어 퍼뜨리는 선영이의 행동에 어이가 없었다.

화가 났지만 어른이고 교사인 자신이 마음을 추슬러야 한다는 것을 안다. 더구나 이것은 감정적으로 대처할 문제가 아니다. 교사로서 지도해야 할 상황인 것이다.

< 학생

교실을 바꾸는 매직워드

고학년 중엔 선영이와 같은 아이들이 종종 있다. 교실 분위기를 주도하며 경우에 따라서는 근거 없는 소문을 퍼뜨리면서 인기를 누리고 세력을 형성해 가는 아이들이다. 이런 아이들의 행동에 한계를 긋지 않으면 종종 학급에 분란이 일어난다. 아이들이 대수롭지 않게 소문을 만들고 말을 지어내는 것을 막기 위해 교사는 다음과 같은 말을 사용한다.

"네 행동(말)에 책임질 수 있겠니?"

왜 이 표현인가요?

1 책임의식을 일깨워 주기

아이들의 특성 중 하나는 생각을 깊게 하지 않고 즉흥적으로 말을 하거나 행동을 하는 것이다. 그러다 보면 나중에 교사가 대처하기에 곤란한 상황까지 일이 확대될 수도 있다. 책임질 수 없는 일이 생기는 것이다. 이런 충동적인 행동을 막으려면 늘 결과와 책임을 의식하고 행동하게끔 지도한다. 특히 고학년은 책임을 의식하고 행동하는 것을 습관화해야 하는 시기다.

❷ '책임'이란 말 속에 담긴 무게의식을 느끼기

책임responsibility이란 말의 원어를 살펴보면 '반응하는 능력'이라 말할 수 있다. 반응은 결국 개개인의 능력으로, 책임이란 말은 결과에 대해 얼마나 잘 반응할 수 있는가를 생각해 보게 하는 의미가 담겨 있다. 반응할 능력이 없는 말은 함부로 하지 않는다.

❸ 누군가는 꼭 책임을 져야 함을 인식시키기

아이가 벌인 일 중에서 반드시 책임져야 하는 경우가 있다. 앞의 사례처럼 다른 아이의 안경이 깨졌다든지 본인의 고의로 학교의 기물이 파괴되었을 경우 등이다. 이런 경우 어린아이라고 해서 자신의 책임에서 회피하도록 온정적으로 돌보아 주는 것은 바람직한 것만은 아니다. 필요할 경우 부모에게 연락이 갈 수 있음을 학년 초에 고지하고, 어떤 식이든 자신의 행동에 책임져야 한다는 것을 알려 준다. 이 같은 조치는 아이들이 행동하기 전에 한 번 더 생각하게 하는 효과가 있다.

이런 표현도 있어요!

🔊 네가 한 그 말에 책임질 수 있겠니?

🔊 책임감을 가지고 충분히 생각하며 행동한 거니?

🔊 네가 한 행동에 대해 스스로 책임질 수 있겠니?

🔊 네가 한 말에 대해 스스로 책임질 수 있어야 해.

< 학생

12. 잘못된 행동을 변화시키는 말

- 넌 네가 생각하는 것보다 훨씬 더 영향력이 많은 아이란다.
- 해결기술을 찾아보자.
- 넌 지금 네 행동에 책임지고 있는 중이야!

'문제아'란 말이 지나치게 남발되는 경향이 있다. 문제아를 사전에서 찾아보면 '성격이나 행동 따위가 일반 아이들과 달리 문제성이 있는 아이'라고 되어 있다. 영어로 살펴보면 ① a child who needs special care, ② a problem child, 즉 '특별한 돌봄이 필요한 아이, 문제를 일으키는 아이'다. 성격과 행동에서 남과 다른 특별한 부분이 있다는 말인데, 우리는 흔히 '문제'에만 초점을 두어 그것을 부정적으로 보려고 한다.

아이들이 문제행동을 일으켰다고 해도 얼른 회복하고 잘못된 행동을 바로잡으면 된다. 잘못된 행동을 했더라도 이것을 기회로 자기효능감을 키워 자존감이 높은 아이로 성장하도록 도울 수 있다. 이 장에서는 이에 도움이 되는 말을 함께 알아보고자 한다.

매직워드 28

넌 네가 생각하는 것보다 훨씬 더 영향력이 많은 아이란다.

상황 속으로

폭력적인 언행은 안 된다고 그렇게 여러 번 교육을 하고 서약서를 썼음에도 불구하고 용철이가 또 훈이를 발로 걷어찼다. 훈이는 허리께가 아프다고 울면서 주저앉았다.

아이들이 후다닥 달려와서 울고 있는 훈이를 둘러싸고 "학교폭력" "학교폭력" "학교폭력이야!" 라고 떠들어 댄다. 찬수가 선생님께 와서 이 사실을 말했다.

"선생님, 용철이가 또 훈이를 걷어차서 넘어져 울고 있어요."

이 말을 들은 김 선생님은 '또 용철이 이 녀석이야!' 하곤,

"용철이 너 이리 나와! 너 지금 가해행동 한 거 인정하지?"

"훈이가 먼저 저를 약 올렸는데요."

용철이는 이 상황에서도 빠져나갈 궁리를 하면서 변명을 한다. 김 선생님은 도대체 이 녀석에게 어떤 말을 해 주어야 변화가 나타날 수 있을지 답답하기만 하다.

"안 되겠다. 내일 엄마 모시고 와라!"

마음속으로

엄마를 모시고 오라는 선생님의 말씀에 용철이는 바짝 긴장이 되었다. 용철이의 분위기가 이번엔 좀 다르다.

'훈이 녀석이 날 놀리지만 않았어도 울 엄마가 학교에 오시는 일은 없었을 텐데…….'

'선생님은 먼저 날 약 오르게 한 훈이 새끼는 왜 혼내지 않고 나만 가지고 그래?' 억울한 마음도 든다.

'울 엄마가 나 때문에 당당하지 못 하시구나.' '엄마가 나 때문에 학교에 안 오시게 하려면 어떻게 하면 될까?' 이런저런 생각이 들면서 행동은 자기가 했는데 자기만 혼나면 될 것을 왜 엄마까지 안 좋은 소릴 들어야 하는지를 처음으로 진지하게 생각해 보았다.

교실을 바꾸는 매직워드

용철이가 이제 철이 좀 들려나 보다. 잘못은 자기가 했는데 엄마까지 와서 "용철이를 잘 지도해서 다시는 이런 일이 없도록 하겠습니다."라고 말하는 모습에 처음으로 죄송한 마음이 들었다고 했다. 김 선생님은 지금이 바로 용철이를 변화시킬 수 있는 때라고 생각하고 다음과 같이 말했다.

"넌 네가 생각하는 것보다 훨씬 더 영향력이 많은 아이란다."

왜 이 표현인가요?

1 자신의 영향력을 인식하도록 해 주기

사람은 관계 속에서 살아가는 존재다. 그렇기에 관계 속에서 자신의 영향력을 인식하게 하는 것은 어떠한 행동을 선택하는 데 도움이 된다. 용철이뿐만 아니라 많은 아이가 자신의 행동이 가족이나 친구들에게 어떤 영향을 미치는지 미처 생각하지 못하고 일을 저지른다. 자신의 행동 때문에 엄마가 학교에 와서 선생님께 고개를 숙여야 하는 일이 생길 거라고까지는 생각하지 못한다. 자신의 말 한마디 때문에 친구가 학교에 오기 싫어질 수 있다고도 생각하지 못한다. 그저 자신이 하고 싶은 일을 할 뿐이다. 그러나 자신의 행동이 자신이 관계 맺고 있는 사람들에게 어떻게 영향을 미치는지 명확히 알게 되면 태도는 달라질 수 있다. 그러므로 자신의 영향력을 명확하게 인식하도록 말해 주는 것은 매우 중요하다.

2 좋은 영향력을 미치는 역할을 다짐하도록 하기

영향력에는 나쁜 영향력도 있고 좋은 영향력도 있다. 교사가 "넌 네가 생각하는 것보다 훨씬 더 영향력이 많은 아이란다."라고 말하는 것은 긍정적인 영향력이 있음을 알려 주는 말이다. 아이가 어떤 좋은 영향력을 미칠 수 있는지를 교사가 아이에게 알려 주는 것은 문제해결에 있어서 대단히 중요하다.

용철이의 경우 다른 아이보다 힘의 욕구가 강한 아이이다. 그러한 힘의 욕구를 친구를 괴롭히는 대신에 훌륭한 리더가 되어 좋은 영향력을 미치는 데 사용하도록 말해 줄 수 있다. 그렇다면 용철이는 예전과 달리 자신에 대한 긍정적인 기대를 가질 수 있다. 덧붙여 어떤 영향력을 미칠 사람이 될지 선택하는 것은 용철이 몫임을 알려 주는 것도 필요하다.

이런 표현도 있어요!

- 네 행동이 사람들에게 많은 영향을 준단다.
- 네가 어떻게 하느냐에 따라 많은 사람의 기분이 달라질 수 있어.
- 너의 행동에 따라 영향을 받는 사람들이 많이 있단다.
- 너는 주변 사람들을 매우 기쁘게도 하고 슬프게도 할 수 있는 사람이야.

29

해결기술을 찾아보자.

상황 속으로

교육청 연수에 참여한 김 선생님은 생활지도의 새로운 기법을 알게 되었다. 아이들의 문제행동을 '해결기술' 로 지도하면 훨씬 효과적이라는 것이다.

'옳지, 용철이에게 적용해 봐야겠다. 용철이가 되면 다 되는 것이니까.'

김 선생님은 해결기술을 빨리 적용해 보고 싶어서 용철이를 만나고 싶었다. 그동안 사용하던 방법들이 별로 효과가 없어서 스트레스가 쌓인 지 오래다.

그동안 사용하던 방법은 '반성문 쓰기' '불러서 야단치기' '어머니 모셔 오기' '피해 입힌 아이에게 사과하기' '벌칙으로 청소하기' '명심보감 쓰기' 등이었다. 처음 몇 번은 반짝 효과가 있는 듯했으나 며칠 지나면 마찬가지였다.

'그래, 문제행동이 아닌 해결기술에 초점을 맞추어 보자.'

김 선생님은 희망이 보이는 듯했다.

마음속으로

김 선생님은 마음이 들뜨기 시작했다.

'진작 이런 방법을 알았더라면 그동안 그렇게 맥이 빠지지는 않았을 텐데…….'

김 선생님은 용철이와 안 좋아진 관계까지도 회복될 것이라고 기대를 했다. 사실 번번이 말썽을 부리는 용철이를 생각만 해도 머리가 지끈지끈 아파 왔다. 번번이 꾸중을 듣는 용철이도 담임선생님을 좋게 생각했을리는 없다.

용어도 새롭다. '해결기술!'

강사의 말이 기억난다.

"이것은 기술이라서 아이들에게 상당히 매력 있게 접근할 수 있어요. 그리고 그 기술을 익히고 나면 아이들에게 효능감이 싹터요."

'난 아이들을 잘 다룰 줄 모르는 무능한 교사인가 봐.' 하고 자기비하만 하던 김 선생님은 오랜만에 의욕이 솟아남을 느꼈다.

교실을 바꾸는 매직워드

아이들의 문제행동에 초점을 맞추다 보면 교사의 눈에도 아이의 개선 가능성보다는 문제행동 자체가 더 눈에 띄게 된다. 그러면 그것에 대해 더욱 지적하게 되고 이 과정에서 교사나 아이 모두 스트레스를 받는다. 서로 스트레스를 주지 않고 효율적으로 문제 개선을 돕는 방법 중 하나가 '해결기술'이다.

"해결기술을 찾아보자."

왜 이 표현인가요?*

1 문제행동을 해결기술로 접근하기

- 용철이에게 개인적으로 다가가 작은 소리로 눈을 바라보며 구체적으로 말한다.

  "용철아, 너 아이들 자꾸 건드리고 싶지? 그런데 너는 하고 싶지만 네가 피해를 입힌 아이는 기분이 어떨 것 같애? 넌 장난이지만 그 아이는 아주 싫어하는 일인데 이런 것도 학교폭력이야! 장난치고 싶을 때 멈추는 기술만 익힌다면 지금보다 훨씬 더 멋있고 사랑스러운 용철이가 될 텐데……. 그 기술 한번 익혀 볼까? 선생님은 용철이가 할 수 있을 거라고 생각하는데……."

* 이 부분은 『키즈 스킬(*Kid's skills*)』(Furman, 2009)이란 책에서 소개한 15단계 지도방법을 교실 여건에 맞게 단계를 축약하고 실제로 적용해 보면서 그 가능성을 검증한 후 소개한 것이다(15단계를 그대로 적용하기엔 교실 상황에서는 무리다).

• 용철이의 평소 태도로 보아 두 가지 반응을 기대한다.

–반응 ①: "그딴 걸 왜 해야 하는데요? 싫어요!" (비협조적 반응)

–반응 ②: "네, 해 볼게요." (협조적 반응)

• 반응 ①처럼 비협조적 반응을 할 경우에는 다음 기회를 기대한다고 말해 주고 긍정적으로 반응해 준다.

교사: 으응, 지금은 하기 싫구나. 알았어. 다음 기회를 갖자.

반응 ②처럼 협조적 반응을 할 경우엔 다음과 같이 말하면서 본 과정을 시작한다.

교사: 역시 용철이는 기대가 돼. 그럼, 용철이가 새롭게 익힐 그 기술(장난치고 싶은 순간에 참기)에 뭐라고 이름을 붙일까?

용철: 왕주먹이요.

교사: 왕주먹? 왜?

용철: 주먹을 꽉 쥐니까요.

• 둘 사이의 약속을 재확인한다.

"용철아, 약속은 중요한 거야. 너와 나 사이의 신뢰 문제야. 이제부터 넌 새로운 기술을 익히는 거야. 그 기술의 이름은 '왕주먹'이야. 우리끼리의 약속이야 오케이?" 용철이가 고개를 끄덕인다. 좀 부담이 되는 듯하지만 '새로운 기술을 익힌다'란 말에 관심이 있는 듯하다.

• 변화행동이 관찰되면 새로운 기술을 확인하고 인정과 축하를 해 준다.

그리고 3일 후, 용철이가 장난을 치지 않을 뿐만 아니라 장난을 치지 않으려고 노력하는 모습이 보였다. 신기했다. 용철이에게 다가가서, "야~ 용철이가 새로운 기술을 익혀서 이렇게 잘 사용하고 있구나. 역시 기대할 만해!" "넌 성공한 거야."라고 말하고 축하해 준다. 용철이는 어깨를 으쓱하며 모처럼 듣는 칭찬에 기분이 좋은 듯 가만히 듣고 있다. 일단 용철이가 약속을 지켰고 성공했다는 것만 축하해 준다.

- **변화행동이 보이지 않으면 그것에 대해 채근하는 것이 아니라 별칭을 붙여 이야기해 준다.**

  용철이가 아이들을 괴롭히고 장난을 치면, "어? '왕주먹'이 오늘은 어딜 갔지?" 하고 능청을 떨 듯이 말한다. 그러면 자신에 대해 긍정적 기대를 하고 있는 선생님을 실망시키지 않으려고 노력하게 되고 이런 노력이 쌓이면서 점점 변화하는 것이다.

2 해결기술의 효과

문제행동을 해결기술로 보는 관점 전환의 효과

문제행동이라고 규정을 하고 그것을 하지 말라고 하는 것보다 해결기술이라고 말하면서 관점을 바꾸면 새로운 기분으로 자신을 바라볼 수 있다. 아이의 입장에서는 '선생님께서 나에게 무언가 할 수 있는 가능성이 있다고 인정하시는구나!'라고 자신이 인정받았다고 느끼게 된다. 또한 새로운 접근을 하는 교사의 신선함에 협조적이 된다.

실제로 해결기술을 활용한 김 선생님과 용철이는 이전보다 관계가 더 좋아졌다. 기술을 익힌 용철이는 나름대로 자신의 변화를 알아주는 교사에게 호감을 표현하고 있다. 자신이 기대할 만한 대상이 되고 있다는 것 때문인지 표정도 더욱 밝아졌다. 이 일 이후로 신기하게도 다른 아이들을 괴롭히고 장난치는 용철이의 행동은 서서히 줄어들었다. 그리고 김 선생님은 새로운 기술을 익혀서 사용하는 용철이가 신통하게 생각되어 이전보다 용철이의 행동을 여유롭게 바라보게 되었다. 그러다 보니 이렇게 달라질 수 있는 아이를 그동안 사고뭉치trouble maker로만 보았던 교사의 시각에도 변화가 왔다.

해결기술에 '별칭'을 붙이는 것의 효과

나쁜 습관이 된 행동을 고치는 것은 매우 어렵다. 좋은 습관을 만드는 과정에서 저항이 나타나기 때문이다. 실제로 아이들은 이 과정에서 원래의 나쁜 습관을 종종 보인다. 이때 별칭을 붙이는 것의 효과가 나타난다.

용철이가 약속한 '왕주먹'을 어기고 다른 아이들을 괴롭혔다고 하자. 이때, "너 왜 약속을 어기니?"라고 말하면 아이는 두 가지 잘못을 지적받는 느낌이 든다. 첫째는 선생님과 약속한 '왕주먹'을 어긴 것과 둘째는 약속을 안 지킨 것이다. 그래서 '괜히 약속을 해서 더 힘들기만 하네.' 하고 후회하게 될지도 모른다.

그러나 "어? 오늘은 '왕주먹'이 좀 힘든가 보지?" 또는 "어? 오늘은 '왕주먹'이 어디 갔지?"라고 말하면 아이 입장에서는 큰 부담 없이 다시 기분 좋게 해결기술을 떠올릴 수 있다. 그래서 해결기술에 별칭을 붙이는 것이 필요하다. 별칭 붙이는 것은 포기가 아닌 새 힘을 일으키는 힘이 있다.

새로운 기술을 익힌 후 축하해 주는 효과

아이의 작은 변화를 그냥 지나치면 더 큰 변화를 촉진할 수 있는 좋은 기회를 놓칠 수 있다. 작은 변화라도 그것에 대해 축하를 해 주면 인정받았다는 뿌듯한 기분을 느끼게 되고, 그로 인해 더 많은 일을 할 수 있는 에너지를 얻게 된다. 그래서 성장하는 아이들은 기회가 되는 대로 여러 사람 앞에서 인정해 주고 세워 주어야 한다. 그러면 아이들은 점점 더 새로운 기술을 익히려는 의욕을 가지고 좀 더 어려운 과제에 도전해 보게 된다.

〈교실 벽 축하판 예시〉

친구가 달라졌어요 -우린 할 수 있어요-			
이름	해결기술의 이름	결과(친구들의 축하메시지도 기록하면 좋음)	날 짜
한용철	왕주먹	성공! 축하합니다. (담임) 성공을 축하해! (범수가) 넌 좋겠다. 부럽다. (문태)	2013. 9. 20.
정훈이	오다리		
이선영	김떡순	성공! 축하합니다. (담임) 넌 해냈어! (지수가) 내 친구야, 축하해! (미영)	2013. 10. 7.
김민희	오색풍선		

변화에 대한 축하 방법은 아이의 연령에 따라 조금씩 다르다. 고학년의 경우는 말로 축하해 준다. 저학년이나 중학년의 경우는 축하카드를 선물하거나 새로운 기술카드에 스티커를 붙여 주어도 좋고 눈에 보이는 보상을 줄 수도 있다. 아무튼 여러 친구 앞에서 새로 익힌 기술을 축하해 주면서 서로가 기분 좋은 시간을 가지도록 한다.

3 해결기술의 의의

낙인으로부터 자유롭게 해 주기

말썽을 자주 부리는 아이는 그때마다 듣는 말이 바로 "또 너냐?"다. 이런 말을 자주 듣다 보면 아이도 자기 자신을 그런 아이로 생각하고 나중엔 말썽 부리지 않는 자기 자신을 오히려 이상하게 여길 수 있다.

그런데 똑같은 행동을 했는데 선생님으로부터 다른 반응을 보게 된다면 어떨까? 선생님의 다른 반응이 의아하지만 새로운 기분을 느끼게 될 것이다. 그 과정에서 그동안의 '낙인' 이 아닌 자신의 새로운 모습에 대해 생각해 볼 수 있다. 해결기술은 문제행동에 대해 새롭게 접근하여 아이가 스스로 자신의 가능성을 발견하도록 돕는다.

문제행동을 보는 시각의 변화

늘 같은 말을 되풀이하게 만드는 사고뭉치 말썽꾸러기들은 교사를 지치게 한다. 그런데 해결기술에 초점을 맞추면 아이들이 문제행동을 일으킬 때 기분이 나빠지는 것이 덜하고, '으음, 또 기술을 하나 발전시킬 기회가 왔군!' 이라고 생각하여 이전보다 긍정적인 기분으로 전환될 수 있다.

이것이 거듭되면 '문제행동 → 벌칙' 의 패턴이 아니라 '문제행동 → 해결기술', 나아가 '실수행동 → 해결기술 → 효능감' 의 패턴으로 교실 훈육문화가 새롭게 자리 잡힐 수 있다.

효능감을 높여 주기

아이들은 미완성이고 성장과정에 있기 때문에 실수가 잦다. 여러 행동을 시도하다가 실수를 한 것인데 그때마다 문제를 일으켰다고 지적받게 되면 무력감에 빠지기 쉽다. 그러나 관점을 바꾸어 문제행동을 바람직한 행동으로 바꿀 해결기술을 익히게 되면 자신감이 생길 수 있다. 이로 인해 다른 사람들로부터 인정도 받게 되면 점점 성취감이 높아지면서 궁극적으로 효능감이 높아진다.

긍정적 기대의 긍정적 반응 효과

누구나 자신에게 긍정적 기대를 걸고 있는 사람을 실망시키지 않으려는 심리가 있다. 비록 문제행동을 하는 아이라 할지라도 그 아이가 바뀔 것이라는 긍정적 기대를 하면 교사 자신에게도 도움이 될 뿐만 아니라 아이를 변화시키기도 훨씬 쉽다. 이것이 교육의 본질이기도 하다. 교육의 정의가 '인간행동의 계획적이고 지속적인 변화'라면 그 본질에 가깝게 접근하기 위해서는 긍정적인 기대를 할 필요가 있다.

4 새로운 기술을 익힌 후의 다음 단계

새로운 기술을 익혔다면 그것을 효능감을 키우는 기회로 활용한다. 효능감은 학습에서 새로운 과제에 도전하도록 용기를 발휘할 수 있는 매우 중요한 심리적 요소다.

맨날 문제행동이라고 지적받던 행동인데 해결기술을 생각해 내고 그것을 의식적으로 실천하여 기술을 익히고 나면, '나도 할 수 있구나.' '하니까 되는구나.' '난 기술을 익힐 수 있는 능력이 있네.' 등 매우 긍정적인 자아상을 가질 수 있다. 이런저런 노력 과정을 통해 습관화된 것을 확인하게 되면 다시 다음 익힐 기술로 나아가야 한다.

예

- 용철이가 수업 중에 다른 친구들에게 말을 걸거나 시비 걸지 않는 기술을 익히면 지금보다 훨씬 공부를 잘할 수 있을 텐데…….
- 용철이가 수업 중에 자리를 지키고 앉아 있는 기술을 익히면 지금보다 훨씬 학생다워질 텐데…….
- 용철이가 선생님이 설명할 때 말꼬리를 물고 늘어지지 않고 설명 내용 그 자체에 집중하는 기술만 익히면 지금보다 더 칭찬을 많이 받을 텐데…….

이와 같이 시작하면서 다시 앞의 순서대로 적용하면 된다. 이미 새로운 기술을 익혀서 행동을 고친 경험이 있는 아이는 그 효과가 시너지를 일으켜 다른 행동도 수정할 수 있다.

이런 표현도 있어요!

- 해결기술을 함께 생각해 볼까?
- 그 문제를 해결할 수 있는 너만의 기술을 찾아볼까?
- 그런 행동을 멈출 수 있는 기술을 새로 익혀 보자.
- 지나친 장난을 멈추는 기술을 함께 찾아보자.

매직워드 30

넌 지금 네 행동에 책임지고 있는 중이야!

상황 속으로

어느 날 훈이가 '사회 공책'을 잃어버렸다.

김 선생님은 아이들이 물건을 잃어버렸다고 바로 새 것을 주는 것은 별로 바람직한 방법이 아니라는 생각에서 공책을 더 찾아보라고 말하고 기다리기로 했다.

그러나 몇 주가 지나도 훈이는 '사회 공책'을 찾지 못했다.

김 선생님은 할 수 없이 새 공책을 주면서 짝의 공책을 보며 그동안 밀린 내용들을 베끼도록 했다. 훈이는 많은 양을 적느라고 낑낑댔다. 이미 지난 수업의 내용을 뒤늦게 베끼려니 매우 힘들었다. 일부러 그런 것도 아닌데 억울하다는 생각까지 들었다. 쉬는 시간뿐 아니라 점심을 먹은 후에도 나가 놀 수가 없었다.

선생님은 훈이의 모습이 딱해 보이긴 했지만 그래도 이런 기회가 아니면 '자기 물건 소중히 여기고 잘 간수하기' 습관을 기를 수 없다는 생각에서 그냥 지켜보았다.

마음속으로

훈이는 물건을 잃어버린 것은 자신이 잘못했지만 그렇다고 이렇게 많은 양을 다시 베끼도록 하는 선생님이 야속하게 생각된다. '선생님이 날 미워하나 봐! 그냥 앞으로 배울 내용만 다시 적으라고 하지. 뭐 하러 지나간 것까지…….' 불만이 가득한 마음으로 어쩔 수 없이 적고 있다. 억울하다는 생각도 든다. 다시는 이런 일이 없도록 하겠다고 어금니를 꽉 물어본다.

교실을 바꾸는 매직워드

김 선생님은 훈이가 이번 기회를 통해 자신의 행동에 책임을 지는 자세를 배우길 바랐다. 그런데 선생님의 뜻과는 달리 훈이의 얼굴에는 원망만 가득했다. 선생님은 이것이 단순한 벌이 아니라 자신의 행동에 책임을 지는 것임을 알려 주고 싶었다. 그래서 이렇게 말했다.

"넌 지금 네 행동에 책임지고 있는 중이야!"

왜 이 표현인가요?

1 책임감의 중요성

'책임'은 영어로 'responsibility'다. 글자를 살펴보면 'response'의 의미와 'ability'의 의미가 담겨 있음을 알 수 있다. 의미대로 풀면 '반응하는 능력'이다.

사회적 동물인 사람에겐 책임이 따른다. 그 책임감은 다른 사람, 자연 및 사물에 대해 무언가 반응을 하는 것으로 나타난다. 그 반응의 구체적 내용은 사람과는 좋은 관계를 맺고 자연이나 사물은 잘 돌보면서 마땅히 사람으로서의 도리를 하는 것을 말한다.

그런데 책임의식이 없을 때는 그로 인해 관계에 문제가 생기거나 돌보아야 할 대상에 문제가 생기게 된다. 그래서 책임감은 어린 시절에 반드시 형성시켜 주어야 할 덕목이다.

2 잘못한 일은 반드시 책임져야 함을 가르치기

잘못한 일에 대해서는 어떤 방식이든 책임을 져야 한다. 의도적으로 잘못을 했을 때는 물론이거니와 비의도적인 것에 대해서도 책임을 지는 경험은 아이들이 자신의 행동을 좀 더 신중하게 하는 계기가 된다.

훈이는 일부러 사회 공책을 잃어버린 것이 아니었다. 하지만 선생님은 공책을 다시 주는 대신 이전에 적은 내용을 다시 적게 했다. 훈이는 이것에 대해 억울하게 생각하고 선생님을 원망했다. 하지만 훈이는 이 과정을 통해 자신의 물건을 챙기지 않는 자신의 부주의한 행동에 좀 더 주의를 기울일 수 있었다.

학년 초 학급규칙을 세울 때 '우리 반에서 잘못을 한 후엔 반드시 책임을 진다.'라는 규칙을 만들어 놓자. 그러면 아이들이 자신의 행동을 좀 더 조심하고 책임지려고 하는 모습을 볼 수 있을 것이다.

3 감정이 아닌 이성으로 생각하기

교실 안에는 책임져야 할 상황들이 자주 벌어진다. 화를 못 참고 친구를 때리거나 복도를 질주하다가 사고를 낼 수도 있다. 하지만 아이들은 자신의 잘못은 잊은 채 선생님이 자기를 미워해서 벌을 주고 있다고 오해를 할 수도 있다. 이때 분명히 해야 할 일은 아이가 한 행동에 초점을 맞추는 것이다. 그렇지 않으면 벌을 받으면서 감정이 남아 있을 수 있다. 선생님이 제시하는 벌은 아이에 대한 개인적인 감정이 아닌 아이가 한 행동에 대한 것임을 확실히 알도록 해야 한다.

"넌 지금 네 행동에 책임을 지고 있는 중이야."란 말은 지극히 이성적인 말이다. 그 말을 듣는 학생이 "선생님이 날 미워해서 벌을 주고 있구나."가 아닌 "내 행동에 문제가 있었는데 그 책임을 다하기 위해서는 지금 이 일을 해야 해!"라고 이성적으로 생각할 수 있도록 하는 힘을 가지고 있다.

< 학생

이런 표현도 있어요!

🔊 넌 지금 네가 친구를 괴롭힌 데 대한 책임을 지고 있는 중이야!

🔊 넌 지금 숙제를 하지 않은 것에 대한 책임을 지고 있는 중이야!

🔊 지금 네가 하는 일은 네가 한 행동에 책임을 지기 위해 하는 일이야!

🔊 지금 그 일을 함으로써 네 잘못에 대한 책임을 지는 거야!

13. 다툼을 예방하는 말

- 일이 그렇게 되어 미안해.
- 넌 그렇게 생각하는구나, 난 그렇게 생각하지 않아.
- 상대가 동의하지 않은 장난은 폭력이란다. 반복되는 장난도 폭력이란다.

교사들이 교실에서 하는 중요한 일 중 하나가 크고 작은 다툼을 해결하는 일이다. 아이들은 다툼을 통해 서로 다른 의견들을 조율하는 방법을 익히고, 다른 친구에 대한 이해심을 기를 수 있다. 하지만 모든 다툼이 이렇게 교육적으로 해결되는 것은 아니기에 교사가 최선을 다한다 하더라도 누군가는 그것으로 인해 마음에 앙금이 남기도 한다. 그래서 아이들에게 미리 다툼의 상황에 대해 알려 주고 그 상황에 알맞은 표현 등을 지도하는 것이 도움이 된다. 큰 다툼을 작게 만들 수도 있고, 때로는 다툼이 일어나지 않도록 할 수도 있기 때문이다.

매직워드

31 일이 그렇게 되어 미안해.

상황 속으로

용철이는 몸이 뚱뚱하고 덩치가 크다. 좁은 분단 사이를 지나칠 때면 그 큰 몸이 이리저리 책상과 부딪친다. 그런데 부딪치는 아이들의 책상 위는 아무것도 없는 게 아니다. 앞 시간에 배우고 집어넣지 않은 교과서도 있고, 책상 밖으로 비집고 나온 공책도 있고, 지퍼를 잠그지 않은 필통도 있다. 멋모르고 용철이가 훈이랑 장난치며 분단 사이를 뛰어가다 보면, 뛰는 용철이의 엉덩이가 책상에 부딪치면서 책상 위에 있던 물건이 우르르 떨어진다.

선영이는 짜증이 난다. 용철이만 지나가면 책상 위의 물건이 연달아 떨어진다. 오늘도 마찬가지다. 쉬는 시간에 지영이를 돌아보며 수다를 떨고 있는데, 책상이 휙 흔들린다 싶더니 이내 책상 위에 둔 물건들이 우르르 바닥으로 떨어진다. 더 이상은 참기 힘들다.

"야~! 한용철! 이게 뭐야!"

선영이는 용철이의 이름을 부름과 동시에 용철이의 등을 한 대 후려쳤다. 얼떨결에 한 대 맞은 용철이가 험악한 얼굴로 돌아보았다.

"야, 너 나 때렸어! 왜 때렸어? 너도 한 대 맞아 볼래?"

반 아이들이 놀라 돌아봤을 때 덩치 크고 힘 좋은 용철이가 선영이를 한 대

때릴 듯이 손을 치켜든 상태였다.

그때 선생님이 교실로 들어오셨다.

"무슨 일이니?"

선생님께선 조금 전에 일어난 이야기를 듣더니 말씀하셨다.

"둘이 모두 잘못했네. 서로 미안하다고 하고 들어가!"

용철이와 선영이는 서로 '미안해' 라는 말을 하고 들어가지만 둘 다 입이 뾰로통하다.

마음속으로

용철이는 그냥 지나간 것밖에 없는데 선영이에게 등을 맞았다. 억울하다.

물론 지나가다 자기 몸이 책상에 부딪쳐 선영이의 책과 필통이 떨어진 것은 미안하다. 하지만 그렇다고 해서 그냥 등짝을 후려 맞은 것은 못내 억울하다.

억울하긴 선영이도 마찬가지다. 번번이 용철이가 지나가면 책상 물건이 떨어졌는데, 그토록 오랫동안 참아 줬는데 오늘 한 대 때렸다고 자기를 때리려 하다니……. 정말 놀랐다. 용철이를 먼저 때린 것은 자기 잘못이지만, 사실 따지고 보면 용철이가 먼저 책상을 안 치고 지나갔으면 되는 것이 아닌가? 게다가 그렇게 간단하게 '미안해' 만으로 끝나다니, 이건 아닌데…….

교실을 바꾸는 매직워드

선생님도 아이들의 뾰로통한 입을 보았다. 아이들의 마음이 이해된다. 사실 고의로 한 것이 아닌데 피해를 준 아이의 마음은 억울할 테고, '미안해' 라는 짧은 사과로 피해 입은 아이의 마음이 풀리기도 어려웠을 것이다. 서로의 마음을 푸는 데 도움을 주기 위해 선생님은 이 표현을 알려 주기로 했다.

"일이 그렇게 되어 미안해."

왜 이 표현인가요?

아이들의 싸움은 마땅히 거쳐야 할 과정을 생략하여 발생하는 경우가 많다. 정상적인 상황일 경우 아이들의 상호작용은 다음 다섯 가지 단계를 거친다.

• 1단계: 어떤 상황이 발생한다(A가 B에게 피해를 입혔다).
• 2단계: B가 A에게 왜 그런 행동을 했는지 질문한다.
• 3단계: A는 자신으로 인해 상황이 발생했음을 알아차린다.
• 4단계: A는 발생한 상황에 대해 설명한다.
• 5단계: B는 애초 발생한 상황에 대해 자신의 반응행동을 결정한다.

싸움이 발생하는 것은 위의 다섯 단계 중 2~4단계의 확인하는 과정이 생략된 채, 상황 발생과 동시에 거칠게 반응하기 때문이다. 싸움을 예방하려면 상황을 확인하고 파악하는 단계인 2~4단계를 생략하지 않고 반드시 거치도록 지도한다. 이때 '부드러운 어투'와 '사과하는 방법'도 유의해야 함을 지도한다. 구체적인 고려사항을 살펴보자.

1 부드러운 어투의 중요성

다음 표를 보면 굵은 테두리 안은 확인하는 단계다. 상황이 발생한 후 어떤 어투를 사용하느냐에 따라 상대방의 다음 반응이 결정된다.

1단계: 용철-선영 사이에 상황 발생	용철이가 지나가다가 (모르고) 선영이의 책상을 치고 간다.
2단계: 확인	선영: 용철아, 왜 내 책상을 치니?
3단계: 다시 확인	용철: 선영아, 난 친 적이 없는데?
4단계: 상황 설명	선영: 아니야, 용철아. 쏟아진 내 책을 좀 보렴.
5단계: 자신의 반응행동 결정	용철: 사과를 해야 할 경우이면 사과할지 여부 결정 선영: 용철이의 행동을 보며 자신이 어떻게 할 것인지 결정

2단계(선영: 용철아, 왜 내 책상을 치니?)에서 선영이가 거칠게 말하면 용철이는 이를 자신에 대한 비난으로 받아들인다. 그래서 자신이 잘못한 상황에 대해 '아차!' 하고 알게 되더라도, 선영이의 거친 말투 때문에 용철이 역시 거칠게 반발하기 쉽다. 서로가 부드러운 어투로 이야기해야 상호작용이 부드러울 수 있다.

2 사과를 나타내는 표현법

자신의 잘못을 알게 되면 아이들이 가장 먼저 사용하는 말이 '미안해' 다. 잘잘못이 명백할 경우는 '미안해'라는 표현을 쓰기 쉽다. 그러나 용철이처럼 실수로 상대방에게 피해를 주었을 때 '미안해'라고 얘기하면 뭔가 석연찮은 게 생긴다. 분명 고의가 아니었는데 '미안해'라고 말하면 잘못을 다 뒤집어쓰는 느낌이 들어 억울한 것이다. 그럴 때 사용하기 좋은 표현법이 "일이 그렇게 되어 미안해."다. '일이 그렇게 되어~'라고 한마디 더 삽입함으로써 자신이 의도하지 않았다고 해명하는 느낌을 받을 수 있다.

두 표현이 주는 느낌을 느껴 보자.

미안해!	일이 그렇게 되어 미안해!

실수로 남에게 피해를 주었을 때 이렇게 말한다고 지도했더니 현저하게 학급의 싸움 빈도가 줄어드는 효과가 있었다.

이 표현은 사과를 받는 입장에서도 어느 정도 심리적인 만족감을 얻을 수 있다. 피해를 당했는데 단순히 '미안해' 소리만으로 끝나는 것은 너무 단순하고, 뭔가 합당한 사과를 받지 않았다는 느낌을 준다. 그런데 "일이 그렇게 되어 미안해."라고 하면 뭔가 내가 당한 피해에 대해 어느 정도 인정하며 보상해 주는 느낌이 든다.

다시 사례로 돌아가 보자. 단계별로 다음과 같이 지도한다.

- 1단계–선영: 확인한다(너 왜 내 책상 치니?).
- 2단계–용철: 선영의 질문에 대해 다시 확인한다(내가 네 책상을 언제 쳤니?).
- 3단계–선영: 상황 설명(네가 방금 지나가면서 내 책상을 쳤잖아? 내 물건 쏟아진 것 봐!).
- 4단계–용철: 일이 그렇게 돼서 미안해.
  (단순히 '미안해'라는 표현은 선영이에게 심리적 저항감이 있기 때문에 사용하지 않는다. 이때도 장난치듯이 말하면 안 되고 진심을 담은 어투로 표현한다.)
- 5단계–선영: 자신의 반응행동 결정
  (용철이로 인해 발생한 상황에 대해 어떻게 반응할지 선영이가 결정. 예: 화를 낼까? 아니야 저렇게 사과하는데 그냥 넘어가자.)

3 추가적인 지도 요소

모든 경우에 "일이 그렇게 되어 미안해."가 통용되는 것은 아니다. "일이 그렇게 되어 미안해."는 분명하게 잘못할 의도가 없었지만 결과적으로 피해를 입혔을 때 할 수 있는 표현이다. 명백하게 잘못된 행동을 했을 경우엔, "일이 그렇게 되어~"라는 표현을 하면 자칫 회피처럼 들려 오히려 반감을 살 수 있다. 그 경우엔 잘못한 내용을 구체적으로 말한 뒤 미안하다고 말한다. 그것이 책임 있게 사과하는 것이다.

내가 ~한 잘못을 해서 **미안해!**

이런 표현도 있어요!

- 이렇게 되어서 미안해.
- 일부러 그랬던 건 아닌데, 정말 미안해.
- 일이 그렇게 되어서 나도 마음이 불편해, 미안해.
- 이렇게 되어서 어쩌지, 정말 미안해.

매직워드 32

넌 그렇게 생각하는구나, 난 그렇게 생각하지 않아.

상황 속으로

민희는 씩씩하다. 목소리도 크고 힘도 좋다. 남자아이들과 장난도 잘 친다. 하지만 민희는 자기를 남자답다고 생각해 본 적은 한 번도 없다. 그런데 용철이가 심심하면 놀린다.

"민희는 남자애 같아."

"민희는 남자래요."

민희는 그 말이 듣기 싫다. 자기는 엄연히 예쁜 여자아이라고 생각하는데,

왜 남자 같다는 소리를 들어야 하는지 모르겠다. 그런데 뭐라고 어떻게 반박해야 할지 잘 모르겠다. 다른 문제는 곧잘 씩씩하게 의사표현을 잘하는데, 용철이의 놀림에는 뭐라고 대꾸해야 할지 몰라 속상해서 울곤 한다.

마음속으로

민희는 선생님이 계실 때는 맘이 편안하다. 선생님께서 용철이를 혼내시기 때문이다. 그러나 선생님이 안 계시는 시간에는 언제 또 놀릴지 몰라 마음이 불안하다.

선생님은 그런 민희의 마음을 알고 계신다. 그러나 항상 선생님이 보호해 주는 것만이 능사가 아니다. 그래서 민희가 용철이의 놀림에 대항할 방법을 알려 주는 것이 필요하다고 생각한다.

교실을 바꾸는 매직워드

교사가 매번 따라다니며 지켜줄 수 없기에 이 표현을 민희에게 알려 주었다.

"넌 그렇게 생각하는구나,
난 그렇게 생각하지 않아."

왜 이 표현인가요?

1 반응하지 않기

말로 친구를 놀리는 경우 놀리는 쪽과 놀림을 당하는 쪽이 있다. 놀리는 입장에서는 상대방이 울거나 속상해하는 등 반응을 보일수록 더 재미있다. 자신의 행동이 상대에게 영향을 준다는 것을 확인할 수 있기 때문이다. 결과적으로 반응을 보일수록 놀리는 행동이 강화될 확률이 높다. 그래서 놀림을 당하는 아이에게 반응하지 말라고 지도할 필요가 있다.

2 상대방이 놀리는 말 받아들이지 않기

말로 놀림을 받는 아이의 입장에서 놀림을 받을 때 약이 오르는 것은 은연중에 상대방의 말을 맞다고 인정하기 때문이다. 민희는 놀림을 받는 순간에는 용철이가 자신을 남자답다고 생각한 것을 받아들이는 셈이고 이를 반박할 말을 찾지 못하기에 약이 오르는 것이다. 이 상황을 벗어나려면 상대의 말을 인정하지 않으면 된다.

세상에서 가장 강력한 한마디는 바로 인정하지 않겠다는 의미의 '피~'라는 낱말이라고 어느 언어학자는 말했다. 이 '피~'라는 말은 상대방이 쌓아 올린 모든 논리체계를 부정하는 기능을 한다. 마찬가지로 놀림을 당할 때, 놀리는 아이가 나에게 말하는 그것을 부정하게 한다. 그런 방식으로 놀림받는 아이가 상대방이 놀리는 내용과 자신을 분리하게끔 지도할 필요가 있다.

"너는 그렇게 생각하는구나." 일단 이 말로 상대방의 전제를 인정해 준다. 그 다음, "난 그렇게 생각하지 않아."로 자신의 생각을 전하며, 상대방과 자신의 생각을 분리시킨다. 표현이 너무 길면 "넌 그래? 난 안 그래."로 줄여도 좋다.

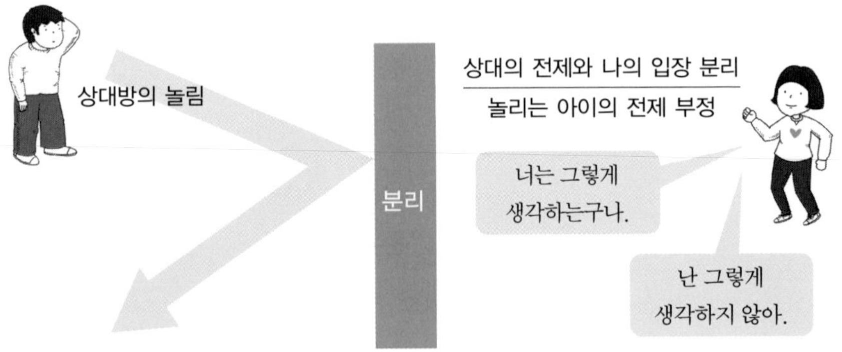

3 시선을 맞추고 단호하게 말하기

말을 할 때에는 상대방의 눈을 바로 바라보며 단호하게 말하게끔 지도한다. 놀린다는 것은 자신의 생각을 남에게 강요하며 무시하고 조롱하는 행위다. 더 이상은 네 말을 받아들이지 않겠다는 자신의 의지를 전달하고, 명확한 전달을 위해서는 시선을 맞추고 단호한 말투로 말한다.

이런 표현도 있어요!

- 그건 네 생각이지, 내 생각은 달라.
- 넌 그러니? 난 아니야.
- 넌 그렇게 생각할 수도 있겠지만 난 동의하지 않아.
- 넌 그렇게 생각하니? 난 다르게 생각해.

33 상대가 동의 않는 장난은 폭력이지. 반복되는 장난도 폭력이란다.

상황 속으로

상황 1

훈이는 몸이 날래다. 체육시간이면 아주 펄펄 날아다닌다. 피구를 할 때 훈이가 공을 잡으면 모두들 피하기 바쁘다. 훈이는 그런 자신의 능력을 잘 알고 있다.

훈이는 쉬는 시간마다 항상 장난칠 아이를 찾는다. 그럴 때면 범수가 눈에 들어온다. 범수도 장난을 좋아하기에 쉬는 시간마다 늘 훈이와 함께 장난을 친다. 주로 몸장난이다. 그런데 훈이가 몸이 날래고 힘도 센 편이어서 장난치다 깔리는 쪽은 항상 범수다. 범수는 자꾸 자신이 밑에 깔리니까 언제부터인가 훈이랑 장난치는 게 싫어졌다. 훈이는 툭하면 헤드락을 거는데 캑캑거리는 그 순간도 싫다. 그래서 쉬는 시간이면 화장실을 가거나 옆 반에 놀러가는 등 슬슬 피하는데도 훈이는 꼭 범수를 찾아내서 장난을 건다.

'아이 참! 이건 대놓고 싸우는 것도 아니고, 어떡해야 하지…….'

범수는 쉬는 시간이 다가오는 것이 싫다.

상황 2

문태는 소심한 편이다. 친구들이 놀리더라도 대꾸를 잘하지 못한다. 그런 문태를 배려하는 친구들도 있지만, 용철이는 그런 문태를 종종 놀린다. 용철이도 문태를 때리거나 하는 것은 아니다. 그냥 문태 이름을 '명태'로 부르는 것이다.

"명태, 어제 뭐했어? 나 태권도 도장 갔다 오다 너 봤는데……."

"명태, 너 사회 숙제 다 했니?"

문태는 번번이 자신을 '명태'라고 부르는 그 소리가 싫다. 그런데 선생님께 이르려고 해도 명태라고 부르는 것 외에는 뭐라고 딱히 흠잡아 일러 줄 내용이 없다. 하지만 자꾸 '명태'라는 별명으로 부르는 용철이 때문에 엄청 스트레스를 받는 것은 사실이다.

마음속으로

범수는 괴롭다. 본인도 장난을 좋아하지만 항상 깔리게 되는 훈이와의 장난이 더 이상 즐겁지 않다. 훈이와의 장난은 묘하게 장난과 폭력의 경계인 듯한 느낌을 준다.

이름 때문에 놀림을 당하는 문태 역시 괴롭다. 얄궂은 별명으로 만들어 부르는, 번번이 듣는 그 소리가 싫다. 정색을 하고 싶다고 하면, "에이, 장난인데 뭘 그래?" 라는 용철이의 대답만 돌아온다. 장난이라는 데 계속 따지자니 본인이 너무 지질한 것 같고, 계속 두자니 들을 때마다 너무 싫다.

교실을 바꾸는 매직워드

선생님은 범수와 문태의 상황을 안다. 처음에는 선생님도 용철이나 훈이가 단순히 장난을 친다고만 생각했었다. 그러나 어느 날 훈이 밑에 깔린 범수의 얼굴표정과 일그러지는 문태의 표정을 보니 이것은 내버려 둘 일이 아닌 듯했다. 해당 아이들을 불러 이야기하고, 학급 전체에도 장난과 폭력의 차이에 대해 명확하게 가르쳤다.

"상대가 동의하지 않는 장난은 폭력이지. 반복되는 장난도 폭력이란다."

왜 이 표현인가요?

1 왜 싸움이 일어나게 될까

왜 갈등이 발생하게 될까? 특히 싸움은 각자의 수용 범위가 서로 다른 데서 일어나는 것이다. 다음 그림을 보자

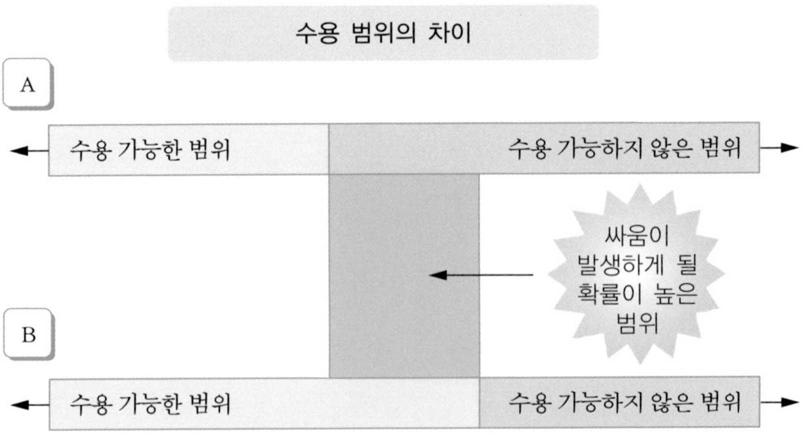

A와 B 두 사람은 내적 수용 범위가 서로 다르다. 어떤 상황이 발생할 때 A가 B보다 견디기 힘들 수 있다. 예를 들어, B가 A에게 장난을 칠 때, B는 그것을 장난이라 생각하지만 A는 장난의 범위를 벗어난 행위로 생각할 수 있다.

갈등은 한 사람은 수용 가능한 범위의 행동이라고 인식하는 반면, 다른 사람은 받아들이기 힘든 상황이라고 여길 때 발생한다. 흔히 학교폭력에서 피해를 준 아이들이 심심찮게 "그냥 장난인데요."라고 하는 것은 변명이나 회피도 있지만, 일정 부분 본인이 그 일을 정말 장난으로 생각해서이기도 하다.

이때 교사가 할 일은 사람마다 수용 범위가 다르다는 것을 아이들에게 가르치는 것이다. 서로 수용 범위가 다를 때는 수용 범위가 적은 사람에게 기준을 맞추게 한다. 그렇기에 장난을 치더라도 어느 한쪽이 동의하지 않으면, 그것은 폭력임을 알려 준다. 장난에 대한 동의 여부는 그 장난을 통해 즐겁고 기쁘냐의 여부다. 그것이 서로 즐겁고 재미있으면 장난이지만, 오히려 스트레스를 주면 그것은 장난의 범위를 벗어난 폭력이다. 이름으로 놀리는 것 같은 가벼운 장난도 마찬가지다. 반복되고 누적되면 장난을 당하는 아이에게는 큰 스트레스가 된다.

2 학년 초에 알려 주기

문제를 예방하는 가장 좋은 시기는 학년 초로, 처음 출발할 때 명확히 알려 주는 것이 좋다. 학년 초에 알려 주고 지속적으로 교사가 지도하면 친구의 사소한 장난에 오랜 기간 스트레스를 받는 경우가 줄어든다.

이런 표현도 있어요!

- 친구가 싫어한다면 장난이 아니라 폭력이란다.
- 남이 싫어하는 행동은 하지 않는 게 좋아. 그게 사람에 대한 예의란다.
- 사소하더라도 반복되는 장난은 폭력이 될 수 있어.
- 나에게는 그냥 장난이더라도 상대에게는 큰 스트레스가 될 수 있으니 하지 말아야 해.

14. 화해를 이끄는 말

- 네가 ○○에게 정말 원했던 것은 뭐니?
- 너희가 (다시) 사이좋게 지내려면 어떻게 해야 할까?
- 너희들끼리 이야기해 보고, 선생님에게 말해 주지 않겠니?

사람들이 모인 곳은 갈등이 발생하기 마련이고, 학교 역시 예외는 아니다. 아이들의 갈등이 다툼으로 번질 때 선생님은 그 상황에 대해 재판관의 역할을 하기 쉽다. 그러면 상황은 쉽게 진정되지만, 아이들은 갈등 해결을 통해 성장할 수 있는 기회를 잃게 되기도 한다.

아이들 간에 다툼이 있을 때 교사가 그 해결과정을 잘 다뤄 줌으로써 아이들을 성장하게 할 수는 없을까? 선생님이 단순히 재판관의 역할을 하기보다 아이들에게 화해를 이끄는 표현을 알려 줌으로써 아이들이 내적으로 성숙할 수 있도록 하는 데 초점을 맞춰 보자.

매직워드 34

네가 ○○에게 정말 원했던 것은 뭐니?

상황 속으로

쉬는 시간 교실 구석이 갑자기 소란스러워졌다.

친구들이 몰려가서 싸움을 말리는 모습이 보였다.

선영이와 용철이가 싸웠다. 둘이서 'ㅆ~' 소리가 들어가는 욕설까지 써 가며 서로 밀치며 싸웠다.

선생님께서 두 아이를 부르셨다.

"왜 싸웠니?"

"무슨 일 때문이니?"

그러나 선영이와 용철이는 대답 대신 서로 노려보기만 하고, 씩씩대기만 하였다.

마음속으로

선생님은 아이들의 상태가 짐작이 된다. 아이들은 지금 선생님의 말 따위는 귀에 들어오지 않는 상황이리라. 서로 상대방이 밀치고 심한 욕설을 쓴 것에 대해서만 오직 신경이 쏠려 지금 이 상황에서는 선생님이 묻는다고 해도 아무 말도 하고 싶지 않을 것이다.

'저 자식이 감히 날 때려?'

선영이는 분이 풀리지 않는다.

'저 자식이 감히 나에게 쌍시옷이 들어가는 욕을 해? 잘못은 지가 해 놓고…….'

학교에서 친구들과 사이좋게 지내야 한다는 것은 안다. 지금 선생님 앞에 왔으니 선생님의 일장훈시를 들을 수도 있는 상황이라는 것쯤은 이미 파악하고 있다. 그러나 지금 이 순간 솔직한 자신의 마음은 저 자식과 조금도 화해하고 싶지 않다.

용철이의 마음도 선영이랑 다르지 않다. 용철이도 역시 분이 덜 풀려 화해하고 싶은 생각이 없다.

교실을 바꾸는 매직워드

선생님은 아이들에게 질문하기를 멈췄다. 지금 상태에서 가장 필요한 것은 흥분한 아이들의 감정을 가라앉히는 일이다. 상황 파악 이전에 아이들을 분리하는 게 우선이라 생각하여 서로 멀찌감치 앉혔다. 그러고선 종이를 나눠 주고 어떻게 된 것인지 쓰게 했다.

얼마의 시간이 지난 후 아이들에게 물어보았다.

"네가 ○○에게 정말 원했던 것은 뭐니?"

"무얼 원했기에 이렇게 싸운 것이니?"

그 말을 들은 선영이와 용철이는 정신이 확 들었다. 갑자기 궁금해졌다. 우리가 싸운 것은 정말 서로에게 무엇을 원했기 때문이었을까?

왜 이 표현인가요?

1 시작과 다르게 변질되는 싸움

싸움은 항상 작고 사소한 것에서 시작된다. 뭔가를 상대에게 요구했는데, 그 요구를 거절당하거나 내가 원하지 않은 방법으로 반응이 되돌아오면 기분이 나빠진다. 그래서 곱지 않은 말이 오가다 보면 싸움으로 발전될 수 있다.

선영이와 용철이가 싸운 이유는 간단했다. 수업시간에 용철이가 의자를 뒤로 자꾸 밀며 끌었다 당겼다 했다. 선영이는 용철이가 그 행동을 하지 않기를 바랐다. 그래서 용철이에게 퉁명스레 하지 말라고 말했더니 그 말투에 기분 나빠진 용철이가 선영이에게 욕을 했고, 욕을 참지 못한 선영이가 밀치며 싸움이 크게 번진 것이었다.

애초에 원했던 것과 전혀 다른 것으로 발전되는 것이 싸움이다. 그래서 상대방이 애초에 원했던 것이 무엇인지를 확인하면 서로 화해로 이끌기 쉽다.

2 이렇게 해 보세요

흥분한 상태의 아이들은 교사 앞에 왔을 때 감정이 쉽게 가라앉지 않는다. 이때 교사는 다음과 같은 단계로 지도한다.

① 아이들을 분리한다(한 명은 이 쪽 분단에, 한 명은 저쪽 분단에 앉힌다).

② 교사는 쓰는 서식을 미리 마련해 둔다. 서식에는 다음과 같은 내용이 들어가는 것이 좋다.

- 누구와 무슨 일이 있었는가?
- '내가' 했던 행동을 순서대로 쓰시오.
- 내가 정말 '상대에게 원했던 것'은 무엇이었나?
- 지금 생각해도 싸워야 할 일이었나?(지금 이 순간 그 일을 돌이켜 본다면 난 어떤 생각이 드는가?)
- 다음에 이런 경우가 생긴다면, 어떻게 행동할 것인가?

이와 같이 어떤 일이 있었는지 쓰게 하면 아이들이 자신의 상태를 객관적으로 바라보는 데 도움이 된다.

화해를 이끌기 위해서는 싸움의 시작을 되짚어 주는 것이 필요하다. 이때 교사가 할 수 있는 말은 "네가 ○○에게 정말 원했던 것은 뭐니?" 다.

선영이는 단지 용철이의 의자를 밀었다 당겼다 하는 소음이 싫었을 뿐이고, 용철이는 선영이의 퉁명스러운 말투가 무시당하는 듯하여 싫었던 것이었다. 선영이가 원한 것은 소음을 만들지 않는 것이고, 용철이가 원한 것은 퉁명스럽지 않은 말투였다. 서로가 원했던 것을 상대방에게 말하니, 금세 둘의 감정이 가라앉았다. 선생님의 간단한 질문 한마디가 아이들을 가라앉힌 것이다.

이런 표현도 있어요!

- 처음에 네가 원했던 게 뭐니?
- ○○가 어떻게 하길 원했던 거니?
- 무엇을 원했기에 이렇게 싸운 거니?

매직워드 35

너희가 (다시) 사이좋게 지내려면 어떻게 해야 할까?

상황 속으로

선영이와 용철이는 선생님의 "너희가 정말 서로에게 원했던 것은 뭐니?"라는 말씀을 듣고 마음이 좀 가라앉았다. 사소한 일로 아웅다웅 화를 냈던 자신의 모습들이 부끄럽기도 했다.

좀 수그러든 아이들의 모습과는 달리 선생님은 다른 생각을 곰곰이 하고 계신다.

선영이와 용철이는 학기 초에는 나름 서로 친하게 지냈던 아이들이다. 그러나 시간이 흐르면서 어느새 서로 여자 싸움닭, 남자 싸움닭 노릇을 하고 있을 때가 많아졌다. 서로 씩씩대며 싸우는 경우도 많았고, 그만큼 선생님께 꾸중을 듣고 벌을 받는 횟수도 많아졌다. 심지어는 너무 많이 싸운다고 학급회의에서 두 사람의 이름이 거명된 적도 있었다. 하지만 선영이도 용철이도 '벌받고 말면 되지.'라는 태도로 단순히 넘기는 경우가 많았다.

선생님은 이번 기회에 두 아이의 관계를 회복하기 위해 보다 근본적인 접근을 하고 싶었다.

마음속으로

용철이는 이 상황이 귀찮기도 하다. 선영이에 대한 감정은 대충 가라앉았고, 이제 남은 것은 선생님의 설교뿐이다. 선생님께 대충 잘 보여 그냥 이 상황을 빨리 벗어나고 싶다.

선영이도 마찬가지다.

'에이, 또 용철이랑 싸웠네. 항상 저 자식은 맘에 들지 않는다니까……. 이번에도 선생님은 야단치시겠지. 그냥 얌전히 선생님 일장연설이나 들어주어야겠다. 아냐, 선생님께 잘 보이면 그 시간이 좀 줄어든다니까! 흐흐, 난 왜 이렇게 똑똑하지. 선생님 앞에서 예쁜 척 좀 해야겠다. 다소곳하게, 내가 좀 잘

못한 사람처럼. 하긴 내가 좀 잘못한 것이 있긴 하지. 잘못한 티를 내면 선생님이 좀 봐 주시겠지…….'

교실을 바꾸는 매직워드

선생님은 선영이와 용철이를 앉히고 다음과 같은 질문을 던졌다.

"너희가 (다시) 사이좋게 지내려면 어떻게 해야 할까?"

'헉! 어떻게라니? 방법을 찾아내라는 얘기잖아. 그냥 야단치고 마시지.'

하지만 선생님의 그 말씀은 선영이와 용철이에게 자신들의 문제를 좀 더 생각해 볼 수 있는 기회를 주었다.

왜 이 표현인가요?

1 응보적 정의

응보적 정의란 피해가 발생할 때 잘못한 내용과 동량의 처벌을 통해 피해를 상쇄한다는 논리에서 나온 개념이다. 예를 들어, 친구를 때리면 그에 상응하는 만큼 일주일간 봉사활동 시간을 갖게 하는 것 등이다. 우리가 일반적으로 볼 수 있는 학교의 현재 상황은 응보적 정의에 기초한 대응법이다. 응보적 정의를 구현하려면 필연적으로 피해와 동등한 처벌을 부여하는 외부세력이 등장하게 되는데, 학교에서는 주로 교사가 그 역할을 담당한다.

하지만 응보적 정의의 실현은 몇 가지 문제를 야기한다.

첫째, 피해가 발생할 때 갈등 당사자 간 상호작용이 일어나는 것이 아니고, 벌을 부과하는 자와 가해행동을 한 사람 간에 상호작용이 일어나게 된다. 갈등 당사자가 아닌 외부세력이 가해자와 상호작용하는 것이다. 정작 갈등 당사자인 피해자는 문제해결 과정에서 소외되는 현상이 발생한다. 예를 들어 보자. 용철이가 선영이를 때렸다. 맞은 사람은 선영이인데, 선생님이 용철이에게 벌을 주게 된다. 정작 피해자인 선영이는 문제해결 과정에서 소외되는 것이다.

둘째, 피해를 회복하기 위한 관점이 '관계 회복' 이 아닌 '처벌' 로 감으로써 처벌의 적절성 문제가 나타난다. 그래서 피해 회복을 위해 노력하는 것이 아니라 처벌권자(교사)에게 잘 보여 처벌을 피하거나 가볍게 하려는 행동을 보이게 된다. 예를 들어, 용철이가 선영이를 때리고 벌로 일주일간 봉사활동을 하게 되었다고 하자. 용철이의 마음속에는 피해자인 선영이에 대한 미안함보다는 일주일은 너무 길다는 억울한 마음이 들 수 있다. 그래서 정작 선영이의 마음을 풀어 주기보다는 봉사 기간을 줄이려고 선생님께 잘 보이는 것에만 관심을 둘 수 있다.

2 회복적 정의에 기초한 생활교육하기

사람들이 사는 곳은 어디든 갈등이 있게 마련이고, 갈등을 해결하는 과정에서 아이들은 성장할 수 있다. 그러나 갈등 상황에서 선생님이 야단치고, 벌주고, 화해시키면 상황은 해결된 듯 보이나 아이들은 갈등을 스스로 해결하며 배울 수 있는 기회를 놓치게 된다.

회복적 정의에 입각한 생활교육은 아이들이 싸웠을 때 처벌 중심으로 해결하지 않고, 서로의 관계를 회복하는 것에 초점을 맞춘 지도과정이다. 피해자의 피해를 회복시키고, 깨진 서로의 관계를 다시 회복하는 것에 주안점을 둔다.

응보적 정의와 회복적 정의의 주 관심은 다음과 같다.

응보적 정의	회복적 정의
• 누가 가해자인가? • 어떤 죄를 범했는가? • 어떻게 처벌할 것인가?	• 누가 피해자인가? • 어떤 피해를 입혔는가? • 회복을 위해 필요한 것이 무엇인가?

출처: 한국평화교육훈련원(2013).

3 중재자로서의 교사 역할

교사가 지도과정에서 회복에 초점을 맞출 경우, 누가 어떤 잘못을 했는지가 아니라 두 사람의 관계를 어떻게 회복할 것인지에 관심을 두게 된다. 이때 교사는 처벌권자가 아니라 아이들이 자신들의 해결책을 찾아갈 수 있도록 돕는 조정자와 중재자의 역할을 한다.

가장 중요한 것은 회복을 위해 필요한 것이 무엇인지 아이들 스스로 찾아가는 과정이다.

다음은 교사가 중재한 문제해결 과정의 한 예다(한영진 외, 2013).

- A: 피해받은 아이
- B: 피해 준 아이
- 교사: 조정자 역할

교사: 이 자리에 와 줘서 고맙구나. 먼저 이 자리에서 지킬 규칙을 정했으면 좋겠는데, 괜찮겠니?

A와 B: 네.

교사: 선생님은 다음 네 가지를 제안해.

① 다른 사람이 말할 때 끼어들지 않기

② 하고 싶은 말이 있을 땐, 선생님께 발언권을 얻고 말하기

③ 이 자리에서 한 이야기는 나가서 소문내지 않기

④ 중간에 맘에 들지 않는다고 나가지 않기— 끝까지 자리 지키기

동의할 수 있겠니? 그리고 이것 말고 이 자리에서 적용할 또 다른 규칙이 있을까?

A : 네, 동의해요. 그러면 괜찮을 것 같아요.

B : 서로 순서대로 말하면 좋겠어요. 나머진 동의해요.

교사: 서로 순서대로 말하자는 의견이 나왔어. B가 의견을 냈는데, A가 동의할 수 있겠니?

A : 네.

교사: 그럼, 우리가 합의한 규칙은 이 다섯 가지야. (순서대로 ①~⑤까지 읽어 준다.) 이제 시작해 볼까? 먼저 A부터 이야기하자. 무슨 일이 있었는지 이야기해 줄래?

A : 급식시간에 B가 내 팔을 쳐서 국이 바닥에 쏟아졌어요. B 때문이라고 바닥의 국을 치워 달라 했더니, B는 막 인상을 쓰며 자기는 날 친 게 아니라고 못 치워 준다고 그래요. 옆에 애들이 B가 날 친 게 맞다고 하니까 재수 없다면서 나를 확 밀쳤어요. 그 바람에 책상에 긁히면서 벽에 부딪쳐 내 다리가 확 긁혔어요. 보세요, 이 상처! 보건선생님이 약 발라 주시면서 상처 부

위가 너무 커서 2주는 지나야 딱지가 떨어지겠다고 했어요.

교사: 그렇구나. 상처가 보이네. (A의 상황을 공감해 주되, 지나치게 A편을 들면 곤란하다.) B야, 방금 네가 무슨 말을 들었는지 선생님에게 이야기해 줄래?

B : 급식시간에 제가 A의 팔을 쳐서 A의 국이 바닥에 쏟아졌어요. 저보고 치워 달라고 했는데, 제가 아니라고 못 치워 준다고 했어요. 옆에 아이들이 제가 자꾸 쳤다고 하니까 제가 A를 밀쳤어요. 그래서 A 다리에 상처가 났고, 보건선생님 말로는 상처가 나아서 딱지가 떨어지기까지는 2주가 걸릴 거래요.

교사: A야, B가 네 말을 그대로 말하는 게 맞니?

A : 네, 맞아요.

교사: 방금은 A의 상황을 들었으니, 이제 B가 너에게 일어났던 상황을 말해 볼까?

B : 실은 급식 줄에서 C랑 장난을 치고 있었어요. 그래서 솔직히 지금도 제가 A를 쳤는지 잘 모르겠어요. 아까도 그래요. 갑자기 A가 제 팔을 확 잡아채고 바닥을 닦으라고 그러니 당황했어요. 뭐가 뭔지 당황했는데, 옆에 아이들까지 가세했으니 정말 짜증이 났어요. 그래서 순간적으로 A를 밀치게 되었어요.

교사: 그랬구나. 이번엔 A가 방금 들은 B의 이야기를 말해 볼까?

A : B가 C랑 장난을 치고 있어서 내 팔을 친 것을 솔직히 아직도 잘 모르겠다고 하네요. 제가 B 팔을 잡아채서 바닥을 닦으라고 해서 당황했고, 옆 친구들도 B에게 뭐라 그래서 화가 나서 날 밀쳤대요. 그런데 지금 이 이야기를 하니 아까 생각이 나서 다시 화가 나요. 아까 진짜 아팠거든요.

교사: 그랬구나. 네 다리를 보니 정말 아팠겠다. 우리가 있었던 일을 서로 이야기했어. 지금 그 상황을 다시 이야기하니 어떤지 이번엔 B부터 이야기해 볼까?

B : 아깐 사실 화가 나서 A 다리가 보이질 않았어요. 전 누가 확 잡아채는 것은 딱 질색이거든요. 그런데 지금 A 다리를 보니 좀 미안해요.

A : 전 B가 딱 잡아떼는 게 보기 싫었어요. 이제 보니 C랑 장난을 치고 있었네요. 상황은 이해가 되는데, 그렇다고 내 다리 다친 게 없어지지는 않아요.

교사: 그렇지. 발생한 사정이야 어쨌든, 일의 결과는 그대로 있지. 이 문제를 어

떻게 해결하면 좋을까? 먼저 서로에게 원하는 걸 이야기하자. A부터 상대에게 원하는 걸 이야기하고, B가 이야기한 다음, 각자 의견에 대해 서로 이야기해 보자.

A : 전 B가 진심으로 제게 '미안하다'고 사과하면 좋겠어요. 그리고 제 치료비를 B가 물어줬으면 좋겠어요.

B : 저는 A에게 미안해요. 어쨌든 제 잘못이거든요. 그런데 좀 물어보고 행동했으면 좋겠어요. 전 누가 저를 갑자기 확 잡아채는 것은 딱 질색이에요. 제가 잘못했더라도 그냥 팔을 살살 두드리고 이야기하면 좋겠어요.

교사: 우리가 방금 서로 상대에게 원하는 것을 이야기했지. 그럼 그걸 들어줄 수 있는지 한번 이야기해 보자. B야, A가 말한 두 가지를 할 수 있겠니?

B : 사과할게요. 제가 잘못한 거거든요. 미안해. 정말이야. 널 상처 나게 한 것은 내 잘못이야. 많이 아팠지? 정말 미안해. 그런데 A야, 치료비를 물어주는 것은 곤란해. 집에 얘기했다가 엄마에게 맞을지도 몰라. 혹시 내가 아침마다 너랑 같이 보건실에 같이 가면 안 되겠니? 보건실에서도 치료해 줄 수 있잖아?

교사: A야, B가 한 사과 받아들일 수 있겠니? 그리고 보건실로 아침마다 너를 데리고 갈 수 있다고 하는데, 받아들일 수 있겠니?

A : 예, B가 제게 한 사과 받아들일 수 있어요. 보건실에 아침마다 같이 가는 것도 좋아요. 제가 원하는 것은 제 다리가 잘 낫는 거예요. 생각하니 저도 같은 경우면 엄마에게 안 알리고 싶을 거예요.

교사: 그럼 A가 원한 것은 해결이 되었다고 봐야 하니? 그렇게 이해해도 되니 A야?

A : 네, 제가 원한 것은 이제 해결되었어요.

교사: 그럼 B가 원한 것을 이야기해 보자. B는 확 잡아채는 것을 싫어하기 때문에 설사 B가 잘못한 경우라도, 팔을 살살 두드리며 이야기해 달라는데 그렇게 해 줄 수 있겠니, A야?

A : 막상 또 비슷한 상황이 되면 어떨지 모르겠는데, 지금은 그럴 수 있을 것 같아요. 다음엔 살살 두드리며 B에게 이야기할게요.

교사: A가 막상 또 그런 상황이 되면 어떨지 자신할 수 없지만, 지금으로서는 살살 두드리며 이야기할 수 있을 것 같다는데, B야, 네가 원한 것이 해결된 거니?

B : 예, 지금 저 정도 수준으로 얘기해도 전 만족해요. 괜찮아요.

교사: 그럼 오늘 우리가 모인 문제는 해결이 된 것 같은데, 혹시 아직 해결되지 않은 것이 있으면 누구든 얘기해 줄래?

B : 저는 선생님이 내일 아침에 아이들에게 제가 일부러 A를 친 게 아니라 C랑 장난치다 몰라서 A를 친 거라고 알려 주면 좋겠어요. 물론 제가 A를 벽에 밀친 것은 잘못한 거지만, 처음부터 그럴 의도는 아니었다는 것을 반 애들이 알면 좋겠어요.

교사: 그렇구나. B의 이 의견에 대해 A는 동의할 수 있겠니? 내일 아침 아이들에게 선생님이 상황을 설명해도 될까?

A : B 이야기만 하면, 저만 예민한 아이가 될 것 같아요. B가 저를 양호실에 데려다주기로 했으니까, 그냥 싸운 후에도 이렇게 사이좋게 다닐 수 있다는 얘기도 같이 넣어서 해 주면 좋겠어요. 그러면 전 괜찮아요.

교사: A의 의견도 넣어 아이들 앞에서 말해 달라는데, 이 의견에 대해 B는 동의할 수 있겠니?

B : 예, 괜찮아요. 저는 좋아요.

교사: 음~ 지금으로선 마무리해도 좋을 것 같은데, 혹시 지금 하고 싶은 이야기 있니? 오늘 느낌이나 소감, 다른 생각 등 말이야. B부터 이야기해 볼까?

B : 저는 솔직히 남으라고 했을 때, 얼마나 야단맞게 될까 겁이 덜컥 났었어요. 그런데 이렇게 얘기로 풀어 가니 좋아요. A에게 진짜 미안한 마음도 들고요. 다음부터는 좀 조심해야겠어요.

A : 저도 비슷해요. B를 야단치면 될 것을 왜 저까지 남아야 하나 생각했어요. 그런데 이 시간을 통해 B가 진심으로 제게 사과하니까 참 좋아요. 다리 상처도 덜 아픈 것 같고요. 저도 다짜고짜 움직이는 제 모습을 반성해요. 안 싸워도 될 일을 괜히 제 급한 행동으로 싸우게 만들었어요.

교사: 그래, 시간을 내어 주어 고마워. 그리고 이야기하느라 수고했어. 조심해서 집에 가렴. 내일 아침 웃는 얼굴로 만나자.

(※아이들 간의 대화를 강조하기 위해, 기타 부모에게 연락하는 문제 등은 대화과정에서 생략하였다.)

보다시피 교사의 역할은 해결자가 아니라 조정자다. 아이들이 해결과정의 주체가 되며 이 과정을 통해 서로 간의 관계가 회복되는 것이다. 시작은 조정자가 하지만 과정이 진행될수록 당사자들 간에 상호작용이 늘어나는 것이 좋다. 본인들이 문제해결의 주체로 나서는 것을 반영하기 때문이다.

이런 표현도 있어요!

- 어떻게 하면 너희가 사이좋게 지낼 수 있을까?
- 너희가 사이좋게 지내기 위한 방법에는 무엇이 있을까?
- 어떻게 하면 너희 둘의 관계가 좋아질까?
- 어떻게 하면 서로 사이좋게 지낼 수 있을지 생각해 볼까?

매직워드 36

너희들끼리 이야기해 보고, 선생님에게 말해 주지 않겠니?

상황 속으로

오늘은 지수가 배식당번이다. 맛있는 닭강정이 나왔다. 한 사람당 세 개씩 배식하기로 했다. 그런데 용철이가 정해진 양보다 더 많은 다섯 개를 달라고 우겼다.

지수는 정해진 양보다 더 줄 수 없다 말하고, 용철이는 세 개씩 주면 남을 게 뻔하니 자기는 두 번 배식 받느니 지금 받겠노라고, 지금 다섯 개를 달라고 계속 우겼다.

지수는 용철이 때문에 친구들의 배식줄이 지체되는 것이 계속 신경이 쓰였다. 그래서 우기는 용철이가 얄미웠다. 그런데 그만 그 속마음이 입 밖으로 튀어나왔다.

"에이, 재수없어!"

순간 용철이의 얼굴이 일그러졌고, 지수를 확 밀쳐 버렸다. 순식간에 밀침을 당한 지수도 용철이를 째려보았다.

"무슨 일이니?"

선생님께서 먼저 배식 받은 아이들의 급식지도를 하시다가 다가오셨다.

마음속으로

지수는 선생님께 야단맞을 생각을 하니 눈앞이 캄캄하다. 무안하기도 하고 화끈하기도 하다. 자존심이 상한다.

'내가 잘못한 것은 맞아. 하지만 세 개씩 배식받기로 했으면 당연히 용철이도 따라 줘야 하잖아. 아니야, 그래도 먼저 심한 말을 내뱉은 내가 잘못한 것은 맞아. 그런데 지금 급식 시간인데 아이들 전체 앞에서 야단맞게 되나. 어떡하지……. 내가 왜 그런 말을 입 밖에 내뱉었지. 후회가 막심하네. 아! 창피해.'

용철이는 지수가 치사하게 느껴진다.

'자기 것도 아닌데 좀 주면 어때서, 게다가 어차피 남을 게 뻔한데…….'

지수한테 들은 말 때문에, 그리고 자신 역시 치사한 지수에게 더 치사한 행동을 결과적으로 했기 때문에 얼굴이 화끈거린다. 아이들도 쳐다보고 선생님도 다가오고 어디론가 숨고만 싶다.

교실을 바꾸는 매직워드

선생님은 큰 소리가 난 아이들을 바라보았다. 둘이 싸운 상황은 파악되지만, 선생님은 어떻게 지도해야 할까 순간 망설여졌다. 용철이는 야단을 맞아도 툭툭 털고 갈 아이지만 지수는 자존심이 강하고 깐깐해서 잘못 야단치면 크게 상처를 받을 것 같았기 때문이다. 잠시 고민하던 선생님은 아이를 믿고 존중해 주기로 했다.

"너희 둘끼리 이야기해 보고,
선생님에게 말해 주지 않겠니?"

선생님은 둘이서 얘기하도록 시간을 주었다. 잠시 후 두 아이는 서로 화해했노라고 밝은 얼굴로 이야기하며, 선생님이 받아 둔 급식판이 있는 자기 자리로 들어가 맛있게 급식을 먹기 시작했다.

왜 이 표현인가요?

1 아이들 존중해 주기

아이들에게 맡기면 의외로 문제해결을 잘할 때가 있다. 교사가 그 가능성을 존중해 줄 때 아이들은 문제해결 경험을 가질 수 있을 뿐더러, 오히려 교사가 개입했을 때보다 더 빨리 갈등을 해결하고 화해에 이르기도 한다. 그러나 매번 아이들에게 갈등해결 경험을 제공할 수는 없다. 교사는 상황과 아이들의 특성에 맞춰 적용 여부를 판단한다. 비교적 갈등의 정도가 약하고, 자존심이 세고 합리적인 아이, 교사의 면전에서 야단 듣는 것을 속상해하는 아이, 교사에게 잘 보이려는 욕구가 많은 아이, 평소에 학급규칙을 잘 지키고 규범이 내재화되어 있는 아이 등이 적합하다.

2 문제해결을 위한 브레인스토밍

교사가 구체적인 방법을 제시해 주면 아이들은 스스로 갈등을 해결할 수 있다. 그 방법의 하나로 브레인스토밍 방법을 알려 준다. 브레인스토밍brainstorming이란 어느 한 주제에 대해 폭풍처럼 아이디어를 쏟아 내는 것이다. 그 아이디어를 모으고 정리하는 과정에서 고려해야 할 요소는 다음과 같다.

브레인 스토밍의 '4無'의 원칙

❶ 무비판: 나온 의견에 대해 판단하며 비판하지 않는다.

❷ 무책임: 의견에 책임지지 않고 일단은 어떤 형태든 의견을 제시할 수 있다.

❸ 무제한: 나올 수 있는 양을 제한하지 않는다.

❹ 무소신: 제시한 자신의 의견을 고집하지 않고, 남의 의견 혹은 남의 의견과 결합해서 더 좋은 것이 나오면 언제든 그것을 수용할 수 있다.

해결책 선택하기

브레인스토밍에서 나온 의견은 실현 가능성, 구성원 만족도, 사회적 용인성을 기준으로 해결책을 선택한다. 아이들의 경우에는 보다 간결하게 다음과 같이 기준을 세운다.

• 1번 기준. 나: 좋아 – 너: 좋아

• 2번 기준. 나: 좋아 – 너: 싫어
• 3번 기준. 나: 싫어 – 너: 좋아
• 4번 기준. 나: 싫어 – 너: 싫어

나온 의견을 1~4번의 기준에 따라 분류한 뒤 채택한다. 1번 기준은 무조건 채택하고, 4번 기준은 무조건 버린다. 그리고 1번 기준 채택만으로 부족할 경우는 2번과 3번 기준을 두고 서로 다시 충분히 논의한다.

아이들에게 적용한 예

❶ 서로 화해하려면 어떻게 해야 할지 종이를 주어 쓰게 한다.
❷ 둘 다 만족할 수 있는 방법을 찾는다.
❸ 실행 가능한 것인지, 그리고 사회적으로 용인 가능한 것인지 따져 본다.
(예: 서로 돈을 주고받고 화해하기로 한 것은 곤란함)
❹ 결정된 내용을 선생님께 알린다.
❺ 결정된 내용을 이후 서로 존중하고 실천한다.
※ 교사는 여기서 결정된 내용이 잘 이행되는지 꾸준히 관심 갖기

의견을 조율할 때 피해를 당한 아이뿐 아니라 가해행동을 한 아이도 일정한 기준하에(예: 책임을 지되 방법적인 것은 서로 조율한다) 허용해 주어야 한다.

이런 표현도 있어요!

- 너희들끼리 상의하고, 선생님에게 알려 주겠니?
- 너희 스스로 해결해 보고, 선생님에게 말해 주지 않겠니?
- 너희 스스로 해결방법을 찾아보고, 선생님에게 알려 주겠니?
- 너희들끼리 의논해 보고, 선생님에게 말해 주지 않겠니?

15. 학습 분위기를 방해하는 학생을 돕는 말

- 지금 꼭 그렇게 해야 할 이유가 있니?
- 학교에 들어서면 너희는 '학생' 이란다.
- 어느 정도면 네가 할 수 있겠니? 네가 할 수 있는 양을 선생님에게 말해 주렴.

공부하러 학교에 오는 것이 아니라 친구와 놀면서 에너지를 발산하기 위해 학교에 오는 것처럼 보이는 아이들이 있다. 교실에서 딱히 큰 문제를 일으키지는 않지만, 이런 아이가 학급의 학습 분위기를 흐리는 역할을 하기도 한다. 아이들의 기질과 상황을 인정하더라도 마냥 이렇게 갈 수만은 없다. 이럴 때 교사가 할 수 있는 표현에 대해 알아보자.

매직워드 37

지금 꼭 그렇게 해야 할 이유가 있니?

상황 속으로

수업시간이다. 선생님이 설명하는 중이다. 교실이 조용하다. 그런데 조용한 교실 속에서 부스럭거리는 소리가 계속 들린다. 그 소리는 훈이가 내는 소리다. 연필 깍으러 교실 뒤의 쓰레기통으로 갔다 온다. 또 서랍에서 이것저것 뒤져 버릴 것을 찾아 슬금슬금 눈치를 보며, 교실 뒤와 자기 자리를 들락거린다.

수업 분위기에 방해가 되어 선생님이 눈치를 줬건만 아랑곳없이 계속 왔다갔다 하고 있다. 오늘만 이러면 나름 훈이가 사정이 있겠지 하고 넘어가겠지만, 훈이는 비교적 자주 그런다. 거의 습관이 되다시피 한 행동이다.

그동안 선생님은 달래도 보고 야단도 쳐 보았지만 그때마다 어물쩍 넘어가기 일쑤였다.

마음속으로

선생님은 훈이에 대해 나름 이해하고 있다고 생각한다. 훈이는 나쁜 아이도 악의적인 아이도 아니다. 더군다나 수업 분위기를 망치겠다는 고의성이 있는 아이는 더더욱 아니다. ADHD는 물론 아니다. 단지 에너지가 넘치고 활동성이 넘쳐서 뭔가 움직임을 만들어야 직성이 풀리는 아이이다. 하지만 언제까지고 이렇게 내버려 둘 수는 없다. 훈이를 내버려 두니까 학급 전체 분위기에도 좋지 않은 영향이 있는 것 같다. 무엇보다 훈이 자신에게 바람직하지 않다.

교실을 바꾸는 매직워드

선생님은 훈이 옆에 가서 섰다. 그리고 훈이에게 단호한 태도로 물으셨다.

훈이가 깜짝 놀라 고개를 들었다. 선생님의 어투는 부드러웠지만 워낙 단호

"지금 꼭 그렇게 해야 할 이유가 있니?"

했기 때문이다. 게다가 '조용히 하라'는 말일 줄 알았는데 자신에게 질문한 것이다.

"지금 꼭 그렇게 해야 할 이유가 있니?"

훈이는 뜨끔했다. 사실 지금 꼭 책을 정리하고 연필을 깎으러 뒤로 갈 필요는 없었기 때문이다.

왜 이 표현인가요?

1 허 찌르기

훈이처럼 학습 분위기를 흐리는 아이가 가장 많이 듣는 말은 "조용히 해!" "수업에 집중해!"와 같은 지시였을 것이다. 그런데 지금 꼭 그렇게 해야 하니 하고 선생님이 물어보면, 평소처럼 꾸중을 들으리라 생각했던 아이 입장에서는 허를 찔린 느낌이다. 질문에 대답하기 위해서 아이는 생각해야만 한다.

2 혼내는 것보다 차근차근 따지는 것이 더 무섭다

현재 교사의 관심사는 아이의 행동 변화다. 학급의 학습 분위기가 흐트러지는 것도 문제지만, 아이 본인을 위해서도 지금의 잘못된 행동을 그만두게 하는 것이 필요하다.

아이의 변화를 유도하기 위해서 어투는 부드럽게 해야 하지만, 단호한 자세와 태도를 보여야 한다.

"지금 꼭 그렇게 (떠들어야) 할 이유가 있니?"

(　　) 안은 언제든 상황에 맞춰 질문할 수 있으며, 그때그때 상황에 따라 바꿔 활용할 수 있다.

청소 시간에 청소 안 하고, 청소도구로 장난치는 아이에게
"지금 꼭 그렇게 장난쳐야 할 이유가 있니?"

큰 소리로 소란을 떨며 분위기를 흔드는 아이에게
"지금 굳이 그런 큰 소리를 내야 하는 특별한 이유가 있니?"

아이들은 혼내는 선생님보다 차근차근 따지는 선생님을 더 부담스러워한다. 교사 입장에서는 아이들이 대답하는 내용에 맞춰 지도 내용을 변화시켜 갈 수 있다. 대개 아이들은 본인이 정당하다는 답을 하지 못한다. 그러면서 조금씩 조금씩 자신의 행동에 변화를 보이게 된다.

3 아이에게 말할 기회를 주기

"지금 꼭 그렇게 해야 할 이유가 있니?"라는 질문은 아이를 당황하게 하기 위한 질문만은 아니다. 평소에 제 아무리 부산스러운 아이일지라도, 매번 다른 이유가 있을 수 있으며, 그렇기에 교사가 확인을 해야 지도과정에서 실수하지 않을 수 있다. 또한 아이에게 스스로 자신의 상황에 대해 변명할 기회를 제공하는 것도 아이들에 대한 배려다.

4 다른 말로 대꾸하는 아이들에게

대부분의 아이들은 교사의 이 표현에 할 말을 잃고 순간적으로 당황하게 된다. 그러나 간혹 몇몇 아이들은 "왜 저만 가지고 그러세요?" 등의 말대꾸를 할 수 있다. 그렇기에 교사는 끝까지 감정의 평정과 담백한 어투를 유지하여 아이가 한 말 때문에 새로운 갈등 상황이 생기지 않도록 노력해야 한다.

이런 표현도 있어요!

- 지금 꼭 그렇게 떠들어야 할 이유가 있니?
- 지금 굳이 그런 행동을 해야 할 이유가 있니?
- 지금 꼭 그렇게 큰 소리를 내야 할 이유가 있니?
- 지금 꼭 그렇게 장난쳐야 할 이유가 있니?

매 직 워 드

38 학교에 들어서면 너희는 '학생'이란다.

상황 속으로

2학년 교실이다. 5월이 다가오니 아이들이 들뜨기 시작했다.

어린이날에는 어디 갈 거냐고 서로 물어보고, 슬슬 선생님을 대하는 눈빛이 틀려지며, 태도도 불량스럽게 변하기 시작했다. 학급 전체 구성원이 모두들 '왕자병'이나 '공주병'에 걸린 양 묘한 기류가 흘렀다.

마치 '세상에서 내가 제일 중요한 존재이니, 감히 어른인 선생님이 우리에게 공부해라 마라 하지 말라.'는 듯한 태도였다.

보다 못한 김 선생님은 수업시간에 아이들에게 한 소리 했다.

"너희들 요즘 이상한 거 아니니? 왜 이렇게 수업시간에 공부를 안 하니? 마치 안 하려고 작정한 사람들 같은데……."

선생님의 그 말이 끝나기가 무섭게 예솔이가 얘기했다.

"우린 어린이잖아요."

"그럼 어린이는 공부 안 하는 건가?"

"어린이는 새나라의 일꾼이라니까요."

너무도 당당한 예솔이의 말에 선생님은 순간 말문이 막혔다. 더군다나 학급 전체가 예솔이의 말에 고개를 끄덕끄덕 동조하고 있었다.

마음속으로

'그래서 어쩌라고?'

속에서 올라오는 웃음을 억누르며 선생님은 아이들에게 이 장면을 통해 아이들의 역할에 대해 가르쳐야겠다고 생각했다.

'어린이날이 다가오는 것도 맞고, 너희들 한 명 한 명은 무엇과도 바꿀 수 없는 소중한 존재인 것은 분명한 사실이야. 하지만 그 사실이 학생으로서의 너희 근본을 흔들어서는 곤란하지 않겠니? 상황에 맞춰 해야 할 역할에 대해 잘 인지하는 것도 필요한 거란다.'

예솔이의 말에 말문이 막혔던 선생님은 아이들과 계속 대화를 주고받았다.

"여긴 어디지?"

"학교요!"

"새나라의 일꾼은 '학교에서' 무얼 해야 할까?"

"공부요."

"그렇지! 너희들은 학교에 들어서면 '학생'이란다. 학생은 공부하는 사람이야. 배우고 익히는 사람!"

"학교에 들어서면 너희는 '학생'이란다."

"학교를 다니는 이유가 뭘까?"

"공부하러요"

"그렇지. 공부하러 학교에 오는 거니까 학교에 앉아 있는 지금 너희 신분과 역할은 무엇일까?"

"학생이요."

"그렇지. 그럼 학생은 공부하는 사람이니까 공부하자. 너희들이 어린이가 아니란 게 아니야. 하지만 지금 우리가 있는 곳은 학교이고 학교에서 너희들은 학생이란다. 배우고 공부하는 사람! 그러니 우리 열심히 공부하자."

아이들은 어린이와 학생의 차이가 뭐가 다른지 다소 알쏭달쏭했지만, 학교에서는 공부를 해야 할 것 같았다. 그래서 이전과는 다른 분위기로 자세를 가다듬어 다들 공부하기 시작했다.

왜 이 표현인가요?

1 학생이라는 역할 인지하기

'여자는 약하지만 엄마는 강하다!'라는 말을 다들 잘 알 것이다. 여자는 약하지만, 엄마로서의 역할에 충실할 때 모성으로 충분히 강해질 수 있다는 것이다. 아이들 입장에서 초등학교는 나이가 되어 오는 장소이고, 거기서 배우는 것이 공부라는 막연한 생각을 가지고 있다. 이때 학교는 학생들이 오는 곳이고, 학생의 정의는 '배우는 사람, 공부하는 사람'이라는 인식을 정확히 심어준다. 이처럼 명확한 역할 설정은 아이들에게 자신이 무슨 일을 해야 할지를 알게 한다.

2 구분이 주는 힘

쉬는 시간은 교과시간 사이를 분리함으로써 아이들이 서로 다른 교과수업에 집중을 더 잘하도록 해 주는 이점이 있다. 이것은 분리가 주는 힘이다. 이처럼 교문을 들어서면 아이는 '학생'이 되고 학교 외의 상황과는 구분이 된다. 학교가 구별된 공간이 될 때 아이들의 학업활동도 탄력을 받을 수 있다. 학생 스스로 그러한 생각을 가져 학업에 전념하도록 교사가 돕는다.

이런 표현도 있어요!

학교에 왔으니 학생으로서 행동해야 한단다.

이곳은 학교이니 학생의 본분을 다해야 한단다.

학교에서는 어린이가 아니라 학생으로서 행동해야 한단다.

학교에 왔으니 학생답게 행동해야겠지?

매직워드 39

어느 정도면 네가 할 수 있겠니? 네가 할 수 있는 양을 선생님에게 말해 주렴.

상황 속으로

문태는 자존감도 낮고 자신감도 없다. 성적도 학습부진 판별기준에서 맴돈다. 그래서인지 수업시간에도 소극적이다. 어떤 일을 하라고 지시하면, 안 해 버리기 일쑤다.

왜 하질 않느냐고 물어보면,

"저 못하는데요……."

그러면서 고개만 푹 숙인다.

선생님은 그런 문태가 안타까울 따름이다.

마음속으로

'나도 해 봤는데 뭐가 뭔지 모르겠는데, 얘들한테 물어보는 것도 한두 번이지, 이제는 창피해서 더 이상 모른다고 얘기하기도 싫어. 그냥 하기 싫어. 안 할래.'

이런 생각을 되뇌이는 문태는 이 상황에서 달아나고만 싶다.

선생님은 그런 문태를 보며 참 안타깝다. 모르니까 자꾸 피하는 마음은 이해할 수 있지만, 문태 정도면 해 보면 충분히 나아질 수 있는데 하질 않으니 실력이 늘지 않고 악순환만 반복된다. 선생님은 그 고리를 끊어 주고 싶다.

교실을 바꾸는 매직워드

선생님은 문태가 더 이상 학습에서 회피하는 것을 바라지 않는다. 그래서 문태에게 말한다.

"어느 정도면 네가 할 수 있겠니?
네가 할 수 있는 양을 선생님에게 말해 주렴."

왜 이 표현인가요?

1 자발적으로 몰입하도록 환경 만들기

몰입에는 수동적 몰입과 능동적 몰입이 있다. 본인이 원해서 몰입하며 기쁨을 느끼는 경우를 능동적 몰입이라 할 수 있고, 외부적인 조건에 의해 몰입할 수밖에 없도록 되는 경우는 수동적 몰입이라 할 수 있다. 그런데 학생들의 입장에서는 학교수업은 수동적 몰입을 요구받는 경우다. 자발성이 떨어지므로 능률도 떨어지기 쉽다.

가뜩이나 성취 수준이 낮은 문태는 비자발적으로 학교에 와서 수업을 들어야 하는 상황이 스트레스로 다가오기 쉽다. 문태의 상황을 개선시키는 것은 이 상황을 자발적으로 느껴지게끔 만드는 것이다. 그 방법 중 하나가 아이 스스로 자신이 학습할 수 있는 양을 정하는 것이다.

2 선택하고 책임지기

유아를 키우는 부모들이 잘 쓰는 전략이 있다. 아이가 몸에 좋은 음식인데도 먹으려 들지 않을 때, 두 가지 중 하나를 선택하게 하는 것이다.

"콩 먹을래? 나물 먹을래?"

"콩(나물) 먹을래."

"그래, 그럼 어서 먹으면 되겠네."

어린 유아라도 선택을 하면, 자신의 선택에 기꺼이 책임지려 한다.

초등학생도 마찬가지다. 자신이 선택하면 그 선택에 책임지려 한다. 문태에게도 선택하게 하고 그 선택에 책임지게 함으로써 실질적인 학업수행을 도울 수 있다.

"어느 정도면 네가 할 수 있겠니? 네가 할 수 있는 양을 선생님에게 말해 주렴."

문태에게 학습 분량을 스스로 정하게 하고, 그것에 책임감을 갖게 하는 것이다. 최소한 문태가 정한 양만큼의 학업 진전은 볼 수 있을 것이다. 주의할 점은 문태가 과도한 학습량을 정하는 것(예: 저 이것 다 할 수 있어요.)이 아니라 자신의 수준에 맞는 현실적인 학습량(예: 저 다섯 문제는 풀 수 있어요.)을 설정하도록 격려하고 지지하는 것이다. 적절한 기준의 예는 '애걔, 이 정도는 내가 할 수 있겠네.'라고 느끼는 정도가 좋다.

이런 표현도 있어요!

- 네가 생각하기에 어디까지 할 수 있겠니? 스스로 생각해 보고 선생님에게 말해 주렴.
- 이 중에서 몇 문제까지 풀어 볼 수 있겠니? 할 수 있는 만큼만 선생님에게 말해 주렴.
- 숙제를 어느 정도만큼 할 수 있을 것 같니? 네가 결정하렴.
- 오늘은 몇 쪽까지 읽을 수 있을 것 같니? 네가 할 수 있는 양을 선생님에게 말해 주렴.

16. 학생지도에 부모를 등장시키는 말

- 네 훌륭한 부모님이 그렇게 하셨을 리가 없어.
- 너 오늘 집에 가서 큰절 해야겠다. 어쩜 너를 이렇게 잘 키우셨는지……
- 부모님도 네 행동을 보고 인정하시겠니? 너희 엄마도 그러길 원하셔?

아이들은 불리한 상황이 되면 종종 부모를 끌어들여 변명한다. 이런 현상은 주로 초등학교 저학년에서 볼 수 있다. 이럴 때 아이를 잘 지도하기 위해 교사는 말로 부모를 등장시킬 수 있다. 이것은 교사와 부모가 한편이 될 때 교육적 효과를 높게 기대할 수 있기 때문이다.

교사의 언어표현을 통해서 교육 장면에서 아이들의 부모님과 어떤 협력관계를 맺을 수 있는지 살펴보자.

매직워드 40

네 훌륭한 부모님이 그렇게 하셨을 리가 없어.

상황 속으로

3학년 교실이다.

월요일 아침에 숙제검사를 하는데, 지영이가 숙제를 안 해 왔다.

"지영아, 왜 숙제를 안 했니? 무슨 일이 있었니?"

"엄마가 하지 말라고 그냥 자라고 하셨는데요."

옆 친구들이 "걔네 엄마는 숙제도 하지 말라고 그러셔. 지영인 참 좋겠다." 라며 웅성거렸다.

선생님이 말씀하셨다.

"엄마 때문이라는 거니?"

"예, 엄마가 하지 말고 그냥 자라고 하셨어요."

너무도 뻔한 거짓말을 천연덕스럽게 하는 지영이를 보며 선생님은 웃음이 피식 나오는 것을 참느라 혼났다. 선생님은 바로 지난 금요일에 지영이 어머니와 통화했던 것이다. 지영이가 자주 숙제를 안 해 온다는 선생님의 말에 지영이 어머니는 지영이가 학교 숙제가 없다고 우기는 경우가 많아 정말 없는 줄 알았다고, 앞으로는 꼭 숙제를 하게 해서 보내겠노라고 말씀하셨기 때문이다.

이 녀석이 주말이어서 숙제가 없다고 또 엄마에게 거짓말을 한 모양이다.

마음속으로

'이 녀석 봐라. 엄마랑 통화한 게 불과 사흘 전인데……. 그냥 통화한 사실을 얘기하고 싶다만, 그렇게 되면 친구들 앞에서 기껏 엄마를 방패막이로 세운 지영이가 머쓱하겠지?'

선생님은 어떻게 해야 지영이를 머쓱하게 만들지 않으면서도 잘 지도할 수 있을지 생각했다.

교실을 바꾸는 매직워드

선생님은 부드럽게 웃으며 말씀하셨다.

"네 훌륭한 부모님이 그렇게 하셨을 리가 없어."

지영이는 부끄러움으로 얼굴이 빨개졌지만 동시에 입꼬리도 슬며시 올라갔다. 선생님께서 홀어머니 밑에서 자라는 자신에게 '네 훌륭한 어머니'라고 친구들 앞에서 크게 힘 주어 말씀하셨기 때문이다.

"맞아요. 우리 엄마가 그렇게 말 안 했어요. 제가 숙제 안 한 거예요. 다음부턴 해 올게요."

"그러엄. 지영이가 누구 딸인데. 훌륭한 어머니 밑에서 자라는 자랑스러운 딸인데 당연히 숙제를 해 와야지. 다음부터 잘 해 올 것으로 믿는다."

"예!"

씩씩한 목소리로 지영이가 대답했다.

왜 이 표현인가요?

1 아이의 행동 변화가 우선이다

지영이는 지금 빤히 보이는 거짓말을 하고 있다. 이럴 때 교사는 지영이에 대한 접근을 조심스럽게 해야 한다. 지영이는 엄마를 끌어들여 변명하고 있는데, 아이의 거짓말을 직접적으로 지적하면 본인이 잘못했지만 그것과 상관없이 상처받기 쉽다. 지영이를 비난하려는 것이 이 상황의 지도목적은 아니다. 지영이가 숙제를 해 오게 하는 것이 더 중요하다. 또 지영이가 부모를 끌어들여 변명하였기 때문에 그 부분을 감안해서 말해야 하는 것이다. 지영이도 다치지 않고, 또 숙제를 해 올 수 있게끔 하기 위해 이 표현을 사용하는 것이다.

2 부모와 교사의 협력관계 만들기

교육의 주체는 교사, 학부모, 아이 이렇게 셋이다. 아이에게 변화를 일으키려면 교사와 학부모가 일치된 메시지를 주어야 한다. 교사와 학부모가 서로 반대 방향에서 메시지를 전하기 시작하면 아이는 아직 힘이 없기 때문에 가운데에서 눈치를 살피며 자신에게 유리한 쪽을 골라 선택하게 된다. 그러면 교육적 효과는 기대하기 힘들다. 아이에게 교육적 효과가 나타나게 하려면 교사와 학부모가 신뢰관계를 형성하여 부모와 교사가 같은 편이라는 인식을 심어주는 것이 필요하다.

3 아이 앞에서 부모를 높여 주기

교육 현장에서 상호작용은 주로 교사와 아이 사이에 일어난다. 그 자리에 학부모가 등장하지는 않는다. 그러나 교사는 학부모와 협력하고 있다는 것을 아이에게 보여 줄 필요가 있다. 이때 교사가 할 일은 아이 앞에서 부모를 절대 낮춰 부르는 태도를 보이지 않는 것이다. 아이 앞에서 부모를 높이면 아이는 자신의 부모를 자랑스러워하는 마음을 가지게 되고, 그 말을 하는 선생님도 고맙게 생각한다. 이렇게 되면 부모와 교사가 서로 호의를 갖고 있다고 생각하여 만족감과 안정감을 느낀다. 이렇게 관계가 좋아지면 그 성과는 고스란히 아이의 바람직한 성장으로 열매 맺는다.

4 한부모 가정에 특히 신경 쓰기

지영이는 한부모 가정의 아이다. 한부모 가정의 어려움은 부모 혼자 생계 문제를 해결해야 하기 때문에 아이와 보내는 시간이 적다. 또한 양육의 짐도 혼자 감당해야 하기 때문에 힘든 상황일 때가 많다. 그래서 한부모 가정의 아이는 학교생활에서 부적응 모습을 나타내거나 아이들 사이에서 소외되거나 위축되기 쉽다. 위축된 아이들은 소심해지거나 반항적이거나 공격적인 모습을 나타낼 수도 있다. 교사는 이 같은 아이들의 행동의 이면을 헤아릴 필요가 있다. 그래서 한부모 가정의 자녀들에게 특별한 배려가 필요한 것이다.

한부모 가정의 부모에 대해 언급할 상황이 되면 특히 더 부모를 인정하고 높이는 표현을 사용해야 한다.

이런 표현도 있어요!

- 네 훌륭한 부모님이 정말 그렇게 말씀하셨니?
- 네 부모님은 훌륭하신 분들이라 그러실 리가 없어.
- 네 부모님이 얼마나 훌륭하신 분들인데, 그럴 리가 없어.
- 네 부모님처럼 훌륭하신 분이 그렇게 하셨을 리가 없어.

매직 워드 41

너 오늘 집에 가서 큰절 해야겠다. 어쩜 너를 이렇게 잘 키우셨는지…….

상황 속으로

밤 사이 비가 많이 내렸다. 그런데 김 선생님 학급에 문이 조금 열려 있는 창이 하나 있었다. 어제 김 선생님이 외부 출장을 가느라 6교시가 마치기 무섭게 퇴근하면서 아이들에게 뒷정리를 부탁했었는데, 아이들이 문단속을 제대로 하지 못했었나 보다.

지수가 아침에 학교에 와 보니 열린 창틈으로 빗물이 새어 들어와 창가 쪽 교실 바닥에 물이 흥건했다. 그대로 그냥 놔 두면 아이들이 지나다니다가 미끄러질 것 같아 위험해 보였다. 또 마룻바닥인데 저렇게 물이 계속 고여 있으면 썩을 것 같아 맘이 영 불편했다.

잠시 생각하던 지수는 청소도구함으로 가서 걸레를 꺼내 들고 바닥의 물을 닦기 시작하였다. 지수가 바닥을 닦을 때 그냥 멀뚱멀뚱 쳐다만 보던 친구들도 지수 혼자 바닥을 닦는 것이 미안했는지 하나둘씩 주섬주섬 지수를 거들기 시작하였다.

그 모습을 이제 막 교실로 출근한 김 선생님이 보았다.

마음속으로

선생님은 기분이 흐뭇했다.

'이렇게 기쁠 수가. 그렇잖아도 아이들에게만 교실 뒷정리를 부탁하고 가서 맘이 참 편치 않았어. 학교 행사로 동 학년 선생님들이 다들 교무실로 내려가지만 않았어도 아이들에게 부탁하진 않았을 텐데……. 지수가 정말 잘 컸구나. 지수를 칭찬해 주고 싶어. 가만, 지수가 이렇게 잘 자란 것은 부모님 영향이 컸겠지. 함께 칭찬하면 지수 마음이 얼마나 좋을까?'

교실을 바꾸는 매직워드

선생님은 지수에게 말했다.

"어떻게 이런 기특한 생각을 다 했니? 선생님은 너희들에게 교실 뒷정리를 부탁하고 가서 사실 맘이 편치 않았어. 아니나 다를까, 창문을 열어 두고 가서 비가 들이쳤지만, 지수가 이렇게 닦아 놓다니……. 지수 같은 아이가 우리 반에 있다는 것이 선생님은 얼마나 기쁜지 몰라."

"엄마가 집에서 마루에 물기 떨어지면 안 된다고 항상 잔소리 하세요. 그래서 교실 바닥에 물 떨어진 것을 보고 엄마 잔소리가 생각났어요."

"그래?"

선생님은 마음껏 칭찬해 주기로 했다.

"너 오늘 집에 가서 큰절 해야겠다. 어쩜 너를 이렇게 잘 키우셨는지……."

선생님의 마음은 진심이다. 이렇게 지수를 잘 키운 지수 엄마가 참 고맙다. 지수도 입이 빙그레 해맑게 웃었다.

왜 이 표현인가요?

1 하나의 표현으로 칭찬을 배가하기

"너 오늘 집에 가서 큰절 해야겠다. 어쩜 너를 이렇게 잘 키우셨는지……."

이 표현은 잘 자란 지수를 칭찬하는 표현이다. 그리고 그런 지수를 키운 지수의 부모님께 감사하는 표현이다.

교사는 하나의 칭찬을 함으로써 두 가지 효과를 노렸다. 아이를 칭찬하고,

아이를 키운 부모를 칭찬하였다. 아이의 양육환경은 가정이다. 이렇게 교사가 아이와 아이의 부모를 동시에 칭찬하면, 아이의 자존감은 아주 높아진다. 자신의 행동을 지지할 뿐만 아니라, 자신이 자라고 있는 가정을 인정하고 칭찬하기 때문이다.

아이 입장에서는 자신과 자신의 가정이 동시에 칭찬받았기에 칭찬의 효과는 배가 되는 것이다.

2 교사의 칭찬으로 가정 분위기 좋게 만들기

아이들은 학교에서 꾸중 들은 것은 집에 가서 거의 말하지 않는다. 부모로부터 부정적인 피드백이 오리라 예상하기 때문이다. 그러나 칭찬을 받은 경우에는 집에 가서 부모에게 신나게 자랑한다. 칭찬은 이렇게 아이를 기쁘고 들뜨게 한다. 그 행복한 기분을 전해들은 부모는 아이가 학교생활을 잘하고 있음을 알게 되어 다시 자녀에게 긍정적 피드백을 하게 된다. 교사의 칭찬 한마디로 그 가정에 기쁨을 선사할 수 있는 것이다.

이런 표현도 있어요!

- 부모님께서 너를 정말 훌륭하게 키워 주셨구나.
- 너를 이렇게 착하게 키워 주신 부모님께 감사해야겠어.
- 어쩜 이렇게 예쁘게 키워 주셨니! 부모님께 감사해야겠구나.
- 훌륭하게 키워 주셔서 감사하다고 오늘 부모님께 꼭 말씀 드리렴.

매직워드 42

부모님도 네 행동을 보고 인정하시겠니? 너희 엄마도 그러길 원하셔?

상황 속으로

김 선생님은 등교하다가 민희를 만났다. 그런데 놀라운 이야기를 들었다. 훈이가 문태에게 자꾸 돈을 달라고 한다는 것이다.

깜짝 놀란 선생님은 훈이와 문태를 불러 어떻게 된 일인지 자초지종을 물었다. 둘의 얘기를 종합하면 이랬다. 훈이가 예전에 기분이 좋아 문태를 PC방에 데려가 공짜로 게임을 시켜 준 적이 있는데, 정작 문태는 자기처럼 공짜로 PC방에 데려가는 일이 없다고 이제 와서 그때 공짜로 시켜 준 PC방 게임 값을 달라고 요구하는 것이었다.

선생님은 물었다.

"훈이야, 지난번에 네가 문태를 데려간 것은 빌려 준 거니, 그냥 기분 좋게 데려간 거니?"

"제가 기분 좋아 데려간 거 맞는데요."

"그런데 이제 와서 그 날 PC방에 갔던 게임 값을 내놓으라는 이유는 뭐니?"

"그때는 그때고, 지금은 지금이니까요. 저는 PC방을 가고 싶은데 문태가 절안 데려가잖아요. 그럼 예전에 공짜로 해 줬던 것은 돈을 받아야 하는 거 아니에요?"

“뭔가 억지스러운 것 같은데, 너는 그렇게 생각하지 않니?”

“제가 기분 좋게 시켜 주었으면 쟤도 나에게 그렇게 해 줘야 하는 거 아니에요?”

마음속으로

실은 훈이도 본인이 잘못하는 것을 알고 있다. 그런데 게임이 하고 싶어 지금 말도 안 되는 억지를 쓰고 있다. 내가 주었으니 당연히 받을 권리가 있다는 얘기를 들먹이니 본인도 뭔가 그럴싸하게 방어막을 친 느낌도 들었다.

선생님은 그런 훈이 상태를 보니, 당위로만 밀어붙이다 자칫하면 지도가 되기보다 치사한 감정싸움이 될 것도 같았다. 한 발짝 물러서 뭔가 다른 접근법이 필요해 보였다.

교실을 바꾸는 매직워드

선생님은 훈이에게 말했다.

"부모님도 네 행동을 보고 인정하시겠니? 너희 엄마도 그러길 원하셔?"

훈이는 움찔했다. 엄마가 이 사실을 알면 자기는 꾸중 들을 게 뻔하기 때문이다.

< 학생

왜 이 표현인가요?

1 평소에 부모 높이기

교사는 평소에 부모를 높이는 말을 자주 전달할 필요가 있다. 너희를 키우기 위해 부모님이 얼마나 노력하시고 애정으로 돌봐 주시는지, 그래서 그런 훌륭한 부모님 밑에서 자라고 있는 데 대해 감사와 존경의 마음을 가져야 한다는 메시지를 자주 전달한다.

한편, 아이들은 교사의 입에서 부모에 대한 표현이 나오면 굉장히 민감해진다. 평소에 부모를 높이지 않았다면, 이 매직워드는 자칫 비난의 뜻으로 오해할 수 있다. 특히 이 매직워드를 쓸 때는 교사의 어조가 매우 중요하다. 비꼬는 어조가 아니라 진지하게 물어보는 태도로 말해야 한다.

2 아이가 억지를 부릴 땐 부딪히기보다 부모를 조력자로 등장시키기

아이가 말도 안 되는 억지를 부리고 감정적으로 고조되어 있을 때 교사의 지도를 순순히 받아들이기 힘들다. 그럴 때 교사가 감정적으로 훈계하게 되면 관계만 틀어지게 된다. 예를 들면, 고학년 아이들이 선생님이란 호칭을 생략하고 선생님 이름만 부르는 경우가 있다. 그 경우 선생님이 직접 지도하자니 자칫 유치하게 보일 수 있다. 그래서 교사가 직접적으로 나서기보다 오히려 부모를 지금 이 현장의 지도 조력자로 초청하는 것이다.

"부모님도 네 행동을 보고 인정하시겠니? 너희 엄마도 그러길 원하셔?"

교사는 이 말을 통해 부모를 등장시킴으로써 부모의 평소 생각과 행동들로 아이를 지도할 수 있게 된다.

3 문제 상황에 대한 부모의 판단을 기대하기

"부모님도 네 행동을 보고 인정하시겠니? 너희 엄마도 그러길 원하셔?"

이 말을 통해 교사가 아이에게 제시하는 것은 부모의 가치관과 판단을 존중하겠다는 의미다. 감정적으로 대응하는 아이와 달리 성인인 부모는 비교적 이성적 판단을 하리라는 기대가 있기 때문이다. 이 말에는 부모님도 네 행동을 보고 인정하시고 엄마도 그러길 원하시면 그때 교사가 인정하겠다는 암묵적인 전제가 깔려 있다.

4 이후 상황 대처하기

"부모님도 네 행동을 보고 인정하시겠니? 너희 엄마도 그러길 원하셔?"

이때 "네, 우리 부모님도 그러길 원하실 걸요."라고 말하는 아이가 있으면, 부모님께 연락 드려 상황을 설명하고 도움을 구하는 것이 낫다. 경우에 따라 현재 상황을 말씀드린 후 가정에서 지도해 주실 것을 요청 드리는 것도 한 방법이다.

이런 표현도 있어요!

- 네가 그렇게 행동하는 걸 부모님께서도 인정하실까?
- 너의 그런 행동을 보면 부모님께서 뭐라고 하실 것 같니?
- 네 행동에 대해 부모님이 어떤 평가를 내리실 것 같니?
- 네가 하는 행동을 보았다면 부모님께서도 인정해 주셨을까?

학부모

17. 학부모 이해하기

교사들이 학부모를 일컬어 '가깝고도 먼 당신'이라는 말을 하기도 한다. 학부모와 가까운 관계를 맺어야 함에도 불구하고 무조건 가깝게만 다가갈 수 없는 현실을 반영하는 말일 것이다. 같은 편인 듯하면서도 이해관계 앞에서는 돌변하는 학부모를 종종 보아 왔기에 이 말이 더욱 실감나게 다가온다.

아이를 위해 교사와 학부모가 한 팀이 되는 일은 중요하다. 이를 위해 학부모를 다양한 관점으로 이해하고 학부모를 만나는 노하우를 알아보자.

상황 속으로

김 선생님은 오후에 학부모의 전화를 받고 속상해서 한 선생님의 교실을 찾았다.

"선배님, 시간되세요?"

"무슨 일인데?"

"제가 오늘 학부모한테 전화를 받았는데 너무 속상해서 선배님의 조언을 구하려고요."

"무슨 일이 있었어요?"

"제가 우리 반 마음공책을 지도하고 있잖아요."

"알고 있죠. 아이들의 마음을 키우는 활동으로, 김 선생님이 중점을 두고 하고 있는 활동이잖아요."

"그런데 우리 반 학부모대표 범수 어머니 있잖아요. 그 어머니가 이러시는 거예요. 자기는 마음공책이 좋은데 어떤 어머니들은 마음공책에 대해 불만이 많다는 거예요. 저녁마다 마음공책 쓰느라 아이들 시간도 뺏기고 매일 확인하기도 귀찮다고요."

"열심히 하는데 그런 말을 들어서 속상했겠네요."

"그것도 그렇지만, 전 도무지 학부모들의 마음을 모르겠어요. 제 앞에서는 좋다고 하면서 뒤에서 그런 말을 하는 것도 이해가 안 가고요. 범수 어머니처럼 제 앞에서 다른 어머니들의 말을 하는 것도 무슨 의도인지 모르겠어요."

"우리가 알다가도 모를 게 학부모라는 얘기를 종종 하긴 하죠."

1 학부모 이해하기

1 학부모란

학부모란 학교에 다니는 자녀를 둔 부모(보호자)로서 자녀가 학업을 하는 기간 동안 물질적 · 정신적 지원 역할을 하는 사람을 말한다.

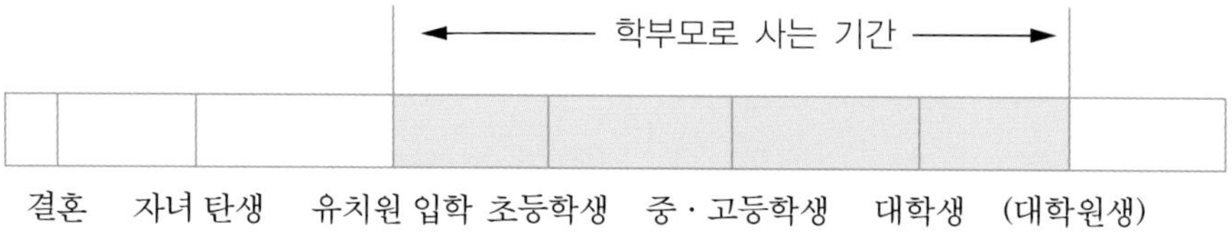

그러므로 학부모와 교사의 관계는 학교라는 장에서 아이가 매개가 된 아주 한시적인 인간관계다. 이러한 관계는 교사의 역할에 따라 학부모를 학교활동

의 적극적인 참여자로 만들 수도 있고 학교활동의 참견자로 만들 수도 있다.

학부모는 아이가 매개가 되어 맺어진 관계이기에 아이의 이해관계에 따라 그 관계가 변화한다. 그러므로 학부모와 문제가 발생할 때 관계의 시작이 아이임을 기억하고 아이에게 초점을 둔다.

2 훌륭한 한 팀으로서의 학부모

태어나서 성인이 될 때까지 아이에 대한 일차적인 책임은 분명 부모에게 있다. 교사는 그 과정 중 1년 동안 아이를 바람직하게 성장시키기 위한 동일한 프로젝트에 참여하는 셈이다.

학부모는 교사를 한 팀원으로 받아들이는 자세가 필요하며, 교사도 아이의 성장과 발달을 위해 학부모를 일원으로 받아들여 서로 긴밀하게 협조하려는 자세가 필요하다. 서로 이해하고 배려하며 상대의 입장에서 생각해 보는 것이다.

학부모와 교사가 훌륭한 한 팀이 될 때 가장 큰 이익을 얻는 사람은 아이들이며, 학교생활도 더 편안하게 적응할 것이다.

3 한 아이의 전문가로 존중하기

올바른 교육이 되기 위해서는 서로에 대한 존중이 밑받침이 되어야 한다. 아이에 대한 존중은 교사로서 당연히 가지고 있는 믿음이겠지만 학부모를 한 아이의 전문가로 존중하는 태도도 필요하다.

교사가 아이에 대하여 파악하는 것은 부모가 자식에 대하여 알고 있는 것에 비하면 아주 일부분에 지나지 않는다. 어떻게 태어나고 자랐는지, 무엇을 좋아하고 싫어하는지, 그동안 친구관계는 어떠하였는지, 어떠한 상처가 있는지, 어떠한 자랑스러운 일이 있었는지 등 아이가 자라 오면서 형성된 모든 것에 대해 가장 잘 알고 있는 사람은 부모다. 그리고 앞으로 이 아이의 미래에 대하여 가장 많이 고민할 사람도 부모다. 그러므로 교사는 부모가 자녀에 대한 전문가라는 사실을 인정하고 존중하는 자세가 필요하다.

교사는 부모의 전문성에 교육적 전문성을 더해 감으로써 학생발달에 좀 더 긍정적인 영향을 미칠 수 있다.

4 변화하는 학부모 인식하기

1960~1980년대 초까지만 해도 일을 해서 돈을 버는 것은 부모의 책임이었고 학교에 가서 열심히 공부하는 것은 아이들의 당연한 책임이었다. 그렇기에 아이들이 학교에 대하여 불평을 해도 아이들의 말을 곧이곧대로 듣기보다는 아이들의 책임을 먼저 묻곤 했다. 이 시기에는 교육에 대한 책임이 학교에 있다는 강한 믿음이 사회적 분위기로 자리 잡고 있었다. 이는 교사들의 학력이 대체적으로 학부모보다 높은 것도 이유가 되었을 것이다.

1980년대 후반부터 무조건 교사를 따르고 전적으로 아이를 맡기던 부모들은 교육수준과 생활수준이 높아짐에 따라 좀 더 '깐깐하게' 학교 일에 간섭하기 시작했다. 부모로서 자녀의 학교생활에 대하여 알고 싶은 것은 당연한 일이다. 그러나 자녀가 어떻게 학교생활을 하고 있는지, 학업 수준은 어느 정도인지를 아는 것을 넘어 교사의 역할 하나하나까지 관여하는 부모들이 늘어나고 있다. 또한 과거 자녀에게 가르침을 주는 고마운 선생님에서 이제는 우리 아이를 맡고 있는 직업인으로서 교사를 보는 시각이 늘어나고 있다.

그러면서 아이가 수업시간에 집중하지 않거나, 숙제를 태만히 하거나, 친구들과 어울리지 못하는 원인을 자녀에게서 찾던 과거와는 달리 그 원인을 교사들에게 찾고 무리한 요구를 하는 부모들이 늘어나고 있다. 예를 들면, 수업시간을 좀 더 즐겁게 해서 우리 아이가 딴짓을 하는 일이 없게 하고, 학교 숙제를 줄여 줘서 학원 숙제를 하는 데 지장이 없게 해 달라고 요구하는 것이다. 심지어 자녀가 친구들과 어울리지 못하는 것도 교사의 능력 부족으로 보는 학부모도 있다.

교사에 대한 학부모들의 이러한 인식 변화는 비단 교직뿐만 아니라 사회 전반적인 변화와 맞물려 있다. 변호사나 의사 등의 전문직도 예외가 아니다. 한편으로 이와 같은 현상은 예전에 비해 보다 높은 윤리성과 전문성을 요구하는 것에 대한 결과라고도 볼 수 있다.

때론 지나친 학부모들의 요구와 교사를 바라보는 그들의 시선과 태도에 섭섭한 마음도 있을 것이다. 하지만 변화하는 사회를 빠르게 인지하고 교사 스스로 이에 맞추어 전문성과 윤리성을 갖추려는 노력이 필요하다

5 다양한 학부모가 있음을 인지하기

우리가 만나는 학부모는 정말 다양하다. 인성과 지성을 겸비한 훌륭한 학부모, "댁의 아이를 어떻게 키우셨어요?" 라고 물어보고 싶은 학부모, 인간적으로 교사가 배워야 할 것 같은 학부모 등이 있다. 반면 가진 것이 많다는 이유로 교사를 우습게 여기는 학부모, 학교 일에 사사건건 참견하며 교사들을 힘들게 하는 학부모, 자신의 교육철학으로 자식을 키우겠다며 교사를 코치하려 드는 학부모 등도 있다. 이런 학부모는 교사를 힘들게는 하지만 어떻게 보면 힘이 있는 학부모다. 아마 이런 부모들은 교사의 도움 없이도 자녀를 훌륭하게 키울 수 있을지도 모른다.

하지만 우리가 만나는 학부모들 중에는 자신의 열악한 환경에 너무나 좌절하여 옴짝달싹도 못하는 학부모, 자식을 잘 키우고 싶지만 어떻게 할지 방법

을 모르는 배움이 부족한 학부모, 자식을 먹이고 입히는 것만으로도 너무나 힘겨운 학부모도 있을 수 있다. 아마 그런 학부모 중에는 교사가 살아온 방식과 전혀 다르게 살아왔고 전혀 다른 방식으로 사고하여 우리가 알고 있는 상식으로 이해할 수 없는 학부모도 있을 수 있다.

어떤 학부모를 만나든 간에 아이의 부모로서 존중해야겠지만, 특히 열악한 환경에 처해 있는 학부모에 대하여 편견 없이 내가 맡고 있는 아이의 부모로서 존중하고 배려하는 태도를 가져야 한다. 또 교사가 제시한 방법이나 교사의 교육방식을 좋아하지 않을 수 있다는 열린 관점에서 학부모를 만나는 것도 필요하다.

6 학부모 입장 되어 보기

학부모를 이해하기 가장 좋은 방법 중에 한 가지는 바로 교사 스스로 학부모 입장이 되어 보는 것이다.

내가 만약 학부모라면 어떤 교사를 원할지 한 번 생각해 보자. 자녀가 있는 교사라면 새 학기 어떤 담임을 만나기를 바랐는지, 만약 자녀가 없다면 조카의 선생님으로 어떤 분을 만났으면 좋겠는지, 혹은 본인이 자라면서 어떤 선생님을 만나기를 바랐었는지 떠올려 보자. 내가 바라는 선생님과 학부모가 바라는 선생님이 별반 다르지 않을 것이다.

이렇듯 스스로 학부모의 입장이 되어 생각해 본다면 학부모의 마음을 한층 더 이해하고 다가갈 수 있을 것이다.

2 학부모가 원하는 교사는?

학부모들이 원하는 교사의 모습은 다양하다. 아이들을 잘 가르치는 선생님, 아이들의 이야기를 귀 담아 듣고 아이들과 잘 통하는 선생님, 생활지도를 잘하는 선생님, 꼼꼼해서 아이들을 잘 챙기는 선생님 등이 있을 것이다. 학부모들이 원하는 교사상은 학부모의 성격, 자녀의 유형, 자신이 받아 온 교육적 배경 등이 반영된다. 그렇기에 어떠한 교사도 모든 학부모를 만족시킬 수는 없다.

그렇다면 학부모와 갈등을 최소화할 수 있는 교사의 모습은 어떠한 모습일까? 부모가 원하는 다양한 교사의 모습 중에서 학부모가 가장 민감하게 반응하는 두 가지 유형에 대하여 살펴보도록 하겠다.

1 공정한 선생님

학부모들은 교사가 특정한 아이를 편애하거나 미워하지 않고 모든 아이에게 공정하기를 바란다. 아이들도 이 부분에서 대해서는 민감한 촉을 가지고 있는 것 같다. 자신의 선생님이 공정한지 아닌지 직감적으로 안다. 그래서 아이들은 자신에게 주어진 벌이 모두에게 적용되는 것이라면, 싫지만 그렇게 큰 불만을 품지는 않는다. 하지만 그렇지 못할 때는 교사에게 반감을 갖고 교사를 신뢰하지 않게 된다.

학부모들도 자신의 자녀가 부당하게 대우받았거나 공정하지 못하다고 느꼈을 때 항의를 하거나 민원을 제기하는 경우가 많다. 그렇기에 교사는 먼저 공정한 선생님이 되어야 한다.

하지만 예외는 있다. 학급의 아이들 중에 신체적으로 불편한 아이, 지적 능력이 떨어지는 아이, 사회 적응력이 떨어지는 아이 등 정말 특별한 관심과 도움이 필요한 아이가 있을 수 있다. 공정함을 앞세운다고 해서 이런 아이들에게 특별한 관심과 도움을 주는 것을 외면하는 실수를 해서는 안 될 것이다. 오히려 더 많은 도움이 필요로 하는 사람에게 적절한 도움을 주는 것이 공정한 일일 것이다.

2 우리 아이를 특별히 대해 주는 선생님

학부모들은 선생님이 공정하기를 바라지만 다른 한편으로는 내 아이가 교실 안의 30~40명 중의 한 아이가 아니라 선생님에게 주목받는 '특별한 아이'가 되길 바란다. 공정한 선생님을 원하긴 하지만 우리 아이에게도 그렇게 대해 줄 때는 한편으로 서운함을 느끼게 되는 이중적인 마음이 아마 부모의 마음일 것이다. 기억에 남는 선생님이나 학부모들과 좋은 관계를 맺는 교사들을 보면 자신에게 잘해 준 선생님, 자녀에게 특별한 애정을 쏟는 교사일 경우가 많다.

그렇다면 공정함을 유지하면서 특별함을 어떻게 표현할 것인가가 교사에겐 관건이다. 편애나 공정하지 못한 관심이 아닌 아이들을 관찰하여 각자에게 알맞은 피드백을 주는 것, 학부모에게 자녀가 성취한 것에 대하여 자세히 알려 주는 것, 시간을 내어 학생과 이야기를 나누는 것 등이 교사가 학생에게 나타낼 수 있는 특별함일 것이다. 이를 위해 무엇보다 교사는 부지런해야 할 것이다. 그리고 그런 교사의 행동이 편애나 과잉 친절로 보이지 않도록 항상 공정함을 전제로 행동해야 한다.

3 학부모를 슬기롭게 만나는 노하우

교사가 학부모를 만나는 노하우를 안다면 학부모와의 갈등을 피할 수 있고, 그러한 갈등으로 인하여 학생들에게 미칠 수 있는 나쁜 영향을 최소화할 수 있을 것이다.

수잔 C. 팅클리Suzanne C. Tingley는 『피노키오 엄마 헬리콥터 엄마』(2008)에서 학부모와의 갈등이 생기지 않도록 또는 갈등이 생겼을 때 그 갈등을 최소화하기 위해서 다음과 같은 방법을 제시하였다.

1 문제를 명확히 하기

학부모로부터 비난, 불평을 접했을 때 교사들이 취하기 쉬운 행동은 먼저 그것에 대하여 부인을 하거나 해명을 하는 경우가 종종 있다. 그러나 교사로서 가장 먼저 해야 할 일은 학부모의 말을 명확히 하는 것이다.

교사가 한 행동에 대하여 문제를 삼는다면 언제, 어디서, 무슨 일에 대하여 말하는 것인지를 파악한다. 예를 들어, '공평하지 않았다'라고 하면 그 말이 뜻하는 정확한 상황이나 의미는 무엇인지에 대하여 명확히 하는 작업이 필요하다.

만약 아이의 불편을 교사에게 전하는 학부모에게는 학생이 말하는 단어에 대하여 구체적으로 정의하도록 부모에게 요구한다. "선생님이 숙제를 너무 많이 내주는 것 같다."라고 할 때 어떤 숙제에 대하여 말하는 것이며, 아이는 어느 정도가 많은 숙제라고 생각하는지 등에 대하여 명확히 해야 한다. 이렇게 사건을 명확히 하는 과정에서 종종 오해가 풀리거나 문제가 해결되는 경우도 있다. 또한 학부모에게도 교사로서 보다 전문적으로 보일 수 있다.

교사는 부모로부터 불평이나 비난을 받게 되면 당황스럽기도 하고 기분이 좋지 않을 수도 있다. 하지만 교사나 부모 모두 아이가 바르게 성장하도록 돕기 위해 공동으로 노력하고 있다는 것을 기억한다면 학부모의 말을 좀 더 편안히 받아들일 수 있을 것이다.

2 학부모에게 먼저 알리기

아이가 학교에서 욕을 했거나 친구와 싸우는 등의 일로 교사가 벌을 주었거나 부모의 훈육을 요청해야 할 일이 있으면 학생이 집에 도착하기 전에 학부모에게 미리 알려야 한다.

아이가 먼저 학부모에게 말할 경우 자신에게 유리하게 말할 수도 있고 교사의 언행에 대하여 왜곡하여 전할 수는 있다. 또한 사실을 그대로 말했더라도 자녀의 말을 먼저 들은 부모는 기분이 언짢거나 선입견을 가지고 있을 수 있기 때문이다. 하지만 교사가 먼저 전화한다면 선입견 없이 일어난 일을 그대로 전달받을 수 있고, 교사도 실제 무슨 일이 있었는지 부모에게 정확하게 전달할 수 있다.

그러므로 학교에서 어떠한 일이 있을 경우, 교사는 머뭇거리지 말고 아이가 먼저 말하기 전에 부모에게 전하는 것이 중요하다.

3 동료교사 대하여 언급하지 않기

작년 담임교사나 동 학년 교사에 대하여 험담을 하거나 같은 학교에 근무하는 교사에 대하여 언급하는 학부모가 있다. 현재 교사를 칭찬하려는 의도로 전 담임교사에 대하여 좋지 않은 이야기를 하는 경우도 있고, 어떤 학부모는 떠도는 소문을 확인하고 싶어 하기도 한다.

이때 그 말에 동조하거나 어떠한 정보를 제공하는 것은 전문가답지 못한 행동이다. 또한 학부모에게 나중에 나에 대하여 다른 사람에게 험담할 거리를 제공해 주는 셈이 된다.

학부모가 동료교사에 대하여 험담을 할 경우, 다음과 같이 말한다.

"이 자리에 안 계신 선생님에 대하여 말씀하시면 제가 좀 불편합니다."

"제가 알기에는 그 선생님은 ~한 좋은 점이 있는 것으로 알고 있습니다."

이와 같은 말로 그에 대하여 언급하는 것을 피하거나 교사가 알고 있는 긍정적인 점에 대하여 말한다. 이렇게 함으로써 교사는 동료교사에 대하여 어떠한 비판이나 언급을 허용하지 않는다는 강한 인상을 학부모에게 줄 수 있다. 이러한 태도는 학부모가 교사에 대한 보다 전문적이고 신뢰로운 인상을 가지는 계기가 된다.

4 미리 안내하기

아이들을 가르치다 보면 예정되지 않은 것들을 하게 될 때가 있다. 예를 들면, 학생들에게 좋은 책을 한 권씩 사서 학급문고로 가져오게 한다거나, 악기를 구입하게 하고 아침 시간 다른 반보다 조금 더 빨리 등교하여 연습을 하게 하는 등이다.

교사로서 좋은 취지로 활동을 하려고 하지만 학부모 입장에서는 예정되지 않았던 활동을 자세한 안내나 설명 없이 하면 오해를 할 수 있다. 아이들이 전달하는 데에는 한계가 있고, 다른 의도로 변질되어 부모에게 전달될 수도 있다. 그러므로 활동이 추가되거나 변경 시에는 가정통신문이나 짧은 안내를 통해서라도 학부모에게 정확하게 교사의 의사를 전달하는 것이 필요하다.

특히 '나의 마음을 부모님들도 다 알겠지?' '부모님들도 내 마음과 같은 마음일 거야.'라고 생각하는 것은 큰 오산이다. 각자의 입장과 처해진 상황이 다르므로 교사는 자신의 생각이나 의도를 명확히 전달하는 데 게으름을 피우지 않아야 한다.

5 정당한 이유가 있는 규칙 만들기

학급에서는 모두가 지켜야 하는 규칙들이 필요하다. 규칙을 만들 때 교사가 명심해야 할 것이 있다. 이 규칙들에는 정당한 이유가 있어야 하고, 규칙의 목적이 교사의 편의를 위해서가 아니라 아이들의 이익을 위해서 존재해야 한다.

학부모로부터 문제가 제기되는 규칙을 보면 교사의 편의를 위해 만든 규칙들인 경우가 있다. 교사가 방과 후에 교실에서 조용히 있고 싶다는 이유로 '방과 후에는 어떠한 학생도 교실에 남아 있을 수 없다.'라는 규칙을 만들어서 지키도록 했다고 하자. 이 규칙의 이유가 아이의 안전을 위해서라면 문제가 되지 않겠지만 교사의 편의를 위해서라면 불만이 생길 수 있다. 아이들 중에는 다른 반 친구를 기다렸다가 같이 가야 하거나 학원시간을 맞추기 위하여 잠깐 동안 교실에 머물러야 할 필요가 있는 아이들이 있기 때문이다.

그러므로 교사는 규칙을 정할 때 이 규칙이 아이들을 위한 것인지 나의 편의를 위한 것인지 곰곰이 생각해 볼 필요가 있다. 아이들을 위한 것이라 할지라도 그것이 정확히 아이들에게 전달되지 않으면 아이들은 오해할 수 있으므로 아이들과 함께 규칙을 정하는 것도 좋다.

6 부탁할 때는 이제까지의 조치나 노력을 알리고 부탁하기

아이의 행동을 바로잡기 위하여 부모에게 부탁을 하였는데, 오히려 "선생님은 뭐하세요?" "학교에서 해야 할 일 아닌가요?"라고 반문하는 학부모가 있다. 이러한 경우 교사가 이제까지 해 온 조치나 노력에 대해서는 얘기하지 않고 부탁을 했거나, 교사가 어떠한 시도도 하지 않은 채 일단 부모부터 만나고 보자는 식으로 행동했을 경우다. 부모의 입장에서 보면 자신도 책임이 있지만 교사가 자녀의 문제에 대하여 함께 노력해 주었으면 하는 바람이 있는데 그것을 교사가 전혀 하지 않았다고 생각했을 때 은근한 반발심이 생길 수 있다.

그러므로 교사는 아이의 행동을 바로잡기 위해 교사가 그동안 해 온 조치를 명확히 밝혀 주는 것이 중요하다.

> "어머니, ○○이가 수업시간에 너무나 산만해서 조용한 학생으로 옆 짝꿍을 바꾸어도 보았고, 자리를 맨 앞쪽으로 옮겨 보기도 했습니다. 그리고 방과 후에 ○○이와 남아서 이 문제에 대해서도 이야기를 나누어 보았습니다. 그런데 행동의 변화가 없어 부모님의 도움을 받으려고 이렇게 전화 드렸습니다."

4. 학부모 앞에서 당당한 교사 되기

1 학부모에 대한 선입견 버리기

이제까지 학부모들을 만나는 방법들을 알아보았다. 모든 학부모가 앞에서와 같이 교사에게 위협적이고 도전적인 것은 아니다. 대다수 학부모들은 교사에게 우호적이며 자녀를 가르치는 것에 대해 고마움을 갖고 있다. 교사를 힘들게 하는 학부모는 극히 일부분이지 모든 학부모가 그렇지는 않다는 것이다. 그러므로 모든 학부모가 교사에게 비우호적일 거라는 선입견을 버리고 긍정적인 마인드를 가지고 최고의 한 팀이 되기 위한 방안을 모색하는 데 좀 더 중점을 두어야 한다.

2 교사 스스로 성찰과 성장의 시간 갖기

해가 갈수록 학부모들의 교사에 대한 요구는 점점 늘어날 것이고 교사들도 그 요구에 맞추어 해야 할 일들이 점점 많아질 것이다. 학부모들이 교사에게 비판적인 잣대를 들이대기 전에 교사 스스로 자신의 일을 좀 더 엄격하고 냉정하게 바라보는 시각이 필요하다. 다른 사람에게 평가받고 비판을 받는다면 기분 좋지 않겠지만 스스로 자신의 일에 대하여 비판적 시각을 갖는 것은 매우 의미 있는 일이다.

하루를 마감하면서 좋은 수업을 위해 최선을 다했는지, 모든 아이를 공정하게 대했는지, 아이들을 지도하면서 놓친 부분은 없는지 스스로 평가하고 성찰하는 시간이 필요하다. 그리고 교사로서 전문성 향상을 위해 교수활동, 생활지도, 상담 능력 등을 끊임없이 연마하여야 할 것이다. 그래야 교사 스스로 학부모 앞에서 당당할 수 있고, 교사 스스로 당당할 때 학부모와의 갈등도 최소화할 수 있다.

18. 학부모총회에서 하는 말

- 우리 반 첫인상이 정말 좋았습니다.
  모습 하나하나가 어찌나 예뻤는지 모릅니다.

- 아이의 말을 듣고 의구심이 생기면 언제든지 연락 주세요.

- 아이 옆에 항상 담임교사가 있다 생각하시고 말씀해 주세요.
  저도 아이 옆에 항상 학부모님이 계시다고 생각하고 말하겠습니다.

'모든 일은 첫 단추를 잘 꿰어야 한다.' 라는 말이 있다. 교사들에게는 학부모총회가 학부모와의 관계를 형성하는 첫 단추가 된다. 공식적으로 학부모들 앞에서 자기소개를 하고, 학급경영의 철학이나 특색, 학부모들에게 학급을 이끌어 가기 위한 부탁 등을 하는 자리이기 때문이다. 짧은 만남을 통해서 담임교사에 대한 신뢰감이 형성되도록 해야 한다. 따라서 학부모총회는 매우 중요한 순간이다.

매직워드 43

우리 반 첫인상이 정말 좋았습니다. 모습 하나하나가 어찌나 예뻤는지 모릅니다.

상황 속으로

내일은 학부모총회가 있는 날이다. 학부모총회 전에 공개수업도 하기에 김 선생님은 수업 준비와 학부모총회 자료를 준비하느라 오후 내내 분주하였다.

공개수업은 모든 아이가 다양하게 참여할 수 있는 활동 위주로 구상하였다. 그리고 학부모총회 때 학급을 소개하고 자신의 교육철학이나 학급경영관을 안내할 파워포인트 자료도 만들고, 혹시 못 오실 학부모들을 위해 나누어 줄 유인물도 만들었다.

어느 정도 학부모총회 준비를 마치고 나자 김 선생님은 책상에 앉아 내일 어떻게 이야기를 풀어 나갈지 생각에 잠겼다.

'첫 이야기를 어떻게 시작하면 좋을까?'

마음속으로

김 선생님은 학부모총회에서 첫 이야기를 어떻게 시작할지 고민에 빠졌다.

'학부모들은 나에게 어떤 이야기를 듣고 싶어 할까?'

'어떻게 하면 우리 학급에 대한 좋은 이미지, 그리고 담임교사에 대한 신뢰와 믿음을 갖게 될까?'

곰곰이 생각한 김 선생님은 새 학기에 자신이 아이들에게 받은 행복한 느낌과 희망을 솔직하게 표현하면 좋을 것이라는 생각이 들었다.

김 선생님은 첫날 교실에 들어섰을 때 자신을 바라보던 아이들의 똘망똘망한 눈망울과 그 눈망울을 바라보며 느꼈던 벅찬 감동을 표현해 보기로 했다.

교실을 바꾸는 매직워드

학년 초 학부모에게 편안하게 어떤 아이에 대한 불편한 심경이나 학급에 대한 자그마한 불평을 이야기했는데, 이것이 1년 동안 학급을 이끌어 가는 데 큰 걸림돌로 작용하게 되는 경우가 있다.

학년 초 학부모를 만날 때에는 가능한 한 아이들에 대한 긍정적인 말로 시작하는 것이 좋다. 그런 긍정적인 표현의 하나로 우리 반의 첫인상을 이렇게 표현할 수 있다.

"우리 반 첫인상이 정말 좋았습니다.
모습 하나하나가 어쩌나 예뻤는지 모릅니다."

왜 이 표현인가요?

1 긍정의 언어로 시작한다

어떤 학부모가 교사에게 다가와서 다음과 같이 말했다고 상상해 보라.

"선생님 첫인상은 별로였는데 인상과 다르게 참 좋으신 분이네요."

분명 칭찬이지만 인상이 별로라는 말에 기분이 좋지 않을 것이다. 마찬가지로 학급에 대한 인상이나 학생에 대한 인상도 긍정적으로 전달하는 것이 좋다. 긍정의 언어는 사람을 여유롭고 너그럽게 만드는 힘이 있다. 교사가 아이들을 긍정적으로 보고 "우리 반 첫인상이 정말 좋았습니다. 모습 하나하나가 어쩌나 예뻤는지 모릅니다."라고 말한다면 그 말을 듣는 학부모는 무척 행복해질 것이다.

그러므로 처음에는 너무 부정적인 말이나 비판적인 말은 삼가도록 한다. 그리고 학부모에 대한 긍정적인 인상이나 느낌도 덧붙이면 더 좋다. 예를 들면, 다음과 같이 말할 수 있다.

"우리 반 아이들이 왜 이렇게 인상이 좋고 예쁜가 했더니 부모님들을 닮아서였나 봅니다. 부모님들도 어쩌면 이렇게 한 분 한 분 인상이 좋으신지 모르겠네요."

2 학부모총회에 오신 열의를 인정해 준다

담임교사의 입장에서 보면 1년에 한 번 학부모총회에 참여하는 것이 당연한 것으로 생각될 수도 있지만, 생계를 위해 바쁘게 살아가는 학부모에게는 1년에 한 번 학교에 오는 것이 힘들 수도 있다.

다른 사람에게 가게를 맡기고, 어렵게 휴가를 내고, 어린 자녀를 맡길 곳이 없어 안고 학부모총회에 오신 학부모들이 있다. 이런 학부모에게는 다음과 같이 말함으로써 학부모총회에 오기 위해 애쓴 수고와 노력을 인정해 준다.

> "자녀를 위한 마음으로 이 자리에 오기 위해 정말 애쓰신 분이 있다는 것을 압니다. 부모님들의 이러한 사랑과 노력으로 우리 아이들이 바르게 성장해 가리라 생각됩니다. 바쁜 와중에도 이 자리에 오신 학부모님들께 정말 감사드립니다."

3 학부모총회를 위한 준비를 철저히 한다

많은 교사가 학부모총회 준비를 잘 하고 있지만 별 다른 준비 없이 학부모총회를 했다가 어려움을 겪는 교사들도 있다. 준비 없이 총회를 이끌다 보면 교사가 의도하지 않은 이야기가 나올 수도 있고, 초점이 없는 이야기만 하다가 끝나는 경우도 있다. 그러므로 학부모와의 첫 만남을 성공하기 위해서는 철저한 준비를 해야 한다.

담임 소개, 담임교사의 교육철학, 1년 학급활동 계획, 중점 교육활동, 학부모 협조사항 등을 파워포인트 자료나 유인물로 만들어 그것에 근거하여 이야기를 풀어 나가도록 한다. 요즘 대다수의 학부모들은 학부모총회에서 교사가 그냥 이야기를 하는 것보다 이렇게 성실하게 준비한 모습을 보길 원한다. 이렇게 하는 것은 교사의 전문성을 단적으로 보여 줄 수 있는 좋은 기회가 될 수 있다. 이때 자료를 읽어 가는 방식보다는 학부모와 눈을 마주치면서 이야기를 풀어 나간다.

4 당당한 모습을 보인다

학부모총회가 학부모와 만나는 공식적인 첫 만남인 만큼 어느 때보다 교사로서의 당당한 모습을 보여야 한다. 단정한 옷차림을 하고 부드러우면서도 말끝을 흐리지 않고 분명하게 말한다.

요즘 학부모총회에서 컴퓨터를 활용하다 보니 교사가 구석진 컴퓨터 자리에서 말하는 경우가 많다. 하지만 가능한 한 말을 할 때는 가운데에 서서 이야기한다.

5 선생님의 교육철학이나 교육방침을 명확히 전달한다

교사의 교육방법을 못마땅하게 여기거나 자신의 교육철학과 맞지 않는다고 학교에 민원을 제기하는 학부모가 있다. 그 이유를 자세히 들여다 보면 담임교사의 교육철학이나 교육방침을 제대로 이해하지 못한 데서 오는 경우가 많다.

아이들에게 독서감상문을 매일 쓰게 하는 교사가 있다고 해 보자. 이 교사는 독서감상문을 매일 쓰게 함으로써 아이들이 독서를 생활화할 뿐만 아니라 책을 읽은 후 자신의 언어로 정리하는 활동을 꼭 거쳐야 한다고 생각한다. 그래야 책의 내용이 비로소 자기 것이 되며 이를 통해 논리력과 사고력을 향상시킬 수 있다고 생각하였다. 하지만 이런 교사의 교육적 의도를 모르는 학부모의 경우 '시간도 없는 아이들에게 매일 독서감상문을 쓰게 하는 것은 너무 큰 부담을 주는 것' 이라며 불만을 토로할 수 있다.

아무리 좋은 교육적 활동이라 할지라도 교사의 교육철학이나 방침이 부모에게 제대로 전달되지 않을 경우 오해를 가져올 수 있다. 그러므로 담임교사는 학부모총회를 통해 자신의 교육철학이나 학급을 이끌면서 중점적으로 할

활동, 특별한 교육활동에 대한 안내와 협조를 구할 것에 대하여 꼭 전달할 필요가 있다.

그리고 학부모총회에 참석하지 못하여 이러한 사항에 대해서 듣지 못한 학부모를 위해서는 유인물로 꼭 전달하여 오해가 없도록 해야 한다.

이런 표현도 있어요!

- 우리 반 아이들이 왜 이렇게 인상이 좋고 예쁜가 했더니 부모님들을 닮아서였나 봅니다.
- 우리 반 아이들이 밝고 환해서 인상이 좋습니다.
- 우리 반처럼 어여쁜 아이들만 모여 있는 반을 맡게 되어서 얼마나 기쁜지 모릅니다.
- 우리 반은 하나같이 다 예쁘고 멋진 아이들만 모여 있는 것 같아요.

매직워드 44

아이의 말을 듣고 의구심이 생기면 언제든지 연락 주세요.

상황 속으로

오늘 학교에서 훈이와 용철이의 다툼이 있었다. 용철이가 화가 난다고 훈이를 밀어서 훈이가 뒤로 넘어진 것이다. 다행히 다치진 않았지만 하마터면 벽에 부딪힐 뻔해서 큰 사고가 날 뻔했다.

훈이와 용철이를 불러 자초지종을 들어 보니 훈이가 집에서 먹을 것을 가지고 왔고, 용철이가 훈이에게 조금만 달라고 했는데 훈이가 다른 친구들에게는 다 주었는데 용철이한테만 안 주고 놀렸다고 한다. 그러자 화가 난 용철이가 훈이를 갑자기 확 밀었던 것이다.

김 선생님은 두 아이에게 있었던 일을 자세하게 쓰게 하고 그 뒷장에 반성문을 쓰게 했다. 그리고 부모님께 사인을 받아 오도록 했다.

그런데 얼마 후 김 선생님은 어이없는 전화 한 통을 받았다.

" 여보세……."

전화를 받자마자 격앙된 목소리가 들려왔다.

"선생님, 어떻게 그러실 수 있어요? 잘못은 훈이가 했다는데 어떻게 우리 용철이한테만 반성문을 쓰게 하실 수 있어요? 학생을 너무 차별하는 거 아니세요?"

"사실은……."

마음속으로

김 선생님은 순간 당황스러웠다. 용철이가 집에 가서 어떻게 말했는지 모르겠지만, 두 사람 모두에게 반성문을 쓰게 했는데 용철이만 쓰게 했다고 오해한 것이었다.

용철이 어머니도 혹시 용철이의 말을 듣고 의구심이 생기면 다짜고짜 따질 것이 아니라, "선생님, 우리 용철이가 이렇게 말하는데 학교에서 무슨 일이 있었나요?"라고 물어봤더라면 이런 오해는 없었을 것이라는 생각이 들었다. 그리고 한편으론 평상시에 자신이 학부모들에게 이렇게 신뢰가 없었나라는 생각에 마음이 씁쓸했다.

교실을 바꾸는 매직워드

용철이 어머니 입장에서는 용철이 말만 들으면 충분히 오해할 수 있는 상황이었다. 그래서 아이들이 학교에 있었던 일을 집에 가서 사실과 다르게 말할 수 있다는 것을 학부모총회에서 말해 주는 것이 필요하다.

"아이의 말을 듣고 의구심이 생기면 언제든지 연락 주세요."

왜 이 표현인가요?

1 집에 가서 사실과 다르게 말하는 아이들의 이유

아이들이 학교에서 있었던 일을 집에 가서 사실과 다르게 이야기함으로써 학부모의 오해를 불러일으키는 경우가 있다. 아이들이 집에 가서 사실과 다르게 말하는 이유를 살펴보면 다음과 같다.

• 선택적 기억

아이들은 자신에게 유리한 쪽으로 생각하거나 인상적인 것만 선택하여 기억하는 경우가 있다. 이것은 옳다 그르다로만 판단하기 힘들고 아이들의 심리를 이해해야 한다. 아이가 나빠서 그런 것이 아니라 자신의 기대나 기억하고 싶었던 부분만을 확대해서 말했다고 이해해 주는 편이 낫다. 부모님들 중에는 가끔 이러한 이해가 부족하여 아이의 선택적 기억을 전체로 확대 해석하여 필요 이상으로 흥분하면서 학교로 달려오기도 한다.

예) "애들이 나를 발로 차고 던졌어요."
다음은 2학년 학급에서 있었던 실제 이야기다. 어느 선생님이 하교지도를 마치고 교실에 돌아오니 한 남학생이 교실 바닥에 누워 꿈쩍도 않고 있었다. 의

아해하는 교사에게 "애들이 나를 발로 차고 던졌어요."라며 누운 채로 아이들의 잘못을 일러바치는 것이다. 상황이 매우 심각하게 느껴져서 선생님은 청소를 중단하게 하고 관계된 아이들을 모두 불러 상황을 알아보았다. 전후 맥락을 들어 보니 누워 있는 아이가 자신에게 유리한 쪽만 기억하여 확대해서 말한 것임이 확인되었다.

청소 시간에 함께 협동하지 않고 장난만 치기에 다른 아이들이 "그러려면 아예 하지 말라."라고 했더니 "그래, 난 누워서 놀겠다."라고 배짱을 부리면서 청소 시간만 길어지게 만들었다. 빗자루질을 하던 아이들이 누워 있는 아이에게 일어나라고 발로 툭툭 건드려도 안 일어나서 여러 명이 들어서 옮겨 놓았는데, 그것이 "애들이 발로 차고 던졌다."는 말로 발전된 것이다. 만일 그 아이가 집에 가서 그대로 말을 전했다면 그 부모가 가만히 있었을까?

• 맥락을 고려하지 않고 말함

아이들은 어떤 상황이 일어나게 된 맥락을 고려하지 않고 자신의 이야기만 늘어놓거나 강조하는 경향이 있다. 친구들과 함께 경험했던 상황에서 상대방의 감정이 어떨지, 자신의 이야기가 타인에게 어떤 피해를 줄지를 전혀 생각하지 않고 말하는 것이다. 가정이란 환경이 아이에겐 가장 편안한 곳이기 때문에 부모에게 말하는 내용 중엔 거의 맥락이 고려되지 않는 이야기들이 많다. 이것은 사회조망 능력이 미처 발달하지 못했기 때문이라고도 볼 수 있다.

• 혼나지 않기 위해

스스로 잘못했다고 느낄 때 부모에게 혼나지 않기 위해 자신에게 유리한 것만 부모에게 말하는 경우가 있다. 평소 자녀의 실수나 잘못을 용납하지 않거나 무섭게 혼을 낸 아이의 경우 더욱 그럴 수 있다.

• 담임을 골려 주려고 사실과 다르게 말함

고학년에서 가끔 볼 수 있는 일이다. 아주 소수의 아이들은 담임을 골탕 먹이려는 의도로 학급에서 있었던 일을 집에 가서 다르게 말해서 담임을 곤란하게 하기도 한다. 가령, 수업 중 핸드폰으로 전화를 걸다가 압수당했을 때 자신의 잘못은 살짝 빼고 다음과 같이 말한다. "핸드폰을 쓰지도 않았는데 담임이 뺏었다."라고 말이다. 또는 잘못한 일에 대해 체벌을 한 경우 담임이 폭행을 했다고 과장하여 말함으로써 담임을 비난하도록 분위기를 조성하려는 것이다.

출처: 한영진 외(2013b), pp. 403-405.

2 학부모에게 소통의 기회를 제공한다.

학부모들은 자녀의 학교생활에 의문이 생기더라도 혹 '담임선생님께 물어보면 담임선생님이 극성스러운 부모라 생각하지 않을까?' '물어봤다가 우리 아이가 잘못한 거면 어떡하지?' '우리 선생님이 귀찮아하시지 않을까?' 등의 이유로 선생님께 물어보는 것을 주저한다. 그래서 결국은 같은 반 친구를 통해서나 같은 반 친구 엄마를 통해서 물어보거나, 그것도 여의치 않으면 의구심을 가진 채 묻어 두는 경우가 많다.

그렇기 때문에 학부모총회에서 공식적으로 "아이의 말을 듣고 의구심이 생기면 언제든지 연락주세요."라고 말하면 학부모 입장에서 담임교사에게 훨씬 다가가기 쉬울 것이다. 최소한 우리 선생님은 나의 전화에 극성스러운 부모라거나 귀찮아하시지는 않을 거라는 믿음을 줄 수 있다.

"학교생활에 대하여 궁금한 게 있으셔도 혹시 담임선생님한테 극성스러운 부모로 비쳐질까 봐, 혹은 선생님이 귀찮아하시지 않으실까라는 생각 때문에 전화하시기가 주저되시죠? 하지만 앞으로 아이의 말을 들으시고 의구심이 생기면 그냥 묻어 두지 마시고 언제든지 편하게 연락 주세요."

이런 표현도 있어요!

- 저는 학부모님들과 연락하면서 아이들에 관한 것을 듣기를 원합니다. 그러니 편하게 언제든지 연락 주세요.
- 학교에서 있었던 일을 듣다가 저한테 확인해 볼 것이 있으시면 언제든지 연락해 주세요.
- 아이들에게 문제가 있으면 전화나 메일, 방문 등 편한 방법으로 언제든지 저에게 연락해 주세요.
- 조금이라도 아이들에 관해 궁금한 게 생기거나 물어볼 게 생기면 주저하지 마시고 저에게 연락해 주세요.

매직워드 45

아이 옆에 항상 담임교사가 있다 생각하시고 말씀해 주세요. 저도 아이 옆에 항상 학부모님이 계시다고 생각하고 말하겠습니다.

상황 속으로

"학교 다녀왔습니다."

"지수야, 알림장에 특별한 내용 있니?"

"오늘 선생님께서 사회과 조사 숙제 내 주셨어요. 내일 수업에 쓸 거라 오늘 조사해 와야 한데요"

"너, 오늘 영어 학원도 갔다 와야 하는데 언제 숙제하니? 너희 선생님은 그런 숙제라면 미리 내 주셔야지. 바빠 죽겠는데 하루 전날 내 주시면 어쩌란 말이니? 암튼 영어학원 가야 하니까 지금 영어 숙제하고 영어학원 갔다 와서 해. 알았지?"

"간단한 거라 금방 할 수 있는 거라 하셨어요."

"아무리 간단한 거라도 이렇게 갑자기 조사 숙제를 내 주시면 어떡하니? 요즘 애들이 얼마나 바쁜데……."

마음속으로

지수는 엄마의 말을 들으니 좀 혼란스러웠다. 선생님은 간단한 거라 금방 할 수 있을 거라 생각하고 내 주신 건데 엄마는 갑작스럽게 숙제를 내 주셨다고 뭐라 하시니 말이다.

엄마가 바쁜 내 편을 들어주는 것 같아 좋기도 하지만, 엄마가 선생님한테 매번 뭐라 하시는 게 싫다. 그래도 우리 담임선생님이신데 말이다.

교실을 바꾸는 매직워드

상담시간에 지수의 불편함을 들은 김 선생님은 '교사와 학부모가 서로 존중하면서 교육을 할 수 없을까?' 라는 고민에 빠졌다. 그때 '아이 옆에 부모가,

아이 옆에 교사가 있다고 생각하면 어떨까?' 라는 생각이 떠올랐다. 서로 이런 마음으로 아이와 교사를 대한다면 교사와 학부모가 서로 존중할 수 있을 거라는 생각을 했다.

학부모 총회에서 학부모와 교사 간의 존중을 표현하는 이런 표현은 어떨까?

> "아이 옆에 항상 담임교사가 있다 생각하시고 말씀해 주세요. 저도 아이 옆에 항상 학부모님이 계시다고 생각하고 말하겠습니다."

왜 이 표현인가요?

1 아이의 교육에 있어 가장 중요한 것은 교사와 학부모가 서로 신뢰하는 모습을 보여 주는 것이다

가장 좋은 교육은 부모님이 행복한 모습을 보여 주는 것이듯이, 교사와 학부모가 서로 신뢰하는 모습을 보여 주는 것이 가장 좋은 학교교육일 것이다.

학창시절 선생님이 좋아서 그 과목도 좋아했던 경험이 있을 것이다. 공부에 대한 흥미도 중요하지만 선생님을 존경하고 좋아하게 되면 배우고 싶은 의욕이 생기리라는 것은 누구나 짐작할 수 있다.

그런데 학부모가 교사를 원망하거나 비난하면 자녀는 그 교사에게 배우고 싶은 의욕이 생기지 않는다. 현명한 부모라면 자녀 앞에서 교사를 비난하거나 욕을 해서는 안 된다. 다음 이야기는 학부모가 자녀를 위해 교사에게 어떻게 해야 하는지를 보여 주는 좋은 예가 될 것이다.

완기 아버지는 명문대의 물리학과 교수다. 완기는 그런 아버지를 자랑스러워하며 궁금한 것이 있으면 아버지에게 달려가 묻곤 했다. 그럴 때마다 아버지는 아주 잘 설명해 주셨다.

어느 날 완기는 아주 어려운 과학문제를 들고 아버지에게 갔다.

"아빠, 이 문제 좀 설명해 주세요."

"너희 담임선생님에게 물어보지 않고."

"우리 담임선생님보다 아빠가 더 잘 아시잖아요."

"아빠는 잘 모르겠는 걸. 내일 선생님에게 물어보렴."

완기는 이제까지 척척 대답해 주시는 아빠가 모른다고 해서 좀 의아했지만, 담임선생님에게 물어보라고 하시니 어쩔 수 없이 다음 날 선생님에게 물어보기로 하였다.

완기는 문제를 들고 담임선생님에게 가면서 속으로 생각했다.

'대학교수인 우리 아빠도 모르는데 선생님이 아실 리가 없지. 괜히 헛수고 하는 걸 거야. 하지만 아빠랑 약속을 했으니 일단 물어보자.'

"선생님, 제가 어제 공부를 하다가 잘 모르는 문제가 있어서요."

"그래, 어떤 문제이지? 이건 말이야~."

대학교수인 아빠가 모르는 문제를 선생님이 척척 설명해 주시는 것이었다. 그 후부터 완기는 선생님에 대한 마음가짐이 달라졌다. 수업시간에 누구보다 열심히 참여하고 학급에서 가장 열렬한 선생님의 팬이 되었다.

그런데 이것이 어떻게 된 일일까? 그것은 다름 아닌 완기 아버지의 지혜에서 나온 것이었다. 대학에서 학생을 가르치고 있는 완기 아버지는 교육에 있어서 선생님에 대한 존경이 얼마나 큰 역할을 차지하는 지 알기에 미리 선생님에게 완기가 물어볼 질문을 알려 주었던 것이다.

2 교육은 말과 행동이 일치할 때 가장 큰 효과가 있다

우리는 아이들에게 다른 사람을 존중해야 한다고 가르친다. 그리고 다른 사람에 대하여 함부로 평가하지 말라고 한다. 교사가 아이들에게 부모님을 존중하는 모습을 보여 주면 아이들은 교사를 통해 '존중'을 배운다.

다음 예화는 교사의 언행일치가 얼마나 중요한지를 보여 주는 이야기다.

> 어느 날 어머니가 아들의 손을 잡고 선생님을 찾아왔다.
> "선생님, 이 아이가 단 것을 너무 좋아해서 큰일이에요. 선생님이 좀 고쳐 주세요."
> 선생님은 어머니에게 한 달 후에 다시 오라고 말했다.
> 어머니는 영문도 모른 채 한 달 후에 다시 찾아왔고 그로부터 며칠이 지나지도 않아서 아들은 단 것을 좋아하는 버릇을 고칠 수 있었다.
> "선생님, 이렇게 아들의 버릇을 고칠 수 있으시면서 그때는 왜 한 달 후에 오라고 하셨습니까?" 어머니가 물었다.
> "사실은 저도 단 것을 좋아하는 편이거든요. 그런 제가 아이에게 단 것을 먹지 말라고 말할 수 있었겠습니까?"
> 선생님은 한 달 동안 자신부터 단 것을 먹지 않는 훈련을 했던 것이다.
>
> (간디의 일화를 재구성함)

3 학생을 존중하는 마음을 갖는다

교사를 대상으로 "어른들에게는 거의 소리를 지르지 않으면서 왜 학생들에게는 소리를 자주 지를까요?"라고 물어보았다. 많은 교사가 학생들이 어리고 우리가 소리를 질러서라도 가르쳐야 한다고 생각하기 때문이라고 했다. 만약 교실에 아이가 아닌 어른들이 앉아 있다면 그렇게 화가 난다고 해서 소리를 지르지는 않을 것이다.

평소 아이 옆에 부모님이 있다고 행동한다면 학생들에게 좀 더 조심하여 말할 것이다.

4 함께 노력하는 자세를 보여 준다

'~해 주십시오' 라는 일방적인 부탁이 아닌 '저도 ~하겠습니다' 라는 표현은 함께 노력하자는 느낌을 주어 상대방이 받아들이기 쉽다. 그러므로 이 표현은 교사도 학부모를 존경하겠으니 같이 교사를 존중해 달라는 제안이자 부탁의 표현이 될 수 있다.

이런 표현도 있어요!

- 저는 아이들 앞에서 부모님에 대한 '존중' 을 가르치도록 노력하겠습니다. 부모님께서도 아이들이 선생님을 '존중' 하며 따라올 수 있도록 도와주세요.
- 아이들이 늘 보고 배운다고 생각하고 말과 행동을 늘 조심하도록 노력하겠습니다. 부모님께서도 아이들이 저를 믿고 잘 따를 수 있도록 도와주세요.
- 아이들에게 담임선생님과 부모님이 서로 신뢰하고 존중하고 있다는 모습을 보여 주도록 노력하겠습니다. 부모님께서도 저의 이런 노력에 많은 도움을 주셨으면 좋겠습니다.

< 학부모

19. 연락을 주고받을 때 하는 말

- 건강이 제일이죠. ○○가 빨리 오기를 기다리겠습니다. (아파서 결석한 아이)
- 그렇잖아도 궁금해서 연락 드릴까 했는데, 먼저 연락 주셔서 감사합니다. (지각이나 결석한 아이)
- 오늘 학교에서 잘 살피겠습니다. (아픈 상황이 있음에도 등교한 아이)

'늦는다' 거나 '아파서 결석한다' 는 등의 연락을 받는 일은 교사들에게 일상적이다. 그렇기에 크게 신경을 쓰지 않을 수도 있고 마음은 있어도 학교생활이 너무 바쁘다 보니 학부모의 문자나 연락에 답을 해 주는 것도 깜박할 때가 있다. 하지만 학부모들은 교사들이 사소하게 생각할 수 있는 이 부분에서 교사를 평가한다. 교사의 답에 생각 이상으로 서운해하기도 하고 감사해하기도 한다.

교사가 조금만 신경을 쓰면 학부모와 좋은 관계를 맺을 수 있기에 연락을 주고받을 때 어떤 표현을 하면 좋을지 알아보자.

46 건강이 제일이죠. ○○가 빨리 오기를 기다리겠습니다. (아파서 결석한 아이)

상황 속으로

민희 엄마는 밤새 정신이 하나도 없다. 민희가 어제 무엇을 잘못 먹었는지 밤새 토하는 바람에 뜬눈으로 밤을 지샜다.

"민희야, 괜찮니? 여기 물 좀 마셔 봐."

"엄마, 나 또 토할 것 같아서 물 마시기도 겁나."

새벽녘에 조금 나아지면서 잠이 드는 것 같더니 채 한 시간도 안 되어 다시 토하기 시작한다. 민희 엄마는 어쩔 수 없이 민희를 데리고 병원 응급실로 향했다.

병원 응급실에 도착하여 진료를 했더니 장염이라고 했다. 어제 먹은 음식에 문제가 있었나 보다. 주사를 맞고 약을 먹은 후 민희는 잠이 들었다. 이렇게 정신없이 보내다 보니 벌써 아침이 밝아 오고 있었다.

민희 옆에서 잠깐 엎드려 잠을 자다가 민희 엄마는 퍼뜩 담임선생님 생각이 나서 핸드폰을 꺼내 들었다.

"아차, 내 정신 좀 봐. 담임선생님께 연락해야지."

선생님께 전화를 하기엔 다소 이른 시간인 것 같아 민희 엄마는 선생님께 문자를 보냈다.

"선생님, 민희가 밤새 토하는 바람에 지금 응급실에 왔습니다. 지금 많이 좋아졌는데 그래도 학교에 가는 것은 무리인 것 같아 오늘은 집에서 쉬도록 하겠습니다."

-민희맘 올림-

< 학부모

문자를 보내놓고 나서 민희 엄마는 답장을 기다렸다.

마음속으로

김 선생님은 아침 출근 준비를 하느라 핸드폰에 문자가 온 것을 미처 보지 못했다. 바쁘게 출근하여 교실에 들어와서 핸드폰을 확인하니 민희 어머니로부터 문자가 와 있었다. 민희가 밤새 아파서 응급실에 있다는 내용이었다. 그래도 지금은 많이 좋아졌다니 다행이다. 평상시 씩씩하기만 했던 민희가 아프다니 민희 어머니도 많이 놀랐을 것이다.

김 선생님은 밤새 민희 옆에서 마음 졸였을 민희 어머니의 수고에 대해 격려해 주고 싶었다. 그리고 학교에 오지 못하고 쉬어야 하는 것에 대하여 안타까워하고 있는 민희 어머니를 위로할 수 있는 말도 해 주고 싶었다. 김 선생님은 자신의 마음을 전달하는 메시지를 보내기 시작했다.

교실을 바꾸는 매직워드

김 선생님은 민희의 건강에 대한 염려와 민희를 소중하게 생각한다는 메시지를 담아 문자를 보냈다.

"건강이 제일이죠. ○○가 빨리 오기를 기다리겠습니다."

왜 이 표현인가요?

1 작은 것에서 학부모는 섭섭해할 때가 많다

학부모들은 교사의 큰 교육적 활동보다 이렇게 소소하게 자녀에게 신경 쓰는 데에서 교사를 평가한다. 자녀에게 건네는 말 한마디나 부모에게 보내는 몇 줄의 답문자 등이 교사를 평가하는 기준이 되기도 한다.

학부모 입장에서는 교사에게 연락하는 것이 조심스러워 몇 번을 망설이거나 생각한 후에 연락을 했는데 교사로부터 돌아온 대답이 성의 없다면 실망스럽기 마련이다. 나에게 소중한 아이가 교사한테도 소중한 아이가 됐으면 하는 것이 학부모들의 바람이다. 그러므로 자녀가 교사에게도 소중한 아이라는 것을 기회가 있을 때마다 표현하여 신뢰를 쌓는 것이 중요하다. 이렇게 형성된 신뢰는 결정적인 문제가 발생했을 때 문제를 원만히 해결하는 밑거름으로 작용한다.

2 부모의 마음과 수고를 이해해 준다

아이가 아프면 옆에서 지켜보는 부모의 마음은 더 아프다. 그래서 부모들은 "차라리 내가 아픈 게 낫지, 아픈 아이를 지켜보는 게 너무 힘들어요."라고 말한다. 교사가 이런 부모의 마음을 알아준다면 부모는 그런 교사가 고마울 것이다.

사람은 누구나 자신의 수고와 노력을 알아주길 바란다. 그러므로 교사가 먼저 "간호하시느라 얼마나 힘드셨어요?" "어머니도 한 숨도 못 주무셨겠네요. 피곤하시겠어요."라는 말로 부모의 노고를 알아준다면 부모에게 큰 힘이 될 것이다.

3 아파서 결석한 아이에게는 방과 후에 전화하여 안부를 묻는다

바쁜 학교의 일과 속에서 교사가 결석한 학생을 챙기기는 것을 깜박할 때가 있다. 하지만 하루 종일 집에 있거나 병원에 있는 학부모와 아이 입장이라면 선생님이 걸어 준 전화나 문자가 무척이나 반가울 것이다.

결석한 아이가 있다면 방과 후에 잊지 않고 전화해서 회복 정도를 물어보거나, 오늘 학습한 내용, 내일 수업을 위한 준비 등을 알려 준다.

4 열린 마음으로 받아들인다

스마트폰이 일반화되면서 문자가 연락을 하는 보편적인 수단이 되었다. 어린이집, 유치원에서 선생님과 스스럼없이 문자를 주고받았던 학부모에게는 교사에게 문자 보내는 것을 쉽게 여길 수 있다. 그러나 어떤 교사의 경우 문자만 보내고 다른 연락이 없는 학부모가 예의 없다고 생각하기도 한다. 하지만 시대적 흐름에 발맞추어 열린 마음으로 학부모의 문자를 받아들이는 자세가 필요하다. 부모가 아이의 상태를 알리는 형식에 치중하지 말고 아이에만 초점을 맞춘다.

하지만 적절한 예절(밤늦은 시간이나 너무 이른 시간에 전화나 문자를 보내는 것, 예의 없는 말투 등)은 학부모총회나 알림장 쪽지를 통하여 알려 준다. 이때 부모가 선생님을 대하는 방식이나 전화나 문자를 보내는 예절이 자녀에게 그대로 모델링이 됨을 언급해 준다면 학부모에게 보다 설득력을 가지게 된다.

이런 표현도 있어요!

- ○○이가 많이 아픈가요? 걱정이 많이 되네요. 빨리 학교에 오기를 기다리겠습니다.
- 반 아이들도 그렇고 저도 걱정을 많이 하고 있다고 ○○이에게 전해 주세요. 빨리 보고 싶네요.
- 많이 아픈 건 아니죠? 하루빨리 친구들과 함께 어울려서 웃는 ○○이가 보고 싶네요.
- 건강이 최고인데. 빨리 나아서 학교에 오기를 기다리겠습니다.

매직워드

47

그렇잖아도 궁금해서 연락 드릴까 했는데, 먼저 연락 주셔서 감사합니다.

상황 속으로

지수 엄마는 오늘 새벽에 걸려 온 갑작스러운 전화에 경황이 하나도 없었다. 지수 외할아버지가 갑자기 위독하다는 전화를 받은 것이다. 그래서 온 가족이 자다 말고 부리나케 병원으로 갔다. 지난 주말만 해도 많이 좋아지셔서 곧 퇴원을 해도 되겠다고 했는데 갑자기 어젯밤에 병이 악화되신 것이다.

정신없이 차를 몰고 병원에 도착하니 벌써 어슴푸레 동이 트고 있었다. 외할아버지는 날이 밝아 오면서 고비를 넘기신 듯 호흡이 정상으로 돌아오셨다. 가족들은 그제서야 안도의 한숨을 내쉬었다. 이대로라면 아침에는 일반병실로 옮겨도 될 거라고 의사선생님이 말씀하셨다.

지수네 가족은 병원의 지하식당에서 아침을 먹고 다시 집을 향해 출발하였다. 시간을 보니 벌써 등교시간이 지나 있었다. 아무리 빨리 가도 1교시는 지나 학교에 도착할 것 같아 지수 엄마는 담임선생님에게 문자를 보냈다.

"선생님, 지수 외할아버지가 간밤에 위독하셔서 지금 병원에 왔다가 가는 길입니다. 그래서 학교에 늦게 도착할 것 같습니다. 죄송합니다."

-지수엄마 올림-

마음속으로

김 선생님은 8시 40분 등교시간이 지났는데도 지수가 오지 않자 처음에는 곧 오겠지라고 생각하고 있었다. 그런데 평상시에 늦지 않는 아이가 50분이 다 되어 가는데도 오지 않자 슬슬 걱정이 되었다.

'무슨 일이 있나? 전화를 한번 해 봐야겠다.' 라고 생각하는 찰나 핸드폰에 메시지 도착을 알리는 신호가 떴다. 혹시 지수로부터 온 연락이 아닐까라는 예감을 가지고 확인하니 역시 지수 어머니로부터 지수가 늦는다는 메시지가 담겨 있었다.

김 선생님은 자신이 먼저 연락하기 전에 이렇게 연락해 준 지수 어머니께 감사한 마음이 들었다. 그리고 지난 밤 놀랐을 지수네 가족들을 떠올리며 조심해서 잘 오도록 하는 마음을 담아 문자를 보내고 싶었다.

교실을 바꾸는 매직워드

김 선생님은 지수가 학교에 오지 않아 궁금했는데 이렇게 먼저 연락을 해 주신 지수 어머니께 감사의 마음을 표현하기로 했다.

"그렇잖아도 궁금해서 연락 드릴까 했는데, 먼저 연락 주셔서 감사합니다."

왜 이 표현인가요?

1 교사에 대한 좋은 인상을 줄 수 있다

학부모의 입장에서는 누군가가 자신의 자녀에게 관심을 갖고 있다고 생각하면 기분이 좋다. 그러므로 자신이 연락을 했을 때 선생님이 자신의 자녀를 생각하고 있었다는 말에 교사에 대하여 좋은 인상을 갖게 된다.

2 바빠서 연락을 깜박했을 때 하나의 좋은 대응 방법이 될 수 있다

간혹 학교에서 너무 바쁘다 보면 결석한 아이를 챙기지 못할 때가 있다. 전화를 하려면 먼저 조용히 이야기할 곳을 찾아야 하는데 어떤 때는 그런 상황이 허락되지 않을 때도 있다. 이럴 때 학부모로부터 아이의 상황에 대한 문자가 먼저 오면 교사로서는 편안한 마음이 들기 마련이다.

"그렇잖아도 궁금해서 연락 드릴까 했는데, 먼저 연락 주셔서 감사합니다." 라고 문자를 보내면 먼저 학부모에게 연락하지 못한 것을 만회할 수 있고, 학부모에게도 신뢰를 줄 수 있다.

3 아이가 등교하지 않았을 경우 미리 연락을 한다

만약 아이가 등교하지 않을 경우에는 연락을 기다리기보다는 다음과 같이 먼저 연락해야 한다.

> "안녕하세요. ○○이 담임입니다. ○○이가 아직 등교하지 않아 무슨 일이 있나 걱정이 됩니다. 연락 부탁드립니다."

아이가 등교하지 않았을 때 연락을 하여 학생에 대해 파악하는 것은 교사의 의무다. 더불어, 혹시나 불의의 사고가 생겼을 때 담임교사의 학생 파악 여부는 매우 중요하다.

4 강화효과로 다음에 미리 연락하게 되는 계기가 된다

학부모가 담임교사에게 연락을 했을 때 담임교사가 오히려 고마워하면 학부모는 미리 연락을 해 주는 것이 담임교사를 배려하는 일이 될 수 있다는 것을 알게 된다. 교사 입장에서는 교사가 직접 전화를 걸어 확인하는 것보다 이렇게 미리 연락해 주는 것이 학생들을 가르치는 데 더 집중할 수 있게 되기 때문이다. 이때 학부모에게 이렇게 답을 하면 다음에 같은 일이 생겼을 때 미리 연락을 받을 가능성이 높아진다.

이런 표현도 있어요!

- 안 그래도 ○○이가 아직 등교하지 않아 걱정했었는데, 먼저 연락 주셔서 감사합니다.

- 지금 어머님께 연락을 드리려던 참이었는데, 한발 늦었네요. 먼저 연락 주셔서 감사합니다.

- ○○이가 무슨 일 생긴 줄 알고 걱정되어 연락 드리려던 참이었어요. 그런데 이렇게 먼저 연락 주셔서 감사드립니다.

- ○○이가 걱정되어서 전화 드리려던 참이었습니다. 어머님께서 먼저 연락을 해 주셔서 정말 감사드립니다.

매직워드

48

오늘 학교에서 잘 살피겠습니다.
(아픈 상황이 있음에도 등교한 아이)

상황 속으로

오늘 아침에 일어나 보니 훈이가 열이 나고 아팠다. 병원에 들렀다 가면 좋으련만 훈이 엄마는 오늘 회사에 중요한 미팅이 있어서 그럴 수도 없는 상황이었다. 그래서 일단 집에 있는 해열제를 먹여 학교에 보냈다.

김 선생님이 출근하여 교실을 둘러보니 오늘따라 훈이가 조용하다. 뭔가 이상하다고 생각했는데 훈이가 책상에 힘없이 엎드려 있다.

'저 녀석, 어디 아픈가 보네.'

"훈이야, 어디 아프니?"

"감기에 걸렸나 봐요."

"병원에는 가 봤니?"

"아니요, 아직이요. 엄마가 오늘 계속 아프면 오후에 병원에 간다고 하셨어요."

"그래, 그럼 일단 보건실에 다녀와야겠네. 범수야, 훈이 데리고 같이 보건실에 다녀오렴."

"네. 훈이야! 가자."

훈이를 보건실에 보내고 난 후 훈이 어머니로부터 문자가 왔다.

> "선생님, 오늘 훈이가 열이 나고 아픈데 병원에 못 들르고 학교에 보냈어요. 계속 아프면 연락 주세요. 잘 부탁드립니다."
>
> -훈이 엄마 올림-

마음속으로

훈이 엄마는 아픈 훈이를 학교에 보내 놓고 마음이 편치 않다. '훈이 녀석 괜찮을까? 더 나빠지면 어떡하지?'라는 생각으로 하루 종일 일이 손에 잘 잡히지도 않고, 아픈 아이를 학교에 보내고 이렇게 회사에 나와 일하고 있는 자신이 못된 엄마 같은 생각도 들었다.

훈이 엄마는 별다른 선택의 여지가 없기에 선생님에게 문자를 보내긴 했지만 선생님이 귀찮아하지는 않으실지 마음이 편치 않다. 하지만 한편으론 훈이의 상태가 어떤지 알려 주시는 선생님의 친절한 답문자도 조심스럽게 기대해 본다.

교실을 바꾸는 매직워드

김 선생님은 훈이를 보건실에 보내 놓고 훈이 어머니의 문자를 보았다. 아픈 아이를 보낸 부모의 입장에서 걱정이 많이 될 거라는 생각에 훈이 어머니의 마음을 좀 편안히 해 드리고 싶었다.

> "오늘 학교에서 잘 살피겠습니다."

왜 이 표현인가요?

1 아픈 자녀를 학교에 보낸 학부모의 마음을 이해한다

아픈 자녀를 학교에 보낸 학부모의 마음을 생각해 보자. 부모가 집에 있다면 걱정은 되어도 여차하면 학교로 달려갈 수 있지만, 직장을 다니는 부모의 입장에서는 그럴 수도 없으니 더욱더 마음이 편치 않다. 교사가 이런 마음을 헤아려서 "오늘 학교에서 잘 살피겠습니다."라는 연락을 해 준다면 부모는 걱정을 덜고 좀 더 일에 집중할 수 있을 것이다. 교사의 작은 배려가 학부모에게는 그 어떤 때보다 감사하게 느껴질 것이다.

2 학생의 상태를 미리 파악한다

부모에게 연락이 오기 전에 교사가 학생의 상태를 파악하고 있다면 학부모에게 더 많은 신뢰를 줄 수 있다. 학생의 상태를 파악하기 위해 느낌 공책을 활용할 수 있다.

〈느낌 공책 쓰는 법〉

① 공책 한 권을 반으로 잘라 작은 크기의 공책을 마련한다. (학교 등사실에 가면 자르는 기계가 있어 부탁하면 쉽게 자를 수 있다.)

② 학생들은 학교에 오자마자 느낌 공책에 날짜와 자신의 건강상태나 기분 등을 간략하게 두 줄 이상 쓴다. 그리고 그것에 관하여 선생님께 부탁할 말이 있으면 같이 적는다.

> 예) "어제 무엇을 잘못 먹었는지 오늘 아침부터 배가 몹시 아프다. 그래서 선생님~ 오늘 아침 우유는 안 먹을게요."
> "오늘 아침에 엄마한테 혼나서 기분이 별로 좋지 않다. 선생님, 이유는 묻지 말아 주세요. 혼난 이유는 비밀이에요."
> "어제부터 몸에 열이 나는 것 같으면서 감기 기운이 있다. 아침에 해열제를 먹고 왔는데 몸이 힘든 것 같다."

③ 느낌 공책을 써서 교사의 책상 위에 올려놓으면 담임교사는 등교하자마자 아이들이 쓴 느낌 공책을 보고 아이들의 상태를 파악한다.

④ 추가 확인할 내용 등이 있으면 자습시간에 순회하면서 돌고 아픈 친구들에게는 힘들면 언제든지 선생님에게 말하라고 귀띔을 해 놓는다.

⑤ 느낌 공책은 간단히 체크(V) 표시만 한 후 다시 나눠줘서 학생들이 매일 아침 쓸 수 있도록 한다.

3 학교에서의 보호자는 교사다

교문에 들어서는 순간 아이에 대한 책임은 학교와 교사에게 있다. 그래서 간혹 아이에게 안전에 관련된 문제가 발생했을 때 문제 발생 장소가 학교 안인지, 밖인지가 매우 중요한 사안이 되기도 한다. 그러므로 학교에서 교사가 학생의 상태를 살피는 것은 당연한 의무다.

4 살핀 결과를 반드시 알려 준다

교사가 살피겠다는 말에 일단 안심은 하였지만, 학부모의 입장에서는 아이의 상태가 어떤지 궁금할 것이다. 더는 아프지 않은지, 수업 받기는 힘들지는 않은지 등 이런 학부모의 마음을 먼저 알아채고 쉬는 시간 등을 이용하여 아이의 상태에 대해 간단히 문자로 보내 주면 좋다.

"훈이가 열도 내리고 지금은 아이들과 잘 어울려 공부하네요. 혹 무슨 일이 있으면 연락 드리겠으니 걱정하지 마세요."

이런 표현도 있어요!

- 혹시 무슨 일이 있으면 연락을 꼭 드리겠습니다.
- 오늘 ○○이를 주의 깊게 살펴보고, 걱정할 만한 상황이 생기면 바로 연락 드리겠습니다.
- 다른 때보다 더욱 유심히 살피겠습니다. 걱정하지 마세요.
- 어머님 걱정되시지 않게 잘 살피고 보살피도록 하겠습니다.

20. 곤란한 상황에 대처하는 말

- 처음 듣는 말이라 당황스럽습니다. 제가 한번 자세히 알아보겠습니다.
- 그건 제가 답변 드릴 수 있는 말이 아닌 것 같습니다.
- 저를 믿고 맡겨 주셨는데 일이 이렇게 되어 저도 안타깝습니다.

아이들을 지도하다 보면 한 번쯤은 학부모로부터 가벼운 불만의 전화나 항의 전화를 받은 적이 있을 것이다. 교사가 아무리 열심히 지도하여도 교사와 교육관이 맞지 않는 학부모가 있을 수도 있고, 교사가 의도하지 않은 아이들 사이의 역동으로 인하여 문제가 발생할 수도 있기 때문이다. 그러므로 교사와 학부모 사이에 곤란한 상황이 발생했을 때 어떠한 말로 대처해야 할지를 미리 생각해 본다면 그러한 일이 발생했을 때 좀 더 침착하게 대응할 수 있을 것이다.

이 장에서는 학부모가 불만이나 항의를 하거나 무리한 요구를 할 때, 또 학생이 다쳤을 때 사용할 수 있는 표현을 알아보도록 하자.

매직워드 49

처음 듣는 말이라 당황스럽습니다. 제가 한번 자세히 알아보겠습니다.

상황 속으로

김 선생님이 수업을 마치고 교실에서 내일 수업 준비를 하고 있는데 전화벨이 울렸다.

"5학년 ○반입니다."

"안녕하세요. 저 지수 엄마예요"

"네, 안녕하세요. 어쩐 일이세요?"

"(격양된 목소리로) 선생님도 알고 계셨어요?"

"무슨 말씀이신지……. 혹시 지수에게 무슨 일이 있나요?"

"기가 막혀서 말이 안 나오네요. 글쎄, 그 반에 선영이라는 아이 있죠. 그 애가 우리 지수에게 그동안 문자로 협박을 해 왔더라고요."

마음속으로

김 선생님은 지수 어머니의 이야기를 듣고 매우 당황스러웠다. 지수에게 그런 일이 있을 줄은 상상도 못했는데……. 이게 무슨 소린가 싶고 선영이가 지수를 괴롭혀 왔다니 믿어지지가 않았다. 하지만 당장은 아무것도 파악된 것이 없기에 지수 어머니에게 섣불리 말을 할 수도 없었다.

교실을 바꾸는 매직워드

김 선생님은 지수 어머니에게 어떤 말을 하는 것보다 먼저 사실을 자세히 알아보는 것이 중요하다고 생각했다. 사실을 정확히 알지 못하고 말을 했다가 오히려 문제를 크게 만들 수도 있기 때문이다. 사실을 확인하지 않은 채 말한 교사의 발언이 종종 문제가 되는 사례도 익히 들었던 김 선생님이기에 어떻게 하면 이 상황을 슬기롭게 해결할까 고민하였다.

김 선생님은 먼저 놀라고 당황했을 지수 어머니의 마음을 공감해 준 후 자신의 입장을 침착하게 표현하였다.

"지수 어머니, 많이 속상하시고 당황스러우셨겠어요. 저도……."

"처음 듣는 말이라 당황스럽습니다.
제가 한번 자세히 알아보겠습니다."

왜 이 표현인가요?

1 학부모의 이야기를 충분히 들어준다

화가 난 학부모와 이야기할 때는 중간에 말을 자르거나 끼어들지 않고 끝까지 충분히 들어준다. 학부모의 말이 자신이 알고 있는 것과 다르다고 하여 변명이나 설명을 하려고 자꾸 중간에 이야기를 끊으면 학부모는 이미 화가 나 있는 데다가 자신이 하고 싶은 이야기도 속 시원히 하지 못하니 더 화가 날 수 있다. 그러므로 학부모가 불만이나 항의를 표시할 때는 일단 학부모의 이야기를 충분히 들어주는 것이 중요하다.

2 학부모의 마음을 충분히 공감해 준다

학부모가 이야기를 할 때는 최대한 학부모의 마음을 공감해 준다. 이야기를 잘 듣고 있다는 표시로 '예' '그러셨군요.' '음'과 같은 말뿐만 아니라 학부모의 마음을 공감해 주는 "얼마나 속상하셨어요?" "얼마나 화나셨어요?" "충분히 이해가 갑니다."와 같은 말을 하는 것이다.

하지만 이때 사실이 명확하지 않은 상태에서 학부모가 말한 사실에 무조건 공감하는 것은 위험하다. 학부모의 심정에 대해 공감하는 것이지 섣불리 그것에 대해 평가하거나 사실을 인정해 버리면 학부모에게 또 다른 빌미를 제공할 수 있다.

3 부모가 말하는 이야기를 정확히 파악한다

아이가 집에 가서 부모에게 이야기할 때는 자신에게 유리하게 이야기하거나 앞뒤 상황을 자세히 설명하지 않은 채 자신에게 벌어진 사건에만 국한하여 말할 때가 많다. 그렇기 때문에 학부모가 말한 내용을 전적으로 믿고 행동에 옮기는 것은 자칫 실수를 범할 수 있다. 그래서 학부모가 말한 것에 대해서 정확히 사실 여부를 파악하는 것이 필요하지만, 해당 학부모와 사실 여부를 따지는 것은 또 다른 갈등을 일으킬 수 있다. 그러므로 해당 학부모와는 학부모가 말한 내용을 명확히 파악하는 데 초점을 두고 대화를 나눈다. "부모님이 알고 계신 것에 대하여 정확히 알고 싶습니다."라고 말하고 '언제?' '어디서?' '누가 관련되어 있는지?' '부모가 말하는 용어의 뜻은 무엇인지'를 정확히 파악하는 것이다. 부모의 이야기를 듣고 난 후에는 사건에 대한 어떠한 판단이나 해결책을 제시하지 말고 "제가 한번 자세히 알아보겠습니다."라고 말한 후 이야기를 끝낸다.

4 사실이 명확하게 밝혀지지 않은 시점에서 사과로 사건을 무마하려 하지 않는다

교사라면 대부분 학부모와 불미스러운 일로 일이 커지는 것을 원치 않는다. 그렇기에 학부모의 마음을 달래기 위하여 사과로 사건을 무마하려고 할 수 있다. 그러나 잘못하면 교사의 사과가 새로운 문제를 야기하기도 한다. 사실이 명확히 밝혀지기 전까지는 사과나 그 외의 사건을 무마하기 위한 시도들을 일단 보류하는 것이 좋다. 다만 교사의 실수가 명확한 부분에 있어서는 빨리 인정하고 사과하는 것이 필요하다.

TIP 학교에 직접 찾아와 폭언을 하거나 난동을 부리는 학부모에 대한 대처

① 아동과 교사의 안전을 최우선으로 고려하고, 주변에 도움을 요청한다. 옆 반 교사, 부장교사, 교감과 교장 등 필요하다면 경찰에 신고하여 도움을 요청한다. (예: 술에 취해 난동을 부려 아동들이나 교사의 안전을 위협하는 경우)

② 대화를 나눌 수 있는 상황이라면 조용한 상담실 등으로 자리를 옮긴다. 학급의 아동은 옆 반 교사나 시간을 낼 수 있는 다른 교사에게 부탁한다.

③ 학년 부장교사, 교감, 교장 등 적어도 한 명의 다른 교사가 함께 있도록 한다. 이는 위험 상황 방지효과 및 나중에 학부모가 교사의 언행에 대해 잘못된 이야기를 퍼뜨리지 않도록 하기 위해서다.

④ 교사가 사건에 대하여 설명하거나 해명하려고 하기보다는 우선 학부모의 폭언 · 난동의 원인이 된 사건이나 상황에 대해서 학부모의 이야기를 경청한다. 아동들이 집에 가서 부모에게 학교에서 일어난 일을 이야기할 때는 자신에게 유리한 방식으로 각색하거나 전후 상황을 충분히 설명하지 않고 어느 한 부분만 이야기하는 것이 보통이다. 그래서 실제 상황과 상당히 다르게 생각한 채로 학부모가 학교에 왔을 가능성이 많다. 구체적인 상황과 학부모가 가졌을 생각과 느낌 등에 대해서 잘 경청해 주고 공감적인 태도를 보이는 것만으로도 부모의 흥분은 상당 부분 가라앉을 수 있다.

⑤ 침착성을 잃지 말고, 학부모가 무리한 요구를 할 빌미를 주지 않는다. 드물지만 가끔 교사의 사소한 잘못을 빌미로 삼아 무리한 요구를 하는 학부모가 있다. 실수한 점이 있다면 정중히 사과하고 다시 그런 일이 일어나지 않을 것임을 약속해야 하지만, 혹시라도 엉뚱하고 무리한 요구를 할 빌미는 주지 않도록 주의한다. 무조건 사과부터 하고 무마하려는 시도는 현명하지 못하다.

⑥ 학부모가 자신의 의견을 교사에게 전달할 통로를 알려 주고 그대로 지켜줄 것을 정중히 요청한다. 갑작스러운 방문으로 인해 수업에 지장이 생기고 아동들이 많이 동요하게 되었음을 생각하게 한다.

⑦ 교사에게 전화할 수 있는 시간 및 학교를 방문할 수 있는 시간과 상황들을 학교 전체가 분명히 정하고 일관성 있게 지키도록 한다.

⑧ 학부모와 상담이 끝나는 대로 가능한 한 빨리 아동들에게로 돌아가서 정상적 일과를 지속한다.

출처: 김혜숙, 최동욱(2010).

이런 표현도 있어요!

- 어머님, 얼마나 속상하셨어요. 제가 상황을 자세히 알아본 후에 연락 드리겠습니다.
- 어머님 말씀이 충분히 이해가 됩니다. 하지만 제가 알지 못한 내용이라서 관련 내용을 자세히 알아보도록 하겠습니다.
- 어머님께서 말씀하신 내용은 충분히 알겠습니다. 제가 이와 관련해서 아이들에게 자세히 알아보고 난 후에 말씀 드리겠습니다.
- 저는 지금 처음 접한 내용이라 자세히 말씀 드리기는 힘들 것 같습니다. 제가 한번 아이들에게 자세히 알아보고 난 후에, 연락을 드리도록 하겠습니다.

50 그건 제가 답변 드릴 수 있는 말이 아닌 것 같습니다.

상황 속으로

지수 어머니의 전화를 받고 그다음 날 김 선생님은 아이들로부터 선영이와 지수에 관련된 이야기를 모두 듣게 되었다.

사건의 전말은 이러하였다. 지수가 똑똑하고 남자아이들에게도 인기가 많자 샘이 난 선영이가 지수에게 몇 번 문자를 보냈다는 것이다.

"너 남자들 앞에서 내숭 떨지마."

"넌 남자애들이 그렇게 좋냐? 오늘도 남자애들하고 잘도 놀더라."

그리고 선영이와 친한 몇몇 친구들도 선영이의 말을 듣고 지수에게 문자를 보냈다고 한다.

오늘 하루 종일 이 사건에 대하여 알아보느라 김 선생님은 한 시간도 수업을 하지 못했다. 아이들을 하교시키고 겨우 한숨을 돌리고 있는데 전화가 울렸다. 바로 지수 어머니였다.

"선생님, 오늘 지수 말을 들어 보니 아이들을 조사하셨다면서요. 그러면 선생님도 다 아셨겠네요. 그리고 선영이 말고 다른 애들도 같이 했다고 하던데.

아무튼 저는 이번 일을 가만히 있지 않을 것입니다. 이번에 지수한테 문자 보냈던 애들, 모두 전학 보내 주세요. 전 더 이상 그 애들하고 우리 지수하고 같은 교실에서 공부하게 하고 싶지 않아요."

"어머니, 속상한 마음 잘 알겠습니다. 하지만……."

마음속으로

김 선생님은 이 사건에 대해 알아보느라 이래저래 진이 빠졌다. 하지만 아이들에게 문자를 받은 지수는 얼마나 속이 상했을까 생각하니 자신이 힘든 것은 충분히 참을 수 있었다. 지수 어머니는 정말 많이 화가 난 것 같았다. 아마 자신이 같은 상황이라도 몹시 화가 날 것 같아 지수 어머니의 이야기를 잘 들어주려고 노력했다. 그런데 지수 어머니가 지수에게 문자를 보낸 모든 아이의 전학을 요구하신다. 설마 했지만 이렇게까지 하실 거라고는 생각하지 못했다. 자신이 당장 결정할 수 있는 사항도 아니기 때문에 뭐라 말을 해야 할지 난감했다.

교실을 바꾸는 매직워드

지수 어머니의 요구에 지혜롭게 대처할 말이 없을까 곰곰이 생각하던 김 선생님은 다음과 같은 말이 생각났다.

"어머니, 많이 화나시고 속상하신 것 알겠습니다. 하지만……"

"그건 제가 답변 드릴 수 있는 말이 아닌 것 같습니다."

왜 이 표현인가요?

1 답변을 보류하기

지수 어머니와 같이 어떠한 사항을 학교에 요구할 경우 학교는 이에 대하여 답변을 해 줘야 한다. 하지만 불명확한 사항에 대해서는 답변을 일단 보류할 필요가 있다.

"그건 제가 답변을 드릴 수 있는 말이 아닌 것 같습니다." 처럼 답변을 보류한 후 사건을 침착하게 해결해 간다. 일단 답변을 하게 되면 거기에 대한 책임을 교사가 질 수 있다는 것을 명심한다.

2 결정되지 않은 사항에 대하여 언급하지 않기

학부모가 학교에 어떠한 요구를 했거나 학생 처분과 같은 결과를 기다릴 때 학부모 입장에서는 당연히 궁금하거나 초조할 수 있다. 그럴 경우 담임선생님이나 담당교사에게 전화하여 '사건이 어떻게 진행되고 있는지?' '어떻게 결론이 날 것 같은지'에 대하여 물어볼 수 있다. 이럴 때 학부모에게 친절해야 된다고 생각하는 교사 중 일부는 "제가 알기로는 이렇게 될 것 같습니다."라고 얘기해 줄 수 있다. 하지만 이는 매우 위험한 행동이다. 결과는 논의되는 과정에서 얼마든지 변경될 수 있음에도 학부모가 교사의 말을 믿고 있다가 결과가 바뀌면 그에 대해 저항할 수 있다. 또 결과를 듣고 중간에 자신에게 유리하도록 개입하고 싶어 할지도 모른다. 뿐만 아니라 학교라는 공공기관 및 여러 가지 학교 협의체에 대한 신뢰를 가지지 못하게 될 수도 있다. 그렇지만 "학교폭력자치위원회에서 협의 중에 있습니다." "학생징계위원회가 언제 열릴 예정입니다."와 같이 진행과정에 대해서는 알려 줄 수 있다.

3 아이의 입장에서 생각하기

자녀의 문제가 발생했을 때 많은 학부모는 자녀를 대변하여 문제를 해결하는 선두에 서려고 한다. 그런 과정에서 학부모는 다른 학생에게 무리한 처벌을 요구하거나 학교에 터무니없는 요구를 할 수도 있다. 교사는 이 과정에서 학부모를 괘씸하게 여기거나 그로 인해 상처를 받기도 한다.

하지만 학부모와 교사가 문제를 해결하는 과정에서 간과해서는 안 될 것이 있다. 그건 다름 아닌 자녀, 학생의 입장에서 생각해 보는 것이다. '자녀가 정말 원하는 것이 무엇일까?' '학생의 입장에서 어떠한 것이 최우선일까?'를 생각해 보는 것은 문제를 해결하는 과정에서 매우 중요하다.

지수 어머니처럼 지수를 괴롭힌 모든 친구의 전학을 요구하는 학부모에게 "지수도 그렇게 하기를 원합니까?"라는 질문을 던진다면 부모 입장에서 자녀의 입장을 생각해 보는 계기가 될 수 있다. 괴롭힘을 당한 많은 아이가 대부분 '친구들과 다시 잘 지내고 싶다'는 소망을 갖고 있는 경우가 많기 때문이다.

이런 표현도 있어요!

- 그건 제가 결정할 수 있는 사항이 아니라서 지금 말씀 드리기는 힘들 것 같습니다.
- 그 문제는 학교 측에서 검토해 봐야 하는 사안이라 지금 대답해 드리기는 곤란할 것 같습니다.
- 저에게는 그 문제를 결정할 권한이 없습니다. 지금 답변 드리기는 힘들 것 같습니다.
- 지금 제가 답변 드릴 수 있는 사안이 아닌 것 같습니다. 학교 측과 논의 후 말씀 드리겠습니다.

매직 워드

51

저를 믿고 맡겨 주셨는데 일이 이렇게 되어 저도 안타깝습니다.

상황 속으로

체육시간에 뜀틀을 했다. 뜀틀은 특히 안전이 중요한 운동이라서 준비운동도 열심히 하고 아이들에게 여러 번 주의도 주었다.

두려워하는 아이들이 있었지만 아이들은 대체적으로 즐거워하면서 곧잘 뜀틀을 넘었다. 그런데 범수가 뜀틀을 넘어 착지하면서 다리를 헛디뎌서 넘어졌다. 뜀틀 높이가 그리 높은 것도 아니었고 떨어지는 충격도 약해 보여 김 선생님은 크게 다치지 않았으리라 생각했다.

"범수야 괜찮니?"

"선생님, 다리가 너무 아파요."

"너 일어날 수 있겠니? (범수를 부축해 세운다.) 일단 보건실에 가 보는 게 좋겠다."

김 선생님은 범수를 친구들과 함께 보건실에 보냈다. 체육시간이 끝나고 보건실에서 연락이 왔다. 아무래도 범수의 다리뼈에 이상이 있는 것 같다는 것이었다. 그래서 보건선생님이 부모님께 연락을 해서 범수를 병원에 데리고 가라고 했다고 한다.

< 학부모

마음속으로

처음에 김 선생님은 범수가 떨어질 때 충격이 그리 심하지 않은 것 같아 엄살일 수도 있다고 생각했다. 그러나 막상 보건실에서 연락을 받으니 걱정이 된다. 다리에 큰 이상이 없어야 할 텐데 하는 생각뿐이다. 자신의 수업 시간에 벌어진 일이라 더더욱 마음이 무겁다. 보건실에 내려가려고 하니 다음 수업이 있어 교과 시간을 3교시로 바꾸고 내려가기로 했다. 범수의 상황이 걱정되는 데다가 범수 어머니가 학교로 오신다는데 담임인 자신이 나 몰라라 하고 교실에 있으면 더 속이 상하지 않을까 하는 생각이 들었다.

교실을 바꾸는 매직워드

김 선생님이 범수의 상태를 살피며 보건선생님과 이야기를 하고 있는데 범수 어머니가 놀란 얼굴로 보건실로 들어오셨다. 범수 어머니는 범수의 얼굴을 보자 조금 안심하는 표정이었다. 김 선생님은 학교에서 연락을 받고 많이 놀랐을 범수 어머니의 마음을 안심시키고, 오늘 있었던 일을 설명하였다. 그리고 범수 어머니에게 교사로서 미안한 마음을 전했다.

"저를 믿고 맡겨 주셨는데
일이 이렇게 되어 저도 안타깝습니다."

왜 이 표현인가요?

1 표현보다 중요한 것은 행동으로 움직이는 것이다

학생이 다치거나 문제가 발생했을 때 그것이 원만히 해결되지 못하고 사건이 커지는 경우를 살펴보면 사건과 관련된 사람에 대한 섭섭함과 실망감이 그 원인이 될 때가 많다.

학부모들이 서운해했던 이유를 들어보면 '아이가 많이 아팠는데 교사가 같이 병원에 가지 않았다.' '병원에서 응급조치를 하거나 수술을 받는데 학교에서 아무도 오지 않았다.' '아이의 경과에 대하여 궁금해하지 않았다.' '가해 행동을 한 학생이나 그 부모가 와서 사과하거나 용서를 비는 것이 아니라 문제해결에만 전전긍긍하고 있었다.' 등이다.

그래서 학생이 다치거나 중대한 문제가 발생했을 때는 말보다는 행동으로 직접 보여 주는 것이 가장 중요하다.

2 즉시 찾아간다

학생의 상태가 심각한 경우는 당연히 담임교사가 동행하겠지만 괜찮을 줄 알고 담임교사가 학교에 남았는데 아이의 상태가 심각하다는 연락이 온다면 가능한 한 즉시 병원에 간다. 아픈 자녀를 지켜보는 부모에게 어떠한 위로의 말도 들어오지 않겠지만 옆에서 함께 있어 주면서 경과를 지켜봐야 한다.

부모의 입장에서는 교사가 함께 마음 졸이며 같은 공간에서 자녀를 지켜보면 교사에 대한 마음이 다소 누그러질 수 있다.

3 부모가 욕을 하든 말든 교사로서 최선을 다한다

교직생활에서 그러한 일이 없으면 좋겠지만 불행하게도 선생님의 부주의나 실수로 학생이 다치는 경우가 생길 수 있다. 이럴 때 부모 입장에서는 교사가 너무나 밉고 싫을 것이다.

교사 입장에서도 자신으로 인하여 학생이 다치거나 좋지 않은 일이 생겼으므로 학부모에게 너무나 죄송스러워 얼굴을 보는 것조차 힘들 수도 있다. 하지만 이럴수록 교사는 더욱더 적극적으로 최선을 다하는 모습을 보여 줘야 한다. 매일 병원에 찾아가서 학생을 살피고 부모를 위로할 수도 있고, 같은 반 학생들과 함께 병문안을 계획하거나 학생이 입는 수업결손을 보충해 주는 방법도 있을 수 있다. 어떤 교사의 경우 본인이 직접 휴직을 하고 학생을 간병하는 경우도 있었다.

이렇듯 교사의 부주의로 인하여 문제가 발생했을 경우 교사가 성심을 다하여 최선을 다하는 모습을 보여 줘야 조금이라도 원만한 해결을 이루어 낼 수 있다.

4 무조건 '죄송하다'고 하지 않는다

범수처럼 교사가 안전에 대한 조치를 다 하고 최선을 다했음에도 아이가 다치거나 문제가 발생할 수 있다. 또한 교실에서 아이들끼리 장난치다가 아이가 다치는 경우도 있다.

교사의 입장에서는 학교에서 아이가 다쳤으므로 부모에게 미안하고 죄송한 마음이 들 것이다. 그런 마음에 무조건 '죄송합니다'라는 말을 한다면 부모 입장에서는 교사에게 큰 잘못이 있는 것으로 생각할 수 있다. 이럴 경우 교사는 무조건 '죄송합니다'라는 표현을 쓰기보다는 교사로서 최선을 다했음에도 불구하고 다치거나 문제가 발생한 것에 대한 안타까움이나 속상한 마음을 표현하도록 한다.

이런 표현도 있어요!

- 저를 믿고 맡겨 주셨는데 일이 이렇게 되어 너무 속상합니다.
- 신경을 많이 썼는데도 일이 이렇게 되어 너무 안타깝고 속상합니다.
- 저를 믿고 맡겨 주신 건데 이런 일이 생기게 되어 정말 유감스럽습니다.
- 저를 믿어 주신 만큼 좀 더 신경 써서 보살펴야 했는데, 일이 이렇게 되어 너무 안타깝습니다.

21. 학부모를 공감해 주는 말

- 얼마나 속상하셨어요.
- 담임한테 이런 전화 받으셔서 맘이 많이 불편하시죠?
- 얼마나 자랑스러우세요.

'핑계 없는 무덤 없다' 라는 말이 있다. 이는 잘못에 대하여 구차한 변명이나 핑계를 대지 말라는 말이지만, 다른 한편으로 생각하면 누구나 어떤 일이 생기면 자신의 입장을 얘기해서 자신을 좀 더 괜찮은 사람으로 만들고 싶은 사람의 마음을 표현한 것이 아닐까 싶다.

학부모들도 마찬가지다. 교사로부터 자녀에 대한 좋지 않은 연락을 받았을 때 자신의 입장을 교사가 알아주길 바란다. 교사가 학부모의 핑계를 들어주고 그 마음을 공감해 준다면 학부모들은 교사에게 마음이 열리고 스스로 그 핑계들을 거두어들일 수 있을 것이다. 그것이 바로 공감의 힘이다.

52 얼마나 속상하셨어요.

상황 속으로

체육시간에 용철이가 범수를 때렸다. 축구를 하다가 시비가 붙었는데 용철이가 화를 참지 못한 모양이다. 범수의 입술이 살짝 부어올랐다.

김 선생님은 오늘 일을 범수 어머니에게 알리기 위해 전화를 했다.

"안녕하세요. 범수 어머니세요? 범수 담임입니다."

"네, 선생님이세요. 안녕하셨어요?"

"혹시 범수 집에 왔나요?"

"방금 전에 도착했어요."

"그럼 범수한테 들으셨겠지만, 오늘 있었던 일을 어머니께 말씀드려야 할 것 같아서 이렇게 전화 드렸습니다."

마음속으로

김 선생님은 범수의 얼굴을 보며 범수 어머니가 이 모습을 보면 얼마나 속상할까 하는 생각이 들었다. 범수 어머니의 속상한 마음을 위로해 드리기로 마음먹고 수화기를 들었다.

교실을 바꾸는 매직워드

김 선생님은 속상한 범수 어머니의 마음을 공감해 드리고 싶었다.

"얼마나 속상하셨어요."

왜 이 표현인가요?

1 공감이란?

공감이란 다른 사람이 경험하고 있는 것을 존중하는 마음으로 이해하는 것을 말한다. 장자는 "진정한 공감이란 마음을 비우고 자신의 존재 전체로 상대의 말을 듣는 것"이라고 하였다. 따라서 진정한 공감을 하기 위해서는 우리가 다른 사람에 대해 가진 선입견과 판단에서 벗어나야 한다. 하지만 공감한다고 해서 상대의 말이나 행동, 생각에 동의하거나 수용한다는 것은 아니다.

2 공감을 위한 준비

학부모를 공감해 주기 위해서는 먼저 교사의 마음이 편안해야 한다. 교사 자신이 방어적이 되거나 마음이 편치 않을 때는 좀 더 자신을 돌본 후에 공감을 시도한다. 자신을 편안한 상태가 되도록 돌보는 방법에는 멈추고 심호흡을 하거나 자기 자신을 공감하는 것이 있다. 자기 자신을 공감한다는 것은 자신이 지금 어떤 느낌이 들고 자신에게 무엇이 필요한지 자기 마음을 읽어 주는 것이다. 그런 후에 마음이 편안해져서 다른 사람의 이야기에 귀 기울일 수 있다고 생각되면 수화기를 든다. 그래도 마음이 편안해지지 않는다면 다음 기회로 공감을 미룬다.

3 작은 공감이 큰 문제를 막는다

학교에서 민원을 제기하거나 문제를 크게 확대시키는 학부모들의 상황을 들여다보면 일맥상통하는 부분이 있다. 한마디로 말해, '서운하다'는 것이다. "아이가 다쳤는데 선생님이 한마디도 안했다." "아이가 이런데 상대방 부모가 사과를 안했다." 이런 식으로 자신의 속상한 마음을 헤아려 주고 풀어 주려고 노력하지 않았다는 것이다. 이런 감정이 내재해 있다가 다른 사건이 발생하면 '분노'로 촉발하기도 한다. 그러므로 작은 사건이라 할지라도 교사는 부모의 속상한 마음을 알고 그때그때 부모의 마음을 공감해 주도록 한다. 그래야 나중에 더 큰 문제가 생기는 것을 미리 예방할 수 있다.

4 공감할 때 다른 학생을 끌어들이지 않기

교사들이 범수처럼 피해를 당한 부모를 공감해 주다가 범할 수 있는 실수가 있다. 상대방을 공감해 준다는 명목으로 가해학생을 이야기에 끌어들이는 것이다.

예를 들면,

"선생님, 용철이가 원래 학급에서도 다른 아이들을 괴롭히지 않나요?"

"네, 맞습니다. 저도 용철이 때문에 아주 힘이 듭니다."

이와 같이 상대의 어머니를 공감해 준다고 맞장구치다가 학급의 다른 아이의 이야기를 하게 되는 것이다. 교사가 한 학생을 부정적으로 평가하는 말이 나갈 경우 다음에 또 다른 문제가 생길 수도 있다는 것을 주의해야 한다.

예를 들면, "선생님도 용철이 때문에 힘들다고 하더라."와 같은 말이 나돌면 모든 학부모가 그 학생을 문제아로 인식하고, 혹시 용철이 어머니가 이 이야기를 듣게 되면 선생님을 원망하고 더 이상 선생님을 신뢰하지 않을 수도 있다.

따라서 쌍방이 있는 일의 경우, 그 내용을 객관적으로 전달하며 상대 학생에 대한 평가적 언급을 삼간다. 그리고 해당 학생의 어머니의 마음에만 집중해서 공감해 주도록 한다.

5 상처가 났을 경우엔 반드시 전화하기

우리는 학급에서 아이에 관하여 일어난 많은 일을 학부모에게 전달한다. 아이의 알림장에 적어서 보내거나 별도의 편지나 쪽지를 쓰거나 문자를 보낸다. 그리고 전화를 직접 걸어 이야기하기도 한다.

어떤 때 쪽지나 문자를 보내고, 어떤 때 전화를 해야 한다는 명확한 기준은 없지만 상처가 났을 경우에는 가능한 한 직접 통화를 해야 한다. 아이가 다투었을 경우 상처가 없으면 부모 입장에서 속은 상하겠지만 어느 정도 수용할 수는 있다. 하지만 아이 몸에 상처가 나거나 특히 얼굴에 상처가 날 경우에는 부모의 속상함은 말로 표현하기 힘들다.

그러므로 아이에게 상처가 났을 경우에는 가능한 한 교사가 직접 전화를 해서 상황을 자세히 설명하고 학부모의 속상한 마음을 공감해 준다.

이런 표현도 있어요!

- 얼마나 마음이 아프세요.
- 얼마나 힘드세요.
- 얼마나 애달프시겠어요.
- 얼마나 애가 타시겠어요.

53

담임한테 이런 전화 받으셔서 맘이 많이 불편하시죠?

상황 속으로

김 선생님은 범수 어머니와의 전화를 마치고 이번에는 용철이 어머니에게 전화를 걸었다.

"여보세요. 용철이네 집이지요? 저 용철이 담임인데요."

"……"

"혹시 용철이니? 용철아, 엄마 좀 잠깐 바꿔 줄래? 선생님이 엄마와 통화할 일이 있거든."

"네(풀 죽은 목소리로). 엄마! 선생님한테 전화 왔어요."

"무슨 일로 전화하셨다니? 너 또 학교에서 사고 쳤니?"

"몰라, 전화나 받아."

용철이는 전화기를 엄마에게 건네고 쌩하니 자기 방으로 들어가 버렸다.

"전화 바꿨습니다."

"네, 용철이 어머니세요. 저 용철이 담임입니다."

마음속으로

김 선생님은 매번 용철이 어머니에게 이런 전화를 하려니 왠지 미안했다. 하지만 용철이가 범수의 얼굴에 상처를 냈으니 그냥 넘어갈 수도 없었다. 자신에게 매번 이런 전화를 받는 용철이 어머니는 얼마나 속이 상할까 싶어 그 마음을 충분히 공감해 드리기로 마음을 먹고 수화기를 들었다.

용철이 어머니는 선생님께 전화가 왔다는 용철이의 말에 가슴이 내려앉는 것 같았다. 선생님과 항상 이런 내용으로 통화를 하는 것도 속상하고 늘 용철이가 친구를 괴롭힌 아이가 되는 것도 속상하다. 도대체 용철이를 어떻게 해야 할지 막막하다. 집에서는 나름대로 예쁜 아들인데 왜 밖에만 나가면 이러는 걸까? 자신이 식당일을 하느라 용철이에게 신경을 못 써 줘서 애가 이러나 싶어 자책도 된다. 아이 아빠에게 이야기하면 엄청 혼날게 뻔하고, 그렇다고 그냥 놔 둘 수도 없고……. 범수 엄마에게 전화를 걸어 미안하다고 해야 할 텐데 무슨 말을 어디서부터 어떻게 꺼내야 할지 모르겠다.

교실을 바꾸는 매직워드

김 선생님은 이런 전화를 받는 용철이 엄마의 속상한 마음을 진심으로 공감해 드리기로 했다.

"담임한테 이런 전화 받으셔서
맘이 많이 불편하시죠?"

왜 이 표현인가요?

1 문제를 가진 자녀를 둔 학부모 이해하기

부모라면 누구나 자식이 잘되길 바란다. 그렇지만 자식이 그렇게 자라지 않을 때 부모가 가지는 실망감은 크다. 그리고 자녀의 일로 학교에서 전화가 오거나 다른 부모들로부터 부정적인 피드백을 받는다면 더욱 힘들 것이다. 어느 부모가 자식이 안 되는 것을 바라겠는가? 문제를 가진 학부모를 대할 때 이러한 부모의 마음을 생각해 본다.

2 공감은 방어를 푸는 열쇠

대부분의 사람들은 누군가가 자신의 행동을 지적하거나 충고를 하면 본능적으로 방어를 하게 된다. 자녀의 문제에 있어서도 자신의 힘든 마음은 몰라주고 아이의 잘못을 지적하게 되면 아이의 잘못을 친구나 담임 탓으로 돌리거나 또 다른 변명을 찾게 된다.

교사에게 전화가 왔을 때 문제학생의 부모라면 당연히 긴장되고 힘들다. 그런데 교사가 자녀의 문제를 지적하고 잘 지도하라고 할 줄 알았는데 먼저 얼마나 힘든지 물어봐 준다면 부모의 마음은 어떨까?

더 이상 방어를 하지 않아도 되니 일단 마음이 편안해진다. 그리고 선생님이 자신의 마음을 알아준 것이 고맙게 느껴질 것이다. 그때 비로소 자녀의 행동을 객관적으로 보거나 자신의 행동을 되돌아보게 된다. 그러면서 다시 잘해 보고자 하는 마음도 생긴다.

3 자신을 표현할 충분한 시간 주기

학부모의 심정을 공감해 주려고 마음먹었을 때는 해결 방안이나 부탁을 하는 쪽으로 관심을 돌리기 전에 학부모에게 충분히 자신의 이야기를 할 시간을 주는 것이 중요하다. 교사가 너무 빨리 해결책에 대한 이야기로 넘어가면 학부모는 교사가 자신과 아이의 심정에는 관심이 없고 단지 해결에만 급급해한다고 느낄 수 있다.

그러므로 "담임선생님한테 이런 전화 받으셔서 맘이 많이 불편하시죠?"라는 한마디로 학부모를 공감해 주는 것이 끝났다고 생각하지 말고 학부모가 자신의 이야기를 충분히 할 수 있도록 하고 교사는 거기에 머물러 학부모의 이야기를 진심으로 들어준다.

마셜 B. 로젠버그Mashall B. Rosenburg는 『비폭력 대화』(2012)에서 공감을 방해하는 우리의 대화에 대해 다음과 같이 언급하고 있다.

> "우리는 공감하는 대신 상대방을 안심시키고 조언을 하고 싶은 강한 충동을 느끼거나 우리의 견해나 느낌을 설명하려는 경향이 있다. 이와 달리 공감은 상대방이 자신을 충분히 표현하고 이해받았다고 느낄 수 있는 시간과 공간을 주는 것이다. 상대가 위로나 조언을 받고 싶어 할 것이라고

추측하면서 공감이 필요한 사람에게 '이렇게 해 봐' 라고 해결책을 말해 주는 것은 그 사람에게 좌절감을 안겨 줄 수 있다."

4 상대 부모에게 전화 통화 권하기

아이들 간의 다툼이라 할지라도 가해학생이 있다면 상호 간에 원만한 해결을 위하여 상대 부모에게 전화를 권해야 할 때가 있다. 부모 입장에서는 자식이 잘못한 것도 속상한데 자녀의 일로 다른 사람에게 사과까지 해야 한다면 더 많이 속상할 것이다. 이럴 때 교사는 가해학생의 부모를 너무 몰아세우지 말고 자녀를 키우는 입장에서 서로 속상한 마음을 알아주면 좋을 것이라 하며 전화 통화를 권한다.

"○○이 어머님께 전화 부탁드릴게요. 전화하기가 쉽지 않으시겠지만 같이 자식 키우는 입장에서 아이 얼굴에 상처가 났으니 전화해 주시면 어머님 마음도 편해지시고 ○○이 어머님도 마음이 조금 더 편해지실 것 같습니다."

이런 표현도 있어요!

- 어머니도 노력한다고 하셨는데 잘 안 돼서 속상하시죠?
- 그동안 얼마나 힘드셨어요.
- 속상하고 맘이 많이 아프시겠어요.
- 그동안 마음고생 많으셨죠?

54 얼마나 자랑스러우세요.

상황 속으로

지수 어머니는 오늘 지수에게 첼로를 갖다 주러 학교에 왔다. 다른 때 같으면 학교에 오는 것이 귀찮았을 텐데 오늘은 그렇지 않다. 어제 지수가 학교 대표로 교육청 육상대회에 나가서 1등 상을 받았기 때문이다. 담임선생님을 뵈면 이것에 대한 칭찬도 들을 수 있을 것 같아 교문에서 줘도 되는데 일부러 교실까지 올라왔다.

점심시간에 김 선생님은 이를 닦으러 화장실로 가다가 지수 어머니가 교실 뒷문 쪽에서 기웃거리는 것을 보았다.

"지수 어머니, 웬일이세요?"

"오늘 방과 후 첼로부 수업이 있는데, 지수가 첼로를 안 가지고 가서 갖다 주러 왔어요. 아침에 꼭 챙겨 가라 했는데……."

"네, 그러셨어요. 지수 벌써 밥 먹고 나간 것 같은데. 지수 자리에 놓고 가세요."

"그래야겠네요."

"그럼, 안녕히 가세요."

김 선생님은 지수 어머니와 헤어지고 나서 뭔가 놓쳤다는 생각에 발걸음을

멈추고 다시 지수 어머니를 불렀다.

"지수 어머니!"

마음속으로

김 선생님은 지수 어머니와 헤어지고 나서 어제 지수가 육상대회에서 1등 상을 받은 것이 기억났다. 부모로서 많이 기뻤을 텐데 그 마음을 몰라주었다는 생각이 들었다. 자신이 축하해 주면 지수 어머니나 지수가 더 자랑스러워할 것 같아 지수 어머니를 다시 불렀다.

지수 어머니는 안녕히 가시라는 김 선생님의 말에 왠지 서운했다. 분명히 지수가 상 받은 걸 알고 있을 텐데 아무 말이 없으니 괜히 민망하다. 지수가 대단한 일을 한 거라 생각했는데 나만 그렇게 생각하는 건가 싶어 씁쓸한 기분이 든 순간 김 선생님이 자신을 부르는 소리가 들었다.

교실을 바꾸는 매직워드

김 선생님은 자식을 키우면서 가장 보람을 느낄 때가 이런 때가 아닐까라는 마음으로 지수 어머니를 진심으로 축하해 드리기로 했다.

"얼마나 자랑스러우세요."

왜 이 표현인가요?

1 자식 잘됨이 부모에게는 큰 보람

어느 지상파 예능프로그램에서 출연자들에게 '부모에게는 ○○○○이 행복의 조건이라네~.' 의 빈칸을 채우도록 했다. 여러 가지 대답이 나왔지만 그 중에서 가장 많은 사람이 동의한 부분이 '자식 잘됨' 이었다.

'자식과 거리를 유지하라.' '자식에게 자신의 꿈을 실현시키려 하지 마라.' 와 같이 자식과 부모의 독립된 관계가 중요하다는 많은 격언이 있음에도 부모에게는 '자식 잘됨' 만큼 행복한 일도 없을 것이다.

그리고 특히 교사에게 듣는 칭찬은 어느 누구의 칭찬보다 객관적인 칭찬이라 생각하기에 부모를 더욱 행복하게 할 수 있다.

2 교사의 의도적인 노력이 필요함

학교생활을 하다 보면 문제학생의 부모에게는 학생이 문제를 일으켰을 때 부득이하게 연락을 하거나 학생의 좀 더 나은 학교생활을 위한 교사의 필요에 의해 연락을 하게 된다. 하지만 학교생활을 잘하는 학생이나 문제를 일으키지 않는 학생의 부모에게는 연락을 잘하지 않게 된다. 부모들 또한 자녀의 학교 생활에 대해 '무소식이 희소식'이라는 속담처럼 막연하게 '잘하고 있구나'라는 생각을 가지고 지낸다. 교사 입장에서도 방과 후 업무 처리와 교재 연구 등을 하느라 턱없이 모자란 시간에 잘한 학생들까지 챙기는 것은 힘든 일이다.

잘한 학생을 격려하고 부모에게 알리는 것도 문제학생을 지도하는 것만큼 중요한 일이다. 교사가 의도적으로 학생의 잘한 점을 부모에게 알리다 보면 학생들의 장점을 그만큼 많이 발견하게 되고 학생 또한 자신이 잘한 점이나 자신의 능력을 부모에게 알리는 것을 알고 더욱 잘하려는 마음이 들 것이다. 부모 또한 자녀로 인하여 행복감을 맛볼 수 있어 자녀와 보다 좋은 관계를 맺을 수 있다. 교사의 의도적인 노력이 학생과 학부모, 교사 모두를 행복하게 하는 것이다.

3 학생의 칭찬을 전화로 자주 알리는 것은 신중히 고려하기

아이의 긍정적인 결과를 부모에게 알려 주는 것은 중요하다. 학교에 자녀를 보내 놓고 나서는 자녀가 무엇을 잘하는지에 대하여 궁금할 때가 많기 때문이다. 하지만 긍정적인 결과를 전달하는 과정에서 그 수단에 주의해야 한다. 한두 번의 전화는 괜찮겠지만 매번 전화를 할 경우 부모에게 무엇을 바라는 것이 아닌가 하는 오해를 살 수 있다.

그러므로 자녀에 대한 칭찬이나 긍정적인 결과를 부모에게 전달할 때는 알림장에 적어 주거나 문자로 간단히 알려 주는 것이 좋다. 좋은 일을 하면서 괜히 오해를 살 필요는 없다.

이런 표현도 있어요!

- 어쩜 자식을 그렇게 잘 키우셨어요.
- 얼마나 뿌듯하세요.
- 얼마나 든든하세요.
- 얼마나 기쁘세요.

22. 학부모에게 감사, 격려, 거절하는 말

- 추운(더운) 날씨에 고생 많으셨습니다.
- 덕분에 아이가 많이 발전하고 있습니다.
- 항상 학급에 관심 가져 주셔서 감사합니다. 그런데~

학급을 이끌다 보면 교사가 좋든 싫든 학부모의 도움을 받아야 하는 일이 생긴다. 그렇지만 학교활동에 참여하는 학부모의 모습은 모두 제각각이다. 선의를 가지고 열심히 참여하는 학부모도 있지만 그렇지 못한 학부모도 있다.

이러한 학부모들을 만나면서 중요한 것은 교사가 어떠한 태도로 대하느냐에 따라 학부모들이 학교활동에 보람을 느끼며 적극적으로 참여할 수도 있고, 소극적으로 억지로 참여할 수도 있다는 것이다. 학부모들을 학교활동의 적극적인 참여자로 만들기 위해서는 교사의 적절한 감사와 격려뿐만 아니라 때론 단호한 거절도 필요하다.

이 장에서는 학부모들에게 감사, 격려하는 표현과 학부모의 요구에 정중히 거절하는 표현을 알아보자.

55 추운(더운) 날씨에 고생 많으셨습니다.

상황 속으로

오늘은 범수 엄마의 녹색어머니 봉사활동일이다.

8시 10분까지 나가야 해서 평소보다 더 빨리 일어나 화장을 하고 식사를 준비하였다.

"범수야, 엄마 먼저 나갈 테니까 아침 먹고 그릇은 설거지통에 넣고 너도 늦지 않게 나와. 엄마 먼저 간다."

12월 방학 전, 집에 있을 땐 몰랐는데 녹색어머니 옷 위에 두툼한 점퍼까지 입었지만 여간 추운 날씨가 아니다.

학교 앞에 잠깐 서 있는데 너무 추워 얼어 버릴 것 같았다.

'이럴 줄 알았으면 목도리를 하고 올 걸…….'

"얘들아 멈춰, 잠깐 차 지나간 다음에 가야지."

범수 엄마는 호루라기와 함께 깃발을 올렸다 내렸다 하며 분주하게 움직였다.

8시 30분쯤이 되자 아이들이 우르르 몰려온다. 이렇게 '추운 날에 무슨 고생이람.' 하고 생각하다가도 몇몇 아이들이 "감사합니다."라고 얘기해 주면 보람을 느낀다.

등교시간을 넘기자 아이들 한두 명만 서둘러 뛰어오는 모습이 보인다. 한숨을 돌리고 생각해 보니 오늘 범수 담임선생님을 못 뵌 것 같다. 지난번에도 못 뵈었는데 오늘도 역시 뵙지 못했다.

활동이 끝나고 집으로 돌아가는 길에 문자 메시지가 왔다. 담임선생님의 메시지였다.

"어머님! 제가 아침에 급하게 업무 처리할 것이 있어 미처 나가서 뵙지 못했습니다. 추운 날씨에 고생이 많으셨습니다. 어머님 덕분에 우리 아이들이 안전하게 등교를 했네요. 감사합니다."

마음속으로

범수 엄마는 봉사하겠다는 마음으로 녹색어머니 활동을 자원했지만 막상 담임선생님을 뵙지 못하니 서운한 마음이 들었다. 범수를 위한 것이긴 하지만 이렇게 추운 날에 고생하는데 선생님이 한 번쯤 나오셔서 수고한다는 말 정도는 해 줄 수 있는 것이 아닌가 싶었다. 어제 알림장에 녹색어머니 활동 안내장을 붙여 주셨으니 내가 오늘 나오는 것을 아실 텐데 싶고, 다른 담임선생님은 직접 다니면서 수고한다는 말을 해 준다고 들어서 비교도 된다. 문자 메시지가 와서 섭섭한 마음이 좀 누그러졌지만, 그래도 문자 메시지보다 직접 선생님 얼굴을 뵈면 더 기분이 좋았을 것 같다.

교실을 바꾸는 매직워드

김 교사는 이렇게 추운 날씨에 아이들을 위해 고생한 범수 어머니에게 감사하다는 말을 전해야겠다고 생각했다.

"추운(더운) 날씨에 고생 많으셨습니다."

왜 이 표현인가요?

1 감사한 것을 당연한 것이라 착각하지 않기

감사의 기본은 어떤 일을 당연한 것으로 받아들이지 않는 것이다. 감사는 학부모의 학교활동(봉사)이 당연한 것이 아님을 이해하는 것에서 시작된다. 교사의 입장에서는 학부모의 학교활동(봉사)이 자식을 위해 당연히 하는 것으로 여길 수 있으나 학부모의 입장에서 살펴보면 그렇지만은 않다. 다른 학부모들은 하지 않는데 이 학부모들은 자신의 시간과 노력을 기꺼이 학교와 학급을 위해 할애한 것이다.

어느 교사가 휴직을 하면서 부모로서의 역할에 충실하고자 녹색어머니 봉사를 자처했다고 한다. 아침에 아이 학교 갈 준비를 시키고 일찍 나와서 교통지도를 하는 것이 결코 쉬운 일이 아님을 자신이 직접 경험해 보고 나서야 느꼈다고 한다. 그래서 그 교사는 그 이후로 학급을 위해 봉사하는 분들에게 진심 어린 감사를 표현했다고 한다. 우리 모두가 이처럼 직접 경험하여 느껴 볼 수는 없지만 학부모의 수고와 노력을 짐작하면 감사한 마음을 가질 수 있을 것이다.

2 표현하지 않으면 모른다

우리는 살아가면서 감사함을 일일이 표현하지 않아도 상대방이 알 것이라고 생각하기 쉽다. 마찬가지로 내가 학부모에게 일일이 감사하다는 것을 말하지 않아도 교사의 마음을 알 것이라고 생각할 수 있다.

자신이 대가를 바래서 한 것은 아니지만 교사가 수고를 인정해 주고 감사함을 표현해 준다면 더 없이 신이 나고 행복할 것이다. 감사를 받는 입장에서 왠지 쑥스러워 감사를 사양할 수도 있지만 그 마음속은 다르다. 그러므로 쑥스러운 느낌이 들더라도 자꾸 표현하여 학부모에게 감사의 마음이 전달될 수 있도록 한다.

3 감사하는 마음은 행복한 교사가 되기 위한 최고의 조건

어느 책에서는 "감사는 인생의 시크릿"이라 표현하였다. 그만큼 감사는 우리 삶을 풍요롭게 해 주는 중요한 요소다.

'우리 반을 위해 애써 주시는 학부모가 있음에 감사하다.' 라는 마음을 가지고 교직생활에 임한다면 더욱 행복한 교직생활을 할 수 있을 것이다.

> 감사를 잘 이해하고 자주 하는 전문가가 될수록 분노와 우울, 절망에 덜 빠지게 된다. 감사는 에고(소유하고 지배하기를 원하는)의 굳은 껍데기를 서서히 녹이는 특효약이 되어 우리를 관대한 존재로 바꾸어 준다. 감사하는 마음은 우리를 고결하고 도량이 넓은 영혼으로 자라게 해 주는 진정한 영적 연금술이다.
>
> –샘 킨Sam Keen

4 감사 표현의 세 가지 요소

사람들은 감사의 말을 들을 때 쑥스러워하면서도 진심에서 우러난 인정과 감사를 받고 싶어 한다. 그런데 감사 표현 뒤에 자신한테 무엇을 얻어 내려는 숨은 의도가 전달되면 그 순간부터 감사가 갖고 있는 가치와 아름다움은 손상된다. 감사는 무엇인가를 돌려받기를 원해서가 아니라 순수한 마음으로 그들 덕분에 충만해진 삶을 함께 기뻐하는 것이 되어야 한다.

감사를 표현할 때 몇 가지 요소를 넣어 표현하면 좀 더 풍요로운 감사 표현이 된다.

① 학부모가 우리 학급을 위해 기여한 행동
② 학부모의 행동으로 인하여 우리 반이나 교사가 얻게 된 것
③ 앞의 ②로 인하여 교사나 아이들이 느끼는 즐거운 느낌

예 "어머니께서 오늘 재능기부 수업을 해 주신 덕분에(①) 아이들이 소중한 진로체험을 할 수 있었습니다.(②) 이에 대하여 저와 우리 반 아이들 모두 깊이 감사하고 있습니다.(③)"

5 아이한테 표현하기

감사 표현을 학부모에게도 할 수 있지만 학급의 아이에게 표현할 수도 있다.

"너희 어머니 덕분에 아이들이 안전하게 학교에 왔어. 그래서 선생님은 너희 어머니에게 너무 감사하구나."

학부모들이 학교에서 봉사활동을 하는 많은 이유 중 하나가 자녀의 교육에 도움이 될 거라는 믿음 때문이다. 그러므로 교사가 자녀에게 감사함을 직접 표현해 준다면 학부모의 입장에서는 기쁠 것이다. 뿐만 아니라 아이도 부모의 행동에 자랑스러움을 느낄 수 있으므로 1석 2조의 효과를 거둘 수 있다. 하지만 여기에서 주의해야 할 것은 다른 학생들이나 부모들에게 오해의 소지가 없도록 개별적으로 불러서 표현하거나 객관적인 입장으로 칭찬해 주도록 한다.

6 학년 말에 감사카드 보내기

학급을 위해 1년 동안 애쓰신 학부모에게 교사가 간단한 감사카드나 편지를 보내는 것도 좋다. 학년 말은 감사편지를 보내는 교사나 받는 학부모나 어느 때보다 진심 어린 마음이 잘 전달되는 때다. 이런 감사카드나 편지를 받는다면 학부모의 입장에서도 보람을 느끼게 된다.

이런 표현도 있어요!

- 늘 학급 일에 관심을 가져 주셔서 정말 감사합니다.
- 어머님 덕분에 우리 반 아이들이 항상 즐겁게 공부하고 있습니다. 정말 감사합니다.
- 우리 반 아이들을 위해 수고해 주셔서 정말 감사합니다.
- 우리 반을 위해 애써 주시는 어머님이 있어서 정말 든든합니다.

매직 워드

56

덕분에 아이가 많이 발전하고 있습니다.

상황 속으로

용철이네는 식당을 운영하고 있어서 부모님이 모두 식당 일에 매달려 있다. 그래서 용철이는 방과 후에는 집에서 혼자 게임을 하거나 학원이 끝나면 밖에서 친구들과 늦게까지 놀다 오는 일이 많았다.

하지만 선생님과 상담을 한 후에 용철이 어머니는 큰 결단을 내렸다. 돈도 중요하지만 용철이를 위해 식당 일을 그만두고 용철이를 돌보는 데 전념하기로 한 것이다. 용철이 아버지 역시 용철이를 위해 힘든 것을 감수하기로 했고, 가게에서 용철이 어머니 대신 일하는 사람을 한 명 더 구했다.

용철이 어머니는 맛있는 간식도 만들어 주고 숙제도 봐 주면서 용철이를 챙겨 주고 있다. 식당 일로 바빠서 그동안 용철이를 세심하게 돌봐 주지 못했었는데 이렇게 챙겨 주게 되니 엄마로서 뿌듯하기도 하지만, 한편으로는 자신이 과연 잘하고 있는 것인지 답답할 때도 있다.

마음속으로

용철이 엄마는 용철이에게 그동안 못해 준 게 많다는 생각이 들어 더 잘해 주려고 열심히 노력하고 있다. 하지만 과연 용철이가 이전에 비해 나아진 건지는 잘 모르겠다. 무소식이 희소식이라고, 용철이가 사고를 쳤다는 선생님의 전화가 없는 것은 반가운 일이다. 하지만 선생님의 전화가 없으니 용철이가 요즘 학교에서 어떻게 지내는지 알 도리가 없다. 용철이한테 물어보면 잘하고 있으니까 걱정 말라고 하지만 그 말을 100% 믿기는 어렵다. 먼저 선생님께 전화를 걸고 싶지만 이전보다 용철이가 더 나빠졌다는 말을 들을까 봐 두렵다. 내가 지금 잘하고 있는 건지 누가 좀 말해 주면 좋겠다 싶다.

교실을 바꾸는 매직워드

김 선생님은 변화되는 용철이를 보며 가정교육의 힘을 느끼고 있다. 용철이 어머니가 집에서 용철이를 하나씩 챙기면서 그동안 아무리 선생님이 노력해도 안 되었던 것들이 조금씩 달라지고 있다. 그래서 김 선생님은 용철이 어머니가 지속적으로 용철이에게 관심을 쏟을 수 있도록 응원의 메시지를 보내기로 했다.

"덕분에 아이가 많이 발전하고 있습니다."

왜 이 표현인가요?

1 학부모도 격려가 필요하다

문제가 있는 자녀를 둔 학부모는 아이가 자라면서 주위로부터 부정적인 피드백을 많이 받기 마련이다. 그래서 자녀 문제에 관해서는 다른 부모들보다 내면적인 스트레스나 상처가 많은 경우가 대부분이다. 이러한 학부모의 경우 내면의 힘이 약하기 때문에 자신의 시도가 금방 효과를 보이지 않을 경우 쉽게 포기할 수 있다. 그러므로 교사는 이러한 부모의 특성을 알고 어떤 학부모들보다 꾸준한 격려를 해 줘야 한다. 또한 교사도 성급하게 학생의 문제행동에만 초점을 맞출 것이 아니라 부모의 힘든 점, 부모의 노력에 초점을 맞추어 격려한다.

2 행동의 긍정적인 변화가 있을 때 학부모에게 알려 주기

교사들은 학생에게 문제가 있을 땐 전화나 상담을 많이 한다. 그러나 정작 학생이 긍정적인 행동을 할 경우에는 학부모에게 알리지 않을 때가 많다. 일단 교사가 편해졌고, 학생으로서 문제행동을 하지 않는 것은 당연한 것이라고 생각하기 때문일 것이다. 그러나 학부모는 자녀의 문제행동도 궁금하지만 학생의 긍정적인 변화도 매우 궁금하다. 용철이의 부모같이 노력을 시도하고 있는 부모는 자녀의 작은 변화에 매우 민감하다. 이런 학부모일수록 교사는 학생의 긍정적인 조그마한 변화라도 놓치지 말고 학부모에게 알려 학부모가 가능성과 희망을 보고 지속적으로 노력을 할 수 있도록 도와야 한다.

3 구체적인 상황으로 칭찬하기

학부모에게 학생의 긍정적인 변화나 학부모의 노력에 대하여 칭찬과 격려를 보낼 때는 구체적으로 한다. "용철이가 잘하고 있어요." 보다는 "어머니의 노력으로 용철이가 숙제를 잘 해 오네요." "어머니가 관심을 가져 주시니 용철이가 공부시간에 집중을 잘해서 칭찬도 받았습니다." 와 같이 구체적으로 칭찬을 하도록 한다. 그래야만 부모 입장에서 자녀의 구체적인 변화를 알 수 있고 이를 자녀의 교육에 다시 활용할 수 있기 때문이다.

4 부모의 스트레스를 감소시키는 방법 제안하기

용철이 어머니처럼 자신의 생활을 포기하고 자녀에게 매달려 있는 경우에는 빨리 문제를 해결하고 싶어 하고 변화가 없을 경우에는 조급해하기 쉽다. 변화가 일어나기 위해서는 시간이 걸리는데, 이런 조급함은 금방 사람을 지치게 만들어 오히려 역효과를 가져온다. 이때 교사는 부모가 아이 때문에 받는 스트레스에 대해 여유 있게 대처할 수 있도록 도와줄 수 있다. 부모가 먼저 심리적으로 건강하고 일상생활을 잘할 수 있어야 자녀에게 좋은 모범이 되고 자녀 문제를 해결하는 데 도움이 된다.

교사는 다음과 같은 다양한 스트레스 대처 방식에 대해 정보를 주고 부모가 실천할 수 있도록 격려한다.

① 하루 중 일정한 시간, 일주일 중 일정한 시간은 자녀 양육에서 벗어나 부모 자신만을 위한 시간을 갖는다. 취미활동이나 친구 만나기, 혹은 운동하기 등의 시간을 정기적으로 갖는 것이 정신건강을 위해 필요하다. 또한 부부만을 위한 시간을 갖는 것도 좋다.

② 다른 사람으로부터 사회적 지지를 받는 것이 필요하다. 일상생활의 힘든 감정을 털어놓고 이야기할 상대가 있는 것이 스트레스를 완충시키는 역할을 한다. 가까운 사람에게 고충을 털어놓고 위로를 받을 기회를 만들도록 조언한다.

③ 바람직한 생활습관을 들인다. 규칙적인 생활을 하고, 정기적으로 운동하고, 좋은 식습관을 갖고, 충분한 휴식을 취한다. 자녀 때문에 부모가 이러한 규칙적인 일상생활을 흐트러뜨리지 않는 것이 자녀에게도 좋은 모범이 된다.

④ 매사 긍정적으로 생각하도록 노력한다. 어떤 일이든 긍정적인 측면과 부정적인 측면이 있는데, 부정적인 측면에 초점을 맞추면 쉽게 우울해지고 불안해진다. 가능하면 긍정적인 측면을 부각시켜 보도록 노력하는 것이 스트레스를 줄이는 데 도움이 된다.

⑤ 분노 감정을 효과적으로 다스리는 방법을 배워서 실천한다. 특히 자녀문제로 인해 좌절하고 화가 나는 경험이 많은 부모들은 자신의 분노 감정을 파괴적이지 않은 방식으로 해결하는 것이 자신의 스트레스 감소에 도움이 될 뿐만 아니라, 자녀들에게 효과적인 감정 조절을 하는 모델이 된다.

⑥ 스트레스를 감소시킬 수 있는 지지 집단에 참여하거나 전문가의 도움을 받는다.

출처: 신현균(2009), pp. 147~148.

이런 표현도 있어요!

- 어머니가 관심을 가져 주시니 아이가 잘 따라오고 있습니다.
- 어머니의 노력으로 아이가 많이 발전하고 있습니다.
- 어머니가 관심을 가져 주셔서 아이가 많이 변화하고 있습니다.
- 덕분에 아이가 많이 향상하고 있습니다.

매직 워드

57

항상 학급에 관심 가져 주셔서 감사합니다. 그런데~

상황 속으로

범수 어머니는 중학교 교사로 있다가 범수의 교육을 위해 학교를 그만두고 전업주부로 지내고 있다. 그래서인지 범수의 학교교육에 대해서 어느 학부모보다 관심을 많이 가지고 있고, 학교교육에 대해서도 다양한 피드백을 많이 준다.

"선생님, 제가 아이들이 읽으면 좋은 책을 뽑아 봤습니다. 아이들한테 읽으라고 하면 좋을 것 같습니다."

"선생님, 이번 사회과에 관련하여 체험학습 장소를 정리했습니다. 학생들에게 안내하면 좋을 것 같습니다."

그런데 어느 때부터인가 김 선생님에게 요구사항이 적힌 쪽지가 오기 시작했다.

"선생님, 아이들이 다양한 친구들과 사귈 수 있도록 짝꿍을 한 달에 한 번은 바꿔 주셨으면 합니다."

마음속으로

김 선생님은 범수 어머니의 태도에 당황했다. 처음에는 같은 교직에 있었으니 교사의 마음을 더 잘 알아줄 거라 믿었다. 그런데 요구 사항이 적힌 쪽지들을 받다 보니 자신을 범수의 담임이 아닌 무슨 후배 교사로 생각하는 게 아닌가 싶다. 어쩔 때는 담임으로서의 고유권한을 침해받는 느낌이 들어 영 불편하다. 도대체 어디까지 받아들이고 어디까지 거절해야 할까?

교실을 바꾸는 매직워드

김 선생님은 범수 어머니의 쪽지를 보고 한동안 가만히 있었다. 자기 자신을 가르치는 것 같은 느낌이 들어 기분이 좋지 않았던 감정을 떨쳐 버리고 이 상황에 대하여 차분히 생각해 보기로 했다.

범수 어머니가 학급을 위해 이것저것 관심을 가져 주시는 것은 고마운 일이다. 하지만 나의 교육철학에 반하는 요구는 단호하게 거절할 수 있는 결단력도 보여 줘야 할 필요성을 느꼈다. 그래서 범수 어머니에게 다음과 같은 메시지를 보냈다.

"항상 학급에 관심 가져 주셔서
감사합니다. 그런데~"

왜 이 표현인가요?

1 긍정적으로 받아들이기

학부모가 교사에게 "이렇게 해 주셨으면 좋겠습니다." "이렇게 하는 것이 좋지 않을까요?"라고 했을 때 교사 입장에서는 기분이 나쁠 수 있다. 왜냐하면 학급 운영에 대한 책임이 교사에게 있다고 생각하기 때문이다.

하지만 학부모가 이러한 제안을 했을 경우 교사가 자신에 대한 공격이 아니라 학부모에게도 교육방법에 대한 나름의 의견이 있을 수 있다고 생각하고 긍정적으로 받아들이는 열린 마음이 필요하다. 교사 나름대로 교육철학이 있긴 하지만 그것이 반드시 절대적인 것은 아니다. 그러므로 학부모가 이런 제안을 했을 경우에는 열린 마음으로 받아들여 검토해 보고 만약 그것이 더 낫다면 받아들일 수 있는 유연성을 가진다.

2 교사의 권한을 침범할 때는 단호하게 말하기

열린 마음으로 학부모의 의견을 받아들여 생각해 보았을 때 그것이 터무니

없는 요구이거나 교사의 교육철학에 반하는 것이라면 단호하게 학부모에게 말할 필요가 있다. 하지만 최대한 예의를 갖춰 정중하게 이야기해야 한다. 제시된 표현처럼 학부모의 학급에 대한 관심을 긍정적으로 표현한 후에 교사가 전달하고자 하는 것을 말한다.

이때 교사의 입장에서 학부모에게 어떻게 말해야 할지에 대한 부담감, 학부모가 자신의 말에 오해를 하지 않을까 하는 걱정 등을 진솔하게 표현하는 것도 도움이 된다.

> 제가 어머니께 드릴 말씀이 있다고 하여 어떤 이야기인지 궁금하셨지요? 저도 어머니께 이 말씀을 드리면 혹시 기분 상하시지 않을까, 저의 말을 오해하시지는 않을까 걱정이 많이 되었습니다. 하지만 어머니께 말씀 드리는 것이 더 나을 것 같아 연락을 드렸습니다.
>
> 항상 학급에 관심 가져 주셔서 감사합니다. 그런데 어머니께서 저에게 요구하신 부분은 담임이 결정하고 책임져야 하는 부분인 것 같습니다. 담임의 역할이라는 것은 학급의 모든 활동이나 학생을 책임지고, 학부모들과의 의견을 조율하는 것입니다.
>
> 저는 ○학년 ○반의 담임이기에 어머니의 의견뿐만 아니라 다른 학생과 다른 학부모의 입장도 존중해 주어야 합니다. 그렇기에 어머니의 생각은 좋은 의견으로 받아들이고 결정은 담임으로서 제가 심사숙고한 후에 하겠습니다.
>
> 제 생각은 이런데 어머니의 생각은 어떠세요? 제 말이 혹시 실례가 되지 않았는지 모르겠습니다.

3 일관적인 태도 유지하기

분명하게 교사의 입장을 밝혔는데도 학부모가 계속 교사의 교육적 고유권한을 침범할 경우에는 화를 내거나 불쾌해하지 말고 처음 의도한 대로 일관된 태도와 언행을 보이는 것이 중요하다. 교사가 일관된 태도를 보이게 되면 학부모의 생각도 달라질 것이다.

4 학부모의 관심과 애정은 격려하기

범수 어머니처럼 나름대로 자녀의 교육에 도움을 주고자 했는데 거절을 당하면 자신의 노력이 받아들여지지 않았다고 생각하여 실망감을 갖거나 교사에게 반감을 가질 수도 있다. 이러한 부모들의 경우 교사의 교육적 권한을 침해하긴 했으나 자녀에 대한 관심과 애정은 어느 누구보다 크다는 것을 인식하고 이 부분에 관해서는 끊임없이 적극적으로 지지하고 격려해 주도록 한다.

이런 표현도 있어요!

- 늘 학급 일에 관심을 가져 주셔서 감사한 마음을 갖고 있습니다. 그런데~
- 어머님께서 학급 일에 누구보다 열정적으로 관심을 보여 주셔서 늘 감사드리고 있습니다. 그런데~
- 어머님께서 누구보다 학급 일에 신경 써 주신 덕분에 우리 반이 발전하고 있는 것 같습니다. 그런데~

< 학부모

23. 학부모상담 시 하는 말

- 학교에 오는 게 쉬운 일이 아닌데, 이렇게 와 주셔서 감사합니다.
- 그동안 그 문제를 해결하기 위해 어떻게 해 오셨나요?
- 어머님(아버님)께서는 어떻게 생각하세요?

문제학생 위주로 간헐적으로 이루어졌던 학부모상담이 이제는 학부모상담 주간이 의무화되면서 모든 담임교사라면 반드시 해야 하는 하나의 업무가 되었다. 학부모상담을 편안하게 생각하는 교사도 있지만 대부분의 교사들은 학부모상담을 부담스럽게 생각한다. 보다 나은 교육을 위해선 학부모와의 긴밀한 협조가 꼭 필요하다는 인식은 있지만 왜 학부모와 상담을 하는 것은 힘이 들까?

이 장에서는 좀 더 편안한 학부모상담이 되기 위해서 먼저 학부모상담에 임하는 교사의 마음 자세나 태도를 점검해 보고, 학부모상담을 어떤 말로 이끌어 갈지에 대한 구체적인 표현을 알아보자.

매직워드 58

학교에 오는 게 쉬운 일이 아닌데, 이렇게 와 주셔서 감사합니다.

상황 속으로

지수 어머니는 직장맘이다. 이번 주에 학부모상담을 신청해 놓았기에 주초부터 팀장님에게 조퇴를 하겠다고 말해 놓은 상태였다.

오늘 아침 지수 어머니는 다른 때보다 옷에 신경 쓰느라 회사에도 지각할 뻔했다.

'이 옷은 너무 평범한 것 같고, 이 옷은 너무 튀는 것 같고…….'

회사에 도착하자마자 옆에 있는 직원이 한마디 한다.

"과장님, 옷이 멋진데요. 오늘 무슨 일 있으세요?"

"오늘 학부모상담 있잖아. 그래서 좀 신경을 썼지. 자기도 나중에 해 보면 알 거야."

오후에 조퇴할 생각에 얼른 맡은 일을 마무리하고 퇴근하려는데 갑자기 회사에 급한 일이 생겼다. 팀장은 개의치 말고 가라고 했지만 아무래도 신경이 쓰여 머뭇거리다 보니 시간이 빠듯하였다. 그래서 택시를 탔는데 사고가 났는지 평상시에 쌩쌩 달리던 길이 막히는 것이 아닌가? 택시에서 내려 시계를 보니 상담시간이 5분 정도 지났다. 부리나케 뛰어가 숨을 가다듬고 교실 뒷문을 여니 선생님이 책상에 앉아 계셨다.

"선생님, 늦어서 죄송합니다. 차가 막혀서요."

"네, 그러셨어요. 뒤에 상담이 이어져 있어서 시간을 지켜주셔야 하는데……."

"죄송합니다."

마음속으로

지수 어머니는 선생님께 미안한 마음이 들었지만 한편으로는 서운했다. 퇴근도 못하고 여러 사람과 계속 상담하는 선생님도 분명 힘드실 것이다. 하지만 자신도 이 시간을 위해 하루 종일 종종거리며 헐레벌떡 왔다. 좀 더 다정하게 얘기해 주시면 마음이 한결 가벼워질 것 같다. 늦게 와서 선생님께 밉보인 것이 아닌가 싶어 괜히 눈치가 보인다. 이럴 줄 알았으면 그냥 안 올 걸 그랬나 하는 생각도 든다. 그래도 지수의 학교생활은 너무 궁금하다. 직장맘이라 아무래도 전업주부 엄마들보다 아이에게 신경을 못 써 주는 부분이 있어서 더 선생님께 지수에 대한 이야기를 듣고 싶다.

교실을 바꾸는 매직워드

어제 한 분이 늦는 바람에 상담시간이 계속 뒤로 미뤄지는 일을 겪은 김 선생님은 오늘도 상담이 늦어질까 염려가 되었다. 하지만 지수 어머니도 일부러 늦지는 않으셨을 테고 일터에서 학부모상담을 위해 힘들게 오셨을 지수 어머니의 마음을 알아주는 것이 필요하다고 생각을 했다.

"학교에 오는 게 쉬운 일이 아닌데,
이렇게 와 주셔서 감사합니다."

왜 이 표현인가요?

학부모상담을 하기 전 교사가 어떤 마음을 가지고 상담에 임하느냐에 따라 그 상담의 결과는 많이 달라진다. 어떤 마음가짐을 가져야 상담이 효과적으로 이루어질지 살펴보자.

1 상담에 오는 학부모의 노력을 인정하고 격려해 주기

자녀를 위하여 학부모상담을 신청하고 학교에 오는 것이 교사 입장에서 보면 별것 아닌 것으로 생각될지 모르겠지만 어떤 학부모에겐 시간을 내어 담임 선생님을 만나는 것이 쉽지 않을 수도 있다. 특히 자녀의 학교생활이 원만하지 않다고 생각하는 학부모의 마음은 여러 가지로 복잡할 것이다. 부모 역할을 제대로 못했다는 죄책감과 수치심, 그리고 자녀의 잘못에 대한 이야기를 또 듣지 않을까 하는 불안함이 있기에 담임선생님을 만나는 것은 많은 용기가 필요한 일일 수 있다. 그러므로 담임교사는 부모의 이러한 마음을 알고 학부모상담에 오기 위해 애쓴 노력을 인정해 준다.

2 학부모의 이야기를 평가 없이 충분히 들어주고자 하는 마음 갖기

상담을 하다 보면 학부모의 이야기를 교사의 기준에 따라 평가하거나 학부모의 말에서 학생의 문제행동의 원인을 찾으려는 교사가 있다. 그리고 어떤 경우엔 '다음에 무슨 이야기를 하지?'라는 생각에 학부모의 이야기에 집중하지 못할 때도 있다. 교사가 학부모의 말에 공감해 주지 않거나 집중하지 않으면 학부모도 그것을 느끼게 되고, 섭섭함을 느끼거나 상담에 진실 되게 임하지 않고 형식적으로 말을 하게 된다. 그러므로 학부모의 이야기를 들을 때는 판단하거나 비판하지 않고 학부모의 이야기를 충분히 들어주고자 하는 자세가 필요하다.

3 아이의 전문가를 모신다는 입장 갖기

한 아이에 대하여 가장 많이 알고 있는 사람은 다름 아닌 부모다. 물론 학교에서의 생활 모습은 교사가 더 잘 파악하고 있겠지만 그 외의 부분에서는 교사가 알고 있는 것은 학부모가 알고 있는 것에 비하면 아주 작은 일부분에 지나지 않는다. 아이의 출생, 성장과정, 성격, 잘하는 것, 싫어하는 것 등 부모만이 알 수 있는 부분이 많다.

교육에 있어서 아이에 대한 학부모의 전문성에 교사의 교육적 전문성을 더한다면 그보다 좋은 교육은 없을 것이다. 그렇기에 학부모상담 시 아이에 대한 전문가를 모시고 아이에 대한 이야기를 충분히 듣는다는 생각으로 학부모를 맞이하고 상담에 임해 보자. 학부모상담에 대한 부담이 훨씬 줄어들 것이다. 특히 학년 초 상담은 그 어느 때보다 더욱더 이러한 입장을 취해야 할 것이다.

4 학부모의 입장 되어 보기

학부모상담에 임하기 전 '학생의 부모 입장이라면 교사가 어떻게 상담해 주기를 바랄까?'를 생각해 본다면 학부모상담에 많은 도움이 된다. 교사로서 말하려 했던 학생의 문제, 학부모에게 하려고 했던 조언이나 학부모에게 요청하고자 했던 도움 등을 학부모 입장에서 다시 한번 생각해 보고 정리하면 보다 신중한 학부모상담이 될 수 있을 것이다.

5 다양한 학부모가 있음을 인지하기

사람들은 대부분 자신이 알고 있는 것, 자신이 경험한 것을 토대로 다른 사람을 바라보게 된다. 마찬가지로 교사들도 학부모를 바라볼 때 자신이 생각하는 범주 안에 학부모들이 있을 거라 생각한다. 하지만 교사가 만나는 학부모는 교사와 다르게 살아온 사람도 많다. 심지어 전혀 다른 방식으로 사고하고, 교사의 상식으로는 이해할 수 없는 학부모도 있다. 예를 들면, 교사는 자신이 학부모에게 자녀교육에 대한 책을 추천해 주면 매우 고마워할 것이라 생각할 수 있다. 그런데 책을 읽을 시간조차 허락되지 않는 열악한 환경에 사는 학부모는 교사의 이런 행동에 오히려 좌절하거나 화가 날 수도 있다.

그렇기에 학부모상담에 임할 때는 다양한 학부모가 있을 수 있다고 전제하고 열린 관점에서 학부모상담에 임한다.

이런 표현도 있어요!

- 아이가 늘 명랑해서 부모님은 어떤 분이신지 궁금했는데, 이렇게 와 주셔서 감사합니다.
- 어려운 시간 내 주셔서 감사합니다.
- 많이 바쁘실 텐데 와 주셔서 감사해요.
- 시간 내기 어려우셨을 텐데 이렇게 와 주셔서 감사합니다.

59 그동안 그 문제를 해결하기 위해 어떻게 해 오셨나요?

상황 속으로

김 선생님은 올해 경력 3년차의 교사다. 학급 아이들과 소통도 잘 되고 아이들의 마음을 잘 이해해 줘서 아이들에게도 인기가 많다. 하지만 인기 짱인 김 선생님도 학부모를 만나는 건 어렵다. 특히 학부모가 아이에 대한 조언을 구할 때는 어떻게 대답을 해 줘야 할지 머릿속만 복잡할 뿐 대답이 잘 나오지 않는다.

지난번에도 훈이 어머니와 상담을 하면서 진땀을 뺐다.

"선생님, 훈이가 주의집중도 못하고 너무 산만한 것 같아요. 어떻게 하면 좋을까요?"

김 선생님이 생각해도 훈이는 약간 ADHD 경향이 있다.

'지난번에 ADHD 연수를 받으며 어떻게 하라고 했는데 뭐라고 했더라? 맞아! 과제를 잘게 쪼개서 주고, 주위의 산만한 물건을 치우라고 했지.'

"네, 어머니. 훈이가 집중할 수 있게 과제를 가능한 한 작게 제시해 주시고요. 공부할 때 가능한 한 주위를 정리하고 하도록 하세요."

"네, 그런데 친구들과는 어떤가요? 친구들과도 사이가 별로 안 좋은 것 같은데 어떻게 하면 친구들과 사이좋게 지낼 수 있을까요?"

"그건……."

마음속으로

김 선생님은 훈이 어머니의 질문에 바로바로 대답하지 못하는 자신이 부끄러웠다. 교사라면 이럴 때 대답이 척척 나와야 할 것 같은데 그게 쉽지가 않다. 하나를 답하면 또 하나씩 물어보는데, 아이들에 관련된 건 정답이 정해져 있는 것이 아니니까 대답하기가 더욱 어렵다. 명색이 교사인데 잘 모른다고 할 수도 없고, 그렇다고 훈이에 대해 곧이곧대로 이야기하다가는 훈이 어머니가 상처를 받을지도 모른다. 그동안 책에서 본 많은 내용이 머릿속을 빙빙 돌 뿐 선뜻 말이 나오지 않는다.

교실을 바꾸는 매직워드

김 선생님은 면접을 치르듯 훈이 어머니의 질문에 진땀을 흘리며 상담을 마쳤다. 앞으로 남은 상담을 걱정하며 김 선생님은 이 문제를 해결하기 위해 고민에 빠졌다. 그러다가 문득 '교사인 내가 답을 주는 것이 아니라, 그동안 학부모가 해 온 것들을 함께 이야기하면서 해결의 실마리를 찾을 수 없을까?'라는 생각을 하며 다음과 같은 질문이 떠올랐다.

"그동안 그 문제를 해결하기 위해 어떻게 해 오셨나요?"

왜 이 표현인가요?

1 교사가 모든 답을 해 줄 수 없다

일부 교사들은 학부모가 자녀교육에 대하여 조언을 구할 때 답을 해 주는 것에 대해 많은 부담을 가지고 있다. 부담을 갖는 이유를 살펴보면 학부모의 질문에 반드시 답을 해 줘야 한다고 생각하는 경우가 많다. 그리고 올바른 답을 제시하지 못했을 때 자신의 전문성에 대하여 의심받지 않을까 하는 두려움도 있다.

하지만 아무리 훌륭한 교사라 할지라도 학부모의 모든 질문에 답을 해 줄 수는 없다. 그러므로 이때 교사가 모든 답을 반드시 해 줘야 한다는 생각에서 벗어나면 학부모상담을 좀 더 편안히 받아들일 수 있을 것이다.

2 예전에 학부모가 학생의 성장 및 문제 해결을 위해 시도했던 노력들을 알아본다

교사가 답을 주려 하지 말고 학부모가 그 문제를 해결하기 위해 시도했던 노력들을 살펴보면 해결의 실마리를 찾기가 쉽다. 즉, 학생의 문제는 과거부터 있어 왔던 문제일 경우가 많기에 크든 작든 학부모가 시도했던 노력들이 있을 것이다. 그러므로 학부모가 어떤 문제에 대한 답을 구하고자 할 때 학부모가 시도한 노력들을 이야기할 수 있도록 대화의 시작을 여는 것이 좋다.

그리고 어떤 학부모의 경우는 지금의 자녀 문제에 대해 자신이 얼마나 많은 노력을 기울였는지에 대하여 교사에게 알리고 그것에 대하여 교사의 격려를 듣고 싶어 하기도 한다.

3 부모가 답한 이야기를 토대로 함께 이야기해 나간다

교사가 처음부터 답을 주기는 힘들지만 학부모의 이야기를 토대로 하여 함께 이야기해 나가는 것은 그리 어렵지 않을 것이다.

- 그 문제를 해결하기 위하여 부모님은 어떤 방법을 해 보셨나요?
- 그중 비교적 효과가 있었던 방법은 무엇인가요?
- 효과가 없었다고 하셨는데 효과가 없었던 이유가 뭐라고 생각하세요?

위와 같이 학부모가 주로 사용하는 방법이 무엇인지, 어떤 문제에 그 방법을 적용해 보았는지, 어떤 효과가 있었는지를 듣는다. 그리고 부모가 말한 것 중에서 교육적으로 부적절하다고 생각되거나 효과적일 것 같다고 생각하는 것 등에 대하여 함께 이야기해 나가도록 한다.

이때에도 교사가 '좋다, 나쁘다'와 같이 단언적으로 평가하는 것보다는 학부모 스스로 평가하고 되돌아볼 수 있는 기회를 주는 것이 좋다.

이런 표현도 있어요!

🔊 아이가 그럴 때 주로 어떻게 대응하셨나요?

🔊 그 문제를 해결하기 위하여 부모님은 어떤 방법을 써 보셨나요?

🔊 그동안은 어떤 방법으로 해결해 오셨나요?

🔊 평소에는 그런 문제가 있을 때 어떻게 하셨나요?

매직워드 60

어머님(아버님)께서는 어떻게 생각하세요?

상황 속으로

김 선생님은 훈이 어머니와 계속 상담을 하고 있다.

"선생님, 제가 지난번 받은 학부모 연수에서 들은 이야기인데 훈이같이 산만한 아이는 활동을 충분히 할 수 있는 운동을 하는 게 도움이 된다고 하던데요. 괜찮을까요?"

"아무래도 충분히 활동을 하고 나면 공부시간에 좀 더 집중을 할 수 있겠지요."

"그럼 어떤 운동이 좋을까요? 태권도를 시킬까요?"

"태권도도 좋은 운동이지요."

"어떤 엄마는 검도가 좋다고 하던데요. 검도를 시킬까요?"

"그것도 좋겠지요."

"드럼을 치는 것도 좋을 것 같아요."

"그것도 좋겠네요."

"학교에 사물놀이부가 있던데 그건 어떨까요?"

"……."

마음속으로

김 선생님은 훈이 어머니의 질문에 계속 답을 하다가 어느 순간 막막함을 느꼈다. 자신이 답을 한다고 해서 훈이 어머니가 그대로 할지도 모르겠고, 끝도 없는 질문에 지치기도 했다. 어떤 운동을 시킬지는 부모님이 비용 등을 고려해서 결정할 문제라고 생각하는데, 뭔가 답을 내 주길 바라는 것 같아 부담스럽다.

교실을 바꾸는 매직워드

김 선생님은 훈이 어머니의 질문에 계속 대답을 하다가 자신이 대답하는 대신 훈이 어머니에게 다시 질문을 되돌려 보기로 했다.

"어머님(아버님)께서는 어떻게 생각하세요?"

왜 이 표현인가요?

1 형식적으로 묻는 질문에 대한 진위를 알 수 있다

대부분의 학부모는 선생님에게 정말 궁금하여 질문을 할 것이다. 하지만 간혹 어떤 학부모는 어색한 분위기를 깨기 위해서, 질문을 하면 자녀 교육에 관심이 많은 부모로 비춰질 거라는 생각으로, 혹은 선생님의 교육적 역량을 알아보기 위한 방법으로 질문을 하는 경우가 있다.

이럴 때 "어머님(아버님)께서는 어떻게 생각하세요?"라는 질문을 함으로써 학부모의 진위를 파악할 수 있다. 학부모의 질문이 정말 답을 구하는 질문인지, 형식적인 질문인지를 파악함으로써 불필요한 답을 위해 쏟는 선생님의 노력을 줄일 수 있다.

2 열린 질문을 통해 질문에 답하는 사람을 전환시킨다

'예' '아니요' 나 하나의 답을 요하는 닫힌 질문은 교사가 대화를 계속적으로 이끌어 가기 힘들게 하고, 학부모에게도 충분한 이야기를 할 수 없게 한다. 반면에 열린 질문은 교사의 의도를 배제하고, 학부모가 충분히 자기 이야기를 할 수 있도록 하는 질문이다. 그러므로 학부모상담을 할 때 교사는 열린 질문을 통하여 학부모가 자신의 생각과 이야기를 충분히 할 수 있도록 한다. '어떻게 생각하세요' '어떠세요?'라는 열린 질문을 통해 답하는 사람이 교사가 아닌 학부모가 되도록 한다.

3 해결 방법을 학부모 스스로 알고 있는 경우도 많다

교사가 답을 제시하려 하지 말고 학부모의 의견을 다시 물어보면 의외로 학부모가 스스로 답을 알고 있는 경우도 많다. 간혹 교사가 열심히 설명했는데 학부모가 이미 그 방법을 알고 있을 수도 있고, 교사보다 학부모가 더 많은 정보와 지식을 알고 있을 수도 있다.

4 교사에게 책임을 전가하는 것을 예방할 수 있다

사람은 누구나 자기 자신이 선택한 것에 대해서는 그 결과가 잘못되었더라도 받아들이는 경향이 있다. 하지만 다른 사람이 대신 선택하거나 결정해 준 것에 대해서는 그 결과가 잘못되었을 경우 그 사람을 탓하고 원망을 돌리기도 한다.

학부모상담에서도 선생님이 답을 주었는데 그 결과가 좋지 않거나 효과적이지 못하다고 생각했을 때, 그 결과에 대하여 학부모가 책임지지 않고 담임교사에게 책임을 전가할 수 있다. 그러므로 교사가 어떤 답을 주기보다는 학부모 스스로 선택할 수 있도록 기회를 주는 것이 필요하다.

이런 표현도 있어요!

- 아버님께서는 어떤 게 아이에게 더 도움이 될 거라고 생각하세요?
- 어머님께서는 아이의 적성에 무엇이 더 맞다고 생각하세요?
- 아버님께서는 아이에게 어떤 운동을 시키는 게 더 좋다고 생각하세요?
- 어머님이 생각하시기에 아이가 뭘 더 좋아하는 것 같나요?

동료

24. 동료 이해하기

김 선생님은 다소 내향적인 성격에 매우 계획적이고 업무 처리나 학생 관리가 꼼꼼하다. 하지만 꼼꼼한 대신 시간이 좀 걸린다. 이 선생님은 외향적인 성격에 생각하는 것을 말로 표현하는 것에 능숙하다. 그래서 추진력 있게 일 처리를 하지만 엄벙덤벙해서 한 번씩 실수를 한다. 두 선생님의 성격은 다르지만 함께 동 학년 일을 하면 큰 힘을 발휘한다. 김 선생님이 꼼꼼하게 준비를 하면 이 선생님이 그걸 바탕으로 시원시원하게 일 처리를 하고, 이 선생님이 빼먹은 부분이 있으면 김 선생님이 보완해 주기 때문이다.

한 선생님은 두 사람의 성격이 많이 다른데도 잘 맞춰 가는 걸 보면서 늘 흐뭇하게 바라보신다. 두 사람이 자기 것만을 내세우면 트러블이 생길 법도 한데 서로 이해하면서 각자의 역할을 잘해 주니 학년이 순조롭게 운영되어 만족스럽다.

초등교사의 1년을 좌우하는 것은 어떤 것이 있을까? 우리 반 아이들이 나와 잘 맞는지도 중요하지만 동료 교사들과의 관계도 중요한 부분을 차지한다. 학교에서 힘든 일이 있을 때 위로해 줄 수 있고, 좋은 일이 있을 때 기뻐해 줄 수 있는 게 함께 일하는 동료이기 때문이다.

교사라고 하면 흔히들 모범생이라고 불리는 비슷비슷한 성향의 사람들만 있다고 생각하기 쉽다. 하지만 다양한 성향의 사람들이 교사가 된다. 여기에서는 이런 동료들을 좀 더 깊이 이해하기 위한 시간을 가져보고자 한다.

1 성격유형을 통해 동료 이해하기

개인의 성격유형을 알아보는 것은 자기 자신뿐만 아니라 타인을 이해하는 데에도 큰 도움이 된다. 나와 다른 유형을 가진 사람들과 갈등이 일어났을 때 각자가 나름대로의 특성에 따라 행동한다는 것을 이해하면 내가 수용할 수 있는 선에서 상대방에 맞추어 생각하고 받아들이는 것이 훨씬 양호해지기 때문이다.

성격유형을 알아보기 위해 흔히 사용되는 도구로는 MBTI, 애니어그램, DISC 등이 있다. 여기서는 MBTI를 통해 동료를 이해하는 폭을 넓혀 보고자 한다. 다음의 내용은 MBTI를 다룬 『삶의 유형과 삶의 양식』(Hirsh & Kummerow, 2005)과 『16가지 성격유형에 대한 특성』(김정택, 심혜숙, 2007)을 재구성한 것이다.

MBTI는 칼 융Carl Jung의 이론에 근거하여 만든 성격유형 검사다. 심리유형은 사람들이 어떤 선호 경향을 지니고 있다는 생각에서 출발하였다. 사람마다 누구는 오른손을, 누구는 왼손을 더 자주 그리고 편하게 쓴다. 이와 같이 사람들은 자신이 좋아하는 기능이나 태도를 먼저 그리고 자주 사용하게 되는데, MBTI검사는 이것을 알아보고 삶에 적용하는 데 유용한 검사다.

성격유형을 알아보기 전에 먼저 기억해야 할 것이 있다.

우리는 내면에 각각의 상반되는 성향을 모두 가지고 있다. 다만 어느 것을 더 많이 사용하느냐의 문제다. 오른손잡이라고 해서 왼손이 없는 것도 왼손을 쓸 수 없는 것도 아니다. 다만 오른손을 더 잘 쓰는 경향이 있는 것뿐이다.

성격유형은 좋고 나쁜 것이 있는 것이 아니라 개인이 가진 특성이다. 오른손잡이는 정상이고 왼손잡이는 비정상이 아니듯 성격유형도 그렇다. 따라서 다른 사람을 판단하는 잣대로 성격유형을 사용해서는 안 된다.

타고난 선호 경향은 있으나, 외부적인 환경과 조건이 요구하는 것에 따라 타고난 선호 경향과 다른 특성들이 개발되기도 한다. 엄벙덤벙했던 사람이 교사생활을 하면서 꼼꼼하게 되는 것이 그 예다.

MBTI는 네 가지 지표에 따라 사람의 성향을 나타낸다.

지표	선호 경향	주요 활동
외향(E) – 내향(I)	에너지의 방향은 어느 쪽인가?	주의초점
감각(S) – 직관(N)	무엇을 인식하는가?	인식기능
사고(T) – 감정(F)	어떻게 결정하는가?	판단기능
판단(J) – 인식(P)	채택하는 생활양식은 무엇인가?	생활양식

여기에서는 MBTI를 통해서 서로가 다르다는 것을 앎으로써 동료를 이해하는 폭을 넓히고자 하므로 따로 성격유형을 알아보는 검사를 실시하지는 않는다. 하지만 각각의 선호 경향의 특징을 읽다 보면 자신이 어떤 유형인지는 대략적으로 판단이 가능할 것이다.

1 외향성과 내향성

외향(Extraversion)		내향(Introversion)
• 사람을 만나고 활동할 때 에너지가 생긴다. • 다양한 사람들과 폭넓은 관계를 형성한다. • 말을 통한 의사소통 방식을 선호한다. • 생동감 넘치고 활동적이다.	에너지를 얻는 방식	• 혼자 조용히 있을 때 에너지가 충전된다. • 소수의 사람들과 밀접한 관계를 선호한다. • 글을 통한 의사소통 방식을 선호한다. • 조용하고 신중하다.

외향성과 내향성의 일반적 특성

외향적인 사람들은 좀 피곤해도 다른 사람들과 만나 이야기하고 활동하는 과정을 통해 새 힘을 얻는다. 내향적인 사람들은 혼자 있는 시간을 통해 새 힘을 얻는다. 다른 사람들과도 원만한 관계를 유지하지만 혼자만의 시간이 주어지지 않으면 피곤함을 느낀다.

외향적인 사람들은 바깥으로 에너지를 쏟는다. 사람들을 기꺼이 만나며 다양한 활동에 참여한다. 많은 사람과 알고 지내며 새롭게 사람을 만나는 것에도 주저함이 없다. 종종 행동이 생각보다 먼저 나온다. 내향적인 사람은 안으로 에너지를 쏟는다. 먼저 생각하고 결정이 되어야 행동한다. 그래서 사람들을 만나고 활동에 참여하는 것이 조심스럽다. 적은 수의 사람들과 알고 지내며 몇 명과 깊은 관계를 맺는 것을 선호한다.

외향적인 사람은 시키지 않아도 자신의 생각을 자유롭고 크게 말한다. 그래서 그들이 어떤 생각을 하는지 굳이 물어보지 않아도 그냥 옆에 있으면 알 수 있다. 개인적인 것들에 대해서도 쉽게 터놓고 이야기한다. 말하면서 자신의 생각을 정리해 나가기 때문에 때때로 말실수를 할 때가 있다. 내향적인 사람은 물어보지 않으면 무슨 생각을 하는지 알 수가 없다. 생각이 다 정리가 되어야 말을 하는데 그것도 둘이 있어야 좀 더 편하게 말하고 말보다 글로 의사소통하는 것을 좋아한다. 특히 자기 자신에 대한 이야기는 좀처럼 말하지 않는다.

외향적 교사와 내향적 교사

외향적인 교사들이 보기에 내향적인 교사는 답답하고 당최 무슨 생각을 하는지 알 수가 없어서 마치 거리를 두는 것처럼 보이기도 한다. 친해지는 데 시간이 걸리고 개인적인 얘기는 거의 하지 않기 때문에 자신의 개인사를 줄줄 이야기하는 외향적인 교사 입장에서는 꼭 손해를 본 느낌을 받기도 한다. 내향적인 교사들은 일부러 거리를 두는 것이 아니라 그저 조심스러운 것이다. 그들에게는 친해질 충분한 시간이 필요하다. 그리고 혼자 있는 시간도 필요하다. 동 학년 분위기가 좋다고 내향적인 교사들에게 계속 같이 있자고 하면 그들은 마음으로부터 깊이 힘들어한다. 내향적인 교사들은 생각이 정리되고 남이 시켜야 말을 하므로 종종 말을 할 타이밍을 놓친다. 그래서 내향적인 교사의 의견을 듣고 싶다면 먼저 말하기를 기다리지 말고 그들에게 말을 할 기회를 한 번씩 주어야 한다.

내향적인 교사들이 보기에 외향적인 교사는 일단 너무 시끄럽다. 시키지 않아도 말을 줄줄 하니 내향적인 교사들이 말할 틈이 없다. 아무리 내향적인 교사가 잘 들어준다고 해도 끝도 없이 자기 얘기만 하는 건 실례다. 중간중간 다른 사람의 말을 귀담아 듣는 센스를 발휘할 필요가 있다. 아무래도 생각보다 말이 앞서기 때문에 말을 좀 쉽게 한다고 보이기도 한다. 외향적인 교사들이 말을 먼저 하는 것은 절대 생각이 없어서가 아니라, 생각을 정리하기 위해서는 말을 해야 하기 때문에 말이 먼저 나오는 것이다. 그들이 먼저 말을 하기 때문에 그들이 있는 자리는 좀 더 화기애애해지고 생기가 돈다는 것을 기억하자.

2 감각형과 직관형

감각형(Sensing)		직관형(iNtuition)
• 오감을 통해 직접 경험한 정보를 더 잘 받아들인다. • 구체적으로 표현한다. • 현재에 초점을 둔다. • 실용성을 추구하고, 현실적이다. • 전통적인 가치를 중요하게 여긴다.	사물을 보는 관점 & 정보수집 방법	• 이론적이고 개념적인 정보를 더 잘 받아들인다. • 추상적으로 표현한다. • 과거, 현재, 미래를 전체적으로 살펴본다. • 미래의 가능성이 중요하다. • 새로운 변화를 시도하고자 한다.

감각형과 직관형의 일반적 특성

감각형은 직접적으로 오감을 통해 수집한 정보를 신뢰한다. 감각형들도 '육감'이 있지만 오감으로 수집한 사실적 정보가 '육감'을 뒷받침해 줘야 이를 신뢰한다. 반면 직관형들은 자신의 '육감' '직감' 같은 것을 신뢰한다. 직관형도 오감을 통해 사실적이고 세부적인 정보를 수집하지만 이것은 '육감'으로 판단한 것을 뒷받침하는 데 사용할 뿐이다. 집을 구입한다면 감각형은 집의 위치, 가격, 인근 편의 시설, 향후 전망 등을 현실적으로 생각하여 구입 여부를 결정하지만, 직관형은 자신이 그리던 이상적인 집과 분위기가 비슷하면 집이 괜찮다고 생각하고 집을 사기 전에 벌써 그 집에서의 행복한 미래를 꿈꾼다.

감각형은 실제적이며 현실적이다. 그래서 구체적이고 확실한 성취, 예를 들어 중간고사에서 1등을 했다거나 하는 것을 가치 있다고 여긴다. 인간관계에서도 현실적이고 확실한 역할과 기대를 갖고 있어서 결혼을 약속하면 반지와 같은 징표가 필요하다고 생각한다. 직관형은 미래지향적이고 가능성을 중요하게 생각한다. 그래서 중간고사 성적이 만족스럽지 못하더라도 나중에 더 잘할 가능성이 있다면 그것으로 만족하며, 더 나아가서 남다르고 특이한 성취, 즉 발명품을 만든다거나 하는 일을 더 가치 있다고 여긴다. 인간관계에 있어서도 이상적인 관계를 기대하여 현실적인 측면을 간과하는 경향이 있고, 반지처럼 드러나는 것보다는 일반적이지 않은 특별한 선물 등을 더 높이 평가한다.

감각형은 다른 사람에게 무언가를 알려 주거나 의견을 제시할 때도 직설적이고 알기 쉬운 방식으로 구체적 사례나 실제적인 무언가를 제시하기를 좋아한다. 반면 직관형은 두리뭉실하게 포괄적으로 접근하여 이야기를 할 때도 일반적인 개념 등을 언급하고 구체적 사례보다는 자신의 개념과 생각을 제시한다. 예를 들어, 길을 알려 줄 때 감각형은 북쪽으로 200m 정도 걸어가면 표지판이 나오는데 거기서 서쪽으로 1km 걸어가면 목적지가 있다는 식으로 방향, 거리 등을 수치로 이야기한다. 하지만 직관형은 도로를 따라 가다 보면 표지판이 나오는데 여기서 왼쪽으로 꺾어서 산이 보이면 거의 다 도착한 것이라는 식으로 자신의 인상에 남은 대로 길을 알려 준다.

감각형은 일을 할 때 이전에 했던 방식대로 하는 것을 선호한다. 하지만 직관형은 이전에 했던 방식보다는 새로운 방식으로의 변화를 꾀한다. 그래서 직관형이 보기에 감각형은 현실에 안주하는 사람으로 보일 수 있고, 감각형이 보기에 직관형은 뜬구름 잡는 사람처럼 보일 수 있다.

감각형 교사와 직관형 교사

감각형 교사는 아이들이 알아듣기 쉽게 설명하고 실제적인 예를 들어 가르친다. 요점을 정리하여 잘 집어서 알려 주는 경향이 있다. 아이에 대해 이해할 때는 나름대로 객관적인 데이터가 있어 그것을 근거로 아이를 파악한다. 직관형 교사는 하나하나 집어 주기보다는 전체적인 개념을 제시하는 것을 중요하게 생각한다. 늘 변화를 추구하여 새로운 방법으로 수업하는 것을 좋아한다. 아이에 대해 이해할 때는 직관에 의존하는데, 눈에 보이지 않는 아이의 내면을 감각형보다 더 잘 파악하기도 한다.

업무를 추진할 때 감각형 교사는 고지식하게 보일 만큼 매뉴얼에 충실하게 일하나, 직관형 교사는 기존의 방식이 마음에 들지 않는다면 과감하게 무시하고 새로운 방식으로 업무를 처리하여 버릇없는 사람이라는 오해를 받을 수도 있다. 감각형과 직관형은 사물을 보는 관점 자체가 다르기 때문에 함께 일하면 트러블이 생길 수도 있으나, 상대에 대한 이해를 바탕으로 한 걸음씩만 물러나면 오히려 큰 성공을 거둘 수 있는 조합이 된다.

3 사고형과 감정형

사고형(Thinking)		감정형(Feeling)
• 의사결정을 할 때 인과관계를 파악하여 객관적으로 판단한다. • 원리원칙이 중요하고 이성적이다. • 진실과 사실에 주된 관심을 갖는다. • 무엇이 잘못되었는지 잘 분석한다. • 목표 달성이 사람들과의 관계보다 앞선다.	의사결정의 근거	• 의사결정을 할 때 주관적 가치에 근거하여 무엇이 중요한지 판단한다. • 주관적 가치가 중요하고 감성적이다. • 사람들과의 관계에 주된 관심을 갖는다. • 다른 사람들의 의견에 잘 공감한다. • 사람들과의 관계가 목표 달성보다 앞선다.

사고형과 감정형의 일반적 특성

결정을 할 때 사고형은 논리적이고 객관적인 방식으로 결정하지만, 감정형은 자신과 다른 사람들에게 가치 있는 것이 무엇인가가 결정의 기준이 된다.

사고형은 논리와 이성으로 의사를 결정하고 상황에서의 조화보다는 진실을 추구한다. 다른 사람의 비합리적인 논리를 잘 찾아내고 단점도 잘 찾아낸다. 그리고 상대방을 위해 그 단점을 말해 준다. 여자 친구의 옷이 안 어울리면 대

놓고 이야기하는 남자는 사고형 남자일 가능성이 높다. 그래서 얼핏 사고형을 비판적이고 냉정한 사람이라고 오해하기 쉬운데, 그가 말하는 단점 또는 비합리성은 상대를 평가하기 위한 말이 아니라 그냥 사실로서 상대에게 도움을 주기 위해 이야기한 것임을 기억해야 한다. 여자 친구가 어울리지 않는 옷을 입었을 뿐이지 여자 친구가 싫다는 말은 아닌 것이다(사고형이지만 내향적인 사람들은 생각만 하지 말하지는 않는다). 사람들과의 관계보다 원칙을 중요시하기 때문에 때때로 주변 사람들이 섭섭해할 때가 있다.

감정형은 다른 사람과의 조화를 중요하게 생각한다. 그래서 사람들이 언제 도움이 필요한지 금방 알아낸다. 어쩔 때는 사람들과의 조화를 위해 상대방의 부정적인 것을 덮어 주거나 아예 그것을 못 보기도 한다. 상대의 마음을 잘 읽고 이야기하지만 그래서 정작 자신이 말하고자 하는 핵심은 말하지 못할 때도 있다. 여자 친구에게 옷이 잘 안 어울린다는 말을 하고 싶지만 정작 그 말은 하지 못하고 그 옷도 잘 어울리는데 다른 옷도 좋을 거 같다는 식으로 돌려 말한다. 사람들과의 관계가 원칙보다 앞서기 때문에 관계에 신경을 쓰느라 업무 추진에 지장을 받기도 한다.

사고형 교사와 감정형 교사

사고형 교사가 메신저를 보내면 그 내용이 간단명료하다. 자신의 일에 대해 하고 싶은 말만을 간략하게 전달하는 것이다. 그러나 감정형 교사는 서두에 날씨 등을 갖다 붙여 인사를 전하고 자신이 하고자 하는 말은 나중에 쓴다.

사고형 교사가 학년부장이 되면 필요한 일을 적재적소의 교사들에게 나름대로 공평하게 배분한다. 그러나 감정형 교사가 학년부장이 되면 관계가 깨질까 봐 학년 교사들과 나눠야 할 일도 잘 나누지 못하고 결국 본인이 다 싸안고 일을 감당하는 경향이 있다. 그래서 감정형 교사가 학년부장일 때는 옆에서 알아서 일을 조금씩 나눠 가는 센스가 필요하다.

감정형 교사는 아이들을 긍정적으로 보는 특성이 있으며, 반 아이들에게 애정표현을 잘하고 개인적인 차이를 고려하여 아이들을 대한다. 그래서 따뜻한 교사이지만 한편으로는 누구누구를 편애한다는 오해(때로는 사실이다)를 받을 수도 있다. 사고형 교사는 아이들의 고쳐야 할 점을 빠르게 잘 파악하고 애정표현에 다소 서툴다. 그래서 냉정하다는 느낌을 주지만, 무엇보다 아이들을 훈육할 때 감정을 배제하고 사실에 근거하여 효과적으로 훈육할 수 있으며 아이들을 공평하게 대하여 공평한 선생님이라는 평판을 얻는다.

사고형 교사가 보기에 감정형 교사는 감정에 휘둘려 할 일을 제대로 못하고 아이들을 편애하는 사람으로 비춰질 수 있다. 감정형 교사가 보기에 사고형 교사는 원칙 위주의 냉정한 사람으로 비춰질 수 있다. 하지만 서로에 대한 이해가 있다면 사고형이 원칙을 잘 지키는 사람이기 때문에 주변 상황에 휩쓸리지 않고, 감정형이 다른 사람의 마음을 잘 알아주어 사고형인 내 마음도 잘 알아줄 수 있다는 것을 기억할 수 있을 것이다.

4 판단형과 인식형

판단형(Judging)		인식형(Perceiving)
• 조직적이고 구조화된 환경을 선호한다. • 어떤 일을 하기 전 미리 계획을 세운다. • 미리미리 준비해서 여유롭게 끝낸다. • 분명한 목적의식과 방향을 갖고 있다. • 빠르게 결정하고자 한다.	생활양식	• 새로운 것에 대해 유연하고 개방적이다. • 어떤 일을 먼저 시작하고 본다. • 마지막 순간에 집중해서 끝낸다. • 목적과 방향은 바뀔 수 있다고 생각한다. • 결정을 보류하고 정보를 수집하고자 한다.

판단형과 인식형의 일반적 특성

판단형은 자신감 있게 결정을 내리고 미리 계획하고 조직된 대로 생활한다. 나름의 목표와 최종적인 목적을 바탕으로 결정을 내리고 그에 따라 행동한다. 목적을 이루기 위한 일이 힘들어도 나름대로 의지를 가지고 절제하고 노력하며 힘들 수도 있는 그 과정을 이겨 나간다. 그래서 판단형은 자신의 목표를 잘 이루어 가는 사람이다. 하지만 그 목표가 잘못된 것일 때조차도 그것을 위해서 전진할 수 있기 때문에 처음부터 심사숙고하여 목표를 정하는 것이 중요하다. 자신감 있는 결정이 섣부른 결정이 되지 않도록 주의를 기울어야 한다. 한번 정해진 것을 중도에 융통성 있게 수정하지 못하기 때문에 경직되어 있다는 인상을 주기도 한다.

인식형은 새로운 정보를 받아들이기 위해 결정을 유보한다. 그래서 결정 장애가 있다는 이야기까지 듣기도 한다. 인식형은 자율적이고 융통성 있게 생활하며 목표나 목적은 언제든지 바뀔 수 있다고 여긴다. 다행인 것은 이렇게 바뀐 것에 대해 잘 적응한다는 것이다. 그래서 임기응변에 강하다. 일을 시작하는 것을 즐기기 때문에 다양한 일을 벌이며 그에 따라 다양한 경험을 한다. 그래서 편하게 산다는 말을 들을 수도 있고 재미있게 산다는 이야기를 들을 수도 있다.

판단형과 인식형이 여행을 함께 가기로 했다고 하자. 판단형은 여행의 행선지가 정해지면 그에 따른 숙박 장소, 교통수단, 맛집, 문화 행사까지 부지런하게 인터넷에서 검색을 하여 나름대로 완벽한 일정표를 만들어 낸다. 하지만 인식형은 행선지만 정할 뿐 별다른 계획을 세우지 않는다. 계획 없이 가는 여행이 진정 자유로운 여행이라고 생각하기 때문이다. 일정에 매이지 않아야 중간에 멋져 보이는 다른 곳도 들를 수 있고 더 다양한 경험을 할 수 있다고 여긴다. 이 둘이 함께 여행을 떠난다면 어떤 일이 생길까? 일단 인식형은 여행을 떠나기도 전에 판단형이 짜놓은 일정에 큰 부담과 답답함을 느낀다. 판단형은 인식형이 아무것도 준비하지 않은 것에 당황하고 여행 중 자꾸만 일정을 바꾸자고 하는 것에 스트레스를 받는다. 하지만 서로를 이해하면 달라질 수 있다. 판단형은 계획을 세울 때 숙박 장소, 교통 수단 정도만을 정해 놓고 인식형을 위해 여백을 남겨 놓는다. 어느 정도의 계획이 있기 때문에 판단형의 마음은 편안해진다. 사실 이렇게 여백이 있어야 편안한 여행을 즐길 수 있을 것이다. 판단형의 빡빡한 스케줄을 맞추는 것은 여행이 아닌 고행이 될 수도 있기 때문이다. 인식형은 판단형이 예약한 숙박 및 교통에 만족감을 표하고 그 외의 시간을 여유 있게 보낼 수 있음에 감사하며 여행 중 곳곳에서 정보를 얻어 더 멋진 여행을 만들어 낸다.

판단형 교사와 인식형 교사

판단형 교사는 흐트러진 모습을 견디기 힘들어한다. 책상 줄이 삐뚤빼뚤하거나 교실 바닥에 쓰레기가 보이면 곧바로 정리를 해야 마음 편히 수업을 시작할 수 있다. 책상 위가 어지럽혀져 있으면 일을 하기 힘들기 때문에 교사의 책상 역시 늘 깔끔하게 정리되어 있다. 인식형 교사는 정리정돈의 필요성은 알고 있지만 정리가 되어 있지 않아도 크게 불편함을 느끼지는 않는다. 자신의 책상이 좀 어지러워도, 책걸상이 비뚤어져 있어도 일을 하거나 수업을 하는 데는 크게 지장이 없다.

판단형 교사는 정해진 규칙에 따라 건너뛰는 법 없이 꼼꼼히 체크를 하며 학급을 운영한다. 그래서 아이들이 이전에 비해 반듯한 태도를 갖게 되고 학부모들은 교사의 열정과 능력에 감탄한다. 하지만 정작 학급의 아이들은 선생님의 물 샐 틈 없는 관리에 피곤함을 느낄 수도 있다. 인식형 교사의 반에서는 청소할 사람을 로또 뽑듯이 뽑고, 눈이 오면 눈싸움을 하러 나가는 등 즉흥적이면서도 재미있는 학급 운영이 이루어진다. 그래서 학급의 아이들은 상대적으로 자유롭고 에너지가 넘친다. 학부모들의 눈에는 뭔가 체계가 없어 보일 수 있지만 아이들에게는 천국이다.

학교에서의 업무도 마찬가지다. 좀 과장되게 표현하자면 판단형 교사가 학년부장이 되면 정해진 기일을 지키는 것이 무엇보다 중요하기 때문에 교사들에게 업무를 재촉한다. 거의 대부분 다른 학년보다 먼저 할 일을 완수하고 심지어 기일보다 더 빨리 하는 일도 비일비재하다. 동 학년의 인식형 교사는 그 일정에 따라갈 수 없으므로 힘겨워한다. 그럼 판단형 교사가 자기 성질에 못 이겨 인식형 교사의 것까지 해서 내 버리게 된다. 둘 다에게 피곤한 일이다. 기한이 필요한 일이라면 인식형 교사의 동의를 구하여 정하고, 그때까지 판단형 교사는 재촉하지 말고 기다려 주며, 인식형 교사는 기한 내에 일을 완수하는 노력이 필요하다.

2 연령대별 역할을 통해 동료 이해하기

1 다양한 역할 속 우리들

누구나 그렇지만 교사들 역시 다양한 역할을 수행하면서 평생 살아간다. 나의 현재를 대표하는 역할이 무엇인지에 따라 관심사가 다르고 고민과 기쁨도 다르다. 학교는 다양한 세대의 교사들이 동료라는 이름으로 함께 지내기 때문에 다른 세대의 관심사와 고민을 아는 것은 동료를 이해하는 데 큰 도움이 된다.

그럼 연령대별로 역할에 따른 관심사와 고민 등이 어떻게 다른지 예시 자료를 살펴보자(다음의 사례는 일반적인 예시일 뿐 실제 개개인의 사정은 모두 다르다).

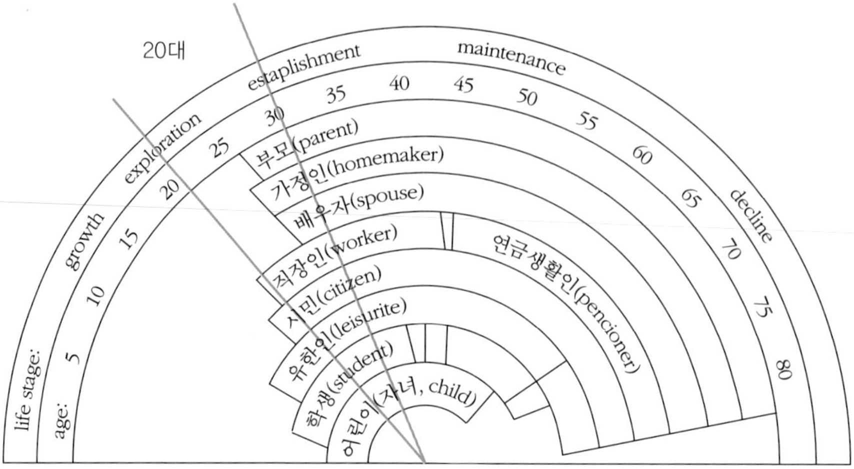

■ 생애 발달 무지개 ■

20대: 직업, 배우자 등 인생의 중요한 선택을 해야 해요.	
교사	• 열정적인 학교생활, 노하우 부족으로 시행착오와 무기력감을 겪기도 함 • 남교사: 여교사들과의 관계 형성에 부담, 또래 남교사 부족으로 외로움을 느낌
자녀	'배우자 선택 및 결혼' 이라는 중대 과업
기타	여행 등 나름의 취미생활을 즐길 수 있으며, 다양한 분야로의 도전을 꿈꾸기도 함

20대 교사의 경우 대체적으로 주된 역할은 교사, 자녀다. 상황에 따라 학생의 역할을 감당하기도 한다. 그들은 교사로서 첫발을 내딛었기 때문에 열정적으로 학교생활에 임하지만 노하우가 부족하여 시행착오를 겪는다. 대부분 교사로 임용되기 전까지는 공부 잘하는 모범생으로 나름대로 자부심을 가지고 살았지만, 현실적으로 아이들을 가르친다는 것은 노력한다고 해서 반드시 좋은 결과가 나오는 것이 아니기 때문에 무기력감을 느낄 때도 있다.

남교사의 경우 여교사들과 원만하게 지내는 것에 부담을 느끼거나 친하게 지낼 또래 남교사가 별로 없어 외로움을 느끼기도 한다.

자녀로서 직장생활을 하며 나름대로 경제적 독립을 이루었으나, 인생의 큰 관문인 결혼을 앞두고 배우자를 선택해야 하는 중대한 과업을 안고 있다. 배우자 선택을 위해 여러 사람을 만나고 연애를 하지만 결정하는 순간까지 갈등이 크다.

30, 40대에 비해 상대적으로 자기 시간이 많기 때문에 여행 등 나름의 취미생활을 즐길 수 있으며 다양한 분야로의 도전을 꿈꾸기도 한다.

30대: 20대의 선택에 대해 책임을 지기 시작해요.	
교사	• 전문성 증가, 학교 업무도 증가 • 윗세대와 아랫세대를 잇는 가교 역할
기혼	• 배우자와 원만한 관계 유지 및 가정 관리 • 부모 –자녀 양육에서 시행착오를 겪음 –직장, 집안일, 자녀 양육 병행으로 신체적 · 정신적 스트레스가 큼 • 자녀 양육에 대한 의견 차이나 역할 분담의 불명확성으로 인해 부부 갈등
미혼	• 결혼을 요구하는 부모와의 갈등 • 새로운 인간관계 형성 • 전문성 개발 및 취미생활

30대 교사의 경우 대체적으로 주된 역할은 교사, 배우자, 부모, 주부(가장), 자녀(며느리, 사위) 등이다.

교사로서 나름대로 노하우가 쌓여 있어 이전에 비해 훨씬 수월하게 학교 업무를 처리하나 쌓인 전문성만큼 학교에서 해야 할 일들도 많다. 다양한 세대가 함께 일하는 학교의 특성상 윗세대와 아랫세대를 잇는 가교 역할을 담당할 수 있다. 남교사의 경우 대체적으로 여교사에 비해 학교의 업무가 많이 주어지고 회식도 더 많이 참석해야 하는데 이것이 잘 맞지 않으면 스트레스를 받기도 한다.

결혼을 했다면 배우자로서 상대방과 원만한 관계를 유지하고, 주부 또는 가장으로서 집을 쾌적하고 살기 좋은 공간이 되도록 관리한다. 안정적으로 거주할 공간을 마련하기 위해서 돈을 모아야 하나 수입은 한정되어 있고 지출은 계속적으로 늘기 때문에 생각만큼 쉽지 않다. 며느리 또는 사위가 되어 배우자의 부모와 새로운 관계를 형성하게 되는데 서로 다른 생각과 환경 속에서 살아왔기 때문에 차이를 극복하는 것이 과제다.

자녀가 있다면 이 시기에 가장 힘든 것은 부모 역할이다. 출생 후 몇 년간 아이들은 부모의 도움 없이는 생활하기 힘들기 때문에 일일이 부모의 손길을 필요로 한다. 아이를 키우는 것은 다른 곳에서 연습해 볼 수 없는 일이라 시행착오를 겪게 되는데, 시행착오의 대상이 자신의 아이이기 때문에 부모의 마음은 편치 않다. 특히 여교사는 직장과 집안일에 자녀 양육을 함께 감당해야 하므로 신체적 · 정신적 스트레스가 크다. 아이를 어린이집에서 데려오기 위해 회식은 엄두도 내지 못하고 일이 있어도 칼퇴근을 하여 다시 집으로 출근하는 고단한 생활을 해야 한다. 남교사 역시 퇴근을 하고 집에 오면 자녀와 시간을 보내고 가사도 함께 하므로 힘이 든다. 자녀 양육에 대한 의견 차이나 역할 분담의 불명확성으로 인해 부부 사이에 금이 가는 일도 생긴다.

독신이라면 자녀로서 결혼을 요구하는 부모와의 갈등이 생길 수 있다. 결혼을 한 친구들과는 점점 공감대가 줄어들고 생활 모습이 달라 만나기 쉽지 않으므로 결혼을 하지 않은 사람들과 새로운 인간관계가 형성된다. 퇴근 후 전문성 개발 및 취미생활에 힘쓰며 나름대로 여유 있는 생활을 누리기도 한다.

40대: 모든 영역에서 나름대로의 전문성을 쌓았지만 산다는 건 녹록치 않아요.

교사	• 부장 등의 역할을 맡아 학교에서 중추적인 역할 감당함 • 승진을 염두에 둔 경우 치열한 경쟁 속에서 좌절을 맛보기도 함
기혼	• 이전에 비해 안정된 생활을 함 • 사춘기 자녀와의 관계 및 자녀 교육 문제 등으로 스트레스 받음 • 가장으로서 자녀의 교육비 증가 등으로 인해 심적 부담을 느낄 수 있음
미혼	• 학교 업무 및 관심 영역에 시간과 노력을 쏟는 것이 용이함 • 주변에 지속적인 교류를 나눌 친구들이 있다면 정서적으로 외롭지 않음
자녀	• 부모 봉양에 대한 부담이 생김 • 부모의 죽음으로 인한 상실감을 맛볼 수 있음

40대 교사의 경우 대체적으로 주된 역할은 교사, 배우자, 부모, 주부(가장), 자녀(며느리, 사위) 등이다.

교사로서 경력이 쌓임에 따라 때로는 부장 등의 역할을 맡아 학교에서 중추적인 역할을 감당한다. 학년과 업무에 상관없이 자신만의 노하우를 가지고 해야 할 일들을 안정적으로 감당할 수 있다. 승진을 염두에 둔 경우 더욱더 학교 일에 적극적으로 참여하나 치열한 경쟁 속에서 원하는 것을 이루기가 쉽지 않기에 순간순간 좌절을 맛보기도 한다.

가정생활은 어느 정도 안정기에 접어든다. 배우자로서 자녀가 성장하면서 이전보다 부부 둘만의 시간을 함께 할 수 있으나 각자의 생활이 바쁘거나 둘 사이의 관계가 원만치 않다면 오히려 멀어지기도 한다. 부모로서 사춘기를 겪고 있는 자녀와 같이 살기가 쉽지 않아 스트레스를 받으며 자녀 교육 문제로 인해 늘 갈등하고 고민한다. 주부로서 가정의 일도 노하우가 쌓이고 이미 포기할 것은 포기하고 생활하기 때문에 이전에 비해 수월하다. 가장으로서 자녀의 교육비 증가 등으로 인해 심적 부담을 크게 느낄 수 있으며, 특히 남교사가 외벌이를 한다면 그 부담은 더욱 크다.

독신이라면 부모와 배우자로서의 역할을 하지 않아도 되기 때문에 상대적으로 학교 일이나 자신의 관심 분야에 더 많은 시간과 노력을 쏟을 수 있다. 주변에 지속적인 교류를 나눌 친구들이 있다면 정서적으로도 외롭지 않은 삶을 누린다.

자녀로서 부모가 연로하거나 병환이 생겨 부모를 봉양해야 하는 일도 생긴다. 경제적 여유가 있고 부모와의 관계가 원만하더라도 쉽지 않은 일인데 그렇지 않다면 그 부담의 크기는 상당하다. 이로 인해 부부 또는 형제 사이에 크고 작은 다툼이 생기기도 한다. 부모의 죽음으로 인해 상실감을 맛볼 수도 있다.

50 · 60대: 많은 면에서 여유가 생기지만 새롭게 은퇴 이후의 삶을 준비해야 해요.	
교사	• 연륜이 쌓여 상황 대처능력 탁월 • 쌓인 연륜만큼 책임감도 큼 • 컴퓨터 활용 업무에 대한 부담 • 평교사 –아이와 학부모에게 환영받지 못한다는 느낌을 받아 스트레스를 받기도 함 –특정 영역에서 전문성을 길러 자부심을 가지고 교직생활 영위 • 관리자 –승진에 대한 자부심이 큼 –학교의 다양한 사안들에 대해 민감함
기혼	• 이전에 비해 시간 활용 면에서 자유로워짐 • 자녀 대학 입학, 자녀 결혼 등으로 목돈이 필요함 • 부부간의 시간이 많아지면서 이전보다 더 좋은 관계를 형성하기도 함
미혼	• 전문성과 경제적 기반을 바탕으로 여유 있는 생활을 누림 • 노후 준비에 더 철저한 경향이 있음
퇴직 이후	• 퇴직 이후의 생활에 대한 체계적인 준비가 있어야 여유롭게 보낼 수 있음

50, 60대 교사의 경우 대체적으로 주된 역할은 교사, 배우자, 부모, 주부(가장), 자녀(며느리, 사위) 등이다.

교사로서 경륜을 쌓았기 때문에 당황스러운 일이 닥쳐도 여유를 가지고 처리할 수 있고, 학교 안에서도 자신의 목소리를 낼 수 있다. 경력이 많은 만큼 큰 기대를 받으므로 동 학년 등 자신이 속한 곳을 잘 이끌어야 한다는 책임감이 크며, 이런 이유로 경력이 낮은 후배에게 업무에 대해 묻는 것에 불편해하기도 한다. 컴퓨터가 익숙하지 않은 세대이므로 학교에서 사용하는 프로그램이 바뀔 경우 다른 교사에 비해 더 큰 부담을 느낀다. 평교사인 경우 학부모나 학생들이 고경력 교사보다는 저경력 교사를 선호하는 분위기가 있고 실제 고학년을 맡으면 세대 차이 등이 생겨 스스로 위축이 되거나 힘들 때도 있다. 동기나 나이 어린 후배가 상급자로 있어 스트레스를 받기도 한다. 특정 영역에서 좀 더 전문성을 길러 그것으로 자부심을 가지고 교사생활을 영위하는 경우도 상당수 있다. 관리자가 되었을 경우 엄청난 경쟁을 뚫고 승진을 했다는 자부심이 크며 학교를 잘 이끌어 가야 한다는 부담이 있다. 예전에 비해 학교 구성원들이 관리자에게 고분고분하지 않고, 사고가 있을 경우 자신이 책임을 져야 하기 때문에 학교의 다양한 사안에 대해 민감해진다.

개인적으로는 여러 면에서 여유가 생긴다. 부모로서 자녀의 취업과 결혼 등으로 정신적인 스트레스는 받지만 이전에 비해 자녀들에게 많은 시간을 쏟지 않아도 되기 때문에 시간 활용 면에서 자유로워진다. 자녀 양육 등으로 바빠서 볼 수 없었던 지인들과 다시 활발한 교류가 생기는 것이 이 시기다. 경제적으로도 자녀의 대학등록금이나 결혼 등으로 목돈이 들어가기는 하지만 이전부터 차근차근 준비했을 경우 큰 우환이 생기지 않는다면 나름대로 계획성을 가지고 대처할 수 있다. 부부간에 둘만의 시간이 많아지면서 이전보다 더 좋은 관계를 형성하기도 한다.

독신이라면 그동안에 쌓아 온 전문성과 경제적 기반을 바탕으로 나름대로 여유 있는 생활을 누릴 수 있다. 배우자와 자녀가 없기 때문에 노후의 건강하고 안정된 생활에 대해 더 철저히 준비하는 경향이 있으며, 그동안 맺어 왔던 인간관계도 더 탄탄하고 끈끈해진다.

이전에 비해 평균수명이 길어져 퇴직 이후를 미리 준비하는 것이 매우 중요하다. 퇴직 이후에는 돈이 있고 몸이 건강하며 끈끈한 인간관계와 정서적인 안정이 개인의 건강한 삶에 중요한 기준이 된다. 퇴직 이후에 다른 분야의 일을 하길 원한다면 50대 초반부터 목표를 세워 차근차근 준비해야 퇴직을 한 후 그 방면에 비교적 수월하게 진입할 수 있다. 취미나 종교 생활을 하는 것도 이후의 삶에 큰 도움이 된다.

2 역할 속에서 동료 이해하기

우리는 학교에서 '교사'인 동료들을 보기 때문에 '교사'의 역할을 어떻게 감당하고 있는가가 상대를 바라보는 첫 번째 기준이 된다. 물론 학교는 일터이므로 각자 '교사'의 역할을 얼마나 잘 감당하는지는 매우 중요하다. 하지만 동료를 교사가 아닌 '인간'으로 좀 더 폭넓게 바라보면 시선이 훨씬 부드러워지고 따뜻해질 수 있다.

퇴근시간이 되기가 무섭게 집에 가고 회식은 거의 불참한다. 간혹 매우 피곤한 눈을 하고 멍하니 앉아 있으며 어떤 때는 부스스한 모습으로 화장도 하는 둥 마는 둥 하고 학교에 온다. 어린아이를 둔 엄마 교사다. 그녀는 집으로 퇴근하는 것이 아니라 다시 출근한다. 곧장 어린이집에 가서 아이를 데리고 집으로 돌아와 저녁을 준비하고 밀린 집안일을 한다. 아이와 놀아 주고 싶지만 집안일들을 하다 보면 아이와 눈 한 번 제대로 마주치고 이야기할 시간이 없어 미안함이 밀려온다. 남편이 도와주긴 하지만 결국은 주부이자 엄마인 그녀의 손이 닿아야 깔끔하게 마무리된다. 아이 뒤치닥거리를 하다 보면 몸은 늘 천근만근인데 아이가 아프거나 하면 한 번씩 밤도 샌다. 그리고 아침이 되면 일어나 정신없이 출근할 준비를 하고 가기 싫다는 아이를 어르고 달래 옷을 입혀 어린이집에 맡기고 겨우 시간에 맞춰 학교에 출근한다. 한 번씩 부스스하게 학교에 온다고 해서 그녀가 게으르고 자기관리를 못하는 사람은 아니다. 회식을 못 간다고 해서 사회성이 부족한 것도 아니고, 퇴근 시간 땡 치면 집에 간다고 해서 교사로서 자기 일에 열정이 없는 사람도 아니다. 나름대로 좋은 교사가 되기 위해 노력하지만 지금 그녀는 '교사'이면서 '엄마'이기 때문에 동동거리며 생활하는 것이다.

동 학년에 이런 동료가 있다고 생각해 보자. 어린아이를 키우고 있다고 해서 학교 업무를 줄여 주거나 동 학년 업무를 안 줄 수는 없다. 그러나 그녀를 격려해 줄 수는 있다. 물론 그녀가 완벽한 사람은 아니니 분명 실수하고 잘못하는 부분이 있을 것이다. 하지만 이런 그녀의 사정을 먼저 이해해 주고 그녀에게 실수나 잘못에 대해 이야기한다면 그녀도 더 마음을 열고 나의 이야기를 들어줄 것이다.

고경력 교사가 늘 나에게 컴퓨터에 대해 물어본다면 그 분은 컴퓨터를 모르는 무능한 분이 아니라 겸손한 분이다. 무능한 사람은 자신의 일을 아무 미안함도 없이 떠넘기고 겸손하지 않은 사람은 자존심이 상해 자신보다 어린 사람에게 묻지 않는데, 그 분은 자신이 스스로 일을 처리하기 위해 경력도 낮은 나에게 물어보고 있기 때문이다. 어릴 때부터 컴퓨터나 휴대폰을 만지면서 자란 사람들은 그런 것들이 생활의 일부분이다. 하지만 나이 삼사십에 처음 컴퓨터를 만난 사람들에게 이런 기기들은 잘못 손대면 금세 고장날 것 같은 그런 물건이다. 연륜이 있어 업무 파악이 빠르기 때문에 일반적인 업무 처리는 매우 잘하지만 컴퓨터라는 일을 하는 통로는 늘 부담스럽다. 일을 하기 위해 컴퓨

< 동료

터를 배웠지만 다루는 것이 조심스럽기에 모르는 것이 생기면 나보다 더 잘 아는 후배에게 물어보게 되는 것이다. 이런 사정을 이해할 수 있으면 고경력 교사가 나에게 도움을 청했을 때 기꺼이 내가 아는 것들로 그 분을 도와드릴 수 있다. 그리고 내가 아이들을 지도하거나 학교생활을 하는 데 있어서 어려움에 빠졌을 때 그 분의 도움을 받을 수 있다.

간혹 자신보다 어린 교사들의 생활을 자신의 과거와 비교하여 이해하려는 교사들이 있다. 자신은 50대지만 어린아이를 키우던 30대를 떠올리며 그때 얼마나 힘들었는지를 기억하고 30대 교사를 도와주는 것이다. 이런 태도는 다른 세대의 교사들을 이해하는 데 큰 도움이 된다. 그러나 자신은 아이를 낳고 100일도 안 되어 학교에 출근했다며 요즘 후배들은 이전보다 혜택이 많은데도 불성실하다는 등 자신의 과거를 다른 교사들을 판단하는 잣대로 이용하는 것은 동료를 이해하는 데 전혀 도움이 되지 않는다. 각자의 사정이 다르고 처한 시대가 다르고 세대별 사고방식이 다르기 때문이다. 다른 세대를 이해하려는 열린 마음을 가지고 동료들을 바라볼 때 세대를 뛰어넘는 따뜻한 커뮤니케이션이 가능하다.

3 수용 범위 넓히기

사람들은 모두 다르다. 그리고 이 이유로 우리는 서로 오해하고 갈등한다. 사람들이 서로 다르다는 현실은 어떻게 해도 달라지지 않는다. 문제는 그것을 어떻게 풀어 나가느냐 하는 것이다.

동료 교사들 간 갈등의 원인은 다음과 같이 서로가 수용할 수 있는 범위에 차이가 있기 때문이다.

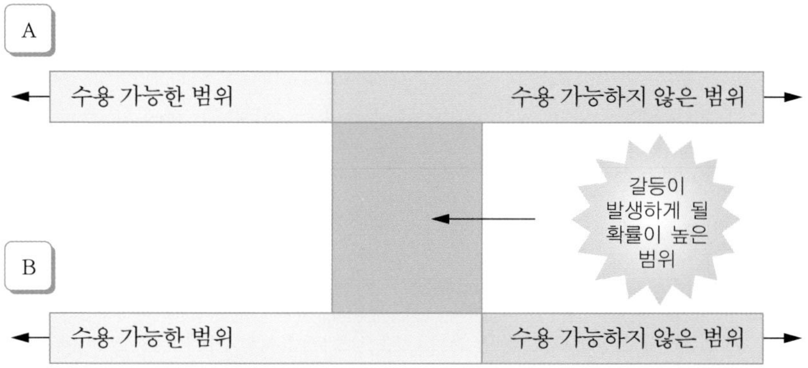

■ 수용 범위의 차이 ■

갈등을 줄이기 위해서는 자신의 수용 범위를 넓히는 것이 필요하다. 상대방의 수용 범위도 넓어지면 좋겠지만 그것은 내가 통제할 수 있는 것이 아니므로 일단 자신의 수용 범위를 넓혀야 한다. 수용 범위를 넓히는 방법은 크게 다섯 가지다.

첫째, 동료 간의 조화를 추구해야 한다. 학교는 공동체이고 공동체에서는 서로 조화롭게 일할 때 가장 큰 시너지를 낼 수 있다. 분명한 도덕적 잣대가 있는 일이 아니라면 대부분 동료 사이의 갈등은 조화롭게 지내려는 의지만으로도 해결할 수 있다. 서로가 서로에게 맞추어 나갈 때 수용 범위는 자연스럽게 넓어지기 마련이다. 내가 먼저 한발 물러서야 상대도 물러설 수 있는 빌미가 생긴다. 우리는 동료를 이기기 위해 학교에 있는 것이 아니라 아이들을 잘 가르치고 나도 행복하게 살기 위해 학교에 근무하는 것임을 기억하고 먼저 한 발 물러설 줄 아는 지혜가 필요하다.

둘째, 동료를 이해할 때 연령별 역할 및 성격 특성을 고려한다. 갈등 상황 안에서만 동료를 바라보지 말고 다양한 관점에서 상대방을 바라보다 보면 자연스럽게 수용 범위는 넓어진다.

셋째, 동료의 장점을 찾으려 노력한다. 세상에 단점만 있는 사람은 없고 그 사람의 단점을 내가 본다고 해서 내가 더 나은 사람이 되는 것도 아니다. 미운 사람의 장점을 찾는 것이 쉬운 일은 아니지만 그 장점이 실마리가 되어 상대에 대한 수용 범위를 넓힐 수 있다.

넷째, '일부러 나에게 그렇게 했다.' '나를 무시한다.' 등의 방아쇠 생각에서 벗어난다. 동료는 별 생각 없이 혹은 실수로 한 일을 나 혼자 의미 있게 받아들여 이렇게 생각한다면 결국 힘든 것은 나 자신뿐이다. 의심을 떨쳐 버릴 수 없다면 차라리 솔직하게 물어보고 오해를 푸는 것이 나의 정신건강에 도움이 된다.

다섯째, 모든 사람과 사이좋게 지내야 한다는 강박에서 벗어난다. 동료 간에 원만하게 지내는 것은 어느 정도 노력으로 가능하지만 모든 사람에게 인정받고 사랑받는 것은 불가능하다. 이런 불가능한 일을 가능하게 하려고 필요 이상으로 자신의 수용 범위를 넓히고 양보하다가 결국 극심한 스트레스라는 부작용을 겪을 수 있다. 수용 범위를 넓히는 것은 바람직하지만 뭐든지 과하면 모자란 것만 못하다고 했다. 적절한 정도의 양보와 배려만으로도 나는 충분히 동료들과 원만하게 지낼 수 있다.

25. 일을 조율할 때 하는 말

- 교장(교감, 부장) 선생님과 상의 드린 후 말씀드리겠습니다.
- 도와 드리고는 싶은데, 제 상황이 어렵습니다.
- 선생님, ~한 일을 하실 분이 필요한데, 선생님이 도와주실 수 있을까요?

업무를 처리하다 보면 누가 어떤 일을 어느 정도 하느냐를 놓고 동료 또는 상사와의 미묘한 갈등에 처할 때가 있다. 마음 같아서는 주어지는 모든 업무를 순조롭게 처리하면 좋겠지만 현실은 그렇지 않다. 교사에게 있어서 가장 주된 일은 수업과 학생 생활교육인데 업무는 그것과 직접적인 상관이 없는 경우도 많고, 자칫 잘못하면 업무에 치여 수업과 학생 생활교육을 제대로 할 수 없는 상황에까지 이를 수 있기 때문에 관리와 조율이 필수적이다.

매직워드 61

교장(교감, 부장) 선생님과 상의 드린 후 말씀드리겠습니다.

상황 속으로

교장 선생님이 학교특색사업으로 독서교육, 한자교육, 줄넘기 등을 제시하고 업무추진을 지시하셨다. 최 선생님은 독서교육 담당자라 동 학년에 학교특색사업에 대한 지시사항을 전달하게 되었다.

최 선생님이 말을 꺼내자 동 학년 선생님들은 불만을 쏟아냈다.

김 선생님: 독서나 한자, 줄넘기 같은 게 아이들한테 좋은 거라서 각 교실에서 나름대로 하고 있는데, 꼭 학교 차원에서 이렇게 특색사업이라는 이름으로 해야 하는 건지 잘 모르겠어요.

이 선생님: 그러게 말이에요. 특색사업이 되면 독서 자체보다 독서 기록장 쓰는 데 더 많은 에너지를 쏟게 되더라고요. 주객이 전도되는 거죠

김 선생님: 특색활동으로 정해지면 관련 행사를 해야 하잖아요. 이런 행사들 때문에 진도 나가는 것도 빠듯해요. 안 그래도 행사가 많아 정신 없는데…….

이 선생님: 맞아요. 꼭 이런 걸 해야 하는 걸까요?

최 선생님: (혼잣말) 선생님들이 나름대로 불만이 많구나. 나도 좋아서 하는 일은 아니지만 내 업무니 추진은 해야겠고……. 어떻게 말하면 좋을까?

마음속으로

최 선생님은 독서교육 담당자로 업무를 처리해야 하지만 선생님들의 반응이 좋지 않아 난감했다. 자신도 교장 선생님이 추진하는 내용에 모두 수긍이 가는 것은 아니지만 업무를 추진해야 하는 상황이라 어쩔 수 없이 진행하는 부분도 있는데 선생님들의 반응이 이러하니 이러지도 저러지도 못해 답답하다. 학교특색사업이라는 것이 아이들을 더 잘 교육하겠다는 의도로 하는 것이긴 하지만 한편으로는 보여 주기 위한 요소도 고려해야 하기에 다른 선생님들의 이야기에도 수긍이 갔다. 선생님들의 의견을 잘 반영하면서도 교장 선생님의 뜻에도 합당한 절충점을 찾는 것이 자신의 역할이라는 생각이 들었다.

교실을 바꾸는 매직워드

최 선생님은 어떻게 다른 선생님들에게 이야기를 할까 고민하다가 말을 꺼냈다.

"교장(교감, 부장) 선생님과 상의 드린 후 말씀 드리겠습니다."

왜 이 표현인가요?

1 낀 사람의 고민

업무를 추진하다 보면 담당자이기 때문에 선택의 여지없이 업무를 추진해야 할 때가 종종 있다. 특히 그 업무가 모든 교사의 협조를 필요로 할 경우 담당 업무를 맡은 사람은 본의 아니게 비난의 대상이 되기도 한다. 사람마다 일을 바라보는 시각이 다르고 교장 · 교감 등 관리자의 입장과 일반 교사들의 입장이 서로 다르기 때문에 벌어지는 일이다.

2 사람들의 말은 나에 대한 비판이 아님

업무를 추진하는 당사자는 '나'이지만 그 업무와 관련된 학년 또는 아이들의 담임선생님들도 그 일을 하게 된다. 함께 업무의 당사자가 되는 것이다. 그런데 그들 역시 가르치고 지도하며 본인의 담당 업무를 처리하느라 바쁘다. 그래서 새로운 일이 하나 추가되면, 안 그래도 바쁘고 정신없는데 거기에 일을 하나 더 얹는 격이니 긍정적으로만 받아들이기는 힘들다. 그래서 나오는 이야기를 나에 대한 비난으로 받으면 말하는 사람에 대한 반감만 생기고 억울하다는 생각에 속만 상한다. 업무에 대한 이야기는 말 그대로 업무에 대한 것으로만 받아들여야 객관적으로 업무를 파악하고 일을 처리하는 데 도움이 된다.

3 결정의 권한은 위에 있음을 알림

여러 선생님의 말을 경청한 후 교장(교감, 부장) 선생님과 상의 드린 후 말씀 드리겠다고 말한다. 그럼 일단 의견을 낸 사람의 입장에서는 자신의 의견이 무시되지 않았다는 느낌이 들어 더 이상의 말은 하지 않게 된다. 또 결정의 권한이 상급자에게 있음을 표현하여 단순히 중간자인 내가 비난의 대상이 되는 상황도 피할 수 있다.

4 교집합 찾기

해마다 교사가 맡는 업무는 계속적으로 바뀌는데 학교의 업무 자체는 이전 연도의 업무들이 이어져 온 것들이 많다. 그래서 처음 해당 업무를 맡았을 때는 일단 이전에 했던 대로 업무를 추진하는 것이 보통이다. 업무에 대한 자기 나름대로의 생각이 있어도 일반 교원이 결정할 수 있는 성질의 것이 있고 부장교사 또는 교장 · 교감 선생님과 상의해야 하는 부분이 있기 때문에 함부로 조정할 수는 없다. 하지만 이전에 했던 대로 하는 것이 능사는 아니다. 교사들의 수고는 최소한으로 줄이면서도 본래 업무의 의도에서 벗어나지 않는 절충점을 찾는 것이 필요하다. 내가 맡은 업무에 대한 다른 선생님들이 가진 다양한 생각이 있다면 그것에 귀를 기울인다. 그중 본래의 업무 의도에서 벗어나지 않는 선에서 반영할 만한 부분이 있다면 그것을 가지고 부장 선생님과 상의하고 필요에 따라 교장 · 교감 선생님과 논의 후 반영할 수 있다.

학교에서 상담 및 인성교육 관련 업무를 담당한 한 교사가 있었다. 학부모 상담을 추진할 시기가 되어 별 생각 없이 이전에 했던 대로 업무를 추진했다. 그런데 그 해에 전근 온 교사들이 다른 학교에서는 이렇게 한다고 하면서 업무를 간소화할 만한 아이디어를 많이 냈다. 다른 교사들의 이야기를 들으며 본교의 학부모상담 절차를 살펴보니 이전 담당자가 매우 꼼꼼하게 일을 처리하여 그만큼 교사들이 작성하여 제출해야 할 것들도 많았다. 몇 가지는 통합을 하여 간소화해도 될 만한 것이라 부장 선생님에게 안을 제시하였다. 부장 선생님과의 협의가 끝난 후 교감 선생님께 말씀드려 안을 확정지어 다음 학기부터는 변경된 안으로 업무를 처리하였다.

이런 표현도 있어요!

- 제가 결정할 문제는 아닌 것 같습니다. 교장(교감, 부장) 선생님께 말씀드려 보겠습니다.
- 선생님 말씀에도 일리가 있네요. 교장(교감, 부장) 선생님께 건의해 보도록 하겠습니다.
- 교장(교감, 부장) 선생님과 논의 후에 말씀드리겠습니다.
- 선생님 말씀에 동감합니다. 교장(교감, 부장) 선생님께 말씀드려 보겠습니다.

매직워드 62

도와 드리고는 싶은데, 제 상황이 어렵습니다.

상황 속으로

김 선생님은 요즘 눈코 뜰 새 없이 바쁘다. 올해 처음으로 NEIS 담당 업무를 맡아서 아직 모르는 것도 많은데 벌써 학년 말이다. 성적 처리 기간을 맞아 각 학년에서 문의 사항이 빗발치고, 어떨 때는 수업시간에도 전화가 걸려와 본인 성적 처리하랴 문의에 답변하고 모르는 것은 관련 기관에 문의하여 알아보랴 정신이 없다. 아이들 하교시키고 업무 처리로 바쁜데 동 학년 이 선생님이 조심스럽게 교실로 들어왔다.

이 선생님: (조심스럽게) 김 선생, 바빠요?

김 선생님: (모니터에서 잠시 눈을 떼고 이 선생을 바라보고 웃으며) 네, 아무래도 학년 말이니까 정신이 없네요.

이 선생님: (김 선생님 눈치를 보며) 저기~ 다름이 아니고 내년도 학년 교육과정 짜는 거 때문에 왔어요. 내가 부장님이랑 같이 교육과정 편성위원으로 들어와 달라는 부탁을 받았는데 아무래도 나보다는 김 선생님이 적임자인 것 같아서 말이에요. 나는 내년에 다른 학교로 가는데 교육과정을 짜는 건 좀 말이 안 되잖아요. 김 선생님이 하면 어떻겠어요?

마음속으로

김 선생님은 지금의 상황이 너무 속상하다. NEIS 담당자인 자신이 가장 바쁜 때라 도저히 이 선생님의 부탁을 들어 드릴 자신이 없다. 하지만 이 선생님의 입장도 이해가 간다. 내년도 학년 교육과정을 짜는데 이제 얼마 안 있으면 전근을 가는 사람에게 그런 일을 맡기다니……. 아무리 이 선생님이 일을 잘하셔도 이건 아니다 싶다. 이 선생님의 입장이 이해가 가기에 더욱더 거절하는 말을 하기 어렵다.

교실을 바꾸는 매직워드

김 선생님은 이 선생님의 부탁에 도와드리고는 싶지만 그럴 수가 없어서 안타까웠다. 자신의 일이 너무 많아서 거절을 해야 하는데 어떻게 하면 서운하지 않게 말을 할 수 있을까 생각하다가 이렇게 이야기했다.

"도와 드리고는 싶은데, 제 상황이 어렵습니다."

도와 드리고는 싶은데 본인의 상황이 어려움을 전하고 양해를 구했다. 이 선생님도 김 선생님의 상황을 아는지라 더 이상의 말은 꺼내지 않고 부장님과 상의해 본다며 교실을 나갔다.

왜 이 표현인가요?

1 끊임없는 학교 일, 그 속에서 죽어나는 Yes Men(or Women)

학교에는 일이 끊임없이 있다. 학년 초 아이들에 대해 파악했다 싶으면 이 행사가 있고, 이 행사가 끝나면 저 행사를 해야 하고, 그렇게 정신없이 지내다 보면 어느새 방학이다. 어떤 일은 업무 분장에서 정해진 사람이 하면 되지만, 딱히 해야 할 사람이 정해지지 않은 상태로 많은 일이 학년으로 배정된다. 그러다 보면 누군가가 그 일을 해야 하는데 학교 또는 학년 차원에서 공평하게 분담해서 일을 나눠 주지 않으면 결국 일은 잘하면서도 잘 거절하지 못하는 누군가에게 일이 몰리게 된다. 교장 · 교감 선생님을 제외하고 교사들은 모두 동료지만 경력별 서열이 존재하기 때문에 사실 거절하기도 쉽지 않다. 이렇게 많은 일을 맡아 그것을 즐겁게 해낼 수 있으면 상관이 없지만 허덕거릴 정도로 힘들면 이제 어떻게 거절할 것인가를 고민해야 한다.

2 '나는 착해요'는 이제 그만

상대방의 부탁을 거절하는 것은 어떤 사람들에게는 쉬운 일이 아니다. 잘못 거절하면 관계에 금이 갈 것 같고, 그러자고 부탁을 들어주자니 내 코가 석자인 상황에서 감당할 자신은 없고……. 그러다가 결국 거절하지 못해 내키지 않는 일을 하느라 고생한다. 이런 경험은 누구나 한두 번은 가지고 있다. 다음에 이런 일이 생기면 꼭 거절해야지 하면서도 또 오케이 하고는 나는 왜 이 모양일까 한숨을 쉬는 사람들도 있다. 이른바 '착한 사람' 콤플렉스가 있는 사람들은 '착하다' '성격 좋다' 등의 이미지 때문에 자기 일도 아닌 일을 허덕거리면서 해낸다.

그런데 이렇게 '착한' 사람 옆에 착한 사람들만 있으면 좋을 텐데 세상이 그렇지 않다. 이들의 착함을 상황에 따라 이용하는 사람들도 흔히 있다. 학년부장님이 "이 일 누가 할래요?" 하면 늘 끝까지 버티며 입 꾹 다물고 있는 손 선생님, 자신은 못한다고 손사래를 치는 정 선생님, 그런 일을 왜 해야 하냐며 자신은 할 수 없다고 본인 교육관을 지키느라 옆 사람은 상관없는 유 선생님, 일 시키고 욕먹기 싫어서 일을 분배하는 대신 마음 약한 나에게 일을 몰아주는 양 부장님……. 본인들이 의도하지는 않았겠지만 결국 이런 분들이 '착한' 한두 명에게 일을 몰아주는 장본인이다.

우리에게 주어지는 시간은 정해져 있고 그 시간 동안 할 수 있는 일도 한정적이다. 지혜롭게 거절하지 못하고 주어지는 일을 다 하다 보면 결국 자신이 교사로서 원래해야 하는 수업 준비나 학생 관리에 소홀한 면이 생기기 마련이다. 이런 일이 반복되면 소진이 찾아와 매사에 의욕을 잃게 될 수도 있다.

학교의 일은 결국 누군가는 해야 하므로 무조건 거절할 수는 없다. 하지만 본인의 일이 정도 이상의 과부하가 걸리지 않도록 조절하는 것은 건강한 교직생활을 위해 꼭 필요하다.

3 지혜롭게 거절하기

- **상대의 이야기 경청하기**: 거절은 해야 하지만 상대방이 하는 말에 내 귀를 닫을 필요는 없다. 어떤 사정이 있어서 부탁하는지 듣고, 부탁하러 온 사정에 공감을 표현하는 것은 이후 내가 거절했을 때 나에 대한 서운함을 줄이는 역할을 한다.
- **분명히 그러나 공손히 거절하기**: 자신의 우선순위, 주어진 시간 등을 고려하여 거절하기로 결정했다면 거절 의사를 분명히 밝힌다. "좀 생각해 볼게요." 식의 거절은 그 순간은 피할 수 있지만 괜한 기대를 주게 되므로 오히려 상대에게 더 큰 폐가 된다. 거절할 때는 거절하는 말 자체보다 그 말을 하는 말투와 태도에 더 신경을 써야 한다. 필요 이상으로 미안해할 필요는 없지만 상대가 처한 상황에 대해 안타까움을 표현하며, "도와드리고는 싶은데, 제 상황이 어렵습니다." 하고 말하면 대부분의 사람들은 수긍하기 마련이다.
- **거절의 이유 밝히기**: 그 일은 어려워서 할 수가 없을 것 같다는 이야기는 학교 사회에서는 별로 통하지 않는 말이다. 대부분의 초등 교사들은 유능해서 무슨 일을 맡겨 놔도 결국은 해내는 경우가 많다. 그래서 일이 어렵다는 말은 "아유, 자기 능력이면 충분해." 하는 반응만을 불러오기 십상이다. 그래서 일의 성격보다는 자신의 상황을 고려한 합리적인 이유를 대는 것이 더 도움이 된다.
- **대안 제시하기**: 부탁을 들어줄 수는 없지만 필요한 대안을 알고 있다면 그것을 알려 준다. 대안이 없다면 억지로 짜낼 필요는 없다. 그 일의 당사자가 제삼자인 나보다 더 빨리 대안을 찾아내는 경우가 더 많기 때문이다. 일부러 자신이 시간을 내어 대안이 될 필요는 없다. 교육과정 추진위원이 될 수는 없지만 제가 중간중간 도와드리겠다는 식의 대안은 결국 자신이

그 일을 하겠다는 말과 큰 차이가 없기 때문에 상대의 부탁이 없는 한 굳이 자신을 대안으로 제시하지는 않는다.

- **평소에 일하기:** 이러한 모든 거절은 평소에 어느 정도 학교 구성원으로서 자신의 일을 잘 감당할 때 가능한 거절이다. 나는 우리 반 관리만 잘하면 되는 ○학년 ○반의 담임교사이기도 하지만 더불어 ○○초등학교의 교사로서 주어진 학교 일을 잘 감당해야 하는 의무가 있다. 교사에게 지워지는 잡무는 없애야 하는 것이 맞지만, 그것이 맞다 하여 나에게 주어진 일을 무조건 하지 않을 수는 없는 것도 현실이다. 업무 분장을 정하는 기간에 우스갯소리로 '큰 똥을 피하기 위해 작은 똥 밟기' 라는 말을 할 때가 있다. 가만히 있으면 더 큰 일이 올 것 같을 때 다른 사람이 기피하더라도 내가 감당할 만한 수준의 일을 하는 것이 더 낫다는 말이다. 평소에 지혜롭게 자신이 해야 할 일을 할 때 거절도 충분히 의미 있게 받아들여질 수 있다.

TIP 이런 거절은 곤란해요

★ 당당한 태도는 좋지만 짜증나는 말투와 태도는 상대로 하여금 나에 대한 반감을 갖게 만든다. 거절의 말 이상으로 중요한 것은 말투와 태도임을 기억하자.

★ "왜 제가 그 일을 해야 하는데요?" "그 일은 제 일이 아니잖아요."와 같은 표현은 무조건 일을 회피하려는 태도로 보인다. 이런 표현은 귀찮은 일이 더 이상 자신에게 떨어지지 않게 만드는 힘이 있지만 일 안 하는 버릇없는 사람이라는 평판을 만든다. 그러다 보면 다른 누군가에게 부탁할 일이 생겼을 때 정작 자신도 도움을 받을 수 없다.

이런 표현도 있어요!

- 도와 드리고는 싶은데, 제 상황이 여의치가 않네요.
- 도와 드리고는 싶은데, 제 여건이 마땅치가 않네요.
- 지금 제 상황이 너무 어렵습니다. 선생님도 어려우실 텐데 죄송합니다.
- 지금 제 상황이 너무 어려워서 도움 드리기가 힘들 것 같습니다. 대신 이렇게 해 보시면 어떨까요?

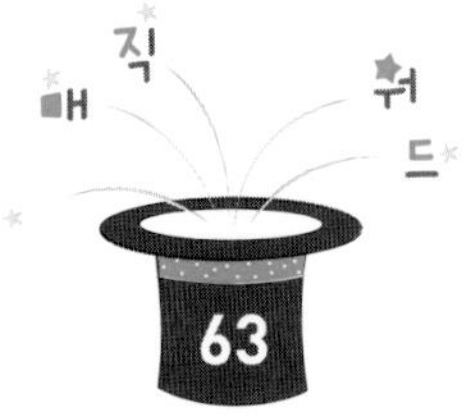

선생님! ~한 일을 하실 분이 필요한데, 선생님이 도와주실 수 있을까요?

상황 속으로

이 선생님은 진로교육 업무를 담당하고 있다. 교육지원청에서 진로공부캠프 예산이 내려와 그것을 집행해야 하는 상황에 처했다. 진로공부캠프는 단순히 공부만 하는 것이 아니라 아이들이 자신의 꿈을 찾는 과정이 함께 있어 목적을 가지고 공부하게끔 도와주는 프로그램이다. 참여하는 아이들에게 큰 도움이 될 것 같아 힘들지만 일을 추진하고 있다. 프로그램을 계획하다 보니 아이들의 학습을 지도하고 도움을 줄 다른 선생님들의 참여가 필요했다.

"부장님, 이번에 진로공부캠프를 하려는데 5, 6학년 선생님 두 분 정도가 같이 하셔야 할 것 같은데 가능할까요?

"글쎄……. 우리 6학년이랑 5학년 선생님들은 방과 후 부진아 지도까지 하고 있는 상황이라서 가능할지 모르겠어요."

안 그래도 고학년 선생님들은 일이 많은데 누구 한 사람에게 해 달라고 하기도 난감하고 이 선생님은 고민에 빠졌다.

마음속으로

이 선생님은 자신이 맡은 업무가 아이들에게 큰 도움이 되겠다는 생각이 들어 기분 좋게 업무를 추진하고 있다. 하지만 모든 선생님이 자신과 같이 이 일의 취지에 대해 공감하고 선뜻 자신의 시간과 노력을 들일 수 없다는 것을 알고 있다. 5, 6학년 부장 선생님께 연락 드려 각 학년에서 두 분의 선생님을 모셔 달라고 하려다가 왠지 강제적인 느낌이 들어 그러기도 망설여진다.

교실을 바꾸는 매직워드

이 선생님은 고민 끝에 먼저 자발적으로 참여할 교사가 있는지 물어보기로 마음먹었다. 자신이 이 프로그램의 취지에 동감하듯이 누군가도 공감을 하고 나서 줄 수도 있을 거라는 생각이 들어 사업의 취지 및 진행 방향을 간단히 안내하고 메신저를 통하여 참여할 교사를 찾기 시작했다.

"선생님! ~한 일을 하실 분이 필요한데, 선생님이 도와주실 수 있을까요?"

다행히 메신저를 보낸 지 얼마 되지 않아 네 분의 선생님으로부터 참여 의사가 있음을 전달받았다. 바쁜 일과 속에서 시간을 내기가 쉽지 않은데 참여 의사를 밝혀 주신 선생님들에게 감사했다. 네 분의 선생님께 일일이 찾아가 일의 취지와 해야 할 일을 좀 더 구체적으로 말씀드리고 감사를 표현했다.

왜 이 표현인가요?

1 말하기는 어려운데 누군가는 해야 하는 말 '도와주세요'

학년 초 업무 분장을 통해 대부분의 업무는 담당자가 명확하게 정해져 있지만 생각지도 못한 새로운 업무가 떨어지면 일을 맡을 사람을 직접 찾아야 하는 상황에 처하기도 한다. 새로운 업무가 아니라도 각종 위원회나 학교 행사에 교사들의 지원이 필요하니 그때마다 누군가는 그 자리에 가야 하고, 그래서 주로 교감 선생님이나 부장 선생님들이 도와 달라는 말을 하게 된다.

2 요청하는 말하기

다른 사람에게 지원을 요청하는 것이 쉬운 일은 아니다. 뻔히 바쁜 것을 서로가 다 알고 있기 때문이다. 학교의 일이기 때문에 필요 이상으로 비굴해질 필요도 없지만, 학교 일이니 무조건 해야 한다는 식의 강압적 태도도 곤란하다. 우리말은 '아' 다르고 '어' 다르다. 어떻게 말을 하느냐에 따라 결국 일을 해 달라는 내용은 같지만 듣는 사람의 마음은 전혀 달라질 수 있다. 그럼 어떻게 요청하는 말을 해야 할까?

- **상황과 해야 할 일에 대해 명확하게 이야기하기:** 현재 부탁하려고 하는 일의 상황과 이후 해야 할 일에 대해 구체적으로 명확하게 이야기한다. 그래야 상대도 자신의 스케줄과 현재 처리하고 있는 일 등을 고려하여 대답을 할 수 있다. 상대의 수락을 받기 위해 일이 작은 것처럼 포장하면 나중에 도움을 준 상대방이 곤란한 상황에 처할 수 있으므로 자신이 알고 있는 선에서 분명하게 해야 할 일에 대해 이야기하는 것이 좋다.
- **교육적 의미 언급하기:** 학교에서 하는 일들은 나름의 교육적인 의미를 가지고 있다. 이에 대해 언급함으로써 단순한 업무 이상의 의미 있는 일임을 상대가 인식하면 좀 더 도움을 요청하기가 수월해진다.
- **상대의 이야기 들어주기:** 요청을 하는 사람에게도 사정이 있지만 요청을 받는 사람에게도 그만의 사정이 있기 마련이다. 상대가 하는 이야기를 잘 들어줘야 상대방도 나를 신뢰하고 마음을 연다.
- **거절에 마음 상하지 않기:** 상대방이 하는 거절은 일에 대한 거절이지 나에 대한 거절이 아니다. 거절하는 상대방의 입장을 이해해 주며 후일을 기약하면 언젠가 그 사람에게 요청할 일이 생길 때 이전보다 용이하게 도움을 받을 수 있다.
- **대안 함께 찾기:** 상대방에게 하는 요청이 거절당해도 함께 대안을 찾을 수는 있다. 내가 미처 생각하지 못했던 일 처리 방법이나 그 일을 할 만한 적임자를 추천받는 방법 등으로 함께 대안을 찾는 것도 도움이 된다.
- **메신저와 일대일 대면:** 요청을 할 때는 얼굴을 보면서 하는 것이 상대에 대한 기본 예의다. 하지만 이 선생님처럼 많은 선생님께 요청해야 하는

상황이면 메신저를 활용할 수 있다. 얼굴을 보고 말을 하는 것이 아니기 때문에 오해가 생기지 않도록 더욱더 신중히 내용을 작성하고 메신저를 보낸다. 직접 뵙고 말씀드려야 하는데 그렇지 못해 송구하다는 등의 내용을 덧붙여 양해를 구한 후 하고 싶은 말을 적고 도움을 청하면 된다. 메신저 끝에는 "늘 도와주셔서 감사합니다." 등과 같은 문구를 넣으면 상대의 마음을 여는 데 도움이 된다.

- **정중한 태도는 기본:** 도움을 청하는 입장에서 상대에 대한 정중한 태도는 기본이다. 설사 상대가 나보다 나이가 어리다 하더라도 도움을 청할 때는 나름의 예를 갖추어 정중히 부탁한다.

이런 표현도 있어요!

- 선생님! ~한 일을 하실 분이 필요한데, 선생님께 요청 드릴 수 있을까요?
- 선생님! 이러한 취지의 일이 있는데 저 혼자 추진하기에는 역부족입니다. 선생님이 도와주실 수 있을까요?
- 선생님! ~한 일을 하실 분이 필요한데, 선생님께서 도움을 주실 수 있을까요?
- 선생님! 제가 지금 ~한 일을 추진 중인데 선생님의 도움이 필요합니다. 저를 도와주실 수 있을까요?

26. 감사, 격려, 지지하는 말

- 선생님 ~해 주셔서 감사해요. 선생님 덕분에 힘이 나요.
- 선생님! 지금 충분히 잘하고 있어요.
- 선생님을 나쁘다고 말하는 그 사람이 나쁜 사람이에요.

지난 시간을 떠올리며 절로 미소가 지어질 때는 무슨 일을 했느냐보다는 누구와 함께 했느냐 때문인 경우가 많다. 여행지가 별로여도 함께한 사람과 마음이 잘 맞으면 최고의 여행을 할 수 있는 것처럼 학급의 아이들이 나를 힘들게 해도 마음에 맞는 동료들이 있으면 훨씬 수월하게 1년을 보낼 수 있다. 동료 때문에 스트레스를 받을 때도 있지만 동료가 있어서 힘든 학교생활이 즐거워지기도 한다. 동료가 고마울 때 또는 동료가 힘들어할 때 어떻게 감사와 격려, 지지를 전할지 함께 생각해 보자.

64

선생님 ~해 주셔서 감사해요. 선생님 덕분에 힘이 나요.

상황 속으로

운동회 무용 연습을 마치고 아이들을 하교시키고 교실로 들어왔다.

쉬는 시간에 나가기 바빠 제대로 정리를 못했더니 교실 바닥에 군데군데 쓰레기가 보이고 책상 줄도 삐뚤빼뚤이다. 힘이 빠져 모자를 벗고 운동복 차림으로 책상에 엎드려 쉬는데 똑똑 하는 소리가 들린다. 민희다.

"집에 안 가고 웬일이니?"

"친구 기다리고 있었는데요, 이거 옆 반 선생님이 갖다 드리래요."

시원한 캔커피다. 차가운 캔커피가 얼굴에 닿으니 정신이 번쩍 나고 머리가 개운해지는 거 같다. 포스트잇이 붙어 있어서 보니 정겨운 한 선생님의 글씨다.

'김 선생~ 오늘 무용 지도하느라 고생 많았어요. 여기 보약 한 첩!'

김 선생님의 입가에는 절로 미소가 번졌다.

동학년회의 시간이 되어 한 선생님의 교실로 갔다. 한 선생님은 자리에 앉아 업무를 보고 계신다.

마음속으로

김 선생님은 한 선생님의 캔커피 하나에 쌓인 피로가 확 풀리는 느낌이었다. 캔커피에 담긴 한 선생님의 마음을 느꼈기 때문이다. 학교에 있다 보면 좋은 선생님을 많이 뵙게 되는데 한 선생님도 그런 분이시다. 동 학년을 하면서 자상하고 따뜻한 배려에 종종 고마움을 느꼈다.

교실을 바꾸는 매직워드

김 선생님은 한 선생님께 감사의 마음을 표현하고 싶었다. 그래서 이렇게 말을 꺼냈다.

66 선생님~ 아까 보내 주신 캔커피 감사드려요. 선생님 덕분에 힘이 나요. 99

한 선생님도 김 선생님의 얼굴을 보더니 빙그레 웃으신다.

"아유, 캔커피 하나 가지고 뭘……."

"선생님! 아까 제가 정말 힘이 들었는데요, 캔커피가 보약인지 금세 기운이 차려지네요. 너무 감사드려요. 선생님이 옆에 계셔서 제가 힘이 나요."

왜 이 표현인가요?

1 동료는 나의 힘

아침에 출근해서 아이들과 이런저런 일로 실랑이를 하다 보면 화장실 한 번 갈 정신도 없이 어느새 수업이 끝난다. 아이들을 집에 보내고 다음 날 수업 준비와 업무 처리를 하다 보면 퇴근 시간이다. 바쁘고 정신없는 와중에도 교사들이 기분 좋을 수 있는 이유 중 하나는 좋은 동료들과 함께하기 때문이다.

학급의 아이들이 힘들게 해도 동료 교사들과 사이가 좋으면 힘든 시간을 견디는 것이 훨씬 수월해진다. 실제로 스트레스를 받는 상황이라 하더라도 서로 도움을 주고받으면, 도움을 주는 사람과 도움을 받는 사람 모두에게서 스트레스 호르몬인 코르티솔이 비교적 적게 분비된다고 한다(Shrand & Devine, 2013).

초등학교는 주로 동 학년 단위로 움직이고 동학년회의를 통해 학년 업무 대부분이 논의되고 실행된다. 동학년회의에서는 업무 논의만 이루어지는 것이 아니다. 일상의 생활 경험을 나누기도 하고, 학급 운영의 어려움에 대해 토로

하면 위로도 해 주고, 서로의 교육적 노하우도 공유한다. 일부 교사들 중에는 이런 동학년회의를 시간 낭비로 여기기도 한다. 그러나 동료가 정서에 미치는 긍정적 영향을 고려하면 시간 낭비로만 볼 수 없는 측면도 있다. 너무 장시간 동학년회의가 진행되어 수업을 준비하고 업무를 처리하는 데 방해가 되지 않는다면 적절한 만남은 서로에게 새로운 에너지를 공급해 준다.

2 최고의 동료를 옆에 두고 있는 우리들

일반 회사에서도 사람들은 분명히 친분관계를 쌓는다. 하지만 기본적으로 회사는 성과 중심으로 운영되기 때문에 서로가 경쟁적이다. 회사 일을 하면서 개인이 취득한 노하우 내지 자료들을 모두 공유하는 경우는 거의 없다. 누구나 알 만한 것들은 함께 공유하지만, 자신만의 무기가 될 수 있는 것들은 내놓지 않는다. 직급의 상하가 분명하므로 윗사람이 아랫사람을 함부로 대하는 일들도 종종 있고, 회사에서 살아남기 위해서는 사내 정치가 중요하므로 머리를 쓰며 사람을 상대해야 한다. 그래서 회사에서는 마음을 나누는 동료를 찾기가 쉽지 않다.

반면 학교에서는 마음을 나눌 수 있는 동료들을 일반 회사보다 더 쉽게 많이 찾을 수 있다. 기본적으로 교사들은 아이들을 상대하는 사람들이므로 비교적 온정적이며 다른 사람을 돕는 것에 익숙하다. 승진을 위한 경쟁이나 줄서기도 있지만 모두에게 해당되는 이야기는 아니다. 미래에는 어떻게 될지 모르지만 현재는 정년이 보장되어 있어 고용 안정성에 대한 불안이 적다. 그래서 그런지 교사들은 자신이 가진 자료를 나누는 것에 익숙하다. 교장 · 교감 선생님을 제외하고는 원칙적으로 동급이기 때문에 나이 및 경력 별로 나름대로의 서열이 존재하지만 타 직장에 비하면 동등한 관계에서 서로 존중하며 함께 일한다. 교사들 간에는 유독 동료 간의 사적 모임이 많고 모임 중 대부분이 예전

동료와의 모임인 것을 보면 그들이 얼마나 끈끈하고 돈독한 인간관계를 맺고 있는지 미루어 짐작할 수 있다.

내 옆에 있는 동료들을 떠올려 보자. 모두가 다 완벽하고 나와 꼭 맞는 것은 아니지만 분명 어디서도 만날 수 없는 그런 소중한 사람들임에는 틀림이 없다.

3 표현하지 않으면 알 수 없는 감사

"자기야, 나 사랑해?"

"응."

"근데 왜 요즘 사랑한다고 안 해줘?"

"그걸 꼭 말로 해야 알아? 그냥 아는 거지."

TV에서 한 번쯤 봤음직한 익숙한 장면이다. 사랑, 감사 같은 좋은 것들은 꼭 말로 표현해야 한다. 입 밖으로 나오지 않으면 알 수 없기 때문이다.

동료 간에 서로 감사를 표현할 일은 많이 있다. 바쁜 나를 대신해서 학년 업무를 맡아 준 박 선생님, 내가 힘들 때 나를 지지해 주고 위로해 주는 윤 선생님, 늘 여유 있고 편안한 농담으로 나를 웃게 해 주는 조 선생님, 걸핏 하면 자료를 팍팍 뿌려 나의 수업을 더 멋지게 만들어 주는 이 선생님, 본인의 노하우를 아낌없이 나눠 주는 수석 선생님…….

나에게 주어지는 여러 동료들의 일상적이지만 특별한 호의에 대해서 감사를 표현할 수 있어야 나도 동료도 더 행복해진다. 사소하고 작아서 말로 표현하기가 쑥스러워도 한 번 입 밖으로 감사를 표현하면 서로가 행복해지는 특별한 경험을 할 수 있다. 감사하는 말하기의 방법은 간단하다.

"선생님! ~해 주셔서 감사해요. 선생님 덕분에 힘이 나요."

TIP 감사의 기적

세계 모든 나라와 민족의 부모들이 아이들에게 가르치는 말의 순서가, 엄마 아빠 그리고 '고맙습니다'라고 한다. 감사를 표현하는 말이 얼마나 일상적이면서도 중요한지를 단적으로 드러내는 예다. 다음은 데보라 노빌Deborah Norville이 쓴 『감사의 힘: 0.3초의 기적』(2008)이라는 책에서 발췌한 내용이다.

"감사합니다." "고맙습니다."라는 말을 하기 위해서는 0.3초밖에 걸리지 않지만 그 말이 가져다주는 힘은 기적에 가깝다.
미국의 로버트 에먼스 심리학 교수는 감사하는 태도가 사람에게 육체적 · 정신적으로 어떤 영향을 끼치는지 알아내는 실험을 했다. 실험대상을 세 그룹으로 분류하고 A그룹은 기분 나쁜 일, B그룹은 감사할 일, C그룹은 일상적인 일에 해당하는 말과 행동에 집중하도록 했다. 그 결과 감사하는 태도에 주력한 B그룹이 가장 행복감을 느낀 것으로 나타났다. 이 연구를 1년에 걸쳐 진행했더니 감사하는 태도를 갖기 위해 의식적으로 노력한 실험 참가자들은 놀라운 변화 열 가지를 경험하게 되었다.

① 낙천적인 성격으로 변했으며, 열정적으로 활동하게 되었다.
② 스트레스를 이기는 힘이 이전보다 커졌다.
③ 예전보다 운동을 열심히 하게 되었다.
④ 숙면을 취하게 되었으며 눈에 띄게 건강해졌다.
⑤ 다양한 것에 흥미가 생겼으며, 열린 시각으로 상황을 바라보게 되었다.
⑥ 주위 사람들로부터 유머감각이 생겼다는 이야기를 듣는다.
⑦ 결단력이 강해졌고, 체계적으로 일 처리를 한다는 이야기를 듣는다.
⑧ 다른 사람들로부터 관대하고 친절한 사람이라는 평판을 듣는다.
⑨ 인생의 목표를 다시 세웠으며, 그것을 이루기 위해 노력하게 됐다.
⑩ 가족관계가 돈독해졌다.

직장생활을 하다 보면 부당하게 자신을 비판하는 사람이나 싫어하는 사람을 만나게 된다. 이런 경우 어떻게 해야 할까.

"가장 중요한 사실은 그런 사람을 만났을 때 절대로 도망칠 궁리를 해서는 안 된다는 겁니다. 어떤 회사에든 그런 사람은 있다고 하더군요. 피해 봐야 소용없다는 것이죠. 오히려 그 사람에게 감사함을 찾아내라는 게 전문가들의 조언이었습니다."

이런 조언을 받아 상사와의 갈등을 극복하고 오히려 훌륭한 직장인이 된 사람의 고백이다.

"처음에는 '고맙다'고 말하는 것이 죽을 것처럼 힘들었습니다. 그렇지만 자꾸 하다 보니까 습관이 되더군요. 생각도 바뀌었어요. '나를 강하게 단련시켜 주는 고마운 사람'이라고 여겼습니다. 내 스스로가 변한 것이죠."

감사는 이렇게 나 자신을 좀 더 멋지고 행복한 사람으로 만드는 힘이 있다. 또 내가 감사를 표현하면 그 사람 역시 자신이 인정받고 존중받고 있음을 느껴 더 행복해진다.

이런 표현도 있어요!

- 선생님! 옆에서 많이 배웠어요.
- 선생님! 어떻게 이런 생각을 하셨어요?
- 선생님 덕분에 이번 일을 잘 넘겼어요.
- 선생님 덕분에 학교생활이 너무 즐거워요.

매직워드

65

선생님! 지금 충분히 잘하고 있어요.

상황 속으로

김 선생님은 오늘 반 아이들 때문에 많이 속상했다. 교과전담 선생님이 눈물을 흘리며 수업 중간에 나오실 정도로 반 아이들이 말을 듣지 않았기 때문이다.

김 선생님: (눈물을 글썽이며) 선생님! 제가 부족해서 저희 반 애들이 이런 가 봐요. 오늘도 오죽하면 음악 선생님이 그냥 교실에서 나오셨겠어요. 항상 저희 반 수업하시면 힘들다고 하셨는데……. 제가 음악 선생님 뵐 낯이 없어요. 저희 반 애들은 대체 왜 그럴까요? 애들이 예쁘다가도 이런 일이 생기면 얼마나 미워 보이는지 몰라요. 명색이 선생인데 학교에 오기 싫을 때도 있어요.

한 선생님: 마음이 많이 힘들었겠어요. 김 선생님.

마음속으로

김 선생님은 수업 중간에 교실 밖으로 나온 음악 선생님에게 너무나 미안했다. 아이들의 행동이 오죽했으면 교사가 수업 중간에 나오게 되었을까? 그래도 담임인 자신이 수업을 할 때는 아이들이 나름대로 행동을 조심하는데, 교과전담 시간이고 초임 선생님이다 보니 녀석들이 버릇없게 굴었나 보다. 사실 김 선생님은 올해 맡은 아이들이 좀 버겁다. 작년에 가르쳤던 애들과 너무 잘 맞았던 탓인지 이상하게 올해 맡은 아이들에게는 정이 가지 않는다. 업무도 많고 아이들도 힘드니 학교에 오기 싫을 때도 있다. 자신의 마음이 그렇기에 아이들의 문제행동이 다 자신의 탓인 것만 같다. 나름대로 아이들에게 잘하려고 하는데 내 맘처럼 아이들은 움직여 주지 않는다.

한 선생님은 김 선생님이 힘들어하는 모습이 안타까웠다. 누구보다 열심히 아이들을 가르치는 것을 아는데도 자기 자신을 탓하는 김 선생님이 안쓰럽다. 선생님도 사람인데 어떻게 매번 아이들이 예뻐 보일 수만 있을까? 자기 속으로 난 자식도 미울 때가 있는데……. 선생님이 노력해도 아이들이 확 바뀐다는 것이 쉬운 일도 아니고 말이다.

교실을 바꾸는 매직워드

한 선생님은 김 선생님이 자기 탓을 하기보다는 힘을 내어 이 상황을 극복했으면 했다. 그래서 이렇게 말해 주었다.

"선생님! 지금 충분히 잘하고 있어요."

"김 선생님은 교사로서 뭔가가 부족해서 아이들이 이러는 건가 싶겠지만 내가 보기엔 지금 충분히 잘하고 있어요. 수업 준비 열심히 하고 아이들 이야기도 많이 들어주고 무엇보다 잘하려고 노력하고 있잖아요. 세상에 완벽한 교사가 어디 있겠어요? 모두들 힘들어도 노력하는 거죠. 애들은 천차만별이라 이럴 때는 이렇게 해라 하는 정답도 없고, 또 선생님이 한마디 한다고 해서 부침개 뒤집듯 확 달라지지도 않아요. 지금까지 그렇게 살아온 애가 어떻게 하루아침에 달라지겠어요. 좀 더 시간이 지나면 선생님의 진심을 알아줄 날이 올 테니 너무 속상해하지 말아요."

왜 이 표현인가요?

1 내 맘대로 되는 게 하나도 없어

"엄마, 나 학교 가기 싫어요."

"네가 학교에 안 가면 어떡하니?"

"아니에요. 내가 학교에 안 가면 선생님도 애들도 얼마나 좋아하는데요?"

"그래도 가야지. 넌 교장이잖니."

그냥 우스갯소리로 떠돌던 이야기지만 이 이야기를 듣고 그냥 웃을 수만은 없는 교사도 있을 것이다. 교사 역시 학교에 가기 싫을 때가 있기 때문이다. 학급에 정말 심각하게 말을 안 듣는 녀석이 있으면 어쩔 때는 스트레스로 학교에 가기 싫고, 그 녀석이 간혹 결석이라도 한 번 하면 교사로서 부끄럽지만 심지어 좋기까지 하다. 그날은 학급 운영이 순조롭기 때문이다.

어른도 자신의 나쁜 습관을 고치기 어려운데 하물며 아이가 교사의 말을 듣고 자신의 행동을 고치는 건 쉬운 일이 아니다. 만약 교사의 한마디로 확 달라진 아이가 있다면 그건 당연한 것이 아니라 '기적'이다. 내 맘대로 되지 않는 것이 오히려 당연한 것이기 때문이다.

2 힘들 때는 힘들다고 말하세요.

학교폭력의 피해자인 아이들은 대부분 가족에게 자신이 피해를 당하고 있음을 이야기하지 않는다는 공통점이 있다. 가족들이 걱정할까 봐 또 가족에게 말해도 별다른 해결책이 없다고 생각하기 때문에 말을 하지 않는다고 한다.

교사들 중에도 자신이 힘들어도 힘들다는 내색을 전혀 하지 않는 사람들이 있다. 이유는 다양하다. 나름대로의 자존심 때문에 말하지 않기도 하고, 원래 자신의 이야기를 즐겨 하지 않거나 굳이 힘든 걸 말해서 다른 사람을 불편하게 할 필요가 있느냐는 분들도 있다.

이유가 어쨌든 자신이 힘든 것을 내색하지 않고 그 짐을 혼자만 지고 있는 것은 미련한 일이다. 개인적인 생활이 아닌 학교생활 때문에 힘이 들고 그것이 쌓여 교사인데도 학교가 오기 싫어진다면 누군가와는 그 짐을 나누어야 한다. 짐을 나누는 과정에서 내가 생각하지 못했던 해결책이 나오기도 하고, 실질적인 도움을 받기도 하며 무엇보다 위로와 격려를 얻을 수 있기 때문이다.

3 그냥 잘 들어주세요.

동료 교사가 힘들다고 이야기할 때는 일단 잘 들어주어야 한다. '네가 그렇게 하니까 그런 문제가 생겼지.' 하며 상대를 판단하거나 상대방의 말을 끊기보다는 어떤 것이 힘들었는지 그냥 들어주기만 해도 상대방은 충분히 위로와 격려를 얻는다. 말하는 것 자체만으로도 속이 풀리고 안정과 해결책을 찾을 수도 있으니 도움을 주려고 섣부르게 나서기보다 일단 잘 들어주는 것 자체가 상대에 대한 위로이자 격려가 된다.

4 격려해 주세요.

격려encouragement는 용기나 의욕이 솟아나도록 북돋워 주는 것을 말한다. 힘든 동료의 이야기를 듣고 어떤 사람은 '교사'라는 직업병이 도져 그 사람이 놓친 것을 가르치려 하거나 나는 이렇게 성공했어 하면서 무용담을 늘어놓는다. 모두 상대방을 돕고자 하는 행동이지만 듣는 사람은 그렇게 생각하지 않는다. 때로는 그런 말들이 다 자신을 못난 사람이라고 지적하는 것 같아 자존심에 상처를 입기도 한다.

힘든 동료에게 지금 필요한 것은 따뜻한 마음에서 우러나온 격려다.

"선생님! 지금 충분히 잘하고 있어요."

지금도 충분히 잘하고 있다는 말은 그동안의 노력을 알아주는 말이고 그렇게 잘못하지 않았다는 말이며 앞으로도 충분히 잘할 수 있다는 말이다.

일단 이렇게 격려를 해 준 다음 상대가 대안을 물어볼 때 자신이 생각하는 해결책을 이야기해도 늦지 않다.

이런 표현도 있어요!

- 선생님! 지금 누구보다 잘하고 있으니 걱정 마세요.
- 선생님! 좀 더 시간이 지나면 선생님 진심을 알아줄 날이 있을 거예요.
- 선생님은 지금 그 누구보다 열심히 잘하려고 노력하고 있어요.
- 선생님이 누구보다 열심히 했다는 걸 제가 잘 알고 있어요. 그러니까 속상해하지 마세요.

매직 워드

66

선생님을 나쁘다고 말하는 그 사람이 나쁜 사람이에요.

상황 속으로

아이들이 집에 간 교실.

조용한 복도에서 갑자기 쿵쾅쿵쾅 발자국 소리가 들린다.

복도에 나타난 용철이 어머니. 씩씩 대며 김 선생님 교실의 문을 확 연다. 교실에 있던 한 선생님과 이 선생님이 이 소리를 듣고 복도로 나와 김 선생님 교실을 쳐다본다.

용철 어머니: 선생님! 저희 용철이만 너무 나무라시는 거 아니세요? 왜 그렇게 용철이만 미워하세요?

김 선생님: (깜짝 놀라며) 네? 그게 무슨 말씀이세요?

용철 어머니: 용철이가 그러더라고요. 선생님이 자기만 미워하는 것 같다고 말이에요. 제 생각도 그래요. 지난 번 훈이와의 일도 그렇고 딴 학교 애들이랑 싸운 일도 그렇고 무슨 일만 있으면 용철이만 그런 것도 아닌데 왜 그렇게 걔만 못 잡아먹어서 안달이세요?

김 선생님: 어머님! 지금 흥분하신 거 같은데 일단 자리에 앉으셔서 차분히 말씀을 해 보세요. 갑자기 오셔서 그렇게 말씀을 하시니 무슨 말씀을

하시는 건지 잘 모르겠어요.

용철 어머니: 용철이가 공부도 잘하고 저희 집에서는 그래도 믿음직한 아들이에요. 식당 일하느라 잘 챙겨 주지도 못했는데 얼마나 대견하다고요. 그런데 그런 애를 선생님이 그렇게 미워하시다니……. 더 이야기할 것도 없고요, 저 지금 교장실에 가서 따질 테니 그렇게 아세요. (문을 꽝 닫고 나간다.)

이 선생님이 용철이 어머니 뒤를 따라가며 달래는 소리가 들린다. 한 선생님이 교실로 들어오니 김 선생님은 아무 말 없이 눈물이 글썽글썽해서 자리에서 있다.

마음속으로

김 선생님은 용철이 어머니의 갑작스러운 항의에 당황했다. 용철이가 좀 사고뭉치이고 반항적이긴 해도 용철이 어머니 말대로 자신이 용철이만 미워한다거나 편애한 적은 없었다. 그동안 나름대로 용철이를 위해 최선을 다했는데, 용철이 어머니에게 이런 식의 이야기를 듣다니 억울해서 눈물이 핑 돌았다.

한 선생님은 김 선생님이 안쓰럽고 속상하다. 전후 사정이야 어찌 된 일인지 잘 모르겠지만 김 선생님이 한 아이를 미워해서 일부러 그 아이한테 못되게 굴고 그럴 사람이 아닌데 학부모가 다짜고짜 찾아와서 왜 저렇게 화를 내는지 알 수 없었다. 아무래도 뭔가 오해가 있는 것 같다. 무슨 일인지 직접 물어보고 싶지만 그러면 오히려 김 선생님이 더 난처해할 거 같아 말을 쉽게 꺼내지 못했다.

교실을 바꾸는 매직워드

한 선생님은 무슨 말을 해야 할까 고민하다가 입을 열었다.

"선생님! 선생님을 나쁘다고 말하는 그 사람이 나쁜 사람이에요."

"김 선생님! 많이 속상하죠?"

한 선생님은 어떻게 된 일인지 전후 사정은 잘 모르지만 일단 지금은 김 선생님 편이 되어 주고 싶었다. 한 선생님이 아는 김 선생님은 절대 어디에서 나쁜 사람이라는 소리를 들을 사람도 아니고 아이에게 함부로 대할 사람도 아니기 때문이다. 갑자기 당한 일에 눈물만 글썽글썽한 김 선생님의 모습을 보니 더 마음이 아프다.

왜 이 표현인가요?

1 함부로 말을 옮기지 마세요

동료 교사가 다른 교육 당사자와 갈등 상황에 직면했을 때 갈등의 당사자인 선생님이 먼저 그 얘기를 꺼내지 않는 한 다른 교사들은 누구도 그 일에 대해서 쉽게 이야기하지 못한다. 자칫 잘못하면 동료에게 누가 될 수 있다는 것을 알기 때문이다.

물론 어디에나 그렇듯 소문을 전하는 사람이 있다. 교사들 간에도 마찬가지다. 하지만 어디까지나 소문은 소문일 뿐이지 그것이 진실이라는 보장은 없다. 설령 그 소문들이 사실이라 해도 입에서 입으로 전해지면서 부풀려지고 왜곡되기 쉬우며, 사건의 당사자가 아닌 이상 어떤 일이 벌어졌는지 정확하게 파악할 수 있는 사람은 없기 때문에 함부로 말을 하는 것은 올바른 행동이 아니다.

2 같은 편이 되어 주세요

동료가 김 선생님 같은 일을 당했을 때 주변 교사들의 반응은 다양하다.

김 선생님이 용철이를 올바르게 대했는지 판단한다.

"김 선생이 평소에 아이들한테 친구처럼 친근하게 대하잖아. 용철이 같은 애는 일단 친근하게 대하면서도 한번 기를 확 꺾어 놔야 하거든. 무조건 잘해 주니까 엄마들이 와서 저렇게 선생님한테 함부로 하는 거라고."

용철이 어머니를 욕하고 그 어머니의 아들인 용철이도 욕한다.

"어쩜, 김 선생님이 얼마나 용철이한테 신경을 써 줬는데 용철이 엄마가 그럴 수가 있어. 고맙다고는 못할망정……. 애가 왜 그렇겠어. 엄마가 저렇게 예의가 없으니 애도 그런 거지."

논리적으로 이 사태를 어떻게 해결해야 할지 해결책을 내 놓는다.

"일단 학부모가 흥분을 했을 때는 그걸 가라앉히고 나서 얘기를 하는 게 좋아. 용철이 엄마가 무슨 근거로 그런 생각을 했는지 물어보고 평소에 용철이 교육을 두고 힘들거나 섭섭했던 게 있으셨냐 이런 식으로 달래면서 얘기를 들어주면 그 엄마도 마음이 좀 풀리지. 사실 용철이 때문에 제일 힘든 사람이 걔네 엄마일 거 아니야."

일단 김 선생님의 편을 든다.

"선생이 무슨 동네북이야? 다 자기 자식들 잘 가르치려고 노력하는데 그 엄마는 대체 왜 그러는 거야? 김 선생이 오죽 잘했을까."

용철이와 그 엄마에 대한 신상 정보 및 무슨 일이 있었는지를 정보망을 가동하여 파악한다.

"용철이는 평소에는 애가 괜찮은데 한 번씩 흥분을 하면 그렇게 못 말리는 애라고 하더라고. 근데 그 용철이 엄마라는 사람 말이야, 작년에도 이런 비슷한 일이 있지 않았었나?"

갈등에 처한 선생님이 적어도 다른 사람이 보기에 상식선에서 행동하고 인간관계가 그다지 나쁘지 않다면 주변의 교사들은 대부분 심정적으로 김 선생님의 편이다. 하지만 그것을 표현하는 방법은 이와 같이 다 다르다.

이러한 반응들 중에 김 선생님의 입장에서 자신에게 가장 힘이 되는 것은 무엇일까? 일단 자신의 편을 들어주는 것이다.

교사도 사람인지라 실수를 한다. 김 선생님이 실제로 용철이가 오해할 만한 행동을 했을지도 모른다. 하지만 그에 대한 판단을 사건의 당사자도 아닌 제삼자인 동료교사가 굳이 할 필요는 없다. 일단 김 선생님을 믿고 지지해 줘야 김 선생님이 충격에서 벗어나 상황을 객관적으로 볼 수 있다. 그래야 다른 선생님이 해 주시는 도움의 말도 귀에 들어오고 해결 방안도 세울 수 있다. 만약 김 선생님에게도 잘못이 있었다면 이런 과정을 거쳐 스스로 그것을 찾아낼 수도 있다.

3 내 편의 힘

살면서 힘들 때 힘든 것을 완화시키는 것 중 하나가 주변 사람들에 의한 정서적 지지다. 학부모와 속상한 일이 생겼다면 가족이나 친구의 지지도 도움이 되겠지만, 무엇보다 같은 공간에 함께 있어 상황에 대해 가장 잘 아는 직장 동료의 지지가 큰 힘이 된다.

“우리는 널 믿어. 네 편이야. 넌 분명히 지금의 시련을 이겨 낼 수 있어.”와 같이 정서적 지지를 표현하는 말은 상대를 일으키는 강력한 힘이 있다.

우리나라에서 벌어지는 살인사건의 34%가 상대를 무시하거나 멸시하는 대화 중에 일어났다고 한다(양찬순, 2013). ‘말 한마디로 천 냥 빚을 갚는다’고 말은 사람을 죽일 수도 있고 살릴 수도 있다. 정서적 지지를 표현하는 말이 굳이 길고 장황할 필요는 없다. “김 선생님을 나쁘다고 말하는 그 사람이 나쁜 사람이에요." "나도 김 선생처럼 그런 일을 당한 적이 있었어요. 많이 억울하고 속상하죠?" "우리는 모두 선생님 편이에요." 이런 말 몇 마디만으로도 상대는 충분한 정서적 지지를 느낄 수 있다.

이런 표현도 있어요!

- 선생님이 오죽 잘했을까! 모르고 하는 말이니 신경 쓰지 마세요.
- 우리는 모두 선생님 편이에요.
- 우리는 선생님을 믿어요.
- 많이 속상하고 억울하죠? 시간이 지나면 오해가 풀릴 거예요.

교사 자신

27. 성장하는 교사 되기

- 반드시 ~할 필요는 없지/ ~할 수도 있지!
- 내가 가진 강점이 뭘까? 그걸 잘 활용하자!
- 비교하지 않고 감사하며 현재에 충실하기!

교직에 첫발을 내딛을 때 새로운 다짐을 하고 출발하지만, 시간이 흐르면 처음과 달리 느슨해지고 자신의 성장에 무뎌지기도 한다. 경험이 쌓이면서 자신에게 많은 변화가 있고, 그 와중에는 보람도 있었지만 힘들고 고된 시간도 있었을 것이다. 지금 현재도 그런 어려움을 겪고 있는 교사도 있을 것이다. 힘들면 우리는 성장을 멈추려 한다. 그럼에도 교사의 성장을 계속하기 위해 자신만의 매직워드를 찾아보자.

매직워드

67

반드시 ~할 필요는 없지/ ~할 수도 있지

상황 속으로

김 선생님은 요즘 많이 힘들다.

그것은 자신이 그렇게 좋은 선생님이 아니라는 생각이 자주 들기 때문이다.

김 선생님은 모름지기 초등교사는 '재미있는 사람'이어야 한다고 생각한다. 재미있는 사람이 아이들의 역동성을 받아 주고, 생기를 살리며, 활발하고 건강한 아이로 교육시킬 수 있다고 믿기 때문이다.

그런데 김 선생님은 그렇게 재미있는 사람이 아니다. 오히려 재미와는 거리가 먼 아주 진지하고 꼼꼼한 사람이다.

김 선생님이 잘하는 것은 아이들을 1년간 꾸준히 노력시켜 일정 수준 이상에 도달시키는 것이다. 실력이란 꾸준함을 통해 온다고 믿으며, 초등학교 시기가 꾸준한 태도를 형성하는 데 적기라고 생각하기 때문이다. 이 중요한 목표를 위해 본인은 최선을 다하는데, 아이들은 때로는 잘 따라왔지만 대개는 힘겨워했다. 아이들의 재미없어 하는 표정을 볼 때마다 자신감이 날로 줄어갔고, 마치 있지 말아야 할 곳에 있는 사람인 양 떠나야겠다는 생각이 가슴 한켠에서 맴돌았다.

아이들의 재미없어 하는 표정을 볼 때마다 자신감이 날로 줄어 갑니다.

마음속으로

김 선생님은 생각한다.

'난 왜 이렇게 재미없는 사람일까? 초등교사를 선택한 것이 잘한 것일까? 아이들이 나를 보면서 힘들기만 하지는 않을까? 어떡하지? 내 스스로도 느낄 정도로 갈수록 자신이 없어져 가네.'

김 선생님도 자신의 기준에서는 재미없게 가르치는 것이 아니다. 최선을 다해 아이들을 가르친다는 그 표현 속에는 김 선생님 역시 자신이 할 수 있는 최고의 노력을 기울였음을 의미한다.

교실을 바꾸는 매직워드

그때 한 선생님에게서 전화가 왔다. 기운없는 김 선생님의 목소리에 한 선생님은 무슨 일이 있는지 물어보셨다. 김 선생님은 요즘 느끼는 것들을 말씀드렸다.

"저 아무래도 초등교사는 아닌 것 같아요."

"그게 무슨 소리야? 왜 그런 생각을 하지?"

"전 재미있는 사람이 아니거든요. 초등교사는 활력도 좀 있고 생기가 있어야 아이들도 좋아하고 건강하게 잘 자랄 텐데요. 갈수록 제가 초등교사는 아니라는 생각이 자꾸 들어요."

한 선생님이 말씀하셨다.

"반드시 ~할 필요는 없지! ~할 수도 있지."

"예? 그래도 저처럼 재미없으면 안 되잖아요?"

"왜 초등교사는 재미있어야만 한다고 생각하지? 그렇지 않은 사람도 다른 측면에서 아이들에게 줄 수 있는 도움이 많을 텐데……."

한 선생님이 계속해서 말씀하셨다.

왜 이 표현인가요?

1 김 교사의 상황과 인지적 ABC 모형

인지적 ABC 모형이란 어떤 촉발사건A: Activating event이 발생할 때, A에 대한 신념B: Belief이 발동하여, 정서적 · 행동적 결과C: emotional or behavioral consequence를 만든다는 인지이론 모형이다.

김교사는 평소 초등교사는 재미있는 사람이어야 한다는 신념B을 가지고 있었다. 그런데 아이들의 재미없어 하는 표정A 등이 교사의 신념에 영향을 미쳐, 결과적으로 자신은 초등교사에 적합하지 않다는 생각과 함께 위축되고 자신 없어진 것C이다.

사실 촉발요인 자체는 중성적인 성격일 수 있다. 문제는 그 사건을 인지하는 본인의 신념이 어떠하느냐에 따라 정서적 · 행동적 결과가 다른 것이다.

촉발사건	➡	신념 발동	➡	정서적 · 행동적 결과
재미없어 하는 표정		초등교사는 재미있어야 해.		나는 교사로서 부적격자야. 위축되고 자신 없음

2 교사가 가지기 쉬운 비합리적 신념

비합리적 신념의 근거로 다음 세 가지 형태의 당위주의를 생각할 수 있다.

- I–Must: '나는 ~~해야 한다' 는 당위주의
- Others Must: '너는(주변인들은) ~~해야 한다' 는 당위주의
- Conditions Must: '환경은(조건은) ~~해야 한다' 는 당위주의

교사 입장에서 당위주의를 살펴보면, '교사는 ~~해야 한다'는 생각, '학생은 ~~해야 한다'는 생각, '교육구조나 학부모, 학교환경이나 교육에 대한 사회적 평가 등은 ~~해야 한다'는 생각 등으로 적용할 수 있다.

김 교사는 초등교사는 재미있어야 한다는 생각을 가지고 있었다. 또 은연중

에 교사가 수업에 열정을 보일 때 아이들은 재미있는 반응을 보여야 하고 잘 따라와 주어야 한다는 생각을 갖고 있다.

3 해야 한다 vs 할 수도 있지

'해야 한다'는 생각에 몰입해서 생활하기 시작하면 그 신념은 그 사람의 사고와 행동을 제한해 버린다. 또한 좁은 시야로만 세상을 바라보고 생활하게 만들어 삶을 제한한다. 결과적으로 본인만 힘들어진다.

반면, '~할 수도 있지'라고 생각을 열어 두면 본인을 옥죄이지 않고, 다른 여지를 생각하게 하여 결과적으로 개방적이고 여유롭게 사고하면서 유연하게 살 수 있다.

김 교사는 비합리적 신념에 빠져 있는 상태이기 때문에 현재 시야가 좁아져 단 한 가지 관점에서만 자신을 바라보고 있다. 초등교사는 재미있어야 한다고. 그러나 반드시 재미있어야만 하는 것은 아니다. 초등교사가 갖춰야 할 덕목은 재미 외에도 무수히 많다. 그걸 받아들이면 김 교사는 좀 더 편안할 수 있을 것이다.

이런 표현도 있어요!

- 반드시 재미있을 필요는 없지, 재미만이 다가 아니지.
- 반드시 활발해야 할 필요는 없지, 활발하지 않을 수도 있지.
- 반드시 모두 알아야 할 필요는 없지, 모르는 게 있을 수도 있지.
- 반드시 완벽해야 할 필요는 없지, 완벽하지 않을 수도 있지.

매직워드 68
내가 가진 강점이 뭘까? 그걸 잘 활용하자!

상황 속으로

김 선생님은 옆 반 이 선생님을 보면서 '내가 과연 좋은 교사인가'라는 생각을 자주 했다. 이 선생님 반은 항상 즐거웠다. 체육시간이면 교육과정을 어기면 큰일 날까 봐 맘 졸이는 자기와는 달리 항상 피구와 축구로 즐거웠다. 창의적 체험활동 시간을 이용해 컵라면 파티를 하는 날도 잦았다. 그럴 때면 그 컵라면 냄새에 우리 반 아이들도 동요되었다. 아이들이 옆 반을 부러워하는 것처럼 보이니 김 선생님의 마음도 초조해졌다.

"학교 오는 게 즐거우세요?"

김 선생님은 이 선생님에게 물었다.

"그럼요. 저는 아침에 눈을 뜨면 '오늘은 또 아이들과 어떻게 놀까' 라는 생각으로 학교 갈 일이 즐거운 걸요."

왠지 이 선생님은 초등교사로서 재능이 철철 넘치고, 자신은 초등교직에 들어오지 말아야 할 사람이 들어온 것 같은 느낌이 들었다.

그런데 김 선생님이 노력하지 않는 교사가 아니다. 누구보다도 열심히 노력하는 교사다. 주변에서도 인정하고, 본인도 자신의 성실성은 잘 알고 있다. 그러나 지금 이 순간 그런 인정들은 저 멀리 다른 세계의 이야기 같다.

마음속으로

김 선생님은 자신이 왜 계속 이러고 있는지, 이런 생각에만 빠져들어 우울한 자신에 대해 더 이상은 이러지 말자고 생각했다. 이 선생님이 자신만의 강점이 분명한 것처럼, 자신이 가진 강점도 분명 있을 것이라 생각했다. 그런데 본인 상태가 힘들어서인지 막상 생각하려니 생각이 잘 나지 않았다. 그래서 자신을 잘 알고 지지해 줄 수 있는 한 선생님을 찾아 도움을 받기로 했다. 한 선생님을 통해 자신의 강점에 대해 이야기를 듣고, 한 번 힘을 내 보기로 했다. 그렇게 생각하니 한결 기분이 나아졌다.

한 선생님이 계속해서 말했다.

"김 선생님은 재미없는 사람이라고 본인 입으로 말했죠? 초등교사는 재미만이 주요한 자질이 아니에요. 초등교사가 보여 줄 수 있는 훌륭한 자질은 재미 외에도 무척 많아요. 내가 보기엔 김 선생님도 훌륭한 모습들이 참 많은데……."

"글쎄, 제게 훌륭한 모습이 있다니 의외인데요. 저는 그게 무엇인지 잘 모르겠는데요."

"제 눈에는 초등교사로서 아주 훌륭한 김 선생님의 강점이 보이는데……. 제가 얘기해 주기보다 본인 스스로 그걸 한번 잘 찾아보세요. 그걸 잘 활용할 수 있다면, 아주 파워풀한 교사가 될 수 있을 거예요. 제가 다시 전화드릴 테니 그때까지 한번 생각해 보세요. 그럼."

전화를 끊고 나서 김 선생님은 골똘히 생각해 보았다. 본인에게도 훌륭한 초등교사로서의 자질이 있다는 말을 들으니 왠지 힘이 났다. 캄캄했던 머릿속에 뭔가 희미한 불이 하나 반짝 하고 켜진 느낌이었다. 김 선생님은 그 느낌을 계속 붙들고 싶었다.

"내가 가진 강점이 뭘까? 그걸 잘 활용하자."

왜 이 표현인가요?

1 재능과 강점은 다르다

마틴 셀리그만Martin Seligman(2004)에 따르면 재능과 강점은 다르다. 재능은 모두에게 있지만 각자가 가진 정도가 다르고 특정 재능을 가질지 여부를 선택할 수 없다. 절대음감이 없는 누군가가 그 재능을 원한다고 해서 자신의 것이 되는 것은 아니다. 노력하면 아마 어느 정도는 계발되겠지만 타고난 사람에 비해 계발 정도는 덜할 것이다. 이 선생님이 가진 '재미있음'은 타고난 기질과 결합된 재능에 가까운 성질이며, 김 선생님이 부러워한다고 해서 이 선생님만큼 계발되리라고 기대하기 힘들다.

반면 강점은 결단을 내리고 꾸준히 노력함으로써 얼마든지 습득이 가능하다. 예를 들어, 김 선생님이 친절하기로 선택했다고 하자. 그는 자신의 의지를 사용함으로써 충분히 본인 안에 잠재된 친절한 품성을 계발할 수 있다.

아이들이 교사에게 기대하는 것은 재미만이 아니다. 친절의 영역도 있고, 존중받음과 든든함도 있으며, 다른 요소들도 무수히 많다. 교사가 재능에 기대기보다는 강점을 살리도록 노력하는 것이 훨씬 더 현명한 방법이다.

2 강점목록 살펴보기와 본인의 강점 찾기

김 선생님은 본인의 강점을 계발하기 위해 강점목록을 찾아보기로 했다. 마틴 셀리그만의 인터넷 웹사이트(www.authentichappiness.org)와 그의 책을 참고하여 찾은 강점 목록은 다음과 같다. (또는 www.viame.org 사이트를 이용할 수도 있다.)

❶ 호기심, 세상에 대한 관심	⓬ 시민정신, 의무감, 협동 정신, 충성심
❷ 학구열	⓭ 공정성과 평등 정신
❸ 판단력, 비판적 사고, 열린 마음	⓮ 지도력
❹ 창의성, 독창성, 실천성 지능, 세상을 보는 안목	⓯ 자기통제력
❺ 사회성 지능, 대인관계 지능, 정서 지능	⓰ 사려, 신중함, 조심성
❻ 예견력	⓱ 겸손과 겸양
❼ 호연지기와 용감함	⓲ 감상력
❽ 끈기, 성실, 근면	⓳ 감사
❾ 지조, 진실, 정직	⓴ 희망, 낙관주의, 미래 지향성
❿ 친절과 아량	㉑ 영성, 목적의식, 신념, 신앙심
⓫ 사랑할 능력과 사랑받을 줄 아는 능력	㉒ 용서와 연민
	㉓ 명랑함과 유머 감각
	㉔ 신명, 열정, 열광

출처: Seligman (2009).

강점 목록을 찬찬히 훑어본 김 선생님은 자신도 이미 가지고 있는 강점이 많다는 것을 알았다. 이 선생님의 재미있음은 자신이 도저히 따라가기 힘들어 보였지만, 학구열, 성실, 진실, 친절과 아량 등은 자신에게 이미 풍부한 것이었다. 무엇보다 자신에게는 성장하고자 하는 의지가 있었다. 본인이 성장하고자 하는 의지가 강한 만큼 아이들이 성장하려 들지 않고 정체되어 있으면 몹시 안타까웠는데, 바로 그 점이 교사로서 자기가 가진 가장 큰 강점인 것도 알게 되었다.

3 자신의 강점을 살려 교사역할 감당하기

어느 교사든 자신의 강점이 있다. 그 강점은 자신의 기질과 관련되어 있을 수도 있고, 자신의 성장환경과 관련되어 있을 수도 있다. 중요한 것은 교사가 자신을 꼼꼼하게 살피고, 그것을 더 계발하며 활용하려는 노력이다.

자기주도학습 전문가가 된 선생님

매우 독립적이어서 기질상 간섭받기도 싫고 관여하기도 싫어하는 교대생이 있었다. 그의 모토는 '자신의 일은 스스로 하기' 였다. 교직에 들어온 후 그는 초등학생의 특성상 자세하고 꼼꼼히 가르쳐야 하는 교수방법이 몹시 힘겨웠다. 하지만 그는 자신의 기질도 포기하지 않고 초등학생의 특성도 살릴 수 있는 방법을 찾으려고 부단히 노력했다. 그 결과 자기주도학습을 가르치는 영역에서 인정받는 전문가가 되었다.

진로교육 전문가가 된 선생님

기업체를 다니다 방향을 틀어 교대로 다시 들어와 교직에 선 한 선생님이 있었다. 그는 진로를 변경한 경험이 있었고, 그 과정을 누구보다 잘 설명할 수 있었기에 자신의 경험을 잘 살려 진로교육 전문가가 되었다.

4 개인의 강점을 바라보는 시각을 생활지도와 연계하기

교사가 자신의 강점을 살피게 되면, 자신 속에 잘 계발된 부분도 있는 반면 덜 계발된 부분도 있음을 알게 된다. 바로 그 관점으로 아이들을 바라볼 수도 있다. 아이들 역시 더 계발된 영역과 덜 계발된 영역이 있다. 덜 계발된 요소들을 야단치고 꾸중하기보다는 지도해야 할 요소로 설정하여 생활지도를 할 수 있다.

이런 표현도 있어요!

- 나는 무엇을 잘할 수 있을까? 그걸 찾아 잘 활용하자.
- 나의 강점을 찾아 활용해 보자.
- 내가 잘하는 것을 찾아 활용해 보자.
- 나에게도 분명 강점이 있어! 그걸 찾아 잘 활용하자.

매직워드 69

비교하지 않고 감사하며 현재에 충실하기!

상황 속으로

자신의 강점을 찾은 후, 김 선생님은 빠르게 회복되었다. 오로지 자신이 잘할 수 있고, 그것을 통해 아이들에게 자신만이 해 줄 수 있는 것을 고민하게 되었다.

그러다 보니 이제는 학급 아이들이 전보다 더 사랑스러웠다. 용철이를 보더라도, 훈이를 보더라도 여유 있게 대할 수 있었다. 혹여 아이들이 재미없어 하

는 표정을 보이더라도 예전에 비해 덜 민감하게 반응할 수 있었다. 이 선생님 반을 보더라도 전보다 훨씬 더 마음이 편했다.

그 편안함이 참 좋았던 김 선생님은 자신의 지금 이 상태를 계속 유지하고 싶었다. 그런데 과연 이 상태가 계속 유지될 수 있을까 한편으론 불안했다.

마음속으로

김 선생님은 요즘의 이 편안함이 참 감사하고 좋다. 지난번에 힘들었던 이유는 이 선생님 반과 비교하는 마음이 있었고, 자신이 가진 좋은 점도 있는데 그걸 보지 못하고 남의 것만 보고 본인의 못난 부분과 비교한 것임도 알게 되었다. 그래서 쓸데없는 비교는 도움이 되지 않기 때문에 앞으로 하지 않는 게 좋겠다는 생각을 한다.

'지금 우리 반 아이들을 한번 생각해 봐. 나름 성장하려고 애쓰고 있잖아. 참 사랑스럽지. 한 명 한 명 자라려고 애쓰는 모습이 소중하게 다가오지.'

이런 생각을 하는 김 선생님의 마음은 뿌듯하다.

교실을 바꾸는 매직워드

김 선생님의 가장 큰 목표는 '성장하는 교사'다. 김 선생님은 이번 일을 교훈삼아 자신에게 힘을 줄 수 있는 말을 책상 위에 써 붙여 두기로 했다. 자주 쳐다보면서 되뇌기 위해서다.

왜 이 표현인가요?

1 비교하지 않기

"영혼을 갉아먹는 가장 나쁜 것은 비교하는 것이다."라는 말이 있다. 비교는 타인의 좋은 점과 자신의 약한 점을 같이 놓고 생각하는 것이다. 그 결과 자신 안의 약한 부분이 결과적으로 극대화되어 우울감, 의기소침, 질투, 시기 등의 부정적 감정이 축적된다.

학교는 교사 외에 모든 조건이 똑같은 상황이기 때문에 교사들 간에 비교하기 쉬운 구조다. 학부모가 비교하고, 관리자가 비교하고, 교사 자신도 종종 옆반 교사와 비교하는 덫에 스스로 빠지기 쉽다.

모든 교사는 같지 않다. 내가 지금 아이들에게 줄 수 있는 것은 다른 교사들이 줄 수 없는 고유한 것일 수 있다. 비교하게 되면 위축되거나 아니면 우월의식으로 교만해지기 쉬워 자신이 가지고 있는 강점을 놓치게 된다. 결국 교육에 도움이 되지 않는다.

2 감사하기

비교가 개인의 영혼을 갉아먹는 반면, 감사는 개인의 영혼을 살찌운다. 감사는 어떤 일이 생겼을 때 당연하게 받아들이기보다는 긍정적으로 바라보고 고마움을 표시하는 행위다. 감사의 반대는 당연시함 또는 불평이라 볼 수 있다. 불평을 하거나 당연하게 생각하면 긍정적인 변화를 기대하기는 힘들다. 반면 감사는 기쁨과 정서적 만족을 가져다주고, 삶의 새로운 가능성과 활력으로 연결되어 존재의 성장으로 귀결되기 쉽다.

학급에 아주 힘든 아이가 있다고 가정하자. 이 상황을 바라보는 교사의 관점은 두 가지일 수 있다. 하나는 자신의 반이 된 것을 비관하며 불평하는 것이고, 또 다른 하나는 힘든 아이를 통해 교사로서 자신이 성장할 수 있는 계기가 주어진 것에 감사하는 것이다. 교사가 감사할 때 해결하려는 의지가 생기며 방법을 찾다 보면 문제해결력이 증대되고, 그 과정을 통해 결과적으로 교사는 성장하게 된다.

3 현재에 충실하기

'Carpe Diem'이라는 라틴어가 있다. 'Carpe'는 '붙잡다'라는 의미이며, 'Diem'은 영어의 'day'를 의미한다. 즉, '오늘을 붙잡아라'라는 말로 오늘에 충실하라는 의미다. 사람들 사이에 이 말이 회자되는 이유는 결국 하루하루가 쌓여서 미래를 만들기 때문이다. 미래는 단번에 오지 않으며, 하루하루의 선택과 그 결과들이 결정한다. 오늘 나의 모습이 축적된 결과가 내 미래의 내용을 채운다. 과거는 내가 통제할 수 없고, 미래 또한 내가 통제할 수 없다. 단지 내가 관리하고 통제할 수 있는 것은 오늘 지금 이 순간뿐이다.

오늘 교사가 아이들과 교류하며 쌓은 경험들이 이후 그 교사의 미래를 결정한다.

4 목표설정의 중요성

목표가 가진 장점은 사람을 동기화시키고 행동하게 한다. 같은 조건에서 일을 하더라도 목표설정에 따라 결과와 삶의 질은 매우 많은 차이가 있다. 단순히 돈을 벌기 위해 벽돌을 쌓는 사람과, 벽돌 쌓기를 통해 세상을 아름답게 하는 일에 기여한다고 믿는 사람의 삶의 질은 분명 다르다.

교사의 삶 역시 마찬가지다. 단지 직업인으로서 자신을 생각하는 교사와 본인이 속한 공동체의 미래를 책임진다는 교사의 모습은 외형은 같은 일을 할지라도 삶의 질과 지향점은 분명 다르다. 바로 이 지점에서 내적인 목표설정이 중요하다.

이런 표현도 있어요!

- 남들과 비교하지 말고 감사하며 현재에 충실해야지!
- 남들과 비교할 필요 없어! 주어진 상황에 감사하면 현재에 충실하게 돼.
- 비교하기보다는 내게 주어진 것에 감사하며 오늘을 충실하게 보내야지!
- 남들과 비교해서 얻어지는 것은 없어, 내가 가진 것에 감사하며 충실한 오늘을 지내는 것만이 중요할 뿐이야.

28. 생활지도의 원칙을 세우는 말

- 일지반! 일지반!(일관성, 지속성, 반복성)
- 명지강은 No! 인격질은 Yes!
- 원칙/허용/한계

퇴근이 가까워질수록 뿌듯함보다는 피곤함으로 지칠 때가 많다. 교실은 소란스럽고 소통이 되질 않으며 무질서하기까지 했다. 뭔가 방법이 있을 법도 한데 쉽게 잡히기 힘들다.

교과시간은 학습주제와 내용이 있어 끌어가는 것이 쉬운 반면, 생활지도 영역은 아이들도 제각각이고 성장환경도 틀리다 보니 지도하기에 너무 힘들다. 이때 교사가 생활지도의 원리를 알고 그것을 적용할 수 있으면 덜 지치고, 아이들과의 관계에도 도움이 된다. 그 비결을 알려 주는 생활지도의 원리를 살펴보자.

70 일관반! 일관반! (일관성, 지속성, 반복성)

상황 속으로

김 선생님은 퇴근시간이 가까워질수록 마음이 들떴다. 오늘 퇴근 후에 한 선생님을 만나기로 했기 때문이다. 한 선생님은 김 선생님이 처음 교단에 들어온 후, 이래저래 좌충우돌하며 힘들어할 때 항상 도와주셨던 분으로, 김 선생님에게는 멘토 같은 분이다.

오늘 한 선생님을 만나면, '내가 지금 힘들어하는 문제를 토로하리라! 많이 위로해 주시겠지?' 그 생각만으로도 한 선생님과의 만남이 몹시 기다려졌다.

한 선생님과 만나자마자, 김 선생님은 힘든 교실 상황부터 이야기를 꺼냈다.

"선생님, 요즘 우리 반이 너무 힘들어요. 애들이 말을 안 들어요."

"그래? 힘들다니 참 안타깝네. 그 이유가 뭘까?"

"교실 분위기가 왔다갔다하는 게 제일 큰 문제예요. 어떨 때는 좋고, 어떨 때는 엉망이고 그런 것이 제일 힘들어요."

"왔다갔다 한다고? 혹시 김 선생님 반은 규칙이 있어?"

"당연하죠. 규칙은 학년 초에 정했죠. 왜요? 규칙이 무슨 문제가 있나요?"

"그렇군. 학년 초에 규칙을 정한 것은 참 잘한 일이야. 한 가지 궁금한 게 있는데 김 선생님은 그 규칙을 존중하나? 어느 정도 지키는지 규칙과 관련한 선

생님의 지도내용을 들을 수 있으면 뭔가 교실 분위기에 대한 실마리가 풀릴 것 같은데……."

김 선생님은 순간 머리가 복잡해졌다. 사실 학년 초에 규칙을 정한 것은 학교에서 학년 초에 규칙을 정하도록 했기 때문이지 그다지 다른 이유가 있어서가 아니었다.

마음속으로

김 선생님은 규칙을 만들던 3월달을 생각해 보았다. 규칙을 만든 이유는 학교방침이 학년 초에 규칙을 만들어야 했기 때문이지 선생님 자신조차도 규칙이 꼭 필요하다는 생각은 덜 했던 것 같다.

그리고 규칙을 만들 때의 분위기를 생각하니, 교사와 아이들 모두 규칙을 만드는 것을 뭔가 귀찮아했던 것 같기도 했다. 또 규칙을 만들고 있지만 은연중 서로가 제대로 지키지 않으리라는 이상한 분위기가 밑에 깔려 있었던 것 같기도 했다. 게다가 규칙을 지키면 뭔가 손해일 거라는 분위기도 알게 모르게 깔려 있었던 것도 같았다.

한 번 더 생각하니 아이들만의 문제는 아니었다. 학급규칙을 만들어 적용하자면서 정작 김 선생님도 은연중에 정해진 학급규칙 따위는 대수롭지 않다는 생각으로 그간 지도해 왔던 것이다.

교실을 바꾸는 매직워드

한 선생님이 계속 이야기하신다.

"혹시 일! 지! 반! 이라고 들어 봤어?"

"일, 지, 반! 그게 무엇인데요?"

"일관성, 지속성, 반복성! 그것이 생활교육의 시작이자 끝이야!"

"일 지 반 일관성, 지속성, 반복성"

왜 이 표현인가요?

생활지도의 원리는 단순하다.

"규칙을 정하되 지키는 것이 가능한 규칙을 서로 합의하여 정하고, 일단 정해진 규칙은 일관성 있게 지키는 것!"

규칙이 주는 효용가치는 다음과 같다.

1 안정성

규칙은 지킬 것을 전제로 한다. 규칙을 지킨다는 것은 상황 예측을 가능하게 한다. 사람이 느끼는 불안감의 상당 부분은 예측할 수 없기 때문에 오는 것이다. 반면에 규칙을 준수한다는 것은 상황에 대해 예측할 수 있고, 이것은 심리적으로 상당한 안정감을 가져다준다.

2 신뢰를 바탕으로 한 여유

규칙은 서로 간의 약속이다. 규칙을 지키면 공동체 내에서 보호받으리라는 믿음이 생기고, 구성원 간에 상호 신뢰할 수 있다. 이 신뢰를 바탕으로 심리적 여유를 얻게 된다.

3 만족감

정해진 규칙을 일관성 있게 지킴으로써 얻는 이득은 예측 가능함과 신뢰에서 오는 안정감이다. 이를 통해 생활이 불안하지 않고, 성과를 낼 수 있으며, 규칙을 지키는 것이 좋다는 것을 알게 되고, 이를 통해 만족감을 느낄 수 있다.

문제는 규칙이 주는 여러 이점에도 불구하고, 규칙 따로 생활 따로인 경우가 많다. 이것은 규칙을 정할 때 '이것은 우리 것이다.'라는 주인의식이 부족해서다. 단순한 연례행사로서 규칙을 정하는 것이 아닌 우리 모두의 규칙이 되려면, 좀 더 정성껏 규칙을 만드는 것이 필요하다. 규칙을 정하는 것보다 더 중요한 것은 규칙을 만드는 과정에 학급 구성원들을 모두 참여시키는 것이다.

규칙을 만드는 순서는 다음과 같다.

❶ 우리가 필요한 규칙 찾아내기
❷ 찾아낸 규칙이 꼭 필요한지 서로 의논하기
❸ 정한 규칙이 지킬 수 있는 내용인지 확인하기
❹ 정한 규칙 알리기

정한 규칙이 잘 지켜지도록 하려면 일관성, 지속성, 반복성이 필요하다. 교사의 의도나 기분에 따라, 또는 학급 상황에 따라 그때그때 규칙의 적용이 갈팡질팡해 버리면, 규칙은 무용지물이 되고 덩달아 학급의 질서도 무너진다. 한 번 무너진 학급 분위기는 되돌리는 데 상당한 시간이 걸린다.

이런 표현도 있어요!

- 일관성! 지속성! 반복성!
- 한번 정한 규칙은 일관성 있게, 지속적으로, 반복해서 지켜야 해.
- 잊지 말자, 일! 지! 반!
- 일지반을 잊지 말고 규칙을 생활화해야지!

매직워드 71

명지강은 No! 인격질은 Yes!

상황 속으로

용철이는 어떻게 보면 칭찬할 구석이라고는 전혀 없는 아이다. 수업시간에는 선생님의 설명에 집중하지도 않고 숙제를 해 오는 일은 거의 없을 뿐만 아니라, 복도를 다닐 때는 조용히 걸어다니는 경우가 거의 없다. 항상 뛰다시피 걷고, 그때마다 매번 지나가는 다른 아이들을 툭툭 치면서 건드린다. 그러다 보니 용철이 때문에 거의 매일 복도에서 크고 작은 분쟁이 일어난다.

공부 안 하는 것이야 본인 문제라지만, 복도를 다닐 때마다 다른 아이들을 툭툭 치면서 달려 다니니까 이건 남에게도 영향을 미치는 큰 문제다.

"한용철! 너 그만 뛰고 걸어다니지 못해!"

쉬는 시간마다 선생님이 복도에서 용철이에게 소리치지만 얌전해지는 것은 그때뿐, 선생님이 교실로 들어가시기가 무섭게 또 복도를 쏘다닌다.

지금처럼 소리치고 야단치는 것이 용철이에게는 별반 영향력이 없다는 것을 선생님은 알고 있다. 하지만 마땅한 지도 대안도 없다. 어떡해야 할까?

마음속으로

선생님은 용철이에게 뛰지 말라고 혼만 냈지 한 번도 왜 그러는지 물어본 적이 없고 항상 야단만 쳤다. 뛰는 용철이 때문에 다른 아이들이 다칠까 봐 그것도 걱정이었다.

용철이는 자신이 잘못한다는 것을 알고 있다. 하지만 매번 선생님이 야단치는 것은 싫다. 때로는 자신도 잘하려고 하는데, 선생님이 좀 부드러운 말투로 자신의 사정을 헤아려 주면서 물어봐 주고 인정해 주고 격려해 주면 좋겠다. 그러면 왠지 잘할 수 있을 것 같다.

교실을 바꾸는 매직워드

선생님도 뭔가 방법이 달라야 한다는 것을 안다. '아이들에게 친절해야지.' 하고 생각하는 마음과 달리, 막상 아이들의 모습을 볼 때 선생님이 흥분하는 것도 사실이다. 그래서 선생님은 매번 마음속으로 되뇌기로 다짐한다.

"명지강은 No! 인격질은 Yes!
명령, 지시, 강요는 No! 인정, 격려, 질문은 Yes!"

왜 이 표현인가요?

1 상황을 바라보며 인정과 격려하기

사람은 감정의 동물이다. 아이들이 잘못된 행동을 하는 경우, 대개는 자신이 잘못하고 있다는 것을 알고 있다. 그럴 때 명령하거나 지시하거나 강요하는 것은 반발을 불러일으키기 쉽다. 교사의 의도는 행동교정이었으나, 아이들은 전달방법의 강압성으로 인해 반발하게 되고 애초에 의도했던 행동교정과 거리가 먼 결과가 나타나기도 한다.

인정과 격려는 사람의 장점과 강점, 그리고 가능성에 초점을 맞춘 행동이다.

다음은 똑같은 행동을 어떤 관점으로 보느냐에 따라 다르게 볼 수 있다는 예를 제시한 것이다.

긍정적 보기	상황	부정적 보기
소신 있는	독립적	독불장군
합리적	이성적	따지는
의욕적인	활동적	설치는
정이 많은	온유한	미적지근한
예의 바른	신사적	거리감 있는

2 질문하기의 중요성

인정과 격려만큼 중요한 것은 질문의 힘이다. 질문의 힘은 다음과 같다.

질문을 하면 답이 나온다.
질문을 하면 생각을 자극한다.
질문을 하면 정보를 얻는다.
질문을 하면 대화의 방향을 만들고 통제가 된다.
질문을 하면 마음을 열게 한다.
질문은 귀를 기울이게 한다.
질문에 답하면 스스로 설득이 된다.

출처: Leeds (2002).

무엇보다 질문을 통해 교사는 생활지도의 과정을 아이와 함께 해 나갈 수 있다.

용철이의 경우에 질문을 적용하는 방법을 알아보자!

용철아, 뛰고 있는데 이유가 뭐니? – 뛰고 싶어요.
용철이가 뛰고 싶구나. 뛰고 싶은 이유가 뭘까? – 모르겠어요.
용철이는 뛰고 싶은데, 뛰고 싶은 이유는 잘 모르고 있네. – 네.
선생님이 보기에 쉬는 시간에 복도에서 자주 뛰는 것 같은데, 다른 시간에도 용철이가 뛰었나? 아침자습 시간이나 집에 갈 때 말이야? – 아뇨, 자습 시간이나 집에 갈 때는 뛰지 않는데요.
그렇구나. 쉬는 시간에만 뛰는 특별한 이유가 있니? – 잘 모르겠는데요.
혹시 수업시간이 많이 힘드니? 수업시간이 끝나 쉬는 시간이 되면 막 달리고 싶어? – 그런 것 같기도 해요.

수업시간이 힘든가 보구나. 어떤 점이 가장 힘들게 느껴지니? – 뭔 소린지 잘 모르겠어요.
잘 몰라서 수업시간이 힘든가 보구나. 조금이라도 해결되면 쉬울 것 같은데, 방법이 없을까? – 글쎄요. 뭘 해야 좋을까요?
뭘 할 수 있을까? 지금보다 조금이라도 쉽게 수업시간을 지내려면? – 선생님 쳐다보는 거요.
그래, 지금보다 쉽게 수업시간을 지내려면 선생님을 쳐다보면 되겠네. 좋은 생각이다. 그렇게 해 볼까? – 네.

특히 생활지도의 과정에서 교사가 일방적으로 명령하고 지시하고 강요하기보다 질문을 통해 지도하면 훨씬 분위기가 좋아진다. 아이들에게 질문하는 것은 아이들을 존중하는 동시에 교사의 감정을 가라앉히는 기능을 한다. 질문을 함으로써 교사가 얻을 수 있는 이점을 기억하며 다음 매직워드를 명심하자.

명지강 No! 인격질 Yes!

이런 표현도 있어요!

- 명령, 지시, 강요는 No!
- 인정, 격려, 질문은 Yes!
- 명령하고 지시하고 강요하는 것은 좋지 않아. 그보다는 인정과 격려, 질문을 하는 선생님이 되자!
- 명령과 지시, 강요보다는 인정과 격려, 질문이 최고!

72 원칙 / 허용 / 한계

상황 속으로

김 선생님은 한 선생님에게 계속 물어보았다.

"선생님, 생활지도를 하는 데도 뭔가 원칙이 있을 것 같아요. 교사가 생활지도의 원칙으로 삼을 수 있는 게 어떤 것이 있을까요?"

한 선생님은 말씀하셨다.

"아까 일지반 했던 것 기억하죠? 일관성, 지속성, 반복성! 그것은 교사가 지킬 일종의 원칙이지. 원리처럼 보다 이론적이고 객관적인 것에서 나름의 기준을 세워 나온 것을 원칙이라 할 수 있는데, 일지반만큼이나 중요한 것이 학급 아이들과 '함께' 그걸 적용하는 거야. 적용은 '원칙, 허용, 한계'의 기준에 따라 하면 될 거라고 생각해."

"원칙, 허용, 한계요?"

김 선생님은 그 말을 듣는 순간 뭔가 잡힐 듯했다.

마음속으로

김 선생님은 머릿속에 "아~!" 하고 불이 켜지는 느낌이었다. 김 선생님은 그동안 원칙에 따라 생활지도를 하기보다 그때그때 상황에 따라 아이들을 지도하는 경우가 더 많았다.

'맞아! 뭔가 기준이 있어야 나도 중심을 잡고, 아이들 지도도 일관성 있게 할 수 있겠어.'

그런데 '원칙/허용/한계'라는 이 멋있는 말을 두고, 그것을 실제로 어떻게 적용하는 것인지 궁금해졌다.

교실을 바꾸는 매직워드

김 선생님은 나름의 생활지도 기준을 찾았다고 생각했다. 그것은 원칙/허용/한계다.

왜 이 표현인가요?

원칙, 허용, 한계를 이미지화하여 표현하면 다음과 같다. 원칙이 있고, 원칙의 그늘이 뻗는 범위만큼 허용하는 영역이 있고, 허용에는 반드시 한계의 울타리가 있어야 한다.

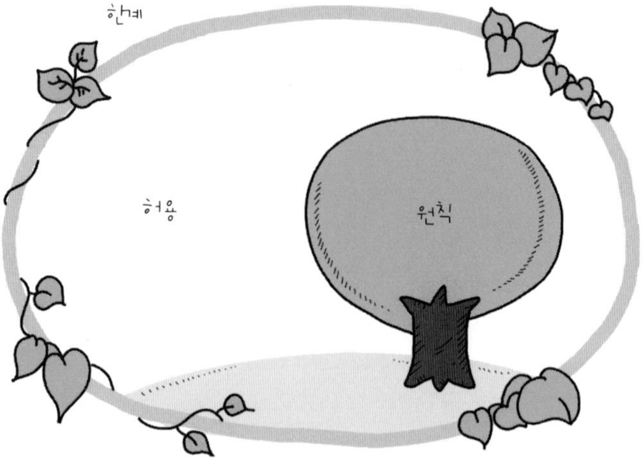

1 원 칙

아이들과 함께 생활하는 데 필요한 원칙을 정한다. 일종의 지향점 및 서로가 합의하는 기준, 또는 이를 구체화시킨 구호로 생각하면 된다.

교사가 일방적으로 정하게 되면 아이들의 주도성을 이끌어 내기 힘들다. 아이들이 원하는 것을 찾게 하고, 의견수렴 과정을 통해 아이들이 세운 원칙이 되게 해야 한다. 원칙은 아이들 서로가 합의할 수 있는 포괄적인 개념이 좋다. 너무 구체적이면 곤란하다.

정한 원칙의 예를 들어 보자.

1. 자신의 배움에 책임지기
2. 좋은 친구가 되어 주기

2 허 용

정한 원칙에 따라 허용하는 범위가 있어야 한다. 허용은 선택의 기회를 제공하는 것이고, 원칙에 부합할 때 선택에 대해 왈가왈부하지 않는 것이다. 허용하는 범위가 있어야 심리적 압박감을 덜 느끼게 된다.

예를 들어, '공부를 해야 한다'가 원칙이라 생각하자. 이때 허용은 공부하는 방법, 또는 시간을 선택하는 것이 될 수 있다. 인터넷 강의를 들으며 공부할 수도 있고, 문제집을 풀며 공부할 수도 있다. 오후시간에 공부할 수도 있고, 저녁시간에 공부할 수도 있다. 선택의 기회를 제공하는 것이 허용이다.

3 한 계

허용하는 범위가 있더라도 반드시 행동의 한계는 있어야 한다. 이때 한계는 아주 구체적인 행동으로 정한다. 앞에서 예로 든 원칙, '좋은 친구가 되어 주기'일 경우 행동의 한계를 다음과 같이 정한다.

원칙	허용	한계
친구에 대한 기본 예의는 있어야 한다.	모든 친구와 사이좋게 지내면 좋겠지만, 현실은 괜스레 마음에 들지 않는 친구도 있을 수 있다. 그런 마음이 드는 것까지는 수용할 수 있다.	친구가 마음에 들지 않더라도 이렇게는 반드시 행동한다. 1. 친구가 내 이름을 부를 때는 반드시 '응'이라고 대답은 한다. 2. 시선이 마주쳤을 때 고개를 돌리거나 모른 체하는 행동은 하지 않는다.

이런 표현도 있어요!

- 원칙, 허용, 한계를 생활지도의 기준으로 삼겠어.
- 원칙, 허용, 한계를 기준으로 아이들을 지도해야지.
- 이제부터 내 생활지도의 기준은 원칙, 허용, 한계야.
- 원칙, 허용, 한계는 나의 생활지도 기준이야.

29. 힘든 아이를 만났을 때 스스로에게 하는 말

- 한 발짝 물러서서 하나하나 생각해 보자.
- 상황만 바라보고, 덧붙이지 말자.
- 저 아이는 불과 ○○살이야, 열받지 말자.

아이들을 지도할 때 교사를 가장 힘들게 하는 일은 그들의 행동이 쉽게 변하지 않는 것이다. 애써서 지도해도 아이의 모습이 좀 바뀌나 싶으면 이내 다시 예전의 모습으로 돌아가 버린다. 그럴 때마다 그동안 노력들이 수포로 돌아가는 것 같아 허탈해진다. 변하지 않는 아이를 보면 원망과 서운함이 생기기도 한다. 그럴 때 스스로를 일으켜 세우는 말을 알아보자.

매직워드 73

한 발짝 물러서서 하나하나 생각해 보자.

상황 속으로

김 선생님은 오늘 용철이의 모습을 생각하면 힘이 빠진다. 용철이는 근래 변화된 모습을 참 많이 보여 주었다. 수업태도도 많이 차분해졌고, 무엇보다 친구들과 싸우는 모습을 거의 보여 주지 않았다. 함께 애쓰면서 가정에서 돌봐 준 용철이 어머니의 노력도 고마웠고, 선생님의 그동안의 노력으로 용철이가 변화된 모습을 보이나 싶어 내심 뿌듯하기도 하였다.

그런데 오늘 정말 사소한 일로 범수랑 큰 싸움이 날 뻔했다. 범수가 청소당번이어서 청소용구함을 정리하기 위해 청소용구함 문을 열어제꼈는데, 그때 지나가던 용철이가 그 문에 맞아 무척 화를 내며 주먹질을 하려 한 것이다. 다행히 김 선생님이 지나가던 중 그 광경을 보고 그 자리에서 끝났지만, 김 선생님은 맥이 쫙 풀렸다.

교사는 이렇게 열심인데, 변하지도 않고 알아주지도 않는 용철이의 모습에 힘이 빠지고 서운함이 몰려든다. 사실 하나하나 따져 보면, 학년 초와 비교해서 조금 바뀐 부분도 있는 것 같다. 그러나 또 한편으로는 학년 초보다 더 못해진 부분도 많은 것 같다.

근래 용철이의 변화로 기대가 컸던 만큼, 힘이 빠진 김 선생님은 속상한 마음

을 추스르기로 하지만 쉽지가 않다. 책상 위에 붙여 둔 '비교하지 말고, 감사하며, 오늘에 충실하기'를 바라보았다. 맞는 말이다. 이 말을 보면 항상 힘이 된다.

그런데 오늘은 이 말이 뭔가 2% 부족하게 느껴진다. 뭔가 구체적이고 실질적인 방법이 필요한 것 같다.

마음속으로

김 선생님은 용철이를 생각하면 진이 빠진다. 그렇다고 계속 이렇게 진이 빠진 채 있을 순 없는 노릇이다. 내일도 김 선생님 반 아이들은 교실로 올 것이고, 김 선생님이 지도해야 할 아이들은 용철이만 있는 것이 아니기 때문이다.

'오늘 용철이는 왜 그랬을까? 변한 듯했는데, 그게 아니었잖아. 용철이에게 어느 정도의 문제가 있는 것은 사실이야. 그런데 내 문제는 없을까? 혹시 내가 생각하는 방법이나 바라보는 관점에 문제가 있는 것은 아닐까?'

김 선생님은 새로운 고민에 빠졌다.

교실을 바꾸는 매직워드

생각이 여기까지 미쳤을 때, 김 선생님의 뇌리를 스쳐가는 한 단어가 있었다. 그 단어는 코칭이다. '맞다! 셀프코칭이 있었지.' 선생님은 상황을 객관적으로 바라보고 싶었다. 그래서 스스로에게 코칭을 적용해 보기로 했다.

"한 발짝 물러서서 하나하나 생각해 보자."

왜 이 표현인가요?

1 문제해결 과정으로서의 코칭의 적용

사람들은 본능적으로 문제가 있으면 해결하기 위해 여러 가지 노력을 기울인다. 가장 흔한 해결방법은 문제 상황이 발생했을 때, 문제에 대해 규정하고, 이 문제를 어떻게 해결할 것인지 방법을 찾은 다음 찾은 방법을 실천하기 위해 노력하는 것이다.

코칭 역시 문제해결의 한 방법이다. 그러나 몇 가지 요소가 더 첨가된 것으로 이해할 수 있다. 가장 큰 특징은 코치가 있는 점이다. 코칭에서는 문제를 더 잘 해결할 수 있도록 돕는 역할이 있는데 이를 코치라고 부른다. 또 하나의 특징은 문제를 해결하기 위한 실천 단계에서 실천을 방해하는 요소를 찾고 그것에 대한 대비책을 세우는 것이다. 실천에 방해가 되는 요소를 찾아보고, 이 방해요소를 확실히 제거함으로써 해결을 더 견고하게 하는 것이다.

이 과정을 도표로 제시하면 다음과 같다.

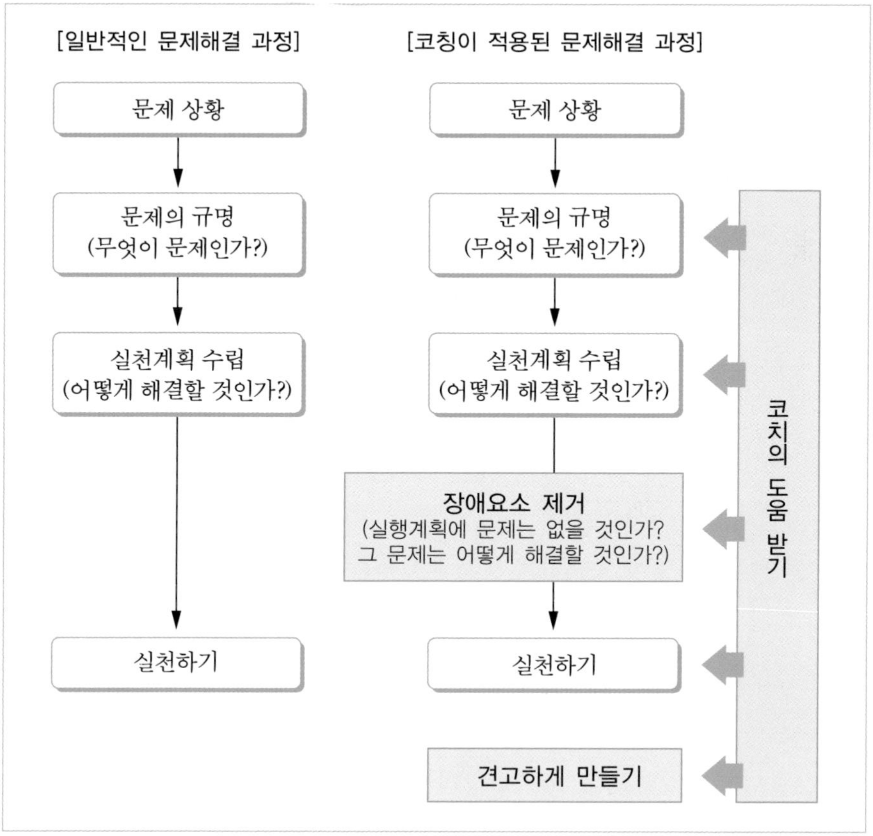

출처: 박미향(2011).

2 셀프코칭

셀프코칭은 코칭의 각 단계에서 본인 스스로가 코치 역할을 하는 것이다. 이를 위해 먼저 선행되어야 할 것은 코칭의 각 단계에 대한 이해다.

① 문제 규명과 초점 맞추기

이 단계는 초점을 맞추는 단계다. 무엇에 대해 혼란스러워하거나 힘들어하는지 문제를 명확히 하고, 그것으로부터 자신이 무엇을 원하는지 초점을 맞추는 것이다. 즉, 현 상태와 목적하는 상태 간에 간격이 있음을 이해하고, 코칭의 목적을 설정하는 것이다. 이를 위해 다음과 같은 질문들을 활용할 수 있다.

- 나는 오늘 코칭과정이 끝나면 어떤 부분이 바뀌기를 원하는가?
- 자신에게서 바뀌고 싶은 부분을 말해 보자.
- 지금 나의 모습은 어떠하다고 생각하는지, 그리고 어떻게 바뀌고 싶은지 이야기해 보자.

김 선생님은 무엇이 문제인지 생각해 보았다. 용철이가 지금과는 다른 모습으로 변하는 것이 자신이 원하는 것이지만 그것이 코칭의 목표가 될 수는 없었다. 그것은 지금 여기 셀프코칭 상황에서 용철이가 참여하는 것은 아니기 때문이다. 방법이 있다면 지금 코칭을 받는 김 선생님이 바뀜으로써 그 결과 선생님과 상호작용하는 용철이의 변화를 기대할 수 있다는 것이다.

김 선생님은 용철이의 싸움 횟수가 줄도록(한 달에 한 번 정도) 지도하는 방법을 확보하는 것으로 코칭의 초점을 잡았다.

② 실천계획 수립

이 단계는 가능성을 발견한 후 실천계획을 세우는 단계다. 가능성을 발견할 때는 문제해결과 관련하여 기존에 해 봤던 활동이나 경험 등 정보를 수집하고, 나온 것 중에 실천 가능한 것을 찾는다. 다음과 같은 질문을 활용할 수 있다.

- 그 목표를 이루기 위해 그동안 해 봤던 것들이 있으면 이야기해 보자.
- 내가 사용했던 그 방법이 효과가 있으려면 무엇을 조금 더 채워야 할까?
- 2% 모자란 부분을 채우기 위해 필요한 요소는?
- 내가 하고 있는(또는 하려는) 그 방법을 실제 하는 사람을 보았는가? 어땠는가?
- 만약 한 가지만 더 할 수 있다면, 문제해결을 위해 무엇을 하겠는가?

김 선생님은 용철이의 싸움 횟수가 줄도록 이제까지 본인이 지도했던 방법을 생각해 보았다. 그리고 자신이 추가로 무엇을 할 수 있을지 생각해 보았다.

김 선생님이 기존에 지도한 방법은 야단치기, 벌주기, 상담하기, 싸움이 일어나는 과정 알려 주기, 중재하기, 공감하기 등이었다. 그중 야단치기, 벌주기는 반발이 일어나는 경우가 많았고, 재발 방지를 위해 별로 효과적이라고 생각되지 않았다. 중재나 공감하기는 예방 성격보다는 사후처리 성격이 짙었다. 김 선생님은 예방 차원에서 할 수 있는 일을 하고 싶었다. 상담이 효과는 좋았으나 실제로 방과 후 학원시간이다 뭐다 해서 시간을 확보하기가 힘들었다. 김 선생님은 효과가 있었던 '싸움이 일어나는 과정 알려 주기'와 더불어, 용철이의 자제력을 키워 주는 쪽으로 지도방법을 추가하고 싶었다. 그 방법으로 생각난 것이 '인성동화책 읽게 하기'다. 김 선생님은 기존에 효과가 있던 방법

외에 '인성동화책 읽게 하기'로 실천계획을 세우기로 했다.

실천계획을 세울 때는 가능성을 찾을 때 나온 자료를 토대로 구체적이고, 측정이 가능하며, 언제까지 할 것인지 시간과 관련한 요소가 드러나게 실천계획을 세우는 것이다.

예를 들면, 용철이를 변화시키기 위해 '인성 관련 동화책을 읽히는 지도방법을 사용한다.'는 적절한 실천계획이 되지 못한다. 적절한 실천계획이 되기 위해서는 '인성 관련 동화책 ___________을 ~월 ~일부터 (　　)일간 아침자습 시간에 (　　)쪽씩 읽힌다.'와 같이 구체적이고, 측정 가능하게, 시한을 정하는 것이 필요하다.

김 선생님은 인성동화책 목록을 뽑고 읽을 순위를 정하였다. 우선 한 달간 총 4권, 1주일에 1권씩 읽기로 하였다. 각 권은 일주일에 한 번씩 다 읽을 수 있도록 분량을 나눴다(예: 『절대 용서할 수 없어』를 아침자습 시간 15분간 매일 6쪽씩 읽어 1주에 한 권씩 다 읽기).

③ 장애요소 제거

코칭의 가장 큰 장점은 실천 단계에서 있을 수 있는 장애요소들을 미리 예상하고 이에 대한 대비책을 마련한 후 실천 단계로 나아가는 것이다.

이 단계에서 사용할 만한 질문은 다음과 같다.

- 내가 이 문제를 해결하는 데 뭐가 방해가 될 것인지 말해 보자.
- 어떤 점이 방해가 될 것인지 생각해 보자. 그 방해를 해결하기 위해 얻을 수 있는 도움이나 방법은 어떤 것이 있는지 이야기해 보자.
- 원하는 것을 얻기 위해 내 안의 어떤 부분이 바뀌어야 하는지 이야기해 보자.

김 선생님은 실천하는 과정에서 일어날 수 있는 장애를 예상해 보았다. 문제는 아침에 오면 용철이가 책을 읽기까지 교실 뒤쪽에 있는 사물함을 여러 번 왔다갔다 하면서 시간을 다 보낸다는 것이다. 그 문제는 용철이가 자리에 앉으면 김 선생님이 곧장 읽을 책을 용철이에게 갖다 주는 걸로 해결하기로 했다. 그런데 가만 생각하니 보다 더 큰 장애요소가 있었다. 그것은 바로 선생님 자신이 화를 많이 내는 것이었다. 용철이는 아침시간에 오자마자 책상 정리나 자습 준비를 하지 않고 훈이랑 떠드는 습관이 있다. 조용한 아침시간이 용철이의 등장과 함께 항상 흐트러지니까 그 모습은 매번 김 선생님의 심경을 건드렸다. 저 녀석이 주도권을 행사하고, 일부러 교실 분위기를 흔든다고 생각했기에, 김 선생님은 항상 화가 나서 짜증 섞인 목소리로 용철이에게 말했다. 용철이를 덜 싸우게 하려고 인성 관련 동화책을 읽히려고 하지만, 정작 본인이 자신을 통제하는 모습을 보이지 못하는 것이다. 김 선생님은 자신의 화 부분에 대해 좀 더 깊게 생각해 보기로 하였다.

④ 실천하기

이 단계는 세운 계획을 실천하는 단계다. 이 과정에서 중요한 것은 그 실천을 지속할 수 있도록 힘을 북돋우는 자기 칭찬, 인정, 격려를 스스로에게 많이 하는 것이다.

김 선생님은 용철이가 아침자습 시간마다 인성동화책을 읽도록 지도하기 시작했다. 어느 날은 순순히 용철이가 읽었지만, 어느 날은 심드렁하니 읽는 둥 마는 둥 하였다. 그럴 때면 김 선생님은 가서 용철이를 다독이며 계속 읽게끔 격려했다. 이 과정에서 김 선생님은 자신을 격려하는 말을 계속 되뇌었다. '용철이에게 계속 관심을 가지고 애쓰는 것은 네가 교사로서 할 일을 잘하고 있다는 증거야. 잘하고 있어. 계속 파이팅!' 등의 말이다.

⑤ 견고하게 만들기

이 단계는 실천을 통해 일어난 변화를 계속 지지하고 격려하여 코칭의 결과를 견고하게 하는 과정이다.

용철이에게 조금씩 변화가 보인다. 첫 책인 『화가 나도 당연해』를 읽을 때는 심드렁하더니, 점차 『절대 용서할 수 없어』 『심술 좀 그만 부려』 『우리 같이 놀래?』 등을 읽어 갈수록 변화가 나타났다. 김 선생님은 용철이의 변화를 보며 칭찬을 많이 했고, 그 칭찬을 받은 용철이의 변화 또한 김 선생님의 지도를 계속하게 하는 힘이 되었다.

이런 표현도 있어요!

- 한 템포 쉬어서 하나하나 생각해 보자.
- 찬찬히 하나하나 생각해 보자.
- 하나만 보지 말고 전체를 보면서 하나하나 생각해 보자.
- 심호흡 한 번 하고 나서 다시 생각해 보자.

매직워드

74 상황만 바라보고, 덧붙이지 말자.

상황 속으로

김 선생님은 셀프코칭을 적용하여 용철이 문제를 하나하나 단계별로 본인에게 대입해 보았다. 용철이 문제를 규명하고, 그것을 해결하기 위한 실천계획을 세우고, 그 실천계획대로 실행하기에 앞서 그 실천을 방해하는 요소를 찾다가 멈칫하게 되었다. 김 선생님 자신이 용철이에게 자주 화를 내고 있는 것이다. 선생님의 화가 실천하는 데 큰 장애가 되는 것이다.

평소 용철이가 화를 참지 못하고 자주 표출하는 것이 문제라 생각했는데, 정작 선생님 자신의 화도 아이를 지도하는 데 문제였던 것이다. 그것을 알고 나니 김 선생님은 좀 난감해졌다.

마음속으로

김선생님은 자신이 왜 이렇게 화를 내는지 곰곰이 생각해 보았다. 그것은 용철이가 변하지 않는 것에 대한 분노, 안타까움, 교사의 수고에 대해 보상을 기대하는 것 등 이런 마음들이 복합적으로 스며든 까닭에 은연중 화를 내는 것이 당연하다고 생각하는 것 같았다.

'요즘 용철이를 보면 거의 습관적으로 화를 내고 있는 것 같아. 지난번까지는 이렇게 화를 내지는 않았었는데, 내가 요즘 학교평가 준비로 너무 예민해져 그러나…….'

김 선생님은 한숨이 나왔다.

교실을 바꾸는 매직워드

김 선생님은 자신의 화 문제를 계속 생각하다 문득 깨달은 것이 있었다. 그것은 용철이의 상황에 자신이 계속 생각을 덧붙이고 있다는 사실이었다. '용철이는 ~해' '또 ~~해' '게다가 ~해' 등 용철이를 바라보며 자신의 생각을 덧붙이고 있었고, 그 생각들이 꼬리를 물고 화를 더 증폭시키고 있다는 사실을 알게 되었다. 그래서 되뇌었다.

"상황만 바라보고, 덧붙이지 말자."

왜 이 표현인가요?

1 힘들다고 화가 정당화되는 것은 아니다

씩씩거리며 싸우는 아이를 불러 왜 그렇게 흥분했는지를 물어보면, 가장 많이 들을 수 있는 대답이 "재가 나를 열받게 했잖아요."다. 이 말은 상대 아이가 나를 열받게 했으니 나는 화를 내도 당연하다는 전제가 깔려 있다. 아이들과 마찬가지로 교사에게도 비슷한 양상이 나타난다. 아이가 힘들게 했으니 교사는 화를 내도 좋다고 생각하는 것이다.

그러나 화는 엄밀하게 말하면 선택하는 행동이다. 상대의 행동 때문에 내가 화를 내기로 선택한 것이지, 상대의 행동이 자동적으로 나를 화나게 만든 것은 아니다. 똑같은 상황에서 화를 내는 사람도 있고, 그렇지 않은 사람도 있다. 그렇기에 단지 아이가 교사를 힘들게 한다는 이유만으로 화를 내는 것이 정당하다고 생각하는 것은, 자신의 선택을 아이 탓으로 미뤄 버리는 것이다.

화는 선택이지 자동화 반응이 아니기에 단지 힘들거나 열 받았다는 이유만으로는 정당화할 수 없는 반응이다.

2 화 반응의 유발 공식

매튜 맥케이Matthew Mckay 등(2006)은 스트레스 상황에서 방아쇠 생각이 들 때 화가 난다고 말한다.

> 스트레스 + 방아쇠 생각 = '화' 반응 유발

방아쇠 생각의 종류에는 속단, 과장, 편견 등이 있다.

방아쇠 생각의 종류		방아쇠 생각의 예
속단	아이의 행동이 고의적인 것이라고 생각한다.	나를 짜증나게 하려고 하는구나. 나에게 반항하는 거지. 나를 열받게 하려고 작정했구나. 내 인내심을 시험하고 있구나(어디까지 하나 어디 한번 보자). 나를 가지고 놀고 있구나. 나를 이용하는구나. 일부러 그러는 거지(나를 괴롭히기 위해, 심술 부리려고).
과장	마음속에서 사건을 있는 그대로보다 더 악화시켜 바라본다.	더 이상은 참을 수 없어. 이런 짓을 도저히 참을 수 없어. 이번에는 너무 지나치잖아. 이야기를 듣지 않는군. 감히 나에게 그런 식으로 말하다니(행동하다니, 쳐다보다니……). 너는 모든 것을 (형편없는 시간으로, 힘 싸움으로, 싸움으로, 악몽으로 등) 만드는구나.
편견	부정적이고 경멸적인 단어를 사용하여 아이의 행동을 인지하고 묘사한다.	통제불능인 아이구나. 이건 속임수야. 너는 너무 (게을러, 못됐어, 고집불통이야, 점잖치 못해, 배은망덕해, 제 마음대로야, 자기밖에 몰라, 잔인해, 멍청해, 개구쟁이야, 몹쓸 아이야, 청개구리야 등). 고의적으로 심술궂고 바보처럼 구는구나. 관심이 없구나(무슨 일이 일어나는지, 내가 어떻게 느끼는지, 네가 누구에게 상처 주는지 등).

출처: Mckay et al. (2006).

3 방아쇠 생각 극복하기

교사가 화를 내게 되는 것은 스트레스 상황에서 방아쇠 생각이 들 때다. 스트레스 상황이라도 교사가 방아쇠 생각에 대해 이해하며, 현실적으로 방아쇠 생각에 대처할 수 있으면 화를 다스리는 데 도움이 된다.

방아쇠 생각에 대처하는 가장 좋은 방법은 방아쇠 생각을 멈추는 것이다. 속단하지 않고, 과장하지 않으며, 편견을 가지지 않는 것이다. 현실적으로 대처하는 생각의 예는 다음과 같다.

방아쇠 생각		방아쇠 생각을 극복하기
속단	나를 시험하고 있구나.	아마 그럴지도 모르지만 나는 대처할 수 있어. 나는 화낼 필요가 없어. 그 나이에 어른의 인내심의 한계를 시험하는 것은 잘하는 짓은 아니지만, 자연스러울 수도 있는 현상이야.
	고의적으로 이렇게 하는구나.	아이는 자신의 감정과 욕구를 채우기에 급급한 거야. 나를 향해 그러는 게 아니야. 침착하자.
과장	내 말을 절대 듣지 않는구나.	좋아, 과장하지 마. 아이들이 때로는 말을 잘 듣지만 때로는 무시하는 것도 아주 당연하게 있을 수 있는 일이야. 화내지 않고 아이의 관심을 돌릴 다른 수가 없을까 한번 머리를 짜 보자.
편견	영악한 짓을 하는구나.	너무 심각하게는 받아들이지 말자. 아이는 자기 방식대로 하려는 것이고 그렇게 형성되었기 때문에 때로는 그게 당연할 수 있어. 애들은 어른들보다 힘이 없기 때문에 원하는 것을 얻기 위해 할 수 있는 모든 일을 하는 것뿐이야.

출처: Mackay et al. (2006).

이런 표현도 있어요!

- 눈앞의 상황 때문에 감정에 치우쳐 속단하지 말자.
- 상황을 과장해서 생각하지 말자.
- 아이에 대해 편견을 가지지 말자.
- 앞뒤 상황을 다 살펴보고 중립적으로 생각해 보자.

75

저 아이는 불과 ○○살이야, 열받지 말자.

상황 속으로

김 선생님은 용철이 문제를 계속 생각하였다. 방아쇠 생각에 대해서도 알고, 자신이 스트레스를 받고 있을 때 어떤 방아쇠 생각을 사용하여 화를 내는지도 알게 되었다. '상황만 바라보기'는 꽤 도움이 되었다. 상황만 바라보려 노력하니, 자신이 어떤 생각들을 덧붙이는지도 알 수 있었다.

김 선생님은 자신이 어떤 생각을 덧붙이는지, 용철이뿐 아니라 다른 아이들을 지도하는 장면에서도 솔직하게 자신의 모습을 살펴보고 싶었다. 그래서 하나하나 구체적으로 솔직하게 기록하기 시작했다.

마음속으로

김 선생님은 자신이 수업시간에 아이들과 상호작용하며 어떤 생각을 하는지, 장면 장면마다 자신에게서 어떤 생각들이 떠오르는지 한번 기록해 보기로 한다. 기록을 하게 되면, 볼 수 없었던 자신의 모습을 볼 수 있으리란 기대도 생겼다.

'상황을 그대로 적어 보고, 또 그 적은 글을 보며 내가 느낀 점도 한번 기록해 보는 거야. 솔직하게 한번 써 보자!'

이런 생각을 하며 김 선생님은 적어 내려가기 시작했다.

교실을 바꾸는 매직워드

김 선생님은 글을 쓰다가 알게 된 것이 있었다. 그것은 용철이 문제로 신경이 곤두서다 보니, 어느새 용철이를 자신과 같은 위치에 두고 마음속으로 싸우고 있었다는 것을 알았다. 용철이가 실제보다 더 커져 있는 상황이었다.

"저 아이는 불과 열두 살이야, 열받지 말자."

열두 살을 소리 내어 발음하고 나니, 김 선생님은 자신이 그간 많이 과장해서 상황을 보고 있었다는 것을 알게 되었다.

왜 이 표현인가요?

1 현실감각 되찾기

교사들이 저지르기 쉬운 착각은 아이들을 교사와 동등한 입장으로 생각하여 비난할 때가 있다는 것이다. 사실 초등학생은 '불과'라는 소리가 어색하지 않을 만큼 어린 연령대의 아이들이다. 그런데 '쟤는 왜 조용히 하지 않을까? 왜 말을 안 듣지? 이만큼 교사가 노력하는데 왜 반응이 없는 걸까?' 등등 상황에 골몰하다 보면, 아이들의 나이를 잊을 때가 있다. 그럴 때 현실적인 숫자를 입 밖에 소리 내어 말하는 것은 교사의 현실감각을 되찾는 데 도움이 된다.

"저 아이는 불과 열두 살이야."

2 현재 나타난 문제는 오랜 기간에 걸쳐 형성된 문제다

초등입학 연령은 만 6세다. 아이들은 이미 6년의 세월 동안 학교 외의 장소에서 기본적인 인성을 형성한 후 입학한다. 아이에게 나타나는 문제는 사실 오랜 기간에 걸쳐 형성된 문제일 확률이 높다. 그런데 교사들이 착각하는 것은 그 오랜 기간에 걸쳐 형성된 문제를 불과 몇 개월 안에 모두 고치기를 원한다는 사실이다. 대개 1학기 중간, 혹은 2학기 중간 등 빠른 시간 내에 아이에게 변화가 일어나기를 기대하며 지도한다.

그러나 실질적으로 교과시간을 제외하고, 순수하게 담임과만 상호작용을 할 수 있는 연간 기간을 현실적으로 계산해 본다면(예: 주당 담임수업시간 24시간×수업일 40주=960시간) 새로운 이해를 할 수 있을 것이다. 교사들이 기대치를 달성할 기간을 비현실적으로 기대한 만큼 교사는 좌절하기 쉽다. 그래서 종종 소진burn out하는 경우도 있다.

다음 김 교사의 사례를 보자.

김 교사는 용철이를 생각하면 힘이 빠진다. 애써 지도한다고 하는데 쉽게 변하지 않는 모습에 진이 빠진다. 교사가 얼마나 열심인데, 변하지 않고 알아주지도 않는 용철이의 모습에 힘이 빠지고 서운한 감정도 든다. 오늘도 여느 때처럼 방과 후에 과제 검사를 하고 있었다.

그때 문자메시지가 왔다. 반가운 이름이었다.

> "선생님, 저 중학교 생활 잘하고 있어요. 여전히 괜찮은 아이는 아니지만, 헤헤^^;; 저 지각하면 담도 넘어요. ㅋㅋ 그래도 옛날보다는 좀 나아진 것 같아요. 하하! 선생님 생각이 나서 그냥 문자 드려요."

눈물이 왈칵 날 뻔했다. 경수였다. 작년에 무던히도 나를 괴롭히던 녀석! 올해 용철이랑 비교할 정도가 아니었다. 1년 내내 나를 괴롭히고 지긋지긋할 정도로 속을 썩이고 변하지 않던 녀석이었다.

'아니다. 졸업할 즈음에는 조금 괜찮아져서 졸업했었지.'

작년 상황을 생각하니, 경수가 그나마 조금이라도 변한 시점은 11월이 지나서였다. 담임 맡은 지 9개월째!

'가만! 내가 지금 용철이랑 지낸 기간은 6개월도 되지 않았잖아.'

김 선생님은 비로소 자신이 너무 앞질러서 기대를 하고 있음을 깨달았다. 변하지 않는 아이도 문제였지만, 너무 기준을 높게 그리고 빨리 잡고 있는 자신도 문제였다.

현실적인 기대를 가지라는 것이 변화에 대한 기대를 포기하거나, 교사의 책임을 회피하라는 말은 아니다. 교사가 현실적인 기대치를 설정하게 되면, 교사는 덜 지치며 아이에게는 필요 이상의 비난을 하지 않아 결과적으로 변화를 이루기가 더 용이하게 된다.

기대치의 조정–해결의 열쇠

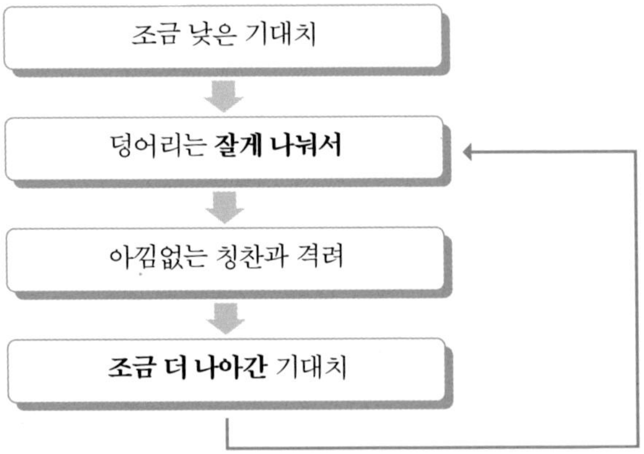

3 글쓰기를 활용한 셀프상담

셀프상담은 본인 스스로가 자신을 수용하고 대화하며 상담자가 하듯이 상담하는 것이다. 상담의 진행과정은 상담자와 내담자의 경청과 수용을 통한 대화다. 셀프상담은 경청과 수용의 대화과정을 글쓰기를 통해 진행한다. 본인의 솔직한 글쓰기를 통해 자신의 내면상태를 듣고, 글쓰기에 반응함으로써 상담이 진행되는 것이다.

글을 쓸 때에는 최대한 구체적으로 사실적으로 쓴다. 그리고 시간의 흐름과 순서에 맞게 쓴다. 또한 상대방과 자신의 생각과 행동을 '번갈아' 쓴다. 다 쓰고 난 후에는 반복해서 읽음으로써 자신과 상대방을 읽을 수 있으며, 전체적인 관점에서 읽고 통찰을 얻을 수 있다.

다음은 김 교사가 셀프상담한 과정이다.

[글쓰기]

용철이	나
*상황 설명 사회시간 설명을 하고 있었고, 아이들은 열심히 듣고 있다. 내 설명 소리 외에는 아무 소리 없이 학급이 조용하다.	
	나는 민주주의에 대해 설명하고 있었다.
용철이가 앞자리의 훈이 등을 찔렀다.	
	나는 '또 시작이군. 저 녀석 도대체 어떻게 할 수 없을까?' 라는 생각이 들면서, 동시에 수업 내용에 집중하여 설명하기도 힘든데 녀석까지 신경 써야 한다는 사실에 짜증이 났다. 그래서 "용철이, 너 지금 뭐하니?"라고 소리를 질렀다.
용철이는 움찔하더니 내 눈치를 보고 설명을 듣는다.	
	'그래야지.' 라는 생각을 하며 계속 설명을 진행한다.
용철이가 다시 내 눈치를 살피며 훈이 등을 찌른다.	
	'저 녀석 뭐하는 거지. 좀 전에 주의 줬는데 날 노골적으로 무시하는 건가?' 화가 스멀스멀 올라온다. 아까완 달리 머릿속 신경이 용철이에게 곤두선다.
용철이가 훈이 등을 찔러 뭐라고 이야기를 한다.	
	'분명 주의를 줬는데, 이건 날 무시하는 거야. 지난번도 그랬잖아. 이건 수업태도만 나쁜 것도 아니고, 애들하고도 맨날 싸우고 도대체 제대로 하는 게 뭐가 있어.' 라고 생각했다.

[글쓰기 장면에 대한 통찰]

나 읽기	상대 읽기	전체 읽기
• 나는 지금 하는 일(설명)에 방해받으면 싫어하는구나. 나는 설명하는 것이 내 일이라고 생각하고, 용철이가 떠드는 것은 내 일을 방해하는 것이라 생각하고 있구나. • 내 생각을 주욱 읽어 보니 상당히 권위적으로 생각하는 것이 발견되는구나. 교사의 말에 아이들은 당연히 순응해야 한다는 생각이 강하구나. • 용철이를 이해하려는 시도보다는, 먼저 나 중심적으로 화부터 내는 내 모습이 보이는구나. 한편으론 내가 열심히 설명하고 있으니까, 내가 열심히 하는 것에 대해 존중받고 싶기도 하고, 잘 들어주는 학생들의 행동을 통해 보상받고 싶어 하는 마음도 보이는구나. • 용철이는 사실 떠들려고 하는게 아닐 수도 있어. 그런데 나는 무조건 용철이가 훈이를 건드리는 상황은 수업을 듣지 않고 떠들려고 하는 것이라고 속단해 버리는구나. • 마지막 생각을 보니 어느 한계치 이상이 되면, 순식간에 과장과 비약적인 생각들로 내 머릿속이 가득 차는구나.	• 용철이는 수업내용을 몰라 지겨울 수도 있었겠다. • 내가 계속 설명해서 설명시간이 길었으니, 중간에 계속 집중하기 힘들었을 수 있어. • 용철이가 내 눈치를 본 것은 그나마 나를 신경 쓰고 있다는 것이겠지. • 용철이는 훈이에게 뭔가를 묻고 싶었을 수 있어. 아님 밑에 지우개가 떨어졌을 수도 있지.	• 나는 수업시간에 설명 듣는 것이 당연하다 생각하는, 수업에 대해서는 학생의 의무를 강조하는 권위적인 모습을 보이기도 한다. • 용철이 입장에선 선생님이 평소에도 자꾸 눈치주니, 어쩌면 아무 일이 아닌데도 나의 눈치를 보게 되고, 교사에 대한 신뢰가 약할 수도 있겠다. • 평소에 용철이를 비난했는데, 상황을 적어 놓고 보니, 오히려 용철이보다 교사인 내가 편견을 가지고, 더 상황을 악화시키는 사고방식과 감정반응을 보이고 있음을 알 수 있겠다.

솔직한 글쓰기를 통해 김 교사는 자신을 돌아보고, 용철이의 입장에서 생각할 수 있으며, 전체 상황을 아우르는 가운데 자신을 성찰할 수 있는 기회가 되었다.

이런 표현도 있어요!

- 저 아이는 불과 ○○살이야. 열받지 말자.
- 저 아이는 아직 초졸도 아닌 아이야! 열받지 말자.
- 저 아이와 만난 시간은 채 1년도 안 돼. 내 맘대로 안 된다고 열받지 말자.
- 한 번에 바뀔 수는 없어. 하나씩 바꿔 나가면 된다고 생각하자.
- 나와 함께하는 짧은 시간 동안 전부 다 바뀔 수는 없어. 안 된다고 열받지 말자.

30. 나를 바꾸는 매직워드

나는 ○○한 교사가 될 거야.

나의 말이 대한민국의 미래를 바꾼다.

우리는 교사다. 아이들의 미래를 바꿀 만한 힘이 우리들에게 있다. 하지만 종종 우리는 우리에게 이런 놀라운 능력이 있다는 사실을 잊고 산다. 출근해서 퇴근할 때까지 너무 바빠서 정신없이 하루를 보내다 보면 오늘 대체 나는 뭘 했나 싶을 때도 있고, 아무리 사랑과 인내로 공을 들여도 좀처럼 바뀌지 않는 아이가 있어 나를 지치게도 한다. 많은 사람은 자신의 자녀가 '교사'라는 직업을 갖기를 원하지만 정작 자녀의 '선생님'은 믿지 않는다. 이런 상황 속에서 우리가 취해야 할 태도는 무엇일까? 상황을 원망하면 마음은 풀리지만 우리가 더 행복하고 멋진 교사가 되는 데는 별다른 도움이 되지 않는다. 나름대로의 비전과 확신을 갖고 교사로서 아이들 앞에 섰을 때 그것이 우리의 가슴을 뛰게 하는 원동력이 될 것이다.

76 나는 ○○한 교사가 될 거야.

상황 속으로

학년 말이다. 업무도 거의 마무리되고 오랜만에 홀가분한 마음으로 김 선생님과 이 선생님, 한 선생님은 커피를 마시며 이야기를 나누었다.

한 선생님: 나는 내가 아이들에게 꿈을 찾아주는 교사가 되었으면 하는 비전이 있어요. 그래서 매년 꿈노트를 적게 하는데 그걸 쓰면서 아이들이 꿈을 찾아가는 모습을 보면 보람을 느껴요.

김 선생님: 멋지세요. 선생님! 이 선생님도 교사로서의 비전이 있으세요?

이 선생님: 글쎄요. 비전이라고 할 수 있을지는 모르겠는데 저는 아이들을 재미있게 가르치는 교사가 되고 싶어요. 예전에 저의 초등학생 시절을 떠올리면 수업시간에 배운 내용보다 재미있었던 선생님의 이야기가 더 잘 기억나더라고요. 재미있게 가르치면 아이들 기억에도 오래 남고 새로운 추억도 만들어 주는 거 같아 기분이 좋아요. 김 선생님은요?

김 선생님: 저요? 저는요 이렇다 할 비전이 없었어요. 그냥 주어지는 대로 좋은 선생님이 되려고 노력은 한 거 같은데 딱히 이런 선생님이 되겠다 하는 건 없었네요.

마음속으로

김 선생님은 학창시절 공부를 곧잘 했다. 그래서 주변의 권유로 교대에 입학하여 초등학교 교사가 되었다. 처음 교대에 입학했을 때는 과연 초등학교 선생님이 자신에게 잘 맞을까 고민을 했지만 교생 실습을 나가서 만났던 아이들이 너무 예뻐서 나중에도 재미있게 할 수 있겠다는 자신감이 생겼다. 열심히 공부해서 임용 고사에 통과하고 바라던 교사가 되었는데 아이들과의 생활은 재미있었지만 힘든 일도 많았다. 교사는 아이들만 잘 가르치면 되는 줄 알았는데 그 외의 업무도 상당히 많아 급할 때는 아이들을 자습시켜 놓고 일을 해야 하는 상황도 있었다.

대부분의 아이들은 예쁘고 사랑스러웠지만 몇몇 아이들은 사랑하기가 쉽지 않아 맥이 빠진 적도 한두 번이 아니다. 아이의 문제행동을 개선하기 위해 노력했지만 잘 따라오는 듯하다가도 한 번씩 김 선생님을 시험하듯이 더 큰 일을 벌여 놓으면 정말 교사라는 게 쉽지 않다는 생각을 하게 된다. 학부모들과의 관계를 맺는 것도 결코 쉽지 않다. 그래도 다행인 건 이런 어려움이 있지만 그래도 계속 아이들이 사랑스럽고 예뻐 보인다는 것이다. 그래서 김 선생님은 나름대로 좋은 선생님이 되려고 지금도 노력 중이다.

그런데 한 선생님과 이 선생님의 말을 듣고 보니 과연 어떤 선생님이 좋은 선생님일까 하는 생각이 든다. 한 선생님은 꿈을 찾아주는 교사가 되는 것이 비전이라고 하셨고, 이 선생님은 재미있게 가르치는 교사가 되고 싶다고 했다. 김 선생님은 막연히 좋은 선생님이 되고 싶다고 생각하고 주어진 일을 열심히 해 왔다. 하지만 현재 내가 어떤 선생님이며 앞으로 어떤 선생님이 되고 싶은지는 별로 생각해 본 적이 없다.

교실을 바꾸는 매직워드

김 선생님은 앞으로 어떤 선생님이 될까 생각하다가 몇 년 전에 읽은 『모리와 함께한 화요일』이라는 책이 생각났다. 저자 미치 앨봄Mitch Albom은 나름대로 잘 나가는 스포츠 신문기자였다. 옛 은사인 모리 교수가 루게릭병으로 투병 중인 것을 알고 10여 년 만에 그를 찾아가게 되었다. 그러고는 매주 화요일마다 모리 교수를 만나 그가 죽기까지 열네 번에 걸쳐 인생에 대한 특별한 강의를 들었다. 많은 사람이 이 책을 감동적으로 읽었다는데 김 선생님이 감동을 느낀 부분은 남들과는 좀 달랐다.

미치 앨봄은 자신이 모리 교수에게 특별한 제자라고 자부했다. 그래서 10년 만이지만 투병 소식을 듣고 기꺼이 바쁜 시간을 쪼개어 모리 교수를 찾아간 것이다. 그런데 그가 놀란 것은 자신을 모리 교수의 특별한 제자라고 생각하는 이들이 전국 각지에 아주 많았다는 것이다.

김 선생님도 미치처럼 모리 교수의 능력에 깜짝 놀랐다. 김 선생님은 편애로 오해받을 것 같아 관심이 가는 제자라도 그 마음을 표현해 본 적이 별로 없었다. 그래서 아이들에게 괜찮은 선생님이라는 평판은 들었을지 모르지만 특별한 제자는 남기지 못했다는 생각이 들기도 한다. 분명 모리 교수가 특정한 제자들을 편애한 것은 아닐 것이다. 그랬다면 교수를 인격적으로 존경하지 않았을 테니 말이다. 그럼 어떻게 제자가 자기 자신을 선생님의 특별한 제자라고 믿게 만든 것일까? 고민하다가 김 선생님은 이런 선생님이 되기로 마음먹었다.

'나는 아이가 자신을 특별하게 느낄 수 있도록 도움을 주는 교사가 될 거야.'

"나는 ○○한 교사가 될 거야."

왜 이 표현인가요?

1 비전의 중요성

우리나라 양궁 대표 선수들의 실력은 세계적으로 정평이 나 있다. 한국 선수들의 독주를 막기 위해 올림픽의 룰까지 바뀌었으니 그들의 실력에 대해서는 더 이상 말할 필요가 없다. 양궁 선수들이 과녁에 화살을 명중시키려면 어떤 것이 필요할까? 첫째, 화살이 제대로 목표에 도달하도록 올바른 방향으로 활을 쏘아야 한다. 둘째, 흔들림 없이 시위를 당겨 활을 쏠 만큼의 힘이 필요하다. 여기에 긴장 속에서도 흔들리지 않는 강한 정신력이 있다면 어떤 상황에서도 정확하게 목표를 맞출 수 있다. 교사로서의 비전을 세우는 것은 교사로서 나아가야 할 방향을 설정하는 것이다. 방향의 설정이 바르면 여러 방향으로 흩어졌던 힘을 한곳으로 모을 수 있다.

김 선생님은 막연히 좋은 선생님이 되고 싶다는 마음은 있었다. 하지만 구체적으로 어떤 교사가 좋은 교사인지 또 자신은 어떤 선생님이 되고 싶은지 등의 명확한 목표는 세우지 못했다. 물론 김 선생님은 그동안 충분히 열과 성을 다해 아이들을 양심적으로 가르쳤다. 그 과정에서 나름대로 성취감도 맛보고 어느 때는 좌절했지만 어쨌든 괜찮은 교사인 것만은 분명하다. 수년간의 교사 생활에도 아이들을 지속적으로 사랑하고 예뻐하는 마음을 가졌으니 말이다.

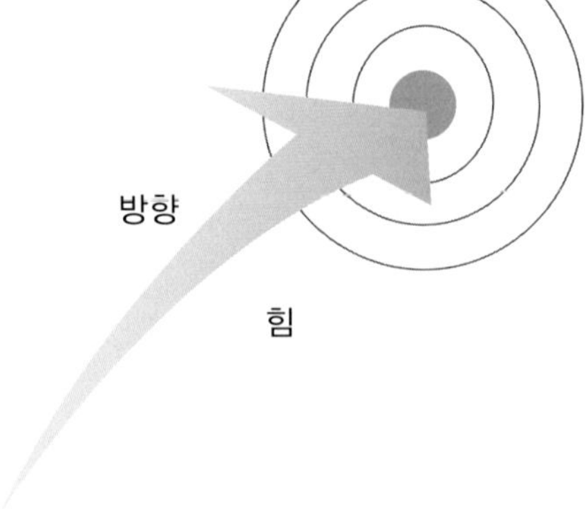

이런 김 선생님에게 교사로서 자신만의 비전이 생긴다면 어떨까? 그동안 열심히 했던 다방면의 노력을 한 방향으로 집중시킬 수 있기 때문에 좀 더 효율적이고 일관되게 아이들을 지도할 수 있다. 일관성이 있으면 '우리 선생님은 이런 선생님이야.' 라고 아이들에게 명확히 각인되므로 아이들을 지도하는 데 도움을 받을 수 있다. 선택의 순간에도 비전이 기준이 되어 결정하기가 수월하고 그것에 대해 후회를 할 확률도 적다.

우리나라 교사들은 대부분 퇴직까지 30년 이상을 교직에 몸담는다. 이 기간 동안 한 가지 비전을 놓고 아이들을 가르친다면 분명 그 교사는 그 분야에 있어서 일가를 이루고도 남음이 있을 것이다. 평교사로 정년까지 아이들을 가르칠 때 혹시 자신의 나이가 걸림돌이 될 것 같아 염려스럽다면 지금부터 자신만의 비전을 세우고 한 길로 나아가길 권한다. 어떤 것이든 그것이 교사로서 바른 비전이라면 분명 몇 년 이후에는 나이와 상관없이 아이와 학부모 및 동료들에게 환영받는 교사가 되어 있을 테니 말이다.

2 교사로서의 비전 세우기

김 선생님은 자신의 비전을 이렇게 세웠다.

> 나는 아이가 자기 자신을 특별하게 느낄 수 있도록 도움을 주는 교사가 될 것입니다.

3 비전을 구체화하기

비전을 세우고 나니 김 선생님은 '아이가 자기 자신을 특별하게 느낀다는 건 뭘까?' 하는 의문이 생겼다. 이것을 좀 더 구체화하기 위해 다음과 같이 자신의 생각을 정리했다.

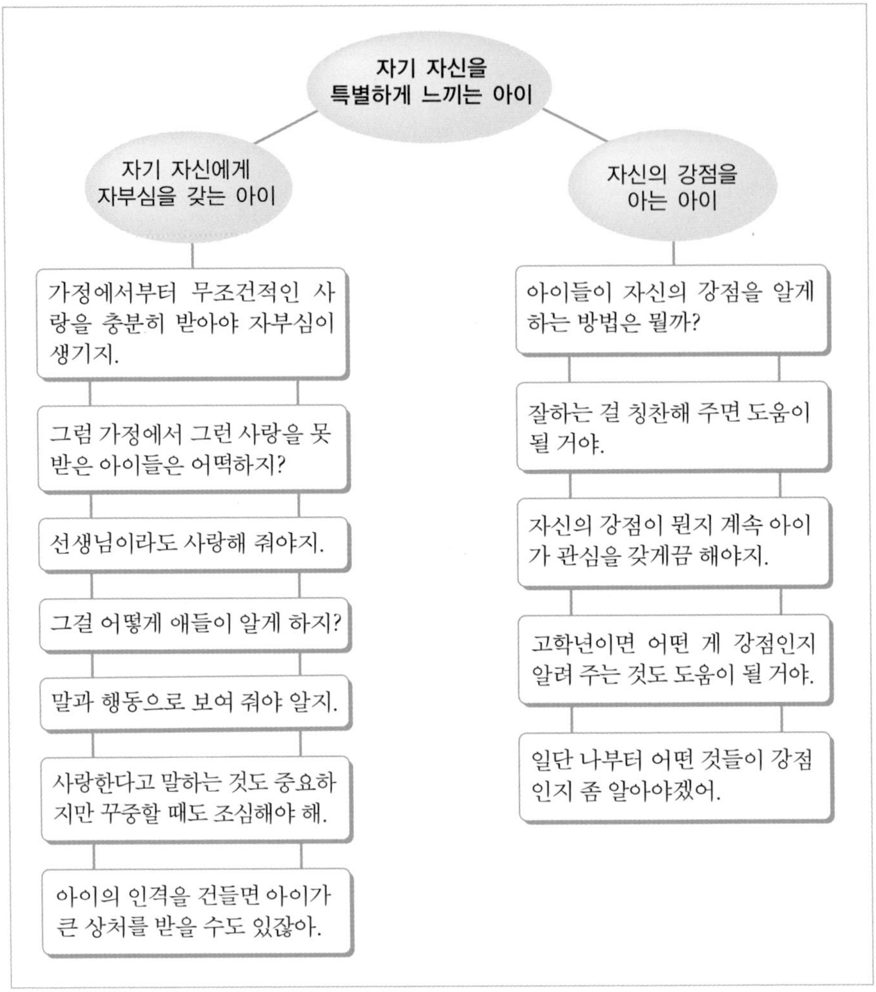

이렇게 정리를 하고 나니 자신이 노력해야 할 것들이 보이기 시작했다. 그래서 교사로서 자신이 노력할 것을 비전 아래쪽에 적어 내려갔다.

나는 아이가 자기 자신을 특별하게 느낄 수 있도록 도움을 주는 교사가 될 것입니다.

1. 아이의 강점이 무엇인지 찾는 교사가 될 것입니다.
2. 구체적으로 칭찬하는 교사가 될 것입니다.
3. 아이가 잘못했을 때 그 행동만 꾸중하는 교사가 될 것입니다.
4. 아이가 잘못해도 아이 자체는 사랑한다고 말하는 교사가 될 것입니다.

4 현재 자신의 위치 살펴보기

비전을 구체화하고 나니 그럼 현재 나는 얼마나 잘하고 있는 건가 하는 생각이 들었다. 그래서 자신의 위치를 표시해 보기로 했다.

• 아이의 강점이 무엇인지 찾는 교사인가?

김 선생님: 아이의 강점을 찾으려고 노력은 하는데 다른 아이들보다 잘하는 게 아니면 잘 찾기가 어렵다. 그래도 노력은 하고 있으니 여기!

• 구체적으로 칭찬하는 교사인가?

김 선생님: 그때그때 칭찬은 잘하는데 좀 더 구체적으로 하면 도움이 될 것 같다.

• 아이가 잘못했을 때 그 행동만 꾸중하는 교사인가?

김 선생님: 지금 잘못된 행동만 꾸중하면 되는데 이전 일까지 끄집어내서 이야기하고 면박을 줄 때도 있다.

• 아이가 잘못해도 아이 자체는 사랑한다고 말하는 교사인가?

잘못한 애 앞에서 꾸중하고 사랑한다는 말은 잘 안 나온다. 낯 간지럽기도 하고 그 순간에는 사랑한다는 말이 생각도 안 난다.

5 자신의 위치를 더 나은 위치로 옮기기 위한 계획 세우기

김 선생님은 나름대로 괜찮은 교사라고 생각했는데 비전에 비추어 자신을 점검해 보니 아직은 부족한 면이 많다고 느꼈다. 그래서 현재의 위치를 몇 년 후 더 나은 위치로 옮기기 위해 구체적인 계획을 세워 보았다. 이렇게 하니 앞으로 어떤 연수를 듣고 어떻게 노력을 해야 할지가 명확해져서 실천하는 데 큰 도움이 될 것 같았다.

나는 아이가 자기 자신을 특별하게 느낄 수 있도록 도움을 주는 교사가 될 것입니다.

• 아이의 강점이 무엇인지 찾는 교사가 될 것입니다.
 -강점의 종류가 무엇이 있는지 다중지능 이론에 대해 공부하기
 -교사로서의 나의 강점 찾기
 -남보다 잘하는 것이 아니라 아이가 가진 것 중에 강점 찾는 훈련하기

• 구체적으로 칭찬하는 교사가 될 것입니다.
 -지금 하고 있는 것처럼 즉시 칭찬하기는 계속 노력하기
 -구체적으로 칭찬거리 이야기하기

• 아이가 잘못했을 때 그 행동만 꾸중하는 교사인가?
 -제대로 꾸중하는 것에 대한 대화법 찾아 공부하기
 -지금 잘못한 것에 대해서만 짧고 단호하게 꾸중하기

• 아이가 잘못해도 아이 자체는 사랑한다고 말하는 교사가 될 것입니다.
 -아이의 잘못은 아이가 사랑받을 만한 존재라는 사실에 영향을 미치지 못한다는 것을 기억하기
 -넌 늘 사랑받기에 충분하다고 말하는 연습하기

★ 비전을 세우고 현재의 위치 확인하기

나는 (   ) 교사가 될 것입니다.

1) ______________________________

←————————————————→

전혀 그렇지 않다　　　　　　　　매우 잘하고 있다

2) ______________________________

←————————————————→

전혀 그렇지 않다　　　　　　　　매우 잘하고 있다

3) ______________________________

←————————————————→

전혀 그렇지 않다　　　　　　　　매우 잘하고 있다

★ 비전 구체화하기

나는 (   ) 교사가 될 것입니다.

1) ______________________________

실천 계획: ① ______________________________

② ______________________________

2) ______________________________

실천 계획: ① ______________________________

② ______________________________

3) ______________________________

실천 계획: ① ______________________________

② ______________________________

이런 표현도 있어요!

나는 아이들을 즐겁게 해 주는 교사가 될 거야.

나는 아이들의 실력이 향상되도록 돕는 교사가 될 거야.

나는 아이들이 어려움에 처했을 때 기댈 수 있는 교사가 될 거야.

나는 아이들이 건강하게 자라도록 돕는 교사가 될 거야.

매직워드

77 나의 말이 대한민국의 미래를 바꾼다.

상황 속으로

김 선생님은 요즘 무력감에 빠져 있다. 아무리 지도해도 아이들은 그때뿐인 것 같다. 그런 걸 보니 자꾸만 자신이 교사로서 아이들에게 할 수 있는 일이 별로 없는 것처럼 느껴진다. 그런데 스승의 날 생각지도 않은 장문의 문자 한 통을 받고 새롭게 마음을 다잡았다.

> 선생님~ 저 한지율이에요. 기억나세요?^^ 저 올해 대학을 갔는데요. 선생님이 예전에 해 주신 말씀이 큰 힘이 됐어요. 늘 저한테 "너는 성실하니까 지금보다 앞으로 더 잘할 거야."라고 해 주셨잖아요. 저는 열심히 한 거 같은데 성적이 마음먹은 만큼 안 올라 속상했거든요. 그 때마다 저희 엄마가 선생님이 해 주신 말씀을 이야기해 주셨어요. "예전에 김 선생님이 너는 앞으로 더 잘할 거라고 하셨잖니. 분명히 너는 앞으로 더 잘할 수 있어." 그런데 정말 그렇게 됐답니다. 그래서 저 가고 싶던 ○○대학 ○○과에 갔어요. 스승의 날이라 선생님이 생각났는데 갑자기 찾아 뵙기가 쑥스럽고 해서 문자만 보내요. 선생님~ 감사합니다.

김 선생님은 지율이가 떠올랐다. 늘 열심히 하지만 그만큼의 성과는 안 나

는 것 같아 안타까웠다. 그래서 해 준 이야기인데 그걸 마음에 새기고 있었다니……. 자신의 말 한마디가 아이에게 큰 영향을 준 것 같아 뿌듯해진다.

마음속으로

김 선생님은 요즘 교사로서 아이들에게 별로 할 수 있는 일이 없는 것 같아 무력감에 빠져 있었다. 때마침 날아든 옛 제자 지율이의 문자 한 통이 선생님에게는 큰 힘이 되었다.

지율이는 매사에 성실하게 최선을 다하는 아이였다. 다른 건 다 잘했는데 공부는 노력하는 것만큼 결과가 나오지 않아 안타까웠다. 그래서 김 선생님은 지율이에게 늘 "너는 성실하니까 지금보다 앞으로 더 잘할 거야."라고 이야기해 주었다. 그런데 그 말을 대학을 간 지금까지도 기억하고 있었다니……. 열심히 노력해서 원하는 대학에 간 지율이도 기특했지만 그 말이 지율이에게 계속적으로 좋은 영향을 미쳤다는 사실이 놀라웠다.

그러고 보면 자신의 말이 아이들에게 힘이 없는 건 아니었다. 어떤 아이들은 좀 좋아지나 싶다가도 다시 예전으로 돌아가기도 하지만 그보다 더 많은 아이들이 선생님의 칭찬 한마디에 금방 표정이 환해지고 더 좋은 모습을 보이려고 노력하는 것을 알고 있다. 잠시 잊었던 것들을 기억하게 해 준 지율이가 고맙고 자신의 말 한마디에도 귀를 기울여 들어주는 아이들이 고마워서 선생님은 다시 힘을 낸다.

교실을 바꾸는 매직워드

우리는 다양한 방법으로 아이들을 교육한다. 어떤 교육을 하든 그 교육의 수단은 대부분 '말'이다. 아이들은 선생님의 말 한마디로 기쁨의 환호성을 지르기도 하고 마음에 상처를 입기도 한다. 선생님의 말은 아이를 지금보다 더 나은 모습으로 변화시킬 수 있다. 아이가 바뀌면 그 아이가 속한 가정이 바뀌고 더 나아가 대한민국의 미래가 바뀔 수 있다. 그래서 선생님의 말에는 힘이 있다.

"나의 말이 대한민국의 미래를 바꾼다."

왜 이 표현인가요?

1 대한민국의 현재

권위의 실종

요즘 우리 사회는 어른이 없다는 이야기를 종종 들을 수 있다. 권력과 돈을 가진 사람은 많지만 존경하고 따를 만한 권위를 가진 사람은 찾아보기 어렵다. 가정에서도 마찬가지다. 이전에는 아버지가 절대적인 권위를 가졌지만 현재는 이전에 비해 그 권위가 많이 무너졌다. 가정에서 절대적인 권위를 가진 사람이 없어지면서 자녀가 부모의 머리 꼭대기에 앉아 있는 현상까지 일어나고 있다. 친구 같은 부모는 있을 수 있지만 부모가 친구는 될 수 없다. 부모의 머리 꼭대기에 앉아 있는 아이가 선생님의 말을 듣는다는 건 힘든 일이다.

깨지는 가정

대가족에서는 부모가 아니더라도 조부모, 나이 많은 형제, 친척 등 아이를 돌봐줄 사람들이 많았다. 다양한 사람들로부터 사랑과 관심을 받으며 자랄 수 있었던 것이다. 그러나 핵가족이 보편화된 요즘에는 부모로부터 사랑을 받지 못하면 사실상 아이가 무조건적인 사랑을 받을 만한 곳이 없다. 이런 상황에서 가정이 깨져 버리면 그 안에 속한 아이들은 갈 곳이 없어진다. 이혼율이 높아지고 깨진 가정이 많아지면서 정서적 · 경제적으로 안정된 환경에서 자라지 못하는 아이들도 늘고 있다. 아이가 불안정한 환경에 노출되면 학업을 안정적으로 수행하기 어렵고 우울 등의 증상으로 오락이나 인터넷에 과도하게 중독되거나 자기만의 세계에 빠져들 확률도 높아진다.

돌 이전에 어린이집에 맡겨지는 아이들

예전에는 결혼을 하고 아이를 낳으면 엄마의 직장생활은 끝나는 경우가 많았다. 하지만 맞벌이 가정이 늘어나면서 돌도 되지 않은 아이들이 어린이집에 맡겨지고 있다. 적어도 세 돌까지는 안정된 양육자에 의해 길러지는 것이 아이의 정서에 좋다는 것을 알지만 육아휴직 제도를 제대로 활용할 수 없는 현실에서 울며 겨자 먹기로 아이를 어린이집에 맡기고 출근한다. 일부 아이들은 이 과정에서 애착 형성에 어려움을 겪는다. 애착 형성이 제대로 되지 않은 아이는 학교에 와서 친구와 더불어 지내는 것을 힘들어하기도 한다.

무한 경쟁 · 학벌 위주 사회에서 시작된 사교육 열풍

IMF 구제금융 이후로 우리 사회의 고용구조는 불안정해졌고 빠르게 무한경쟁 사회로 진입했다. 현장에서 고용의 불안을 느끼고 있는 부모들은 자녀의 경쟁력을 확보하기 위한 다양한 방법을 강구하고 있다. 대표적인 것이 사교육을 통한 학력 향상이다. 공교육은 개인의 학력 향상만을 목적으로 하지 않기 때문에 상대적으로 힘을 잃었다.

2 지금 학교는

학교를 떠나는 아이들

학교 밖의 청소년은 전체 학령기 인구의 4%에 해당하는 28만 명에 이른다고 한다(안석배, 2013). 그럼 왜 아이들은 학교를 떠나는 것일까? 학업을 중단한 고교생 3만 명 중 절반 가까이는 '학교 부적응'을 이유로 꼽았다. 학습부진, 인간관계 악화, 왕따, 학교폭력 등을 겪은 경우다. 그 밖에는 가정문제, 질병, 폭행 · 절도 · 이성교제 등을 원인으로 꼽았다. 학교에 적응하지 못해서 학

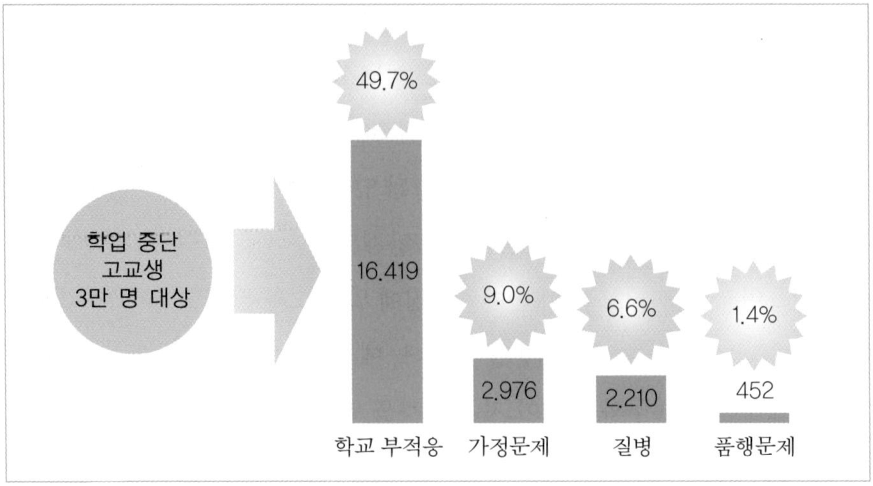

교를 떠나는 아이들이 많다는 것 자체가 교사로서 안타깝기 그지없는 일이다.

학교에서도 행복하지 않아요.

우리 학생들의 수학, 과학에서의 학업성취도는 세계 1~2위를 다툴 만큼 우수하다. 2011년 TIMMS(수학 · 과학 성취도 국제 비교 연구) 조사에서 한국 학생들의 수학에 대한 흥미와 자신감은 세계 꼴찌 수준이었다(안석배, 2013). 수학과 과학에 대한 흥미와 자신감은 부족한데 성취도가 높다는 건 그 만큼 억지로 공부했다는 이야기밖에는 되지 않는다.

학교에서 높은 성적을 받기 위해 열심히 노력하지만 아이들과 학부모들의 학교 만족도는 매우 낮다. 2009년 PISA(국제 수준 학업성취도 평가) 조사에서 한국 학생들의 '학교 만족도' 점수는 조사대상 38개국 중 36위로 최하위권이었다(안석배, 2013).

자신들이 만족하지 못하는 곳에서 반나절 이상의 시간을 보내는 아이들이나 그곳에 자신의 아이를 보내는 학부모가 행복하기란 쉽지 않은 일이다.

선생님도 힘들어요

선생님의 그림자도 밟지 못한다는 속담은 이젠 옛이야기다. 많은 학부모와 아이들은 자신의 선생님을 신뢰하지 않는다. 신뢰하지 않다 보니 학부모들은 선생님이 자신의 아이를 혼내면 혹시 아이를 미워하는 건 아닐까 하는 의심부터 한다. 신뢰가 있다면 분명 선생님이 아이를 혼내는 데에는 무슨 이유가 있을 것이라 생각할 텐데 그렇지 않다 보니 별것 아닌 일에도 신경을 쓰게 되고 의심의 눈초리로 교사를 보게 되는 것이다.

물론 이렇게 교권이 실추된 데에는 교사들의 책임도 없지 않다. 일부 몰지각한 교사들의 폭력적인 언행과 부도덕한 태도는 사람들의 지탄을 받아 마땅하다. 하지만 양심적으로 열심히 아이들을 가르치는 교사들조차 매도당하는 것은 억울한 일이다.

현실이 이렇다 보니 처음에는 열정적으로 아이들을 지도하던 교사도 시간이 흐르면 열정보다는 그날 하루를 무사히 보내는 것에 치중하게 되기 쉽다. 하지만 더 열심히 할 수 있음에도 그럴 의욕을 내지 않게 된다는 건 교사 자신에게나 그가 만나는 아이와 학부모 모두에게 불행한 일이다.

3 그럼에도 불구하고 희망 선택하기

교사가 아이들의 모든 문제를 해결해 줄 수는 없다. 부모의 이혼을 막을 수 없고, 부모 대신 아이를 키워 줄 수 없으며, 입시 제도와 학벌 위주의 사회 분위기도 바꿔 놓을 수 없다. 그것은 사회 구성원 모두의 합의와 노력이 필요하기에 오랜 기간에 거쳐 이루어져야 하는 일이다.

하지만 우리는 희망을 선택할 수 있다. 나의 작은 노력으로 우리 반 아이들이 좀 더 즐겁게 학교를 다닐 수 있다는 희망, 내 말 한마디로 아이들이 새로운 꿈을 꿀 수 있다는 희망, 그리고 그 아이들이 자신만의 희망을 선택하도록 도와줄 수 있다는 희망이다. 내가 희망을 품는 순간 우리는 아이들에게 희망을 심어 줄 수 있고 그것은 현실이 될 수 있다.

우리 아이들은 사랑스럽게 학교를 지킨다.

- 아침에 엄마 아빠가 대판 싸우는 모습을 보고도 마음은 슬프지만 어김없이 학교에 온다(심지어 친구들이랑 재미있게 놀기까지 한다).
- 밤새 장사를 하고 지친 얼굴로 잠든 부모를 보며 아침 못 먹는 것쯤은 대수롭지 않게 여기고 씩씩하게 학교를 온다(그리고 급식 우유가 오자마자 벌컥벌컥 마신다).
- 구구단을 겨우 뗀 6학년 부진아가 수학 시간에 거의 대부분의 말을 이해하지 못함에도 그 자리를 지키고 앉아 있다(심지어 졸지도 않는다).
- 학교 끝나고 학원을 서너 군데 돌고도 다음 날 지각도 안 하고 숙제까지 해서 학교에 온다(피곤해 보이기는 한다).
- 친구가 별로 없어 외롭고 슬퍼도 그래도 학교를 온다.
- 때로는 색칠할 칸이 빽빽한 도안이라도 즐겁게 완성해 낸다(보통의 어른이라면 절대 못할 일이다).
- 선생님이 힘들어 보이면 와서 안마를 해 주는 아이도 있다.
- 별로 예쁘지도 않은 나를 예쁘다고 좋아해 주는 1학년도 있다(심지어 나를 열아홉 살이라고도 해 준다).
- 선생님 힘들다고 무거운 물건을 들어주는 믿음직한 아이도 있다.
- 심부름 시켜 주기만을 오매불망 기다리는 아이도 있다.
- 1년이 지나면 정이 들어 내년에도 또 가르쳐 달라고 한다.

어른이라면 과연 이렇게 강하고 성실할 수 있을까 할 만큼 아이들은 생각보다 강하고 성실하게 학교에 온다. 이게 아이들이 우리의 희망이고 미래인 이유다.

> "희망은 가능성을 계산하는 것이 아니라 그저 행동하겠다는 선택이다."
>
> -안나 라페
>
> "우리가 무슨 생각을 하느냐가 우리가 어떤 사람이 되는지를 결정한다."
>
> -오프라 윈프리

아이들과 교육에 대한 나름대로의 희망을 품고 내일은 오늘보다 더 나아질 거라는 기대를 선택해야 그것을 현실로 만들 수 있다.

4 말 한마디의 중요성

사회와 교육의 시스템은 구성원의 합의가 전제되어야 개혁이 가능하여 교사의 힘만으로 바꾸기는 어렵다. 하지만 교사 자신에 대한 신뢰의 문제는 우리의 노력에 따라 어느 정도 개선의 여지가 있다. 물론 교사를 불신하는 사회 풍조를 이겨 나가야 하는 어려움이 있지만 적어도 우리 반 아이들에게 사랑받는 교사가 되려고 노력하는 것은 충분한 가능성과 의미를 갖는다.

아이들이 교사를 신뢰하도록 하는 데는 두 가지의 일치가 필요하다. 말과 행동이다. 현장에서 아이들을 열심히 지도하기 위해 노력하는 교사들은 많이 있다. 하지만 대부분 시간적 · 공간적 제약으로 인해 한계에 부딪히게 된다. 이때 이 제약을 극복하면서도 효과적으로 지도할 수 있는 수단이 '적절한 말 한마디'다. 그리고 그 이후에 따르는 교사의 행동이 말과 꾸준히 일치했을 때 아이는 교사를 신뢰하게 된다.

'말'은 교사가 아이들을 교육하는 주된 수단이다. 사실 대부분의 교육은 '말'로 이루어진다. 그래서 어떻게 말하느냐가 교육의 질을 좌우한다고 해도 과언이 아니다. 물론 '말'이 다는 아니다. 평소의 생각이 말이 되어 나오기 때문에 교사의 교육에 대한 가치관이 바로 서야 하고, 꾸준히 지켜져야 믿음을 줄 수 있기 때문에 말로 나온 것을 지키려는 노력이 필요하다. 하지만 바른 가치관과 말과 일치하는 행동이 뒷받침된다 해도 '말' 자체가 적절하지 못하면 교육에 별 도움이 안 된다. 오히려 상처를 줄 때도 있다.

'말'에는 힘이 있다. 선생님의 말은 아이들을 기쁘게도-뿌듯하게도 하고 슬프게도 안타깝게도 한다. 선생님의 말은 아이를 지금보다 더 나은 모습으로 바꿀 수 있다. 아이가 바뀌면 그 아이가 속한 가정이 바뀌고 가정이 바뀌면 사회가 바뀌고 사회가 바뀌면 대한민국의 미래가 달라진다. 그래서 우리 교사들의 말에는 힘이 있다.

5 교실을 바꾸는 매직워드

이제까지 교실을 바꾸고 교사들의 성장에 도움이 되는 적절한 '매직워드'를 찾아보았다. 이 말이 준비되어 적재적소에서 쓸 수 있는 내 것이 된다면 대한민국의 미래를 바꿀 만큼 강력한 힘을 발휘할 수 있다.

이런 표현도 있어요!

- 나의 말이 아이의 생각을 바꾼다.
- 나의 말이 아이의 가정을 바꾼다.
- 나의 말이 이 사회를 바꾼다.
- 나의 말이 교육의 미래를 바꾼다.

차시/차시명	내용
학생	(1) 너에겐 (　　　) 강점이 있어! (2) 넌 (　　　) 욕구가 매우 강하구나! (3) 우리 만남은 우연이 아니야 (4) 너희가 이전에 어떻게 지냈는지 선생님은 몰라. 지금부터 보여 주는 모습이 너의 모습이야. (5) 네가 우리 반이어서 참 좋아. 우리 잘해 보자. (6) 넌 우리 반에 꼭 필요한 아이야, 참으로 소중해! (7) 선생님이 이렇게 기쁜데 넌 얼마나 더 기쁘겠니? (8) 어떻게 이렇게 잘할 수 있었니? (9) 선생님은 널 믿는다! (10) 약점도 강점이 될 수 있단다. (11) 때가 되면 네 안에 쌓인 능력이 나타날 거야. (12) 원래 그런 사람은 없단다. (13) 네가 잘하는 것은 나눠 주고, 부족한 것은 도움을 청하자. (14) 네 도움이 필요한데 나를 도와줄 수 있겠니? (15) 우리는 모두 달라. 오목 볼록이 만나 퍼즐이 맞춰지는 거야. (16) 그 말은 마음속으로만 해야 할 말인데……. (17) 친구가 맘에 안 들 수도 있지. 그런데 (노골적) 표현은 조심해야 해. (18) 그래, 그럴 수 있었겠구나! (19) ~화가 났구나!, (20) ~속상하겠구나! (21) ~억울하겠구나! (22) 사춘기에는 우리 몸이 전면적인 수리에 들어가지. 그래서 더 아껴 줘야 해. (23) 네 나이에는 그럴 수 있어. (24) 사춘기라고 모든 게 용서되는 것은 아니야. 아닌 것은 아닌 것이란다. (25) 행동선택의 원리는 '지사선책'이야. (26) 네가 선생님이라면 어떻게 하겠니? (27) 네 행동(말)에 책임질 수 있겠니? (28) 넌 네 생각보다 훨씬 더 영향력이 많은 아이란다. (29) 해결기술을 찾아보자. (30) 넌 지금 네 행동에 책임지고 있는 중이야!

< 교사자신

차시/차시명	내용
학생	(31) 일이 그렇게 되어 미안해. (32) 넌 그렇게 생각하는구나, 난 그렇게 생각하지 않아. (33) 상대가 동의하지 않은 장난은 폭력이란다. 그리고 반복되는 장난도 폭력이란다. (34) 네가 ○○에게 정말 원했던 것은 뭐니? (35) 너희가 (다시) 사이좋게 지내려면 어떻게 해야 할까? (36) 너희들끼리 이야기해 보고, 선생님에게 말해 주지 않겠니? (37) 지금 꼭 그렇게 해야 할 이유가 있니? (38) 학교에 들어서면 너희는 '학생'이란다. (39) 어느 정도면 네가 할 수 있겠니? 네가 할 수 있는 양을 선생님께 말해 주렴. (40) 네 훌륭한 부모님이 그렇게 하셨을 리가 없어. (41) 너 오늘 집에 가서 큰절 해야겠다. 어쩜 너를 이렇게 잘 키우셨는지……. (42) 부모님도 네 행동을 보고 인정하시겠니? 너희 엄마도 그러길 원하셔?
학부모	(43) 우리 반 첫인상이 정말 좋았습니다. 모습 하나하나가 어찌나 예뻤는지 모릅니다. (44) 아이의 말을 듣고 의구심이 생기면 언제든지 연락 주세요. (45) 아이 옆에 항상 담임교사가 있다 생각하시고 말씀해 주세요. 저도 아이 옆에 항상 학부모님이 계시다고 생각하고 말하겠습니다. (46) 건강이 제일이죠. ○○가 빨리 오기를 기다리겠습니다. (아파서 결석한 아이) (47) 그렇잖아도 궁금해서 연락 드릴까 했는데, 먼저 연락 주셔서 감사합니다. (지각이나 결석한 아이) (48) 오늘 학교에서 잘 살피겠습니다. (상황이 있음에도 등교한 아이) (49) 처음 듣는 말이라 당황스럽습니다. 제가 한번 자세히 알아보겠습니다. (50) 그건 제가 답변 드릴 수 있는 말이 아닌 것 같습니다. (51) 저를 믿고 맡겨 주셨는데 일이 이렇게 되어 저도 안타깝습니다. (52) 얼마나 속상하셨어요. (53) 담임한테 이런 전화 받으셔서 맘이 많이 불편하시죠? (54) 얼마나 자랑스러우세요. (55) 추운(더운) 날씨에 고생 많으셨습니다.

차시/차시명	내용
학부모	(56) 덕분에 아이가 많이 발전하고 있습니다. (57) 항상 학급에 관심 가져 주셔서 감사합니다. 그런데~ (58) 학교에 오는 게 쉬운 일이 아닌데, 이렇게 와 주셔서 감사합니다. (59) 그동안 그 문제를 해결하기 위해 어떻게 해 오셨나요? (60) 어머님(아버님)께서는 어떻게 생각하세요?
동료	(61) 교장(교감, 부장) 선생님과 상의 드린 후 말씀드리겠습니다. (62) 도와 드리고는 싶은데, 제 상황이 어렵습니다. (63) 선생님, ~한 일을 하실 분이 필요한데, 선생님이 도와주실 수 있을까요? (64) 선생님 ~해 주셔서 감사해요. 선생님 덕분에 힘이 나요. (65) 선생님! 지금 충분히 잘하고 있어요. (66) 선생님을 나쁘다고 말하는 그 사람이 나쁜 사람이에요.
교사 자신	(67) 반드시 ~할 필요는 없지/~할 수도 있지. (68) 내가 가진 강점이 뭘까? 그걸 잘 활용하자. (69) 비교하지 않고 감사하며 현재에 충실하기! (70) 일지반! 일지반!(일관성, 지속성, 반복성) (71) 명지강은 No! 인격질은 Yes! (72) 원칙/허용/한계 (73) 한 발짝 물러서서 하나하나 생각해 보자. (74) 상황만 바라보고, 덧붙이지 말자. (75) 저 아이는 불과 ○○살이야, 열받지 말자. (76) 나는 ○○한 교사가 될 거야. (77) 나의 말이 대한민국의 미래를 바꾼다.

참고문헌

김민정(2012). 뇌 과학으로 풀어 보는 아이들의 마음 1. 월간 새교육. 2012. 2월호.

김유미(2009). 뇌를 알면 아이가 보인다. 서울: 북하우스 퍼블리셔스.

김유숙(2006). 가족상담(2판). 서울: 학지사.

김정은(2011). 초등학교 교사의 직무스트레스와 소진의 관계에서 정서지능의 매개효과. 경인교육대학교 교육대학원 석사학위논문.

김정택, 심혜숙(2007). 16가지 성격유형에 대한 특성. 서울: 한국심리검사연구소.

김주환(2013). 회복탄력성. 고양: 위즈덤하우스.

김혜숙, 최동욱(2010). 초등교사를 위한 학부모상담 길잡이(T-멘토링 총서 4). 서울: 학지사.

문용린(2012). 행복한 성장의 조건. 파주: 웅진씽크빅.

박미향(2011). 코칭의 단계 이해. 서울시교육연수원 맞춤식 연수원고.

서울대학교 행복연구센터(2013). 행복교과서. 파주: 김영사.

신현균(2009). 아동심리치료의 실제: 심리장애별 치료. 파주: 집문당.

안석배(2013. 8. 9.). [학교 밖으로 사라진 아이들 28만 명] 한국 청소년들 학교에 불만족, 자신감은 꼴찌. 조선일보.

양창순(2013. 7. 28.). 정서적 지지 '따뜻' 긍정의 메시지 힘의 원천 '용기'. 국방일보.

우리교육 편(2000). 빛깔이 있는 학급운영: 상담과 생활지도 길잡이 2. 서울: 우리교육.

원호택 외(2000). 심리장애의 인지행동적 접근. 서울: 교육과학사.

정옥분(2013). 아동발달의 이해(개정판). 서울: 학지사.

존 가트맨, 최성애, 조벽(2011). 내 아이를 위한 감정코칭. 서울: 한국경제신문 한경BP.

최성애, 조벽(2012). 청소년 감정코칭: 교사와 부모들을 위한 사랑의 기술. 서울: 해냄출판사.

한국평화교육훈련원(2013). 회복적 정의란 무엇인가. 한국평화교육훈련원 연수자료.

한영진(2012). 해결기술을 익혀야 하는 아이. 월간 새교육. 2012. 1월호.

한영진, 박미향, 이정희, 김민정(2013a). 교사를 당황하게 하는 아이들 1(개정판). 서울: 학지사.

한영진, 박미향, 이정희, 김민정(2013b). 교사를 당황하게 하는 아이들 2(개정판). 서울: 학지사.

Bruer, J. T. (1999). *The myth of the first three years.* NY: The Free Press.

de Posada, J., & Joe, R. (2011). 바보 빅터(*Victor the fool: Spread your wings*). 서울: 한국경제신문 한경BP.

Fox, J. (2008). 아이의 10년 후를 결정하는 강점혁명(*Your child's strengths*) (박미경 역). 서울: 미래M&B. (원전은 2007년에 출판).

Furman, B. (2009). 키즈 스킬(*Kids' skills*) (박의섭, 김진경 역). 서울: 에디터.

Gordon, T. (2003). 교사 역할 훈련(*Teacher effectiveness training*) (김홍옥 역). 서울: 양철북. (원전은 2003년에 출판).

Hirsh, S., & Kummerow, J. (2005). 삶의 유형과 삶의 양식(*Life types*) (김정택, 심혜숙 역). 서울: 한국심리검사연구소.

Leeds, D. (2002). 질문의 7가지 힘(*The 7 powers of questions*) (노혜숙 역). 서울: 더난출판. (원전은 2000년에 출판).

McKay, M. et al. (2006). 화내는 부모가 아이를 망친다(*When anger hurts your kids*) (구승준 역). 서울: 한문화 멀티미디어. (원전은 1996년에 출판).

Norville, D. (2010). 감사의 힘: 0.3초의 기적(*Thank you power: Making the science of gratitude work for you*) (김용남 역). 서울: 위즈덤 하우스. (원전은 2007년에 출판).

Papalia, D. E., & Olds, S. W. (1991). *A child world: Infancy through adolescence* (5th ed.). New York: McGraw-Hill.

Pleux, D. (2012). 아이의 회복탄력성(*Enfant heureux*) (박주영 역). 서울: 글담출판사.

Rosenberg, M. B. (2011). 비폭력 대화: 일상에서 쓰는 평화의 언어, 삶의 언어(*Nonviolent communication: A language of life*) (캐서린 한 역). 서울: 한국NVC센터. (원전은 2003년에 출판).

Seligman, M. E. P. (2009). 마틴 셀리그만의 긍정심리학(*Authentic happiness: Using the new positive psychology to realize your potential for lasting fulfillment*) (김인자 역). 안양: 물푸레. (원전은 2002년에 출판).

Shrand, J. A., & Devine, L. M. (2013). 스트레스 사용 설명서(*Manage your stress: Overcoming stress in the modern world*) (김한규, 김무겸 역). 서울: 중앙북스. (원전은 2012년에 출판).

Silverstein, S. (2000). 어디로 갔을까 나의 한쪽은(*The missing piece*) (이재명 역). 서울: 시공주니어.

Strauch, B. (2005). 십대들의 뇌에서는 무슨 일이 벌어지고 있나?(*Primal teen: What the new discoveries about the teenage brain tell us about our kids*) (강수정 역). 파주: 해나무. (원전은 2004년에 출판).

Tingley, S. C. (2008). 피노키오 엄마 헬리콥터 엄마(*How to handle difficult parents*) (유상민 역). 서울: 쌤앤파커스. (원전은 2007년에 출판).

Walsh, D. (2011). 10대들의 사생활(*Why do they act that way?*) (곽윤정 역). 서울: 시공사. (원전은 2005년에 출판).

cafe.daum.net/nanumspring 나눔스프링.

EBS 다큐프라임-10대 성장 보고서. 2부 이상한 봄, 사춘기(2010. 6. 22. 방영).

EBS 다큐프라임-아이의 사생활 2. 1부 사춘기(2009. 7. 13. 방영).

저자 소개

한영진(Han Youngjin)

한영진 선생님은 서울교육대학교, 공주대학교 대학원, 숙명여자대학교 대학원에서 아동복지학을 전공했습니다(문학박사). 숙명여자대학교, 단국대학교 대학원, 건양사이버대학교 등에서 강의(부모교육, 아동발달, 상담심리, 집단상담, 가족상담)를 하였고, 서울시교육청 상담과 생활지도 관련 장학자료 개발에 참여하였으며, 2014년에 정년퇴임을 하였습니다. 집필한 책으로는 『스위치 대화의 힘』(에듀니티, 2014), 『교사를 당황하게 하는 아이들 1, 2』(공저, 개정판, 학지사, 2013), 『父慈子孝』(한국학술정보, 2007), 『성경적 자녀양육』(공저, 양서원, 2005), 『성경적 태교』(공저, 양서원, 2005)가 있습니다.

박미향(Park Mihyang)

박미향 선생님은 서울교육대학교, 서울대학교 사범대학원에서 교육상담을 전공했습니다(교육학석사). 서울교육연수원, 서울교대연수원 등에서 생활지도 관련 강의를 하고 있고, 서울시교육청 컨설팅 장학지원단으로 활동하였으며, 서울시교육청과 교육연구정보원의 장학자료 12종의 개발에 참여하였습니다. 집필한 책으로는 『교사를 당황하게 하는 아이들 1, 2』(공저, 개정판, 학지사, 2013), 『즐거운 초등진로 1, 2, 3』(공저, 삼양미디어, 2012)이 있습니다. 현재 서울행림초등학교 교사로 근무하고 있습니다.

이정희(Lee Jeonghee)

이정희 선생님은 서울교육대학교, 연세대학교 교육대학원에서 상담교육을 전공했습니다(교육학석사). 서울교육연수원, 서울교대연수원 등에서 상담 및 생활지도 관련 강의를 하고 있으며, 서울시교육청과 교육연구정보원의 다수의 장학자료 개발에 참여하였습니다. 집필한 책으로는 『교사를 당황하게 하는 아이들 1, 2』(공저, 개정판, 학지사, 2013), 『교사를 위한 상담기술』(공역, 시그마프레스, 2011), 『교실 밖의 아이들』(공저, 즐거운상상, 2008), 『상담으로 풀어가는 교실이야기』(공저, 교육과학사, 2005)가 있습니다. 현재 서울풍성초등학교 교사로 근무하고 있습니다.

김민정(Kim Minjung)

김민정 선생님은 서울교육대학교, 이화여자대학교 교육대학원에서 교육심리학을 전공했습니다(교육학석사). 서울교육연수원, 서울시교육청 등에서 생활지도 관련 강의를 하고 있고, 서울시교육청 생활지도컨설팅 장학지원단으로 활동하였으며, 서울시교육청과 교육연구정보원의 다양한 장학자료의 개발에 참여하였습니다. 집필한 책으로는 『교사를 당황하게 하는 아이들 1, 2』(공저, 개정판, 학지사, 2013), 『즐거운 초등진로 1, 2, 3』(공저, 삼양미디어, 2012)이 있습니다. 현재 서울신기초등학교 교사로 근무하고 있습니다.

콕! 집은 선생님의 한마디 교실을 바꾼다

매직워드 77

Magic Words 77

2014년 6월 10일 1판 1쇄 발행
2020년 3월 10일 1판 3쇄 발행

지은이 • 한영진 · 박미향 · 이정희 · 김민정
펴낸이 • 김 진 환
펴낸곳 • (주) 학지사
04031 서울특별시 마포구 양화로 15길 20 마인드월드빌딩 5층
대표전화 • 02) 330-5114 팩스 • 02) 324-2345
등록번호 • 제313-2006-000265호
홈페이지 • http://www.hakjisa.co.kr
페이스북 • https://www.facebook.com/hakjisabook

ISBN 978-89-997-0365-2 03370

정가 **22,000**원

이 도서의 국립중앙도서관 출판시도서목록(CIP)은 서지정보유통지원시스템 홈페이지(http://seoji.nl.go.kr)와 국가자료공동목록시스템(http://www.nl.go.kr/kolisnet)에서 이용하실 수 있습니다.
(CIP제어번호: CIP2014015750)